GEFÄHRLICHE WETTE

GEFÄHRLICHE WETTE

Mein geheimes Leben in einer milliardenschweren illegalen
amerikanischen Sportwetten-Organisation

Aus dem Amerikanischen von Hans-Ulrich Möhring

Cappuccino Books

Titel der englischen Originalausgabe:

„Dangerous Odds"

Copyright © 2014 by Marisa Lankester

Umschlaggestaltung: Daniel Donati, ZurichTokio
Umschlagfotos: Getty Images, iStockphoto, Adriano Viganò

Cappuccino Books GmbH, Stans, Schweiz
www.cappuccinobooks.com

ISBN 978-3-906196-08-4

Verfügbar auch als E-Book (ISBN 978-3-906196-07-7) und
demnächst auch als Hörbuch

10 9 8 7 6 5 4 3 2 1

Für meine Töchter Justine und Jennifer

PROLOG

Santo Domingo, 8. Januar 1992

IM RÜCKBLICK BEGRIFF ICH, was die eigentliche Ursache meiner Angst war: weniger, dass der Soldat mir die Waffe an den Kopf gehalten, sondern dass er meinen Pass eingezogen hatte. Jetzt hatte ich keine Möglichkeit mehr, die Insel zu verlassen. *Ich hätte den Pass zu Hause lassen sollen, sagte ich mir. Ich hätte nicht so früh zur Arbeit fahren sollen.* Eingesperrt in einem schmutzigen, rattenverseuchten dominikanischen Gefängnis hatte ich nun reichlich Gelegenheit, mich in sinnlosen Selbstbezichtigungen zu ergehen. In dieser Betonfestung war die Hitze so drückend, dass selbst die Wände um mich herum schwitzten.

■

IN DER HAUPTSTADT SANTO DOMINGO hatte der Morgen begonnen wie jeder andere.

Ein wütendes Hupkonzert zerriss die schwüle tropische Luft, und noch bevor ich in das Verkehrschaos geriet, war mir klar, dass wieder einmal der Strom ausgefallen war. Stromausfälle waren ein Ergebnis der instabilen Regierung unter dem blinden fünfundachtzigjährigen Präsidenten Joaquín Balaguer und gehörten auf der Insel zum Alltag. Armut, weitverbreitete Korruption, zahlreiche Fälle von politischem „Verschwinden" und eben Zusammenbrüche der Stromversorgung waren typisch für die Zeit. Eine nicht funktionierende Ampel baumelte nutzlos über der verstopften Kreuzung. Es war zu spät, um den Stau zu umfahren. Also schaltete ich in den ersten Gang und wartete hinter den anderen Fahrzeugen auf der Avenida Tiradentes.

Santo Domingo war eine Stadt berauschender Gegensätze, wo extreme Armut in unmittelbarer Nachbarschaft von unvorstellbarem Reichtum existierte. Schon bei meiner Ankunft vor fast fünf Jahren verliebte ich mich sofort in sie, auch wenn zahllose andere Amerikaner, angelockt von schnellem Geld, endlos langen Stränden und tropischem Wetter, ganz andere Erfahrungen mit ihr machten. Man musste ein bestimmter Charaktertyp sein – dickschädelig, robust, willensstark –, um sich in Santo Domingo mit seiner schrecklichen Schönheit wohlzufühlen.

Während ich ohne Aussicht auf Entkommen in der chromglänzenden Blechwüste festsaß, riss mich ein Bummern an der Windschutzscheibe aus meinen Gedanken. Ein alter Mann mit verfaulten Zähnen hielt mir einen großen Pappkarton hin und deutete auf das halbe Dutzend neugeborener Welpen darin. Ich schüttelte den Kopf. Er schlurfte weiter, um sein Glück bei den Fahrern hinter mir zu versuchen.

Vor mir rührte sich nichts. An den meisten Tagen wäre ich panisch geworden. In meinem Gewerbe durfte man auf gar keinen Fall zu spät zur Arbeit kommen. Beim ersten Mal wurde man verwarnt; beim zweiten Mal gefeuert. Heute jedoch hatte ich reichlich Zeit. Ich drehte die Klimaanlage und das Radio auf, um irgendwie das unablässige Gehupe zu übertönen.

Zwanzig Minuten später erreichte ich die ruhige, grüne Straße, in der unsere Villa stand. Alle Häuser in der Calle Salvador Sturla boten ein gepflegtes Einheitsbild: an drei Seiten umgeben von hohen Mauern, der Eingang gesichert mit einem schweren Eisentor. Unsere Villa hatte zudem einen Gärtner, der den Rasen mähte, und einen bewaffneten Sicherheitsmann, der das Anwesen bewachte. Der einzige Unterschied zwischen unserer Villa und den anderen in dieser Wohngegend war, dass niemand richtig darin wohnte.

Ich parkte meinen kleinen blauen Daihatsu neben Rogers rotem

Cherokee, schloss ab und steckte die Schlüssel in die Tasche meiner Jeans. Der Wachmann öffnete das Tor und ich ging um das Haus herum nach hinten. Durch die offene Seitentür hörte ich das Knistern eines Funkgeräts. In der Küche war Remo gerade dabei, am Tresen einen Berg Kartoffeln zu schälen. Ich schlich mich von hinten an, fasste ihn um die Taille, und er ließ vor Schreck das Messer fallen. Als er herumfuhr und mich erkannte, huschten seine grauen Augen zur Uhr an der Wand. „Ich glaub's nicht!", rief er. „Du bist *zu früh!*"

Ich begab mich in das frühere Speisezimmer der Villa. Heute war es ein Büroraum, den wir das Big Office nannten. Carmine saß über seinen Schreibtisch gebeugt, der knochige Oberkörper von einem bunten Hawaiihemd umschlottert. Seine Augen, ohnehin schon eulengroß hinter den dicken Brillengläsern, wurden bei meinem Anblick noch größer, grotesk geradezu. Bevor er etwas sagen konnte, ging im Nebenzimmer ein Hustenanfall los. Ich warf einen Blick hinein. Roger studierte mit gerunzelter Stirn das Rennprogramm, wobei er abwechselnd an einer Marlboro zog und Kaffee schlürfte.

Die Arbeit im Büro lief nach einem strikten Zeitplan. Beide Männer trafen letzte Vorbereitungen für den bevorstehenden hektischen Arbeitstag. In zwanzig Minuten würde der Firmenbus eintreffen und die erste Ladung Mitarbeiter absetzen. Eine zweite Gruppe kam dann kurze Zeit später. Um eins würde es so sein, dass die Telefone pausenlos klingelten und wir alle Hände voll damit zu tun hatten, Tausende von Sportwetten aus den ganzen Vereinigten Staaten zu notieren.

Ich setzte mich an meinen Schreibtisch. Roger im Nebenzimmer hatte den nächsten Hustenanfall. „Gewöhn dir das Rauchen ab, Roger!", rief ich.

Roger leitete das Small Office, wo Wetten auf ein einzelnes Spiel auf zweitausend Dollar begrenzt waren. Ich arbeitete für Carmine im Big Office. Wir nahmen Wetten von den professionellen Spielern an, Kunden, die wir als „Wise Guys" oder „Smart Money" bezeichneten. Solche Männer konnten täglich bis zu hunderttausend Dollar setzen.

Ich war süchtig nach dem Adrenalinschub, den diese Arbeit brachte. Im Augenblick jedoch gab es nichts zu tun. Die Telefone schwiegen, die Boxen an der Wand waren unbesetzt.

Plötzlich wurde die Stille von lauten Rufen draußen zerrissen. Ich schaute zum Fenster hinaus, und mir stockte das Herz. Schwerbewaffnete

Soldaten schwärmten in Wellen über die Außenmauer. Ein Trupp von Männern in Kampfanzügen stürmte die Einfahrt, Gewehre im Anschlag. Unser Wachmann ließ die Waffe fallen und wurde brutal zu Boden gestossen.

„Was zum Teufel geht da ab?", stieß Carmine hervor, während wir aus dem Fenster schauten. Immer mehr Soldaten strömten über die Mauer. Das Getrappel ihrer Lederstiefel auf dem Beton wurde immer lauter. Roger kam erschrocken herübergelaufen.

Ein Staatsstreich, dachte ich. *Da muss eine Revolution im Gang sein!* Im Land brodelte schon lange die Unzufriedenheit. Es wäre nicht das erste politisch instabile Land in dieser Region gewesen, in dem über Nacht das Kriegsrecht verhängt wurde.

Es war die einzige Erklärung. Ich griff nach dem nächsten Telefon und drückte die Ziffern von Tonys Mobiltelefon. Er würde wissen, was zu tun war.

Nimm ab! Nimm ab!

Schreiend und polternd drangen die Soldaten aus mehreren Richtungen ins Haus ein. Ich hörte Scheiben klirren, dann Glas unter schweren Tritten knirschen. Sie stürmten mit gezückten Gewehren ins Zimmer und schrien uns auf Spanisch an, wir sollten die Hände hochheben. Inmitten des ganzen Aufruhrs hörte ich Tony drangehen. Jemand brüllte: „Weg mit dem Telefon!"

„Draußen bleiben!", entfuhr es mir. Das Blut in meinen Ohren rauschte lauter als der äußere Lärm. Entsetzt musste ich mit ansehen, wie Carmine und Roger, beide über sechzig, mit roher Gewalt an die Wand gestoßen wurden.

„Legen Sie das Telefon hin! SOFORT!" Ein junger Soldat kam drohend auf mich zu.

Ich starrte ihn an, behielt aber den Hörer in der Hand. Tony musste hören, was hier vor sich ging. Der Soldat hob die Hand zum Schlag. Ich zuckte zusammen. Unmittelbar vor mir hielt er inne und trat einen Schritt zurück. Obwohl ich eine Baseballmütze aufhatte und ein ausgeleiertes formloses T-Shirt trug, erkannte er mich sofort. Für ihn war ich das Constanza Girl, das glamouröse blonde Model, das sich in einem Ruderboot verführerisch auf Kissen räkelte. Die Zigarettenreklame lief ununterbrochen auf den lokalen Sendern.

Krachend flog die Terrassentür auf, und unser Rechtsanwalt Gustavo

Flores wurde unsanft hereingeschubst. Ich hatte noch nie viel Vertrauen in Gustavos Fähigkeiten als Anwalt gehabt. In dem Moment jedoch war sein gerötetes, schwabbeliges Gesicht ein willkommener Anblick. Er prahlte ja immer mit seinen guten Verbindungen. Bestimmt würde er diesem Wahnsinn ein Ende setzen.

Gustavo ruderte komisch mit den Armen, bevor er sich fing. Mit aller Würde, die er aufbringen konnte, drückte er das Kreuz durch und zog sich das hochgerutschte Hemd über den Spitzbauch. Seine Augen flammten vor Entrüstung, und er redete die Soldaten mit dröhnender Stimme an: *„Soy Gustavo Medina Flores. ¡Abogado!"*

Alle Augen richteten sich auf den Anwalt, und es wurde still im Raum. Dann rammte ihm ein Soldat mit voller Wucht den Gewehrkolben in den Bauch, so dass er schmerzverkrümmt zu Boden stürzte.

Klick.

Ich wandte den Blick von Gustavo ab und starrte in einen Gewehrlauf. Der junge Soldat, der mich verwundert angeglotzt hatte, hatte seine Resolutheit wiedergewonnen.

Mit leiser, drohender Stimme befahl er: „Legen ... Sie ... das ... Telefon ... hin!"

Ich ließ den Hörer aus der Hand gleiten und hoffte, dass Tony genug gehört hatte.

Gustavo wurde in eine Ecke des Zimmers geschleift. Ich wurde auf die andere Seite geschoben, neben Carmine und Roger. Einer der Soldaten leerte einen großen Jutesack mit Handschellen auf Carmines Schreibtisch aus. Wir sollten uns mit dem Gesicht zur Wand drehen, wurde uns befohlen, dann bekamen wir die Hände auf den Rücken gefesselt.

Ich schloss die Augen und kämpfte gegen die in mir aufsteigende Panik an. Das war nichts weiter als eine Razzia, sagte ich mir, ein törichter Versuch der dominikanischen Polizei, sich von unserem lukrativen Glücksspielunternehmen eine Scheibe abzuschneiden. Bald werden wohl Geldsummen übergeben werden, Beteiligungen verhandelt und die Sache würde vertuscht werden. Korruption war auf der Insel schließlich gang und gäbe. Ein Aspekt der Operation allerdings wollte mir nicht einleuchten. Warum mobilisierte man für eine einfache Razzia eine ganze militärische Kompanie?

Irgendwo hinter mir hörte ich Remo seine Unschuld beteuern. „Ich bin bloß der Koch", versicherte er in flüssigem Spanisch. Remo hatte eine Liebenswürdigkeit in seinem Benehmen, die unter der Expat-Clique ungewöhnlich war. Santo Domingo war in jenen Tagen eine Art Wildweststadt, und sie zog eine stattliche Zahl von Leuten mit dunkler Vergangenheit an. Tony hatte den gutmütigen jungen Amerikaner nur mit Mühe überreden können, für uns eine Kantine im Haus aufzumachen, und gegen sein instinktives Gefühl hatte er sich darauf eingelassen. Jetzt war auch er in diesen Irrsinn verwickelt.

„Er ist *wirklich* nur der Koch", sagte ich.

Niemand reagierte auf meine Bemerkung. Remos Atem ging unregelmäßig, und sein Gesicht war gespenstisch bleich. Sein Hemd war völlig durchgeschwitzt.

„Keine Sorge", flüsterte ich. Unsere Blicke trafen sich. Remo und ich waren schon lange genug in der Dominikanischen Republik, um zu wissen, wie das System funktionierte. Solange Tony frei blieb und an Geld kam, hatten wir nichts zu befürchten. Wahrscheinlich, stellte ich mir vor, holte er gerade das Letzte aus seinem Jeep heraus, um den Firmenbus abzufangen.

Der Kommandant bellte in sein Funkgerät, im Haus sei alles unter Kontrolle. Wir hörten das Tappen von Straßenschuhen auf dem Marmorfußboden, und vier Männer in dunklen Anzügen traten ein. Remos Miene sagte mir alles, was ich wissen musste. „Geheimpolizei", flüsterte er, während die Gruppe sich schnurstracks in Tonys Büro gab, vermutlich um nach dem Safe zu suchen.

Plötzlich fiel grelles weißes Licht auf uns. Wir wurden gefilmt. Remo duckte sich und versuchte, sein Gesicht vor der Kamera abzuschirmen. Ich tat es ihm nach. Bald zog der Kameramann weiter, um das übrige Haus zu filmen.

Die Telefone begannen zu klingeln. Minuten später klingelten alle im Haus installierten siebenunddreißig Telefone gleichzeitig: Unsere Kunden versuchten, ihre ersten Wetten für den Tag zu platzieren.

In unserem Gewerbe konnte ein nicht angenommener Anruf nur eines bedeuten: eine Polizeirazzia. In zwanzig Minuten würde sich das Gerücht wie ein Lauffeuer unter den Millionen Amerikanern verbreiten, die illegal auf Sportergebnisse wetteten: Ron Sacco, der unbestrittene König der Buchmacher, war verhaftet worden, der Mann, der das Offshore Gambling überhaupt erst erfunden hatte, das vom Ausland aus betriebene Glücksspiel.

„Telefone aus!"

Prompt gingen die Männer des Kommandanten daran, wie wild die Leitungen aus den Wänden zu reißen. Als sie damit fertig waren, legte sich das gleiche angespannte Schweigen wie vorher über den Raum. Der Kommandant stapfte von einer Box zur anderen und untersuchte der Reihe nach jeden einzelnen Schreibtisch. Kaum verhohlener Zorn war ihm ins Gesicht geschrieben. Von einem Schreibtisch schnappte er sich ein Heft von Don Best Sports und betrachtete es. „Eine *banca*", fauchte er und schleuderte das Heft durchs Zimmer, dass die Seiten flatterten. „Das ist hier nichts weiter als eine *banca*!"

Bancas – sprich, Wettbüros – waren in der Dominikanischen Republik ein wichtiger Wirtschaftsfaktor, denn Glücksspiele waren dort legal. Information Unlimited, unsere Firma, war ein zugelassenes Unternehmen. Der Zorn des Kommandanten beruhigte mich in gewisser Weise. Dies hier war keine Razzia, nur ein höchst unerfreuliches Versehen. Der Kommandant bellte in sein Funkgerät: „Bringt sie rein!"

Andere Leute betraten das Büro. Sie trugen Turnschuhe. Ich hörte die quietschenden Schritte auf uns zukommen.

„Guten Tag, meine Herren", sagte eine unverkennbar amerikanische Stimme irgendwo hinter mir.

„Agent Jack Peterson", hörte ich Roger flüstern. „Was macht der denn hier?"

„Großer Gott!" Carmines Stöhnen vertrieb meinen Anflug von Optimismus. *Agent* Jack Peterson. Hinter dieser Fahndungsaktion stand offensichtlich das FBI. Aber wie das? Es hatte auf der Insel keine Rechtsbefugnis.

„Schätze, Sie sind ein bisschen zu früh gekommen", gluckste Roger.

„Lachen Sie ruhig, Bianchi", knurrte Peterson. „Ich werde Ihnen schon noch das Grinsen aus der Fresse polieren."

Agent Peterson, ging mir auf, hatte offenbar nicht berücksichtigt, dass in der Dominikanischen Republik die Sommerzeit nicht galt. Wäre die Razzia eine Stunde später erfolgt, hätten sie die komplette Belegschaft von Information Unlimited beim emsigen Telefonieren erwischt.

„Wer ist dieser Peterson?", flüsterte ich Roger zu.

„Hatte mal vor ein paar Jahren mit ihm in der Bay Area zu tun."

Ein Soldat schnauzte uns an, den Mund zu halten. Roger senkte ie Stimme noch mehr. „Die andern kenne ich nicht."

„Um Himmels willen, seid still!", flüsterte Remo. „Die knallen uns sonst ab!"

Kaum hatte er das gesagt, da rammte ihm ein junger Soldat den Gewehrkolben in die Nieren, und ihm knickten die Knie ein. Schreckensstarr mussten wir anderen drei mit anhören, wie Remo vor Schmerz wimmerte. Mein einziger Hoffnungsschimmer war, dass die übrigen Mitarbeiter nicht aufgetaucht waren. Das konnte nur heißen, dass Tony sie abgefangen hatte.

Als klar wurde, dass niemand sonst mehr zur Arbeit erschien, wurden wir unter schwerer Bewachung nach draußen gebracht. Eine Menschenmenge hatte sich versammelt, um zu beobachten, wie eine junge Frau, zwei ältere Männer und ein Koch von einem Trupp Soldaten abgeführt wurden. Die Leute standen dichtgedrängt auf der anderen Straßenseite hinter einem knallgelben Band, dessen Aufschrift in Englisch das Übertreten verbot: POLICE LINE – DO NOT CROSS. Das FBI hatte diese Aktion offensichtlich schon länger geplant gehabt. Die Kerle hatten sogar ihr eigenes Absperrband mitgebracht!

Während Roger, Carmine, Remo und ich in einen nicht gekennzeichneten grauen Gefangenentransporter bugsiert wurden, verfluchte ich mein Pech. Einmal im Leben war ich zu früh zur Arbeit gekommen, und da durchsuchte das FBI unser Büro. An jedem anderen Tag wäre ich noch zu Hause bei meiner Tochter gewesen. An jedem anderen Tag wäre mein Pass zu Hause in Sicherheit gewesen und nicht in meiner Handtasche, die bei der Razzia konfisziert worden war.

Zu viert stiegen wir in den glühend heißen Transporter. „Wo ist Gustavo?", flüsterte Carmine.

Ja, wo war unser Anwalt, fragte ich mich. Ich wollte aus der Hecktür nach ihm Ausschau halten, aber bewaffnete Soldaten, die hinter uns einstiegen, versperrten mir die Sicht. Die Türen knallten zu, und wir brausten mit heulenden Sirenen davon. Ich kniff die Augen zusammen und dachte an Tony. Bestimmt hatte er inzwischen unsere Rechtsanwälte in den Staaten benachrichtigt. Meine sämtlichen Hoffnungen hingen an Tony. Er würde schon einen Weg finden, uns aus diesem Schlamassel herauszuholen.

1

East Los Angeles, Oktober, 1986

„VERGISS ES!"
Breit aufgebaut verwehrte Tony den Zugang zum Lagerhaus. Wie
es aussah, war meine Karriere in der aufregenden Welt des illegalen
Glücksspiels vorbei, bevor sie überhaupt angefangen hatte. Ich war
extra deswegen von Vancouver nach Los Angeles gefahren, verlockt von
der sicheren Aussicht auf eine feste Bleibe und eine Schwarzanstellung,
für die ich angeblich nicht mehr tun musste, als ein paar Stunden
am Tag Anrufe entgegenzunehmen. Mein Freund Jim hatte mir
versichert, die Sache sei geritzt. Anscheinend hatte niemand den
entscheidungsbefugten Mann davon in Kenntnis gesetzt.
„Nochmals: Vergiss es, Jim, hau ab."
Tony war ein großer, athletischer Mann Ende zwanzig mit dunklem
Teint – italienischer Abstammung, vermutete ich. Seine Aufmachung
in ausgeblichenem T-Shirt, Lederjacke und Jeans entsprach nicht ganz
dem Bild, das ich im Kopf hatte, als Jim meinte, er werde mich mit dem
„Boss" bekannt machen.
„Was soll die Scheiße, Tony? Du hast der Anstellung zugestimmt!"
„Ich habe zugestimmt, jemand mit dem Namen ‚RB' anzustellen.

Was du unerwähnt gelassen hast, *Jim*, ist, dass RB eine Frau ist. Ich übernehme keine Verantwortung für eine Frau. Freundinnen sind außen vor. Vergiss es!"

Tony wollte die Tür schließen, doch es gelang mir, meinen Fuß in den Türspalt zu stellen. Seinem Gesichtsausdruck nach konnte er es nicht glauben, dass ich die Unverfrorenheit besaß, mich ihm zu widersetzen. „Ich bin nicht Jims Freundin!", sagte ich.

Tonys Unterstellung beleidigte mich. Auf seine angegraute, wettergegerbte Art sah Jim nicht schlecht aus, aber er war Ende fünfzig und ich erst dreiundzwanzig. Jim war mein Partner in einer bevorstehenden Autorallye, einem Langstreckenrennen. Unsere Beziehung war rein sportlicher Natur.

Tony quittierte meinen Ausbruch mit einem leicht amüsierten Blick, aber ich ließ nicht locker. „Ich bin gerade den ganzen Weg von Vancouver gefahren, um hier zu arbeiten!"

Tony sagte nichts. Er blickte mich weiter auf seine überhebliche, großspurige Art an. Es machte mich rasend.

„Vancouver, schon mal gehört? Kanada? Sechsundzwanzig Stunden Fahrt mit dem Auto?"

Seine dunklen Augen schienen mich zu verspotten. Ich begriff, dass er nicht nachgeben würde. Ich warf ihm den fiesesten Blick zu, den ich hinkriegte, und stampfte über den leeren Parkplatz zu Jims blauem Mercedes, um mich dagegen zu lehnen und auf ihn zu warten. Was mich betraf, konnte sich dieser Fatzke seinen Job sonst wohin schieben.

Jim hatte mir angeboten, mit ihm zusammen die zehntägige Alcan 5000 zu fahren. Mit viertausendsiebenhundert Meilen war sie die längste Rallye in Nordamerika, und die Gelegenheit hatte ich sofort beim Schopf gepackt. Jim stellte den Wagen; ich musste nur nach L.A. ziehen, um mit ihm zu trainieren, und irgendwie meine Unkosten decken.

Jim finanzierte seinen Rennsport damit, dass er für mehrere Buchmacherfirmen in L.A. die Telefonleitungen manipulierte. Er rechnete sich aus, mir in Tonys Laden einen Job verschaffen zu können. Anfangs schreckte ich davor zurück, für einen illegalen Glücksspielring zu arbeiten, aber Jim beruhigte mich: „Die Polizei wird geschmiert, damit sie wegschaut, es besteht also keine Gefahr, verknackt zu werden."

Ich beobachtete, wie die beiden Männer in der kalifornischen Mittagssonne disputierten. Tony hatte die Lederjacke ausgezogen, unter der starke Arme und ein trainierter Oberkörper zum Vorschein kamen. Ich verengte die Augen, um das Bild auf dem T-Shirt zu erkennen. Zu meiner Verärgerung war es eine kurvenreiche junge Frau im Bikini mit der Aufschrift: *Dive a Virgin* " und darunter kleingedruckt *Virgin Islands* ".

So ein *Vollidiot.* Von mir aus konnte er in so viele Jungfrauen eintauchen, wie er wollte.

Der Verkehr auf dem Freeway übertönte ihre Worte, aber die wütenden Gesten der Männer sagten alles. Ich blickte mich um. Die Straßen waren menschenleer, nur ein Obdachloser schwankte seines Weges. Die rissigen Betonwände waren mit Banden-Graffiti beschmiert. Der Geruch von gärenden Abfällen hing in der drückenden Luft, und überall lag Müll herum. Ein Spirituosenladen eine Ecke weiter war mit Metallrollläden und Stacheldraht gesichert. Die reinste Festung.

Ich spielte mit dem Träger meiner Handtasche. Wollte ich wirklich für irgend so ein Macho-Chauvi-Schwein in einer baufälligen Bude im Elendsviertel der Stadt arbeiten?

„RB!" Jim winkte mir zu kommen. Ich löste mich von dem Wagen und ging zu den beiden Männern hinüber. „Tony sagt, du kannst zwei Tage hier arbeiten. Das gibt mir die Zeit, etwas anderes für dich zu finden. Einverstanden?"

Ich nickte Jim mit einem schwachen Lächeln zu. „Danke."

„Bedank dich nicht bei mir, bedank dich bei Tony. Um fünf bin ich wieder da und hole dich ab."

Tony knurrte etwas Unverständliches. Ohne ein weiteres Wort ging er mir voraus in das verfallene Gebäude. Er schlug die Tür hinter uns zu und schob mehrere schwere Riegel vor. Ich folgte ihm durch einen schlecht beleuchteten Korridor in einen Raum, in dem es nach nassem Hund roch.

Der schlammbraune Teppich war fleckig und stellenweise durchgescheuert. Die drei kleinen Fenster waren alle mit Sperrholzplatten vernagelt, und eine Zeile Neonröhren tauchte den kahlen Raum in ein unangenehm grelles Licht. Eine Hantelbank mit einigen darum verteilten Gewichten nahm die Mitte des Raumes ein. Durch eine Art Werkstor mit großen Scheiben fiel der Blick auf das deprimierende verlassene Lagerhaus dahinter. „Toll", murmelte ich.

Tony brachte mich in einen kleinen, fensterlosen Raum.

Zigarettenrauch hing in der Luft, und Büroschreibtische nahmen fast den ganzen Platz ein. In einem Fernseher an der Wand lief gerade *Schatten der Leidenschaft.* Die drei Männer in Sweatshirt und Jeans, die dicht an dicht im Raume hockten, waren alle Ende zwanzig oder Anfang dreißig. Sie blickten auf, als Tony mit mir hereinkam. Ich lächelte verlegen. Der mir am nächsten sitzende Mann war ein extrem übergewichtiger Bär mit schulterlangen blonden Haaren und einem Zottelbart. Er grinste mich schüchtern an.

Ohne mich vorzustellen, deutete Tony auf einen freien Schreibtisch in der hinteren Ecke und brummte: „Setz dich dorthin!" Er selbst nahm am Tisch gleich neben der Tür Platz.

Ich setzte mich wortlos und blickte auf eine nackte Wand. Das Schweigen war unbehaglich. Ich schaute über die Schulter und hatte Blickkontakt mit einem Mann an einem anderen Schreibtisch. Er war groß, muskulös und glatt rasiert und hatte volle, wellige braune Haare und hellblaue Augen. Zwischen den Lippen hatte er eine Zigarette stecken. Er stand auf und kam herüber.

„Du kannst mich Kyle nennen", sagte er und reichte mir die Hand. Er hatte eine leise, tiefe Stimme mit einem starken Südstaatenakzent.

„Wie wär's, sie nennt dich einfach Arschgesicht, wie alle andern auch?" Tonys Bemerkung erntete schallendes Gelächter von den anderen.

Ich lächelte und gab Kyle die Hand. „Ich bin RB." Jim hatte mir geraten, nicht meinen richtigen Namen zu benutzen. RB – kurz für „Rally Babe" – war ein Name, den ich in der Rennfahrerszene bekommen hatte.

Kyle ging zu seinem Tisch zurück, und ich wandte meine Aufmerksamkeit den verstreut vor mir liegenden Zeitungen und Heften zu. Sie hatten alle mit Sport zu tun und enthielten die Paarungen der bevorstehenden Footballspiele in den College- und Profiligen. Die Tischplatte selbst war mit alten Kaffeeringen, Bröseln und Zigarettenasche besudelt.

Tony schlug eine *Los Angeles Times* auf und legte die Füße auf den Tisch. Jim hatte gesagt, Tony bräuchte dringend jemanden als Ersatz für einen Mitarbeiter, der in der Woche davor gegangen war, aber ich verstand nicht, wieso. Soweit ich sehen konnte, arbeitete niemand. Die Jungs verfolgten gebannt die Seifenoper, nur der dicke Zottelbär schien ein Nickerchen zu machen. Ich sah auf die Uhr. Ich nahm mir vor, diesem Dreckloch in drei Stunden den Rücken zu kehren und nicht wiederzukommen.

„Himmel, Arsch und Zwirn!", brüllte jemand hinter mir. Ein langer, schlaksiger Kerl kam aus der Toilette, eine Zeitschrift unter den Arm geklemmt, und zog sich den Hosenstall zu. „Ich glaube, ich hab mir bei der Puertoricaner-Tussi, die ich vorige Woche gebumst habe, den Tripper geholt", verkündete er. „Wenn ich pissen gehe, brennen mir jedes Mal die Eier, als ob –"

Er brach mitten im Satz ab, als er mich bemerkte. Schlagartig änderte sich sein Verhalten. Er fuhr sich mit den Fingern durch die Haare und kam anscharwenzelt. „He, Süße", sagte er und hielt mir die Hand hin. „ich bin Danny." Er schenkte mir ein strahlendes Lächeln. Ich konnte erkennen, dass die Zeitschrift unter seinem Arm ein Pornoblatt war, *Juggs*.

„RB", sagte ich. Ich vermied es, seine Hand zu berühren.

„Bemüh dich nicht, Danny", sagte Tony durch den Raum. „Sie bleibt nicht."

„Bei uns hat vorher noch nie eine Frau gearbeitet", sagte Kyle. *Was du nicht sagst*, dachte ich.

„Sie arbeitet nicht hier. Sie ... hilft nur zwei Tage aus. Bis Jim einen Job für sie findet", sagte Tony.

„Genau." Ich blickte mich in der verschlafenen Runde um. „Diese Tätigkeit ist offensichtlich für eine Frau viel zu gefährlich."

Wenn die wüssten, dachte ich. Ich hatte kürzlich ein Langstreckenrennen von Kanada nach Mexiko und wieder zurück nach Alaska absolviert, einundzwanzig Tage, dreiundzwanzigtausend Kilometer. Unterwegs war ich einem Hurricane davongerast, hatte zahllose Reifen gewechselt, Stoßdämpfer und eine rechte Hinterachse ersetzt und war von mexikanischen Bundespolizisten mit vorgehaltener Waffe ausgeraubt worden. Ich war im Death Valley unter Meereshöhe und in den Bergen von Colorado auf über dreieinhalbtausend Metern gefahren. Ich war über jeden Untergrund gebrettert, von Sand bis Schnee, und das alles bei durchschnittlich sechs Stunden Rast am Tag, die zum großen Teil mit der Wartung des Wagens draufgingen.

Ich musterte diese schäbige Bude und die Kollektion schräger Vögel, die sie bevölkerte. Diese Witzfiguren wussten nicht, was ich draufhatte. Ein Kinderspiel, ein paar dämliche Anrufe anzunehmen.

„Herzchen", sagte Tony, ohne die Augen von der Zeitung aufzuheben, „falls du es noch nicht weißt, was wir hier machen, ist illegal. Du könntest verhaftet werden. Sogar ins Gefängnis kommen."

„Jim hat mir erzählt, die Polizei wird von euch geschmiert", gab ich zurück.

Tony knallte die Zeitung hin. „Jim redet zu viel. Dein Freund installiert Telefone", ließ er mich wissen. „Er hat keine Ahnung, was hier abgeht."

„Er ist nicht mein Freund!"

„Stimmt doch, wir schmieren die Bullen, oder?", sagte Kyle. Er klang verwirrt. „Denn wenn nicht, steige ich aus, T-bone."

Er bekam ein paar Lacher von den anderen. Ich starrte wieder auf die fleckige beige Wand vor mir. Hatte ich wirklich meine Stelle gekündigt und mein Zuhause verlassen, Freunde und Familie, um in einem schmutzigen Lagerhaus in East L.A. mit diesen Nieten herumzuhängen? Mir schauderte bei dem Gedanken, was meine Eltern sagen würden, wenn sie mich hier sitzen sähen.

Schlimm genug, dass ich sie enttäuscht hatte, als ich mein Studium an den Nagel hängte. Wäre mein Leben gelaufen wie geplant, hätte ich an der Cooper Union School of Art in New York Kunst studiert. Aber meine Mappe verschwand kurz vor meinem Vorstellungsgespräch dort. Alles, woran ich fast ein Jahr lang mit Herz und Seele gearbeitet hatte, war fort – und damit meine Chancen, an dieser renommierten Kunstschule angenommen zu werden. Meine Eltern lagen zu der Zeit gerade in einem erbitterten Scheidungskrieg, der in meiner Mutter die schlimmsten Seiten zum Vorschein brachte und das Leben zu Hause unerträglich machte. Ich suchte Zuflucht im Keller, wo ich ihre hysterischen Anfälle und Selbstmorddrohungen vergessen und mich stattdessen darin vertiefen konnte, etwas Schönes zu schaffen. Ein Studium an der Cooper Union war mein ganzes Streben, und meine Mappe sollte mir die Türen öffnen. Als ich sie verlor, war ich am Boden zerstört.

Meine Leidenschaft für das Zeichnen verflog. Mein Kunstlehrer, der mich vorher mit Lob überschüttet hatte, gab mir auf einmal eine schlechte Note. Um nur ja der immer schlimmer werdenden häuslichen Situation zu entkommen, bewarb ich mich an der University of British Columbia und zog nach Vancouver, als ich angenommen wurde. Aber der Ortswechsel regte mich nicht dazu an, das Zeichnen wieder aufzunehmen. Innerlich haltlos brach ich das Studium ab. Ich arbeitete Vollzeit bei einer Mietwagenfirma am Vancouver Airport. Es war für mich eine schwierige, zermürbende Zeit. Jahrelang hatte ich mich als Künstlerin gesehen; jetzt wusste ich nicht mehr, wer ich war.

Das änderte sich, als ich einen Sicherheitsbeamten der Royal Canadian Mounted Police am Flughafen kennenlernte. Anfangs fand ich Doug angeberisch und schenkte ihm kaum Beachtung, bis er eines Tages klagte, sein Mitfahrer habe sich das Bein gebrochen, deswegen müsse er sich von einer Langstreckenrallye wieder abmelden. Ich hatte keine Ahnung gehabt, dass Doug so ein interessantes Hobby hatte; ich hatte mich offenbar in ihm geirrt.

Urplötzlich überkam mich das starke Gefühl, dafür geschaffen zu sein. Rallyefahren konnte mir wieder Schwung geben. „Ich fahre mit!", war es aus mir herausgeplatzt.

In dem Moment nahm ich neben meiner Hand eine Bewegung wahr und erspähte eine Küchenschabe, die gemächlich über die Schreibtischkante kroch. Ich griff mir einen der Spielpläne und zerklatschte sie, so dass Brösel, Zeitungen, alte McDonald's-Tüten und Schabenteile in alle Richtungen flogen. Reife Leistung. Ich musste diese Schweinerei aufwischen, auch wenn ich nur wenige Stunden dort arbeitete. Ich marschierte ins Bad. Angeekelt von dem Gestank schnappte ich mir das einzige Handtuch am Halter, machte es unter laufendem Wasser nass und ging damit zum Schreibtisch zurück.

Bevor ich anfangen konnte aufzuwischen, kam Tony angestampft und riss mir das Handtuch aus der Hand. „Das hängt mit gutem Grund da!", herrschte er mich an.

Ich durchbohrte ihn mit einem Blick, der puren Hass ausstrahlte. Tony warf mir eine Küchenrolle und eine Flasche Windex zu, die er unter seinem Schreibtisch aufbewahrte. Danny musste das kostbare Handtuch wieder an den Halter hängen.

Die Telefone klingelten jetzt mit zunehmender Häufigkeit, und bald blinkten sämtliche Knöpfe an den Apparaten. Ich beobachtete staunend, wie der Raum sich verwandelte. Tony begann, Zahlen zu schreien, und die anderen notierten sie hektisch in ihre Hefte. Wetten wurden hastig auf gelbe Zettel geschrieben und dann wild durcheinander auf Tonys Schreibtisch geschmissen. Mit dem Hörer am Ohr beäugte Tony sie kurz, bevor er sie auf den wachsenden

Haufen zurückwarf. Die Atmosphäre war hektisch, wie elektrisiert, und trotz der schmuddeligen Umgebung musste ich an Bilder vom Händlerparkett an der New Yorker Börse denken. Mit der gleichen testosterongetriebenen Erregung blafften die Männer Satzfetzen in ihre Hörer, die sich nach einer Geheimsprache anhörten.

„RB! Stell die Anrufer auf Warten!", schrie Tony. Dann deutete er auf den Stapel gelber Scheine. „Und die da sortieren!"

Inmitten der Kakophonie um mich herum wühlte ich mich fieberhaft durch die Scheine, um sie nach Ziffern zu ordnen. Je mehr Scheine ich sortierte, umso mehr wurden mir auf den Schreibtisch geworfen. Zweieinhalb Stunden ging es in diesem halsbrecherischen Tempo weiter, dann endete das Chaos so abrupt, wie es begonnen hatte. Tony schrie: „Schluss ist!", und fast augenblicklich klangen die Anrufe aus.

Während langsam Ruhe einkehrte, wurden Zigaretten angezündet. Mit stillem Entsetzen beobachtete ich, wie Kyle, einen Zucker-Donut zwischen den Lippen, sich das T-Shirt hochzog und sich eine Insulinspritze in den Bauch stach. Niemand zuckte mit der Wimper. Die Männer unterhielten sich untereinander, und obwohl ich ihrem Gespräch zu folgen versuchte, war jeder Satz mit Wörtern und Wendungen gespickt, die ich nicht verstand. Meine Kenntnis von Sportwetten erschöpfte sich darin, dass es illegal war. Ich begriff rasch, dass die Sache sehr viel komplizierter war, als ich sie mir vorgestellt hatte.

Der übergewichtige Mann mit den langen blonden Haaren und dem Zottelbart kam an. „Ich bin Mathew", sagte er und gab mir zaghaft die Hand. Ein schlanker, dunkelhaariger Mann, der direkt hinter mir saß, stellte sich daraufhin lächelnd als Jay vor. Mathew verschwand, um einen Stapel Kassetten zu holen, die er etikettierte und in einen Karton verstaute. Kyle und Jay fertigten noch ein paar Nachzügler ab, und Tony gab jemandem telefonisch einen Bericht über die Vorgänge des Tages.

Danny kam und half mir, die Massen von Scheinen zu sortieren. Als alle in der richtigen Reihenfolge waren, zeigte er mir, wie man mit einem Ruck das Original von der durchgepausten Kopie trennte. Anschließend schlang Danny Gummibänder um beide Stapel. Einen warf er Mathew und den anderen Tony zu.

Um Punkt fünf Uhr zogen Kyle und Danny mit einem freundlichen Tschüss ab. Mathew ging ein paar Minuten später, gefolgt von Jay. Ich blieb mit Tony allein, der keine Anstalten machte, mit mir zu reden. Wir schwiegen uns auf eine zunehmend unbehagliche Weise an, bis Jim auftauchte.

„Hast du was anderes für sie gefunden?", fragte Tony.

„Noch nicht."

„Du hast bis Ende der Woche Zeit. Dann will ich sie weghaben – keine Ausreden."

Ich funkelte Tony böse an, abgestoßen von seinem schlechten Benehmen. Er holte einen dicken Packen Hundertdollarscheine aus der Hosentasche seiner Jeans, pellte einen ab und klatschte ihn mir auf den Tisch. „Sei morgen um elf Uhr fünfundvierzig hier", sagte er. „Park um die Ecke und bring dir was zu Mittag mit, denn vor fünf kommt hier keiner wieder raus."

„Danke", sagte ich zähneknirschend.

Unter allen anderen Umständen hätte ich ihm das Geld wieder hingeworfen. Aber ich brauchte es. Ich musste eine Ratenzahlung auf mein Auto machen, und meine Kreditkarte war überzogen. Ich hatte soeben den Gegenwert von einhundertvierzig kanadischen Dollar verdient, was für ein paar Stunden Arbeit nicht schlecht war. Außerdem, musste ich zugeben, war es ein faszinierender Nachmittag gewesen.

„Schließ ab!", rief Tony, während er durch die Flügeltür ging und in das leere Lagerhaus dahinter verschwand.

„Ist er immer so ein Arschloch?", fragte ich.

Jim zuckte die Achseln. Dann hellte sich seine Miene auf, als ob ihm etwas Wichtiges eingefallen wäre. Er nahm mich am Arm und führte mich ins Bad. „Ich will dir mal was zeigen."

In dem schmuddeligen Raum trat Jim an den Handtuchhalter und ging davor in die Hocke. Die obere Hälfte der Wand war mit billigen Fliesen verkleidet, die untere Hälfte mit hässlichem marmorierten Linoleum. Ächzend drückte Jim mit beiden Händen kräftig auf das Handtuch, und siehe da, der ganze Linoleumteil der Wand kippte ab wie ein langer Tisch. An die hölzerne Hinterwand waren in einer Reihe Kassettenrekorder genagelt, vierzehn insgesamt.

Ungläubig starrte ich auf die Konstruktion. Geheime Wandelemente? Das war ja wie bei James Bond. Jim richtete sich auf und grinste mich an. „Läuft alles mit Hydraulik", sagte er. Ich trat näher und betrachtete die Reihe der Kassettenrekorder. „Jeder ist an eine bestimmte Telefonleitung im Büro angeschlossen", fuhr Jim fort. „Alle Wetten werden aufgezeichnet. Falls es bei einem Vorgang mal eine Unstimmigkeit gibt, können sie auf die Art mit den Kassetten die Gegenprobe machen."

„Also deshalb hat Tony einen Anfall gekriegt, als ich dieses dämliche Handtuch weggenommen habe", murmelte ich.

„Dieses dämliche Handtuch markiert genau die Stelle, wo man drücken muss. Außerdem sorgt es dafür, dass niemand verdächtige Handabdrücke an der Wand hinterlässt. Falls wider Erwarten doch mal jemand schnüffeln kommt."

„Wer sollte schnüffeln kommen? Ich dachte, die Polizei wird geschmiert."

„Wird sie auch." Jim winkte ab. „Aber Tony geht nicht gern ein Risiko ein."

Wider bessere Einsicht ließen das geheime Wandelement und die versteckten Kassettenrekorder die Tätigkeit für mich noch reizvoller erscheinen. Die Raffiniertheit dieser ganzen Vorkehrungen gefiel mir.

Jim übte Druck auf die Unterseite des Wandelements aus, und mit einem leisen Zischen glitt die Konstruktion sauber in die Ausgangsstellung zurück. Mit hörbarem Stolz auf seine Raffinesse erläuterte er lebhaft, wie die Kabel durch die Wand und nach nebenan ins Büro geführt wurden.

„Ich bin beeindruckt", sagte ich.

„Ich tarne nicht nur die Kassetten und installiere die Telefone, ich verhindere auch, dass sie aufgespürt werden können. Ich leite die Anrufe um. Wenn die Bullen die 1-800er-Nummer verfolgen, landen sie bei einer Kartoffelfarm in Idaho", sagte er lachend.

Während Jim abschloss, schaute ich mich draußen auf dem verlassenen Parkplatz mit dem hohen Maschendrahtzaun um. „Wo steht dein Auto?"

„Ein Stück weiter", erwiderte er.

„Warum parkst du nicht einfach hier?"

Mit den Schlüsseln spielend schlenderte Jim zu einem rohen Sperrholzschild, auf dem ZU VERMIETEN stand, darunter eine Telefonnummer. Er deutete darauf. „Das ist meine Nummer. Wenn jemand anruft und das Gebäude mieten will, sage ich ihm, es wäre schon weg. Deshalb müssen wir den Parkplatz leer lassen und die

Fenster verbrettern. Um vorzutäuschen, dass wir gar nicht da sind."

„Ziemlich viele Vorsichtsmaßnahmen, meinst du nicht? Dafür, dass das L.A. Police Department eh bei euch auf der Schmiergeldliste steht."

„Na ja", meinte Jim mit einem Augenzwinkern, „sagen wir mal, das LAPD weiß vielleicht nicht so genau, wie groß die Sache ist."

Auf dem Rückweg zum Hotel erzählte mir Jim, er habe für etliche Buchmacher in der Gegend Telefonanlagen installiert und sei deshalb sicher, mir einen ähnlichen Posten bei einer anderen Firma beschaffen zu können. Dumm war nur, dass Tonys Laden, soweit er wusste, der einzige war, der eine Unterkunft stellte.

„Und was hat er für ein Problem damit, mich hier arbeiten zu lassen?"

Jim zuckte die Achseln. „Für Frauen ist das einfach nicht so das normale Umfeld. Ich vermute, Tony befürchtet, es könnte auffallen, wenn hier auf einmal ein hübsches *Mädchen* kommt und geht. Er will nicht, dass die Bullen auf dich aufmerksam werden, mehr ist da nicht dran."

Als ich am nächsten Tag erschien, trug ich die gleiche Einheitstracht wie die Jungs: ausgebeultes Sweatshirt, Jeans und Turnschuhe. Auf Lippenstift hatte ich verzichtet und meine langen blonden Haare unter eine Baseballmütze gesteckt. Nichts an meiner äußeren Erscheinung verriet, dass ich eine Frau war – zumal ich mit eins achtundsiebzig größer war als die Hälfte der anwesenden Männer.

Als Tony mir die Tür aufmachte, betrachtete er mich von Kopf bis Fuß und murmelte: „Schon besser." Als ich mich an ihm vorbeischob, fügte er hinzu: „Du kommst zu früh."

Das Zufrühkommen war Absicht. Bevor die übrige Truppe aufkreuzte, zog ich mir Gummihandschuhe an, sprühte das Bad ausgiebig mit Raumspray ein und scheuerte es gründlich. Im Büro sammelte ich den Müll auf, leerte die Aschenbecher und wischte sämtliche Oberflächen. Während ich arbeitete, tat Tony so, als wäre er in Papierkram vertieft, was mir nur recht war. Sein Tisch war sauber, deshalb hielt ich mich von ihm fern.

Als die anderen eintrafen, waren sie ganz baff über die Verwandlung und machten mir Komplimente zu meinem tatkräftigen Einsatz. Es war zwar immer noch ein Loch, aber wenigstens war es kein Dreckloch mehr. Ich plauderte mit den Jungs, um sie ein bisschen besser kennenzulernen. Mathew zog die Brieftasche heraus und zeigte mir ein Bild seiner Frau. Als ich gerade anfing, mich als Teil des Teams zu fühlen, rief Tony: „Opening Line, aufgepasst!"

Die Arbeit fing an. Während die Telefone zum Leben erwachten, notierten alle sich die Zahlen, die Tony ansagte. Ich wollte einen Anruf auf Warten stellen, wie ich es am Vortag auch gemacht hatte, aber Tonys feindseliger Blick ließ mich innehalten. „Rühr dieses Telefon nicht an!", knurrte er.

Ein großes beige schnurloses Telefon auf Tonys Tisch fing an zu klingeln. Es sah aus wie ein Ziegelstein mit oben einer dicken Gummiantenne. Obwohl ich davon gehört hatte, war dies das erste Mobiltelefon, das ich im Leben zu Gesicht bekam. Als Tony dranging, musste ich grinsen. Das Ding sah absurd aus, und ich war überzeugt, dass diese neumodische Erfindung niemals einschlagen würde. Dass jemand mehrere tausend Dollar für einen von diesen abartigen Apparaten hinblätterte, war eine lachhafte Vorstellung. Die von der Gabel genommenen Telefone klingelten weiter, aber statt dranzugehen, blickten die anderen Tony erwartungsvoll an.

„Quotenwechsel!" Tony verkündete laut eine Reihe von Zahlen, und die Jungs schrieben eifrig mit. Alle Augen richteten sich auf die Uhr. Um Punkt zwölf schrie Tony: „Los geht's!", und Danny, Mathew, Kyle, Jay und Tony begannen, an die Telefone zu gehen. Das hektische Tempo hielt bis ein Uhr fünfundvierzig an, dann kam die Aktivität abrupt zum Stillstand.

Danny ging ins Bad, vermutlich um die Kassetten zu kontrollieren. „Meine Herren, hier sieht's ja aus wie im Ritz!", rief er. Still vor mich hinlächelnd hoffte ich, dass meine Charmeoffensive etwas nützte. Ohne ein weiteres Wort verließ Tony den Raum. Für einen Moment sah ich ihn nebenan wie wild Gewichte stemmen. Während der kurzen Pause, in der die anderen rauchten, etwas aßen, redeten und sich entspannten, hielt ich mich abseits.

Ein Weilchen später kam Tony mit schweißnassem T-Shirt zurück. Wieder klingelten die Telefone los, und diesmal durfte ich Anrufer auf Warten stellen und die Wettscheine ordnen. Am Nachmittag ging es dann noch höher her. Ich kämpfte mit einem stetig wachsenden Zettelberg. Die Telefone hörten nicht auf zu bimmeln, und mir wurde klar, dass ich dringend erfahren musste, was die Begriffe bedeuteten, die ich hörte: *Dog, Favorit, Teaser, Dime, Nickel, Parlay, Over* und *Under*.

Genau wie am Tag davor schrie Tony um halb fünf: „Schluss ist!", und die Anrufe ebbten ab. Der Nachmittag war wie im Flug vergangen. Es erregte mich, Teil dieser seltsamen Parallelwelt zu sein.

Ich drehte mich um, als ich meinen Spitznamen fallen hörte, und sah Kyle mit jemandem telefonieren. „Aber ja", sagte er mit seiner leisen, sanften Stimme, „sie ist echt hübsch." Der Raum verstummte, und ich fühlte, wie ich rot wurde. „Blonde Haare und blaue Augen", fuhr er fort.

„Halt deine blöde Klappe, Kyle!", schnauzte Tony. „Sie ist schon so gut wie weg. Das ist ihr letzter Tag heute."

Ich wandte mich Tony zu. Mit zufriedener Miene gab er die Erklärung: „Jim hat was anderes für dich gefunden."

Ich versuchte, meine Enttäuschung zu verbergen. Kaum fing die Sache an, mir Spaß zu machen, da war ich schon draußen. Tony hatte gewonnen.

Die Eingangstür fiel zu. In der Erwartung, Jim zu sehen, blickte ich auf. Stattdessen kam ein großer, rothaariger Mann mit stechenden blauen Augen hereinspaziert. Er strahlte das ruhige Selbstvertrauen aus, das die Jahre und der Erfolg mit sich bringen. In der einen Hand hielt er ein Mobiltelefon, in der anderen eine große Zigarre.

Die Männer setzten sich gerade hin und begrüßten den Mann respektvoll. Er blieb in der Tür stehen und ließ seinen Blick über die Runde schweifen. Dann deutete er mit der Zigarre auf mich. „Wer ist das Mädchen?", fragte er.

„Ach, kümmere dich nicht um die", sagte Tony wegwerfend. „Morgen ist sie nicht mehr da."

Der Mann begutachtete mich schweigend. „Das Mädchen bleibt!", verkündete er im Ton eines Mannes, dem man nicht widerspricht. „Und, Kyle, wenn dich das nächste Mal jemand fragt, wie sie aussieht, dann sagst du gefälligst, sie ist *umwerfend*."

2

WIE ICH SPÄTER ERFAHREN SOLLTE, war der Mann, der mir die Tür zur Welt des Sportwettgeschäfts aufgestoßen hatte, kein Geringerer als Ron „The Cigar" Sacco, der größte unabhängige Buchmacher in Amerika. Hinzu kam, dass er Tonys Boss war. Wenn Ron Sacco erklärte: „Das Mädchen bleibt!", musste Tony das akzeptieren, ob es ihm passte oder nicht.

„Glückwunsch, Mädel", sagte Ron zu mir. „Damit bist du offiziell bei mir angestellt."

Diese plötzliche Wende in meinem Schicksal überrumpelte mich, aber ich hatte den Verstand, den Mund zu halten. Ich bedankte mich nur. Was mich für Ron zu einem potentiellen Aktivposten machte, war möglicherweise nur das Novum, dass mit mir eine blonde, blauäugige junge Frau in der traditionellen Männerdomäne seines Büros arbeitete.

Warum auch immer, ich war entschlossen, mir sein Vertrauen zu verdienen. Ein Teil von mir wollte es Tony unter die Nase reiben, was ich für eine tolle Kraft war, eine, die den Job mindestens so gut wie ein Mann machen konnte. Im Ernst, dachte ich, *wie schwer kann das schon sein?*

Einige Minuten später fuhr ich in meinem kleinen roten Renault Alliance nach der vagen Wegbeschreibung, die Tony mir auf einen Zettel gekritzelt hatte, in mein neues Zuhause in Long Beach.

Ich bekam eine kleine, spärlich eingerichtete Einzimmerwohnung in einem bescheidenen Gebäudekomplex. Dennoch war es erhebend, auf meinen Balkon treten und auf einen großen Swimmingpool hinabschauen zu können. Das glitzernde blaue Wasser war unglaublich verlockend. Am liebsten wäre ich sofort hineingesprungen. Stattdessen flitzte ich zum Auto zurück, um zum Ozean zu fahren. Schon bald stand ich am Strand und fühlte mich winzig vor der ungeheuren Weite des Pazifiks, überwältigt davon, wie das Wasser unter dem kristallklaren kalifornischen Himmel schimmerte und wogte.

Ich konnte es nicht fassen, wie schnell sich mein Leben verändert hatte. Ich hatte jetzt einen Job und eine Wohnung unweit vom Strand, und ich trainierte dafür, an einem legendären Autorennen teilzunehmen.

Da er mich nun einmal am Hals hatte, war Tony entschlossen, mir Beine zu machen. Ich hatte den Bunker kaum betreten, da reichte er mir schon eine Handvoll Hefte – die Spielpläne der National Basketball Association, der National Football League und der College-Footballspiele. „Setz dich zu Danny", sagte er. „Du hast zu tun."

Ich nahm mir einen Stuhl neben Danny, der den Einweiser spielen sollte. „Also, RB, was weißt du über Sportwetten?"

„Äh, hm, an der Highschool habe ich Basketball und Softball gespielt."

„Was noch?"

Ich runzelte die Stirn. „Das ... war's?"

„Aber du hast Sport im Fernsehen geguckt, nicht wahr?"

Ich merkte, dass alle Blicke im Raum auf uns gerichtet waren. Mit einem verlegenen Kribbeln schüttelte ich den Kopf.

„Aber du weißt, wer ... Joe Montana ist?"

Wieder schüttelte ich den Kopf. Danny blickte zerknirscht.

„Magic Johnson?"

Abermals Kopfschütteln. Mathew lachte schallend.

Tony war stinksauer. „Na, großartig. Zwanzig Millionen Amerikaner verfolgen religiös Sport, und Jim schickt mir Heidi von den Scheiß-Alpen als Aushilfe." Er stürmte aus dem Zimmer, um Hanteln zu stemmen.

Seine Reaktion kam mir völlig übertrieben vor. Okay, ich kannte mich mit dem Zeug noch nicht aus – na und? Ich lernte schnell. Es gab pro Spiel zwei Mannschaften, und die Leute waren für die eine oder die andere – wie schwer konnte das sein?

Mit düsterer Miene griff sich Danny einen Kopfhörer und reichte ihn mir. „Hör einfach mal eine Weile rein. Auf die Weise kriegst du ein Gefühl dafür, wie es funktioniert."

Nach einer Weile kam Tony zurück. Er machte einen Anruf. „Opening Line, aufgepasst!", bellte er und legte auf. Er rief eine Folge von Zahlen.

Danny kritzelte die Zahlen neben die entsprechenden Mannschaften in den Heften. „Es ist Mitte Oktober", sagte er, während er schrieb. „Profifootball ist voll im Gange. Profibasketball fängt gerade an. Die Collegespiele laufen. Das bedeutet, es wird heute viel zu tun geben."

Es war kurz vor zwölf, und die Telefone im Büro hatten zu klingeln angefangen. Niemand machte Anstalten dranzugehen. Als jedoch das Mobiltelefon losging, griff Tony sofort danach. Sein Gesicht legte sich in Konzentrationsfalten. Dann beendete er das Gespräch und rief: „Quotenwechsel, aufgepasst!" Und er spulte die nächste Zahlenfolge ab.

Unterdessen klingelten die Telefone weiter. Bald wurde auf allen vierzehn Leitungen gleichzeitig angerufen. Danny lehnte sich herüber und sagte: „Sie wissen, dass wir die Quoten nicht vor Mittag ausgeben, aber sie rufen immer früher an, weil sie hoffen, dann unter den Ersten zu sein. Alle wollen die Opening Line kriegen."

Ich nickte, als ob mir das alles klar wäre. Was um alles in der Welt war die „Opening Line"? Keine günstige Zeit für Fragen. Eine Art Lampenfieber hatte sich im Raum verbreitet. Alle Augen hingen an der Uhr, wo der zweite Zeiger langsam auf zwölf glitt.

„Los geht's!" Auf Tonys Kommando hin brach alles in Aktivität aus. Die Jungs arbeiteten in Windeseile die Anrufer ab. Ich setzte meinen Kopfhörer auf und hörte zu, wie Danny einen Anruf nach dem anderen erledigte und dabei wie der Teufel Wetten notierte, Einsätze schrie und neue Zahlen eintrug, wenn Tony die geänderten Quoten bekannt gab. Es war mir unmöglich, ihm zu folgen. Danny hatte im Nu das richtige Team auf dem Spielplan gefunden. Wenn ich es endlich auch hatte, war er schon beim nächsten. Seine Transaktionen waren blitzschnell und strotzten von Begriffen, die ich nicht verstand.

Meine Selbstsicherheit und Entschlossenheit vom Vortag waren längst verflogen. Selbstzweifel nagten an mir. Die Wettannehmer und ihre Kunden hätten genauso gut Chinesisch sprechen können. *Kein Wunder, dass Tony mich nicht haben will,* dachte ich trübselig. Wetten anzunehmen war unendlich viel komplizierter, als ich es mir vorgestellt hatte. Man musste sich genauestens mit Glücksspiel und der ganzen Terminologie auskennen, außerdem musste man gut rechnen können und brauchte ruhige Nerven, schnelle Reaktion und gute Konzentration. Ich sah ein, dass es Monate dauern würde, bis ich da mitkam. Mir fiel ein Stein vom Herzen, als die Anrufe endlich versiegten.

„Du wirkst ein bisschen ... perplex", gluckste Tony mit offensichtlichem Vergnügen. Ich wurde rot. „RB ..." Er tippte sich ans Kinn, als grübelte er über ein tiefes Geheimnis nach. „RB, RB ... Ich hab's!" Er schnippte mit den Fingern und grinste. „Das steht für *Richtig Blond*, stimmt's?" Er brach in Gelächter aus, und ein paar andere stimmten ein. Er machte sich über mich lustig, aber ich gelobte mir, es ihm zu zeigen, koste es, was es wolle.

Schließlich fasste Tony sich wieder und trug Danny auf, mir einen Crashkurs in Sportwetten zu geben. Danny überlegte, wie er mir am besten die Grundkenntnisse beibrachte.

„Okay", fing er an. „Sagen wir, Matt und ich beschließen, gegeneinander Basketball zu spielen."

„Okay."

„Also, wie du sehen kannst, habe ich den athletischen Körper eines trainierten Sportlers. Matt hingegen ..." Danny pfiff. „Sagen wir mal, sein Körper ist nicht gerade ein Tempel."

„Eher ein armseliges Drive-in", höhnte Tony, und wieder krümmten sich alle vor Lachen.

„Unter den Umständen, was meinst du, wer gewinnen wird?"

„Du."

„Genau. Deshalb bin ich der *Favorit*, und der arme Matt ist der *Underdog*, auch einfach *Dog* genannt."

Ich nickte. So weit, so gut.

Danny wandte sich an alle. „Wer glaubt sonst noch, dass ich Matt im Basketball abziehen kann?" Alle Hände, auch die von Matt, gingen nach oben. Danny wandte sich mir wieder zu. „Gut, jetzt haben wir ein Problem. Wenn alle auf mich setzen, verliert Sacco eine Menge Geld. Klar?"

„Jaaa ...", sagte ich.

„Es gäbe kein Risiko", erklärte er. „Ich würde das Spiel sicher gewinnen, und alle würden absahnen. Was wir also tun müssen, ist, für einen gewissen Ausgleich zu sorgen. Das ist der Zweck der Quote. Für Quote sagt man auch Line oder Odds. Ist genau dasselbe."

Danny, der sich sichtlich mit der Lehrerrolle anzufreunden begann, schwenkte auf seinem Stuhl herum. „Konkret läuft das so: In Vegas sagen die professionellen Handicapper voraus, welche Mannschaft ein Spiel gewinnen wird und mit wie viel Punkten Vorsprung. Das hängt von einem Haufen verschiedener Faktoren ab, zum Beispiel ist ein Heimspiel immer ein Vorteil, oder wenn ein Team die letzten drei Spiele hintereinander gewonnen hat, dann ist die Chance höher, dass es auch das vierte gewinnt. Wenn Michael Jordan krank ist und nicht spielen kann, wirkt sich das auf die Quote für dieses Spiel aus. Wenn die Jungs in Vegas rauskriegen, dass die Mutter eines Spielers tödlich erkrankt ist, dann beeinflusst das die Quote."

„Aber warum sitzen die Handicapper in Vegas?"

Mathew schaltete sich ein. „In Vegas ist Glücksspiel legal. Sie geben die Informationen dort für ihre Casinos aus. Wir schnappen uns nur diese Informationen für unsere Spieler."

„Genau", sagte Danny. „Aber heute wird Tony unser Handicapper sein. T-bone, wie wär's, du sagst uns mal die Odds."

Tony schaute gelangweilt. „Danny minus siebzehn."

„Prima." Danny wandte sich wieder mir zu. „Unser Handicapper sagt also voraus, dass ich das Spiel mit siebzehn Punkten Vorsprung gewinnen werde. Das heißt, wenn das Spiel gelaufen ist, ziehen wir siebzehn Punkte von meiner Trefferzahl ab. Damit hat Matt gewissermaßen siebzehn Punkte mehr. Der Gewinner wird erst ermittelt, nachdem diese Odds mit eingerechnet sind."

„Wenn ich also auf Mathew setze und er verliert, kann ich trotzdem Geld gewinnen?", fragte ich zögernd.

„Bingo. Dahinter steht Folgendes: Wir wollen, dass der gleiche Betrag auf Matt gesetzt wird wie auf mich. Rons Provision ist zehn Prozent. Wenn das Verhältnis ausgeglichen ist – wenn auf beide Seiten gleich viel Geld gesetzt wurde –, dann hat Sacco theoretisch kein Risiko. Es kann ihm egal sein, ob ich gewinne oder ob Matt gewinnt. Sacco kriegt seine Provision so oder so – das ist sein Profit, *the juice*, wie man auch sagt. An der Ostküste nennen sie es *the vig* oder the *vigorish.*"

„Vigorish?"

„Juice, Vigorish … es ist ein und dasselbe. Es bedeutet, dass Ron Sacco – und wir andern – bezahlt werden. Tonys Job nun besteht darin, zu gucken, wie die Leute wetten, und die Quote dem anzupassen. Wenn alle auf mich setzen, dann muss Tony die Quote so ändern, dass die Leute sich mehr davon versprechen, auf Matt zu setzen. Kapiert?"

Danny wirbelte auf seinem Stuhl herum und wandte sich an die anderen. „Ihre Wetten, meine Herren!" Alle fingen an, für das fiktive Spiel Wetten abzugeben.

„Danny minus siebzehn für zehntausend!"

„Für mich Danny minus siebzehn für fünfzigtausend!"

„Geh auf minus zwanzig für Danny", rief Tony.

„Hast du das mitgekriegt?" Danny schwenkte wieder zu mir herum. „Tony hat gerade die Line verschoben, weil er will, dass mehr Leute auf Matt setzen. Das heißt, am Ende unseres Spiels hat Matt jetzt … was?"

„Zwanzig Punkte mehr", sagte ich.

„Richtig. Und ich habe damit zwanzig Punkte weniger."

„Für mich Matt plus zwanzig", Mathew grinste, „für eine halbe Million!"

Danny blickte mich erwartungsvoll an.

„Dann wird Tony die Line jetzt wohl wieder verschieben, nicht wahr?", sagte ich. „Auf Mathew plus zehn?"

„Genau." Danny lächelte erleichtert. „In Wirklichkeit verschiebt sich die Line selten um mehr als einen halben Punkt auf einmal, aber das ist erst mal die Grundidee. Wir nehmen nur so lange Wetten an, wie das Spiel noch nicht angefangen hat. Wenn es mal läuft, ist es geschlossen. Einfach, hm?"

Als nächstes erklärte er die Regeln für die „Totalwetten". Bei diesen war es genauso: Vegas sagte das Endergebnis eines Spiels voraus, und man konnte darauf wetten, dass die Gesamtpunktzahl, *Total* genannt, entweder über- oder unterschritten wurde; das hieß dann *Over* oder *Under.* „Wenn alle auf überschreiten setzen, hebt Tony die Punktzahl an, damit die Leute auf Under tippen. Jetzt komm, sag mir, was du gelernt hast."

„Na schön", sagte ich. „Tony sorgt für den Ausgleich. Er kriegt die Quote von den Handicappern in Vegas und passt sie an, je nachdem, wie die Spieler wetten. Das Verhältnis ist unausgeglichen, wenn zu viele

Leute auf eine Seite setzen. Dann verschiebt er die Line, die Leute setzen auf die andere Seite, und der Ausgleich ist wiederhergestellt."

„Gut." Er lächelte. „Jetzt zu den Beträgen. Du hast gehört, dass wir Wörter wie *Nickels* und *Dimes* verwenden, stimmt's?"

„Ja." Ich nickte.

„Also, das bedeutet nicht etwa fünf oder zehn Cent wie im normalen Gebrauch. Ein Dime sind tausend Dollar. Ein Nickel sind fünfhundert. Ein Buck sind hundert, aber das musst du dir nicht merken, denn mit solchen Beträgen geben wir uns in diesem Büro nicht ab. Der Mindesteinsatz bei uns ist ein Nickel, der Höchsteinsatz sind zehntausend. Wenn wir die Beträge notieren, lassen wir die letzten beiden Nullen weg. Wenn also jemand zehn Dime setzt, dann sind das ...?"

„Zehntausend Dollar", sagte ich, bemüht, mir den Schreck nicht anhören zu lassen. Es bestürzte mich, dass Leute so viel Geld auf ein Spiel setzten.

„Richtig. Geschrieben wird das eins-null-null."

Ich machte den Mund auf, um zu fragen, warum, aber Tony kam mir zuvor. „Es geht schneller. Und für den unwahrscheinlichen Fall, dass die Bullen eine Razzia machen und Beweismaterial suchen, sollen sie die realen Geldbeträge, die hier fließen, nicht erfahren. Wenn du also eine Fünf-Dime-Wette aufschreibst, pass gefälligst auf, dass da fünf-null steht."

„Kapiert", sagte ich.

„Und wenn du eine Zehn-Dime-Wette annimmst, ruf sie aus, damit Tony sofort die Quote ändern kann", fügte Danny hinzu.

So weit war alles klar – wenigstens was die Einzelwetten betraf. Danny war der geborene Lehrer. Als er jedoch anfing, trickreiche Varianten zu erklären, sogenannte Gimmicks, wurde die Sache kniffliger.

Ein *Parlay* zum Beispiel war eine Kombinationswette, bei der man mehrere Tipps auf einmal abgab. Man gewann nur, wenn man alle richtig hatte. Die Chancen waren gering, aber der Gewinn war höher. Setzte man fünftausend Dollar auf eine Kombination von zwei Teams, konnte man ganze zwölf Riesen absahnen. *Round Robins*, *Teasers* und *Wheels* waren andere Wettarten mit speziellen Begriffen und Konditionen, die ich würde lernen müssen. Ich musste verstehen lernen, worum es dabei ging, wie sie funktionierten und was sie im Gewinnfall einbrachten.

Irgendwann hob ich die Hand, um Danny zu stoppen, der schwindelerregende Ketten von Namen und Ausdrücken herunterratterte.

„Oh, Scheiße", sagte er, als er den völlig verwirrten Blick in meinem Gesicht bemerkte. „War ich zu schnell?"

⌧

ALLE SPIELER KONTAKTIERTEN uns über eine 1-800er-Nummer außer einem besonderen Kreis, der sich die „Computer Group" nannte. Das war ein Konsortium von brillanten Akademikern, die mit vereinten Fähigkeiten eigene Prognosen der zu erwartenden Punktedifferenzen abgaben. Die Tipps der Computer Group waren so gut, dass sie ihre Informationen an andere professionelle Spieler weiterverkaufen konnte, die dann in ausgewählten Spielen den Höchstbetrag setzten. Diese sogenannten „heißen" Spiele erzeugten ein hohes Maß an Wettaktivität und erforderten häufige Quotenwechsel. Die Computer Group war die einzige Kundschaft, die über Tonys Mobiltelefon Wetten abschließen durfte, bevor wir offiziell anfingen.

Im Laufe der nächsten Tage lebte ich mich langsam ein. In den ruhigeren Momenten durfte ich den Spielern die Quoten ansagen, aber ich war noch nicht annähernd so weit, Wetten von ihnen anzunehmen. Die Glücksspielterminologie war fließend, und verschiedene Ausdrücke bedeuteten oft ein und dasselbe. Ein Spieler setzte vielleicht „zehn Dimes", ein anderer „ten large" oder „ten big". Das alles bedeutete zehntausend Dollar. Statt nach dem Favoriten zu fragen, wollten manche Anrufer den Chalk wissen. Gimmicks wurden manchmal Exotics genannt, und statt nach den Quoten fragten manche Spieler nach dem „Preis", oder sie verlangten einfach: „Lass hören!" Stunde um Stunde hörte ich zu, wie Danny Wetten annahm, bis ich darauf brannte, die Anrufe selber entgegenzunehmen.

Am Freitag tauchte Sacco wieder auf, Zigarre zwischen den Zähnen. Er warf Tony eine Papiertüte zu, und der holte fünf umbändelte Stapel mit Hundertdollarscheinen heraus, warf jedem von uns einen zu und behielt selbst den größten.

⌧

MEHRERE TAGE SPÄTER chauffierte ich Jim nach Hemet im Süden, wo er seinen neuen Mustang abholen wollte, der mit Überrollbügeln ausgestattet worden war. Ich fragte ihn, warum Glücksspiele verboten waren.

Er überlegte kurz. „Ich denke mal, manche Leute können nicht damit umgehen, nicht wahr? Sie werden süchtig. Sie verspielen ihr Haus, das angesparte Schulgeld ihrer Kinder, alles mögliche. Wahrscheinlich denkt der Staat, wenn er das Glücksspiel legalisiert, wird es Schwierigkeiten geben."

„Aber in Vegas ist es legal."

„Glücksspiele bringen auch Steuereinnahmen, schaffen Arbeitsplätze, lauter gute Sachen. Ohne das Glücksspiel wäre Vegas nur eines von vielen Käffern in der Wüste."

„Und warum verlegt Ron dann das Büro nicht einfach nach Vegas?"

Jim lachte. „So einfach geht das nicht. Die meisten von Rons Spielern sitzen in Kalifornien. Wenn sie in Vegas anrufen würden, um eine Wette zu platzieren, wäre das ein Verstoß gegen den Interstate Commerce Act, der den Handel zwischen den Bundesstaaten gesetzlich regelt. Und mit einem Firmensitz in Vegas lachst du dir ein noch größeres Problem an."

„Nämlich?"

„Den Mob! Wo ein Casino ist, da ist auch die Mafia nicht weit. Die sind wie die Fliegen auf einem Kackhaufen."

Ich dachte an Ron Sacco mit seinen roten Haaren und seinem legeren Schick. Er entsprach definitiv nicht dem Mafiaprofil. Tony mit seinem italienischen Aussehen passte dagegen schon eher. „Das heißt ... Ron hat nichts mit dem Mob zu tun?"

Zu meiner Erleichterung schüttelte Jim den Kopf. „Hier bei uns ist die Mafia kaum vertreten. Drüben an der Ostküste sieht es ganz anders aus. Da hat sie die ganze Glücksspielszene fest im Griff. Herrje, da drüben lassen sie jeden x-Beliebigen beim Bookie an der Ecke eine Wette platzieren, und es ist ihnen ganz egal, ob es Junkies, Säufer, Spielsüchtige, Sozialhilfeempfänger sind oder sonst wer. Niemand fragt nach. Ron dagegen", führte Jim weiter aus, „zieht über jeden, der bei ihm hohe Wetten abschließt, Informationen ein. Bei Ron kannst du nur um Beträge spielen, deren Verlust du verkraften kannst. Wenn du aus irgendeinem Grund mit deinen Zahlungen in Verzug gerätst, wird Ron mit dir einen Plan ausarbeiten. Deshalb ist er eine Legende. Ron hat ethische Standards. Er macht saubere Geschäfte. Deshalb lässt ihn die Polizei gewähren. Wenn Ron nicht wäre, wäre hier vielleicht die Mafia am Drücker, wer weiß?"

„Und warum muss Ron dann das LAPD bestechen?", fragte ich.

„Glücksspiele sind immer noch illegal. Ron macht vielleicht keine Scherereien, aber die Cops können was dafür verlangen, dass sie ein Auge zudrücken."

„Leuchtet ein", sinnierte ich.

„Auf jeden Fall. Ab und zu müssen sie ihn trotzdem hochnehmen. Aber sie filzen nur das Baby Office, wie wir dazu sagen, Rons kleinstes Büro. Und sie sagen ihm vorher Bescheid, wann es passiert. Auf die Art gewinnen beide Seiten. In der Zeitung sieht es dann so aus, als würde die Polizei das organisierte Verbrechen bekämpfen, aber Ron bestimmt, was sie in die Hände bekommt. Solange du nicht im Baby Office arbeitest, hast du nichts zu befürchten."

„Und was ist Tonys Geschichte?", fragte ich.

„Tony? Der ist seit mindestens zwölf, dreizehn Jahren bei Sacco. Mann, wenn Tony nicht wäre, könnte Sacco einpacken, wenn du mich fragst. Er hat als Wettannehmer angefangen, genau wie du. Aber er ist ein echtes Naturtalent – gut im Kopfrechnen, unglaubliches Gedächtnis. Er beobachtete die Muster und Tendenzen bei den Zockern und passte dann selbstständig die Quote an. Als Tony anfing, Punkte draufzuschlagen und abzuziehen, schossen Saccos Profite in die Höhe. Sacco ist ein helles Kerlchen. Er machte Tony zum Leiter des Büros und gab ihm freie Hand."

Jim deutete auf ein Straßenschild nach Hemet. Ich fuhr nach seinen Anweisungen zu Turners Werkstatt und hielt auf dem Parkplatz. Jim sprang aus dem Wagen und begab sich schnurstracks zu seinem geliebten Mustang, der in der Morgensonne funkelte. Er krempelte sofort die Ärmel hoch und untersuchte die neu angebauten Überrollbügel und Schultergurte. „Wunderbar", sagte er grinsend.

Dann führte er mich in die Werkstatt und stellte mich dem Besitzer vor, einem Profirennfahrer. Während Jim von unseren Plänen für die Alcan 5000 erzählte, wuchs meine Vorfreude auf die bevorstehende Rallye. Als das Gespräch jedoch zu einer langatmigen Fachsimpelei über Stoßdämpfer ausartete, entschuldigte ich mich und machte mich auf den langen Rückweg nach East L.A. Es war zehn Uhr fünfundvierzig, und ich wusste, ich musste Gas geben, um rechtzeitig zur ersten Quote im Büro zu sein.

3

IM BÜRO GING ich in ausgeleiertem T-Shirt, Baseballmütze und Turnschuhen wie alle anderen auch, deshalb war mir der Vorwand, mich mal wieder als Frau zu kleiden, hochwillkommen. Zur Feier meines ersten richtigen Tages als Bookie wollten die Jungs mich zum Essen ausführen. Wir waren um acht im Vitello's verabredet, einem Italiener in Studio City, und ich raste nach der Arbeit nach Hause, um mich umzuziehen. Ich zog ein eng anliegendes Kleid und Sandalen an und ließ die Haare offen. Zufrieden lächelte ich mein Spiegelbild an und eilte zum Wagen.

Als ich im Vitello's eintraf, saßen die anderen schon. Ich entschuldigte mich für die Verspätung und begab mich zu dem Platz, der noch frei war. Danny sprang auf und zog mir mit einem langgezogenen beifälligen Pfeifen den Stuhl zurück. „Verdammt noch mal", sagte er, „ich hatte irgendwie ganz vergessen, dass du eine Frau bist."

Tony warf ihm einen finsteren Blick zu. „Komm ja nicht auf Gedanken, Danny."

„Ach, hab dich nicht so, Mann."

„Von wegen. *You don't shit where you eat.*" Tony sah sich am Tisch um. „Aufgepasst!", sagte er. „Ich habe gerade eine neue Vorschrift für das Verhalten am Arbeitsplatz aufgestellt. Keine Drogen! Kein Kater! Keine Verspätung! Und: *Finger weg von RB!* Wenn ich eins von euch Arschlöchern noch mal dabei erwische, dass er RB schöne Augen macht, wird er gefeuert."

Ich versank fast im Boden vor Scham. Selbst Danny blickte betreten. Direkt an mich gewandt ätzte Tony: „Heb dir die schönen Kleider für Jim auf. Und hab bitte die Liebenswürdigkeit, in Zukunft pünktlich zu erscheinen."

Innerlich schäumend nahm ich Platz. Ich hatte mich zehn Minuten verspätet! Während sich am Tisch ein verlegenes Schweigen ausbreitete, griff Tony sich die überdimensionale Speisekarte, schlug sie auf und schirmte sich damit vor meinen zornigen Blicken ab. Ich nahm meine Karte und versuchte, mich auf die Bestellung zu konzentrieren. Es ging nicht. Meine Gedanken wanderten immer wieder zurück zu Tony und seinem hässlichen Anschnauzer. Alle anderen waren nett zu mir – warum konnte er es nicht auch sein? Er schenkte mir niemals auch nur ein anerkennendes Knurren.

Doch als der Kellner kam, war Tony wie ausgewechselt. Er redete ihn mit Namen an und erkundigte sich nach seiner Familie, wusste sogar noch, wie alt seine Kinder waren. Schnell gerieten sie ins Plaudern, kicherten über einen Witz. Die plötzliche Veränderung in Tonys Verhalten verblüffte mich. Er konnte ganz bezaubernd sein, wenn er wollte. Nur mit mir wollte er anscheinend nicht.

Meine schlechte Laune hielt nicht lange an. Das Essen war phantastisch, und das Gespräch bei Tisch floss bald so leicht dahin wie der Wein. In der veränderten Umgebung erfuhr ich etwas mehr über meine Kollegen. Wenn Kyle keine Wetten annahm, verkleidete er sich als Cowboy und flog in einem Freizeitpark als Stuntman durch geschlossene Fenster und Türen. Und das, obwohl er Diabetes hatte. Danny hoffte, wie so viele in L.A., auf eine Karriere als Schauspieler. Mathew war mit einer Kindergärtnerin verheiratet, und die beiden wünschten sich Kinder. Jay studierte nebenher und besuchte nach Feierabend Collegekurse.

Selbst Tony entspannte sich nach einem Glas Wein und unterhielt die Runde bald mit Geschichten aus seiner Kindheit. „Mit am meisten bereue ich, dass ich meiner Mutter die Nummer des Mobiltelefons gegeben habe", sagte er. „Sie ruft mich manchmal an, wenn ich gerade voll dabei bin, die Quoten anzusagen. Ich so: ‚Ma! Was ist?‘, und sie: ‚Schatz, nimmst du auch schön deine Vitamine?‘“

„Wie alt bist du denn, Tony?“

Das Gelächter am Tisch erstarb auf der Stelle. Ich spürte, dass ich mit der persönlichen Frage eine unausgesprochene Grenze überschritten hatte. „Neunundzwanzig“, murmelte er.

Tony war also sechs Jahre älter als ich, ging es mir durch den Kopf, als ich an dem Abend nach Hause fuhr. Immer wieder musste ich an unsere erste Begegnung zurückdenken. Er war so schroff, arrogant und ungehobelt – ein Eindruck, den er anscheinend bei jeder sich bietenden Gelegenheit nur zu gern bestätigte. Aber in der nahen Zusammenarbeit mit ihm hatte ich entdeckt, dass er extrem intelligent war. Er führte Rons millionenschweres Geschäft sozusagen mit links, was mich doppelt beeindruckte, als ich erfuhr, dass er nicht nur das Büro leitete, in dem ich arbeitete, sondern auch noch zwei andere unter sich hatte: das „Small Office“, gedacht für Leute mit geringer Spielerfahrung, und das „Baby Office“, wo im Höchstfall fünfhundert Dollar gewettet werden durften. Tony hatte ein solches Geschick in der Anpassung der Quoten, dass andere Buchmacher dafür bezahlten, sie benutzen zu dürfen. Er war vielleicht nicht in einem zugelassenen Gewerbe tätig, ein angesehener Geschäftsmann war er trotzdem.

Außerdem konnte ich nicht leugnen, dass Tony durchaus … *sympathisch* war. Er hatte einen scharfzüngigen Humor und ein schelmisches Lachen, das seine dunkelbraunen Augen aufleuchten ließ. Tony hatte Charisma. Er war ein Mensch, der alle Aufmerksamkeit auf sich zog, wenn er einen Raum betrat.

Ich fragte mich, ob Tony eine feste Freundin hatte. Er sah nicht schlecht aus. Nicht mein Typ, aber doch ganz ansehnlich. Ich konnte mir vorstellen, dass Frauen ihn attraktiv fanden. Kyle hatte eine Freundin, Jay und Danny ebenso. Mathew war verheiratet. Aber Tony? Ich hatte keine Ahnung. Von seinem Privatleben wusste ich im Grunde nicht mehr als die paar Brocken, die er beim Essen hingeworfen hatte. Er ließ sich nicht in die Karten gucken.

Reizte mich etwas an Tony? Ich schob den Gedanken sofort weit von mir. Natürlich nicht! Verrückt, so was auch nur zu denken – Tony war nicht mein Typ. Wenn ich einen Typ gehabt hätte, wäre Tony das direkte Gegenteil gewesen. *Warum denke ich überhaupt darüber nach?*, fragte ich mich. Vielleicht, weil er erklärt hatte, ich sei für alle im Büro tabu. War das der Moment gewesen, in dem ich anfing, ihn attraktiv zu finden? Auf eine verquere Art hätte das gepasst und wäre typisch gewesen für die Art, wie ich innerlich tickte. Sobald etwas für tabu erklärt wurde, zog es mich an.

Ich holte tief Luft. Alberne Spinnereien. Völlig absurd. Sollte Tony morgen mit mir ausgehen wollen, würde ich nein sagen. Ich würde nicht einmal darüber nachdenken müssen.

EINE WOCHE SPÄTER kam ich morgens ins Büro und fand auf meinem Tisch einen Wettschein vor, auf dem „SD-3 100" stand. Die 100 war rot umkringelt, was anzeigte, dass die Wette am Vortag gewertet worden war. „Was ist das?"

Tony saß an seinem Schreibtisch und las den Sportteil. Ohne aufzublicken, teilte er mir mit: „In dem Spiel waren wir nie bei drei. Wir haben mit dreieinhalb angefangen und mit viereinhalb aufgehört."

Ich verteidigte mich. „Ich habe da nie im Leben drei eingetragen, Tony."

Tony seufzte und legte die Zeitung hin. Da erst sah ich den Kassettenrekorder. Er drückte auf „Play".

„5056", hörte ich, wie sich ein Spieler identifizierte. „Was sagt ihr zu San Diego?"

Dann ertönte meine Stimme. „Dreieinhalb." Im Hintergrund konnte ich hören, wie Telefone wild schrillten, Wetten ausgerufen wurden und Tony in der allgemeinen Anfangsquotenhektik die Wechsel verkündete. „Dann setze ich zehn Dimes auf San Diego minus drei", sagte die Stimme des Mannes. Ich schaute auf den Wettschein. In dem ganzen lärmenden Durcheinander hatte ich offensichtlich den Überblick verloren, denn genau das hatte ich auch geschrieben. Minus drei und zehn Dimes. Tony schaltete das Band aus.

„Du hast diesem Heini einen halben Punkt geschenkt. Mit minus dreieinhalb hätte er verloren. Minus drei war ein Push. Wegen diesem Fehler gehen uns zehn Dimes durch die Lappen."

Mir gefror das Blut. Das war nicht irgendein Fehler – an diesem Fehler hingen zehntausend Dollar. Ich war überzeugt, er würde mich auf der Stelle feuern. Doch das tat er nicht. Er verlor bis zum Ende des Tages kein Wort mehr darüber, dann rief er mich zu sich und überreichte mir einen riesigen Stapel Wettscheine. Die werde ich heute Abend werten, ließ er mich wissen, um mir auf die Art beizubringen, dass ich in Zukunft besser aufpasste.

Das würde ein langer Abend werden. Die anderen Mitarbeiter klagten immer, wenn sie an der Reihe waren, die Wettscheine zu bearbeiten, und ich sollte erfahren, warum. Zu Hause rief ich um einundzwanzig Uhr eine gebührenfreie Nummer in Vegas an, um die Endergebnisse der Spiele zu erfahren. Diese trug ich in das *Don-Best-Sports*-Heft ein, dann berechnete ich mit der Quote, wer gewonnen und wer verloren hatte. Dabei wurde mir augenblicklich klar, dass die halben Punkte die Funktion hatten, die Möglichkeit einer Punktgleichheit auszuschließen, Push genannt. Unter den vielen hundert zu wertenden Wetten begegneten mir zahllose Fälle, in denen dieser halbe Punkt den Ausschlag dafür gab, dass das Wettbüro gewann.

Die Einzelwetten waren kein großes Problem, aber die Gimmicks zu klären war kompliziert und zeitaufwendig. Mit schmerzenden Fingern und brennenden Augen arbeitete ich systematisch den Stapel ab. Als ich damit durch war, musste ich wieder von vorn anfangen und den Gesamtgewinn oder -verlust jedes einzelnen Spielers an dem Tag berechnen und diese Zahl auf einem langen Spielerbogen neben seiner Kennnummer eintragen. Ich kippte währenddessen eine ganze Kanne Kaffee in mich hinein, die letzte Tasse um Mitternacht, bevor ich schließlich um drei Uhr todmüde ins Bett fiel.

Im Einschlafen dachte ich wieder an Tony. Ich war ihm nicht böse, dass er mir die Arbeit aufgedrückt hatte. Die gehörte mit zum Job. Aber es wunderte mich, wie Tony es schaffte, das Abend für Abend zu tun. Er musste die Originale werten, und er brüstete sich damit, dass er dafür nur zwei Stunden brauchte. Wie schaffte er das?

Im nächsten Schritt wurden die Ergebnisse verglichen, und dafür musste ich mich am Morgen mit Tony treffen. Ich ging gerade zum Lagerhaus, im Arm einen Plastikbeutel mit Wettscheinen im Wert von ungefähr einer Million Dollar, als ich das tiefe Dröhnen eines heranrollenden Motorrads hörte. Dann ließ der Fahrer den Motor aufheulen. Meine Kollegen schärften mir ständig ein, ich solle auf der Hut sein, dies sei eine gefährliche Gegend. Ich zog die Baseballmütze tiefer ins Gesicht, nahm den Beutel in die andere Hand und beschleunigte meine Schritte. Das Motorrad kam näher. Zum Lagerhaus war es nur noch ein kleines Stück.

Alles in Ordnung. Geh einfach weiter. Du bist fast da.

Die Maschine machte vor mir einen scharfen Schwenk und versperrte mir den Weg. Ein Mann mit Helm und Lederjacke saß breitbeinig auf einer martialisch wirkenden Harley. Hinter dem glatten schwarzen Helm konnte ich sein Gesicht nicht erkennen, nur mein eigenes verzerrtes Spiegelbild. Ich wollte schon losrennen, da klappte der Mann das Visier hoch.

Es war Tony. Ich versuchte, mir die Panik nicht anmerken zu lassen. Er wühlte in der Tasche nach den Schlüsseln und warf sie mir zu. „Mach dir auf", sagte er. „Ich komme gleich."

※

DIE WOCHEN VERGINGEN wie im Flug, und auf einmal stand Weihnachten vor der Tür. Das war die Zeit im Jahr, in der die Spitzenmannschaften im College-Football in den sogenannten Bowl-Spielen gegeneinander antraten, was zu hektischen Wettaktivitäten führte.

„Erst mal gibt's da natürlich den Super Bowl", erläuterte Danny. „Das ist das einzige Profispiel. Aber dann haben wir noch den Orange Bowl, den Cotton Bowl, den Sugar Bowl ..."

Man erwartete von uns, dass wir die Ferienzeit durcharbeiten, was mir ganz recht war. Die Vorstellung begeisterte mich nicht, nach New York zu meiner Familie zu fliegen und mich dort mit Fragen nach meinem Leben in Los Angeles bombardieren zu lassen. Niemand von ihnen würde gutheißen, womit ich meinen Lebensunterhalt verdiente, ganz gleich, wie ich es ihnen verkaufte.

Ich war in einem sehr andersartigen Umfeld großgeworden. Meine Eltern waren beide Europäer, und mein britischer Vater war immer noch häufig für die Vereinten Nationen auf Reisen. Nach Amerika kam ich erst mit sieben. In den sechziger Jahren lebte unsere Familie in Rom. Zu der Zeit trugen italienische Mütter Hauskleider am Strand und ließen sich unter Sonnenschirmen nieder, um ihre Kinder zu beaufsichtigen. Unsere deutsche Mutter dagegen hatte langes, volles blondes Haar, blaue Augen und ein strahlendes Lächeln. Sie sah aus wie ein Filmstar, nicht wie eine Hausfrau mit drei Kindern, die im Abstand von nur jeweils vierzehn Monaten gekommen waren. Sportlich und sonnengebräunt spazierte sie im Bikini mit uns dreien im Schlepptau am Wasser entlang. Schon damals entging mir nicht, welche Aufmerksamkeit sie bekam.

Meine Muttersprache war Italienisch, und das bisschen Englisch, das wir von meinem Vater gelernt hatten, war grundverschieden von der Ausdrucksweise und Aussprache in Amerika. Es war nicht sonderlich integrationsförderlich, dass meine Schwester und ich anfangs im Dirndl und mit langen blonden Zöpfen zur Schule gingen. Wir fielen einfach aus dem Rahmen. Wir waren Europäer, die in den USA lebten. Unsere Möbel, unser Essen, die Musik, die wir hörten, die konservativen Werte meiner Eltern – alles blieb unverändert so, wie es in Rom gewesen war.

Mein Bruder Peter wurde bald auf ein Internat in England geschickt, um eine „ordentliche Schulbildung" zu erhalten. Er wuchs dort auf und besuchte uns nur in den Sommer- und Weihnachtsferien. In unserer feinen Wohngegend in Westchester nördlich von New York City gab es nur wenige Kinder, und in den ersten Jahren war mein Vater viel unterwegs. Im Alltag waren wir eine Kleinfamilie, die in einem großen Haus in einer von Bäumen gesäumten breiten Straße wohnte. Meine Schwester Heather und ich wurden unzertrennlich. Wir wurden nicht nur ständig für Zwillinge gehalten, wir wussten auch immer, was die andere gerade dachte, und machten alles gemeinsam.

Als ich neun war, nahmen meine Schwester und ich Ballett-, Klavier-, Turn- und Eislaufunterricht und gingen auf eine Privatschule. Im Winter gingen wir Skifahren, und im Sommer reisten wir nach Vancouver oder Europa. Im Unterschied dazu war meine Mutter neun gewesen, als Hitler Polen überfiel, elf, als sie sicherheitshalber aufs Land geschickt wurde, und dreizehn, als sie allein zurück nach Hamburg fuhr und die Stadt in Trümmern vorfand. Die ganzen unvorstellbaren Kriegsgräuel, die sie als Kind erlebt hatte, wurden durch ihre Geschichten auch ein sehr realer Teil unserer eigenen Kindheit. Was ich im Leben auch durchmachen würde, es war keine Frage, dass sich nichts jemals mit dem würde vergleichen können, was sie erlitten hatte.

Meine Mutter stach in Amerika noch mehr heraus als in Rom. Sie war weitgereist, sprach vier Sprachen und war eine talentierte Eisläuferin, Skifahrerin, Pianistin, Bergsteigerin und Turnerin. Sie stand jeden

Morgen um sechs auf, um Gymnastik zu machen, bevor sie zur Arbeit bei Stauffer Chemical fuhr, wo sie als Chemikerin in der Forschung tätig war. Sie musste einen Laborkittel und Schuhe mit Metallkappen tragen und ließ sich ihre eigens mit hohen Absätzen anfertigen. Wenn sie nach der Arbeit nach Hause kam, kochte sie uns jeden Tag ein nahrhaftes Essen und begab sich anschließend zum örtlichen College, wo sie Kurse nahm, um ihren unersättlichen Wissensdurst zu stillen. Sie sah immer perfekt aus: die Haare zum „French Twist" hochgesteckt, klassische Kostüme oder Kleider, Nylonstrümpfe und hohe Absätze. Sie war elegant, gebildet, zielstrebig. Sie wusste, wie und wann sie charmant zu sein hatte, und sie genoss es, im Mittelpunkt der Aufmerksamkeit zu stehen, aber sie zeichnete sich auch durch fehlende Wärme aus, eine Gefühlskälte.

Sie hielt meine Schwester und mich auf Trab. Wir waren dafür verantwortlich, das große Haus und den parkähnlichen Garten tipptopp in Schuss zu halten. Immer gab es etwas zu tun: Rasen mähen, Laub rechen, die lange Auffahrt jäten, Schnee schippen, den Tisch decken und abdecken, Geschirr spülen, Zimmer fegen und saugen. Alles musste jederzeit perfekt aussehen. Mein Vater bezeichnete unser Haus als „steril", was die Sache ziemlich genau traf.

Mahlzeiten im Kreis der Familie wurden mit den Jahren zu einer Tortur. Die Gespräche bei Tisch waren gezwungen und auf Aktuelles und das Wetter beschränkt. Dieses höfliche Festhalten an der gesellschaftlichen Form war nur Fassade. Unter der Oberfläche herrschte die unerträgliche Spannung einer Ehe kurz vor dem Zerbrechen. Das Wissen um die vielen Seitensprünge meiner Mutter – und die Tatsache, dass mein Vater lieber in fernen afrikanischen Dörfern arbeitete, wo Lebensmittel knapp waren und die Malaria grassierte, als bei seiner Frau zu sein – vergiftete die Atmosphäre zu Hause. Die Bindung, die einmal zwischen meinen Eltern bestanden haben mochte, hatte sich längst in nichts aufgelöst.

Mein Vater packte seine Sachen und ging, als ich siebzehn war. Peter studierte mittlerweile an der University of British Columbia, aber meine Schwester und ich waren noch zu Hause, und wir mussten mit den häufigen halbherzigen Selbstmordversuchen meiner Mutter fertigwerden, die deutlich bezweckten, meinen Vater zur Rückkehr zu bewegen. Jahrelang hatte sie ihn unablässig beschimpft und einen Liebhaber nach dem anderen gehabt – von denen sich einer sogar bitter bei mir beklagte, als sie die Beziehung aufkündigte. Kein Zweifel, sie liebte meinen Vater nicht, aber mit der Scheidung hätte sie den Status und die Vergünstigungen einer „UN-Gattin" verloren.

Noch nach meinem Umzug nach Kanada hatte ich weitere Selbstmordanrufe von meiner Mutter zu verkraften. Sie rief mich oft um vier oder fünf Uhr nachts in Vancouver an, um mir zu sagen, sie hätte ein Messer in der Hand und würde sich jetzt die Pulsadern aufschneiden oder sie würde bei irgendjemandem vom Balkon springen, sich in der Garage vergasen oder Tabletten nehmen. Monatelang ging das so.

Irgendwann brach ich das Studium ab, wurde Rallyefahrerin und heuerte schließlich in einem Wettbüro in L.A. an, wo niemand mich kontaktieren konnte. Ich hatte nicht vor, meinen Eltern mitzuteilen, wo ich war und was ich machte, und gedachte bis auf weiteres in L.A. zu bleiben.

Am Freitag, den 26. Dezember, tauchte Ron Sacco mit einer braunen Papiertüte im Büro auf, darin unsere Gehälter plus Weihnachtszulagen. Als Tony die Kuverts verteilte und ich in meinem tausend Dollar zusätzlich zum Wochenlohn entdeckte, war mir, als hätte ich im Lotto gewonnen.

Ron setzte sich bei Mathew auf die Schreibtischkante, fasste beiläufig in die Jackentasche und zog ein weiteres Kuvert heraus. Er warf es Tony zu. „Tickets für das Spiel Lakers gegen Houston", sagte er. „Anpfiff um sieben." Ron sah sich im Raum um und zwinkerte. „Die Limo geht auf mich."

Eine Stunde später stiegen wir alle in eine riesige Stretch-Limousine. Bei meiner letzten Fahrt in einer Limo hatte ich ein albernes Tüllkleid getragen und auf dem Weg zum Schulabschlussball verklemmt Konversation gemacht. Heute lief ein anderes Programm. Ich trug immer noch mein ausgeleiertes Sweatshirt, Jeans und Baseballmütze und hatte fünfzehn Hundertdollarscheine in der Tasche. Ich war mit meinen Buchmacherkollegen auf dem Weg zur ersten Sportveranstaltung meines Lebens. Es fühlte sich verdammt cool an.

Die Atmosphäre im Stadion war elektrisch aufgeladen. Während wir uns einen Weg durch das Gedränge bahnten, achtete ich darauf, dicht bei Tony zu bleiben. Ich wollte unbedingt den Sitz neben ihm ergattern. Als er jedoch unsere Reihe gefunden hatte, winkte er mich als Erste hinein und ließ dann die anderen folgen. Am Ende saß er am weitesten von mir entfernt. Enttäuscht fragte ich mich, ob er das absichtlich getan hatte.

Die Arena kochte, und bald war ich genauso aufgeregt wie alle anderen. Als die Lakers aufs Feld kamen, erhob ich mich und schrie mit der Menge mit. Es erfüllte mich mit Stolz, dass ich nicht nur die Namen der Spieler kannte, sondern auch die Positionen, auf denen sie spielten. Ich erkannte sogar Pat Riley, den Trainer des Teams.

Vor dem Spiel zogen die Laker Girls die übliche Cheerleader-Nummer ab und führten zum begeisterten Beifall der Menge ihre makellosen Figuren und akrobatischen Bewegungen vor. Die knappen lila-goldenen Kostüme bedeckten gerade so ihre gelenkigen, athletischen Körper. Während ihres Auftritts warf ich Tony einen verstohlenen Blick zu und sah, wie eingehend er sich die Mädchen betrachtete. Ich lehnte mich zurück und seufzte.

Was war los mit mir? Natürlich fand er sie attraktiv – welchem Heteromann wäre das nicht so gegangen? Ich nahm meine Mütze ab und schüttelte mir die Haare auf in dem vergeblichen Versuch, femininer zu wirken. Warum konnte Tony mich nicht so anschauen? Was musste ich tun, um seine Aufmerksamkeit zu erregen? Ich versuchte, ihn mir aus dem Kopf zu schlagen, und konzentrierte mich stattdessen auf das Spiel. Es endete mit einem klaren Sieg für die Lakers, die Houston mit 134:111 schlugen. Hinterher war ich ganz heiser vom vielen Anfeuern.

Als die Limo uns wieder am Lagerhaus absetzte, war es spät. Tony verschwand im Büro, um die Wettscheine zu holen. Spiel hin oder her, er hatte noch zu arbeiten.

„Wer ist mit Werten dran?", fragte ich betont locker.

„Ich", stöhnte Kyle.

„Ich kann das machen, Kyle", bot ich an. „Das heißt, wenn du willst."

Kyle traute seinen Ohren nicht. „Im Ernst? Willst du das wirklich tun?"

Wenn ich das Werten übernahm, konnte ich am Morgen die Zahlen mit Tony vergleichen. „Ja, ganz bestimmt."

Während ich mich in jener Nacht durch einen erschreckend dicken Packen gelber Zettel arbeitete, versuchte ich, mir mein Verhalten zu erklären. In den letzten paar Wochen war Tony mir kaum mehr aus dem Kopf gegangen. Ich merkte, dass ich ihn unter allen möglichen Vorwänden ständig prüfend musterte, um Fehler oder Schwächen an ihm zu entdecken. Ich suchte einen Grund, ihn nicht zu mögen. Aber bis jetzt hatte ich noch keinen gefunden. Je besser ich Tony kennenlernte, umso mehr zog er mich an. Mir gefielen seine perfekten Zähne, sein kräftiges Kinn, seine dichten braunen Haare. Mir gefiel der

Schwung seines Nackens, die Form seiner Nase, selbst die Form seiner Hände. Mir gefiel, wie er roch.

Tony rauchte und spielte nicht. Sein Schreibtisch war immer aufgeräumt, er war höflich zu den Spielern, und mit seiner Schlagfertigkeit und seinem Charisma sorgte er dafür, dass die Arbeit Spaß machte. Er war normalerweise kein bisschen überheblich, und er hatte einen außergewöhnlich scharfen Verstand. Er konnte die komplizierteste Wette im Nu berechnen, selbst wenn er völlig verkatert war.

Wenn Tony etwas sagte, hörte ich immer genau zu, um möglichst den kleinsten Hinweis aufzuschnappen, der mir mehr Einblick in seinen Charakter gab. Ich erfuhr, dass er früher einmal ein talentierter Footballspieler gewesen war. Ich fand heraus, dass seine Mutter irischer und sein Vater sizilianischer Abstammung war. Eines Tages erwähnte er beiläufig, dass er gern Ski fuhr, und wie einem verliebten Schulmädchen hüpfte mir sofort das Herz. Ich kann Skifahren!, dachte ich und freute mich, etwas mit ihm gemeinsam zu haben.

Ein paar Wochen nach dem Spiel besorgte Tony uns allen Tickets für Bob Seger und die Silver Bullet Band. Es war eigentlich mein freier Tag, und ich hatte Jim bereits versprochen, mit ihm zu trainieren, aber ohne eine Sekunde zu zögern, sagte ich ihm mit einer fadenscheinigen Ausrede ab und ging stattdessen im Beverly Center einkaufen. Ich leistete mir eine neue Jeans, eine hellblaue Carmenbluse und ein Paar Sandalen. Zu Hause duschte ich noch einmal, rasierte mir die Beine, föhnte mir die Haare und gab mir eine Mani- und Pediküre. Während ich mich sorgfältig vor dem Spiegel schminkte, kam mir der Gedanke, dass ich noch nie zuvor für eine Verabredung einen solchen Aufwand getrieben hatte. Dabei war ich an dem Abend mit der ganzen Truppe verabredet – ich konnte schwerlich mit einem romantischen Abend rechnen. Die Wahrheit war schlicht und einfach, dass ich mir eine Reaktion von Tony wünschte, irgendein Zeichen, dass er mich mit derselben Mischung aus Verlangen und Interesse betrachtete, die ich für ihn empfand.

Doch all meinen Bemühungen zum Trotz machte er mir nicht einmal ein Kompliment. Auch sonst niemand. Ich hatte langsam den Verdacht, dass ich in diesem Büro immer nur „one of the guys" sein würde, und diese Erkenntnis tat weh.

Hinterher hatte ich auf der einsamen Heimfahrt das schmerzliche Gefühl, irgendwie einen Korb bekommen zu haben. Ich wusste, dass ich mich anstellte. Ich sollte ausgehen und Männer kennenlernen, sagte ich mir. Die traurige Wahrheit war, dass ich gar keine anderen Männer kennenlernen wollte. Ich wollte Tony.

Ich verabscheute mich dafür, dass ich dermaßen auf ihn flog. Oft genug hatte ich angedeutet, dass ich Single war, aber es schien ihn nicht zu interessieren. Einmal war ich sogar mit gespielter Erschöpfung zur Arbeit erschienen und hatte so getan, als wäre es in der Nacht mit einem heißen Date spät geworden – alles nur, um ihn ein klein bisschen eifersüchtig zu machen.

Ich versuchte, ihn mir aus dem Kopf zu schlagen. Ich brannte buchstäblich nach ihm, und so widersinnig es war, ich hatte meine Gefühle nicht unter Kontrolle. Wenn er von einem Mädchen sprach, das er in einem Club aufgegabelt hatte, war es jedes Mal, als würde mir ein Eiszapfen durchs Herz gestochen. Es kostete mich meine ganze Selbstbeherrschung, mir nicht anmerken zu lassen, wie weh es mir tat, dass er mit einer anderen zusammen gewesen war. Ich fing an, am Abend stundenlang Bahnen zu schwimmen, doch es war vergeblich: Ich musste immerzu an ihn denken.

Jim war der Erste, dem auffiel, dass etwas nicht stimmte. Die Leidenschaft fürs Rennfahren war mir vergangen. Nach einer Trainingsrunde sprach er mich eines Tages darauf an.

„Verdammt noch mal, was ist los mit dir, RB? Du bist ... verpennt. Hast du was?"

Ich konnte es ihm nicht sagen. Ich wäre mir idiotisch vorgekommen. Ich redete mich irgendwie heraus und gelobte, mich auf das bevorstehende Rennen zu konzentrieren. Schließlich war ich allein deswegen überhaupt nach L.A. gekommen.

Dann jedoch fiel das Rennen ins Wasser.

Ende Januar kam Jims Frau mit Nierenbeckenentzündung ins Krankenhaus und zog sich dann noch eine Lungenentzündung zu. Jim war außer sich vor Sorge und alterte über Nacht um Jahre. Als sie im Februar entlassen wurde – zwei Tage vor dem Start der Alcan –, war sie schwach und musste rund um die Uhr gepflegt werden.

Jim bemühte sich darum, dass unser Teilnahmegeld auf die Alcan im Oktober umgeschrieben wurde, aber mich interessierte das wenig.

Ich hatte den Kopf woanders. Ursprünglich hatte ich vorgehabt, im Februar nach Vancouver zurückzukehren, aber daran war überhaupt nicht zu denken. Ich konnte Los Angeles nicht verlassen. Nach dem Februar kam der März, und das Tempo im Büro zog an. Während der sogenannten „March Madness" überschnitten sich im Basketball die Hochschulmeisterschaftsspiele der NCAA mit dem normalen NBA-Spielplan, und die Zahl der Spiele, auf die man wetten konnte, war schier unbegrenzt. Die Telefone hörten gar nicht mehr auf zu klingeln.

Ende März tauchte Ron eines Tages kurz vor Feierabend unerwartet im Büro auf. Mit ungewöhnlich ernstem Blick hockte er sich auf Tonys Schreibtisch und nahm die Zigarre aus dem Mund. „Das Small Office ist heute hochgenommen worden", sagte er.

Mathew brach als Erster das erschrockene Schweigen. „Das ist nicht dein Ernst!"

„Kein Warnanruf?", fragte Tony.

Ron schüttelte den Kopf. „Nein."

Das war eine unangenehme Überraschung. Die achtziger Jahre waren in Los Angeles eine unruhige Zeit – bewaffnete Überfälle, Drogen und Bandengewalt grassierten so schlimm wie nie zuvor. Straßenbanden kämpften um die Vormachtstellung im lukrativen Crack- und Heroinhandel der Stadt, und Todesschüsse aus dem fahrenden Wagen waren an der Tagesordnung. Warum verplemperte die Polizei ihre Zeit damit, Leute zu verfolgen, die Telefonanrufe entgegennahmen? Vor allem wenn sie dafür bezahlt wurde, es bleiben zu lassen?

„Was ist mit den Kassetten und den Rufumleitern?", fragte Tony.

„Haben sie nicht gefunden." Ron räusperte sich. „In Anbetracht dieser Tatsache muss ich wissen, ob jemand aussteigen will."

Ein langes Schweigen folgte. Ich ließ mir die Möglichkeit durch den Kopf gehen. Ich fand die Vorstellung, nicht in Tonys Nähe zu sein, unendlich viel besorgniserregender als die Aussicht, verhaftet zu werden.

„Was würde passieren, wenn wir festgenommen würden?", fragte ich vorsichtshalber.

„Herzchen, wenn sie dich verhaften, haben sie deine Kaution auf dem Tisch, bevor du überhaupt im Gefängnis ankommst. Dafür verbürge ich mich. Ich komme für sämtliche Geldstrafen, sämtliche Anwalts- und Gerichtskosten auf. Solange du für mich arbeitest, kümmere ich mich um dich. Das gilt für alle meine Angestellten."

Ich nickte. Mein Entschluss stand fest. Ich vertraute Ron. Einige arbeiteten schon seit Jahren für ihn, und niemand hatte etwas Schlechtes über ihn zu sagen. Bis zur nächsten Alcan-Rallye waren es noch sieben lange Monate. Ich konnte mein Auto abbezahlen, wenn ich bis Oktober blieb. Ich würde bis dahin arbeiten und nach dem Rennen aufhören. Danach würde ich zurückkehren, das Studium beenden, die ganzen Sachen machen, die ich eigentlich machen sollte. Dies hier war schließlich nur eine Übergangslösung. Es war nicht mein Leben.

Die Tatsache, dass ich kanadische Staatsbürgerin war, beruhigte mich außerdem. Selbst wenn ich in L.A. verhaftet wurde, spielte das in Kanada keine Rolle.

„Ich bleibe", sagte ich. Tony setzte an, etwas zu sagen, aber ich schnitt ihm das Wort ab. „Ich bleibe", wiederholte ich.

Ron grinste.

„Das ist ein Wort."

Am nächsten Tag ging alles wieder seinen normalen Gang. Es war, als ob es die Durchsuchung nie gegeben hätte. Das Small Office war wieder im Geschäft, und niemand sprach mehr über die Razzia. Vor lauter Betriebsamkeit flogen die Wochen nur so dahin. Plötzlich war Mai, und ich rüstete mich für das Kentucky Derby.

Das Kentucky Derby von 1987 sollte eines der dramatischsten Pferderennen in seiner einhundertdreizehnjährigen Geschichte werden. Die Wetten trudelten ein wie wild, und wir hatten alle Hände voll zu tun, um die Spieler zufriedenzustellen. Sobald die Pferde aus der Startmaschine geschossen kamen, versammelten wir uns vor dem Fernseher, um „die aufregendsten zwei Minuten im Sport überhaupt" (so die Experten) zu verfolgen.

Gerade als Alysheba, die schließlich gewinnen sollte, sich an die Spitze setzte, ließ eine heftige Erschütterung unser Gebäude bis in die Grundfesten wackeln. Im ersten Moment dachte ich, es wäre ein Erdbeben. Doch die Ursache war nur allzu menschlich. Während Alysheba über die Ziellinie donnerte, wurde das Lagerhaus von Polizisten gestürmt.

4

„HÄNDE AN DIE WAND, ABER DALLI!"

Polizisten strömten herein, die Waffen im Anschlag, und in Sekundenschnelle war der Raum verwüstet. Schreibtische wurden umgekippt, Stühle umgetreten und Papiere auf den Boden gepfeffert. Wie benommen stand ich auf, hob die Hände und wurde roh gegen die Wand gestoßen.

Es glich in nichts den Krimis im Fernsehen. Die Razzia war gewalttätig und sehr aggressiv. Nach ihrem rücksichtslosen Verhalten hätte man meinen können, die Polizisten hätten einen Kinderpornographiering überrumpelt und nicht ein paar Leute, die Sportwetten annahmen.

Neben mir wurde ein erschrocken dreinblickender Mathew abgeklopft. Aus dem Augenwinkel sah ich seinen Bauch unter den groben Händen, die ihn filzten, wackeln. Gleich daneben wurde Danny der gleichen Prozedur unterzogen. Hinter uns trompetete ein Polizist: „Na, was haben wir denn da!"

Ich schaute über die Schulter und sah, wie er triumphierend eine Insulinspritze hochhielt.

„Das ist meine!", empörte sich Kyle. „Ich bin Diabetiker, Herrgott noch mal!"

Ich drehte den Kopf zu Tony, der links neben mir stand. Wir sahen uns in die Augen. Der ungeduldige, abschätzige Blick, den ich so gut kannte, war verschwunden. Stattdessen strahlte er Besorgnis aus. Unsere Hände, flach an der Wand in Erwartung der Leibesvisitation, waren nur Zentimeter voneinander entfernt. Es war ein merkwürdiges Gefühl, so ruhig dort zu stehen, während um uns herum die Hölle los war.

Langsam streckte ich meinen kleinen Finger nach seinem aus. Ich wollte ihn unbedingt berühren. Ich musste ihn einfach berühren. Zentimeterweise kroch mein Finger über die Wand immer näher an seinen heran. Als unsere Finger endlich Kontakt aufnahmen, trat der ganze Lärm der Razzia mit einem Mal in den Hintergrund. Das Geschrei hatte einen entrückten Hall, als ob es aus weiter Ferne käme. Meine ganze Aufmerksamkeit galt der Empfindung von Tonys Finger an meinem. Er zog ihn nicht weg. Wieder sahen wir uns in die Augen. Diese flüchtige Verbindung nach so vielen Monaten stillen Verlangens war unglaublich stark. Für einen kurzen, wunderbaren Moment war die Welt in Ordnung.

Jemand begann, Tony abzuklopfen. Ein Polizist griff ihm in die Haare und riss seinen Kopf nach hinten. Dann knallte er ihm das Gesicht an die Wand, dass es ein grässliches Knirschen gab. Tony knickten die Knie ein, aber er blieb auf den Beinen. Er blutete aus der Nase, und die Augen kippten nach hinten. Aus dem Augenwinkel sah ich, wie der Polizist in Tonys Tasche griff und einen dicken Packen Geldscheine herausholte. Während der ganzen Zeit zog Tony keinen Moment seine Hand von meiner weg.

Mir graute davor, was geschehen mochte, falls ich mich bewegte. Diese Polizisten hatten etwas Gesetzloses, etwas extrem Gefährliches. Wir nahmen doch bloß Wetten an – niemand war bewaffnet. Niemand hätte Widerstand geleistet.

Im nächsten Moment strichen zwei Hände über meinen Körper, klopften die Beine ab, bewegten sich langsam zur Taille und dann weiter den Oberkörper hinauf, bis sie zu meinen Brüsten gelangten. Mir brannten die Wangen, als die Hände darauf zu liegen kamen. Der Polizist hielt inne und trat einen Schritt zurück.

„Umdrehen!"

Schweren Herzens zog ich die Hand von Tonys weg. Ich drehte mich zu dem Mann um, der mich gefilzt hatte.

„Was haben wir denn da?", sagte er. „Ein Weib!"

Ich wurde nach nebenan gebracht und musste mich auf einen Stuhl neben Tonys Trainingsbank setzen. Mir gegenüber saß ein älterer Mann mit hartem, wettergegerbtem Gesicht und kleinen Knopfaugen, die kalte Verachtung ausstrahlten. Er trug eine schuppenfleckige marineblaue Regenjacke, auf der in Gelb „LAPD" über einem schildförmigen Emblem stand. Sein Abzeichen wies ihn als „Officer Gibson" aus.

„Soso", sagte er und ließ die Augen über meinen Körper gleiten. „Und wer bist du? Das Firmenflittchen?"

Ich starrte ihn sprachlos an.

„Du fickst mit der ganzen Mannschaft, stimmt's?"

Ich war geschockt. Ich wusste nicht, was ich entgegnen sollte.

„Ich will bloß verstehen, wie der Laden hier läuft", fuhr er fort. „Zahlen sie dich dafür, dass du unter den Tisch krabbelst und ihnen einen bläst?" Das Licht funkelte auf Gibsons goldenem Ehering, und ich fragte mich unwillkürlich, ob seine Frau wohl wusste, mit was für einem Mann sie verheiratet war.

Ich musste zehn Jahre zurückdenken an einen Vorfall, als wir nach einem Einbruch in unserem Haus in Westchester die Polizei gerufen hatten. Die Polizisten waren meiner Mutter geduldig von Zimmer zu Zimmer gefolgt und hatten sich mit teilnahmsvollen Mienen angehört, wie sie unter Tränen auflistete, was alles gestohlen worden war. Sie hatten sich Notizen gemacht und ihr freundlich versichert, sie würden alles tun, was in ihrer Macht stand, um die entwendeten Stücke wiederzubeschaffen. Damals war ich für den Schutz der Polizei sehr dankbar gewesen.

Jetzt aber bekam ich ihr anderes Gesicht zu sehen. Mit aller Härte wurde mir vorgeführt, was es hieß, auf der Seite der Gesetzesbrecher zu stehen.

„Was meinst du, Mike?", fragte Gibson einen seiner Kollegen. „Fickt sie sie schön der Reihe nach oder alle auf einmal?"

Während sie das debattierten, trampelten Gibsons Männer die Rampe hinauf und hinunter, die den Bürobereich vom Lagerhaus trennte, ohne zu ahnen, dass sich ein Teil des Beweismaterials, das sie suchten, direkt unter ihren Füßen befand. Unter dieser Rampe nämlich hatte Jim die Rufumleiter versteckt, die eigentlich dafür sorgen sollten, dass die Anrufe nicht verfolgt werden konnten. Wie hatte die Polizei uns gefunden?

Bis jetzt hatten sie nur einen Haufen Wettzettel beschlagnahmt. Gibson war mit der Ausbeute sichtlich unzufrieden.

„Suchen Sie sie doch mal nach Einstichen ab", schlug einer der Beamten hoffnungsvoll vor. Gibson schob mir grob die Ärmel hoch. Als er meine gesunden Adern sah, blickte er enttäuscht und stieß meine Arme weg. Ein anderer Beamter erschien hinter Gibson; er hatte einen kleinen Plastikbeutel in der Hand.

„Das haben wir, äh, im Bad gefunden, Sir."

Ich schüttelte ungläubig den Kopf. Ich hielt dieses Bad makellos sauber, und einerlei, was er da hatte, es stammte definitiv nicht von dort. Gibson nahm meine Hand und legte den Beutel hinein. Er enthielt ein feines weißes Pulver. Ich hatte es nie genommen, doch dies war offensichtlich Kokain. Verdattert starrte ich Gibson an. Er feixte und drückte mir die Hand zusammen.

„Das gehört mir nicht!"

„Ach ja? Wieso sind dann deine Fingerabdrücke drauf?"

Ich musste daran denken, was Tony mir in meiner ersten Woche im Lagerhaus eingeschärft hatte. „Bring niemals Drogen mit ins Büro, unter keinen Umständen!", hatte er nachdrücklich erklärt. „Falls wir je hochgenommen werden, wird Sacco für dich sorgen. Aber wenn du mit Drogen erwischt wirst, musst du das allein ausbaden."

Da ich weder Alkohol trank noch Drogen nahm, hatte ich seiner Ermahnung nicht viel Beachtung geschenkt. Aber als Gibson mir jetzt die Hand um einen untergeschobenen Kokainbeutel zusammendrückte, packte mich bei der Erinnerung das kalte Entsetzen. Nebenan redete Danny beschwörend auf jemanden ein. Dann hörte ich ihn vor Schmerz aufschreien.

Die Stadt Los Angeles sollte später über zwanzig Millionen Dollar Schadenersatz für Fälle von exzessiver Gewaltausübung zahlen. Aber 1987 lehnte die Staatsanwaltschaft es noch ab, Anklage gegen Polizeibeamte und Hilfssheriffs zu erheben, denen Körperverletzung und Brutalität vorgeworfen wurden. Im Prinzip billigte die Staatsanwaltschaft deren Vorgehen. Ich wusste, dass das LAPD korrupt war – schließlich bezog es regelmäßig Schmiergeld von uns. Aber das Verhalten, das ich an dem

Tag vorgeführt bekam, war durch nichts zu rechtfertigen.

Die Atmosphäre entspannte sich ein wenig, als eine Polizistin in den Raum trat. Sie war klein und stämmig, eine knallharte Frau mit torpedogroßen Brüsten, über denen sich die Knöpfe ihrer weißen Uniformbluse spannten. Sie begrüßte ihre Kollegen jovial und zog dann eine eisige Miene, als sie sich mir zuwandte. „Aufstehen!", befahl sie.

Sie ging mit mir ins Bad. Wortlos klopfte sie mich ab, fuhr mir mit den Fingern unter den BH und durch die Haare. Während dieser Prozedur registrierte ich mit Befriedigung, dass das Handtuch immer noch unberührt am Ständer hing.

Als die Leibesvisitation vorbei war, reichte Gibson der Polizistin eine Plastiktüte. Sie enthielt meine Habseligkeiten – Portemonnaie, Schlüssel und Dr.-Pepper-Lipgloss. Der Beutel mit Kokain war zu meiner Erleichterung nicht dabei. Ich wurde hinausgebracht, auf den Rücksitz eines wartenden Polizeiwagens gestoßen und mit Blaulicht und Sirene abtransportiert.

Wie Ron versprochen hatte, traf meine Kaution vor mir im Sybil Brand Institute for Women ein. Während meine Personalien aufgenommen wurden, ging mir immer wieder durch den Kopf, was gerade geschehen war. Hatte ich die Polizei so erlebt, wie sie wirklich war?

Eine Stunde später stand ich draußen vor dem Gefängnis und wartete auf ein Taxi. Der armenische Fahrer, bei dem ich einstieg, bestand auf Vorauszahlung, bevor er sich bereitfand, mich die kurze Strecke von Monterey Park nach East L.A. zu befördern. Als wir im Großhandelsdistrikt ankamen, war dieser menschenleer und verlassen. Mein Auto war das einzige, das noch auf der Straße stand. Zum Glück war es nicht aufgebrochen worden.

Ich hielt am nächsten Münzfernsprecher und wählte Jims Nummer. „Hallo?"

„Wir sind hochgenommen worden."

Jim verschlug es die Sprache, doch dann fasste er sich wieder. „Mein Gott ... RB, alles in Ordnung mit dir? Wo bist du? Von wo rufst du an?" Ich gab Jim die Nummer des Münztelefons. Ich solle dableiben und warten, sagte er und legte auf.

Eine Minute später klingelte das Telefon.

„Alles okay mit dir?" Es war Ron Sacco.

„Ja."

„Du musst dir keine Sorgen machen", versicherte er mir. „Hör zu, fahr zu Mathew nach Hause. Wir treffen uns dort. Hast du was zu schreiben?"

Ich notierte mir die Wegbeschreibung und legte auf. Ich war dankbar, irgendwo hinzukönnen. Die Vorstellung, die Nacht allein in meinem Apartment zu verbringen, war unerträglich. Ich musste wissen, dass alle wohlbehalten waren, vor allem Tony.

Ich hielt vor einem hellgelben Fünfzigerjahrehaus und überprüfte noch einmal die Adresse, die Ron mir gegeben hatte. Eine hübsche Frau mit vollem Gesicht und kastanienbraunen Locken öffnete die Tür. Ich erkannte Mathews Frau Patsy nach den Fotos, die ich von ihr gesehen hatte. Munter plaudernd ließ sie mich ein und zeigte mir gleich das Bad. „Im Regal liegen saubere Handtücher", sagte sie. „Nach dem, was du durchgemacht hast, wirst du dich erst mal frischmachen wollen."

Sie hatte recht. Ich wollte mir sämtliche Spuren von Gibson vom Leib waschen.

Als ich aus dem Bad kam, folgte ich dem Knoblauchgeruch in die Küche. Patsy rührte gerade einen großen Topf mit Spaghettisauce um. „Ich dachte, ich fange schon mal mit Kochen an", sagte sie. „Die Jungs werden einen tierischen Hunger haben, wenn sie rauskommen." Patsys Reaktion auf die Festnahmen erschien mir surreal. Sie verhielt sich, als wäre es ganz normal, dass man ihren Mann ins Gefängnis brachte.

Es klingelte an der Tür. Ich zuckte zusammen, schreckhaft gemacht von den Ereignissen des Tages. „Das wird Joanna sein", flötete Patsy.

Joanna war Ron Saccos Freundin. Ich hatte schon viel von ihr gehört, lernte sie aber erst jetzt persönlich kennen. Sie war eine eindrucksvolle Frau, vom Aussehen her Mitte dreißig und in burgunderrote Lederhosen gekleidet, passende Lederjacke und hochhackige Wildlederstiefel. Ihre Haare waren platinblond gefärbt und in vollen, weichen Wellen um ihr strahlendes Gesicht frisiert. Sie hätte damit eigentlich billig aussehen müssen, aber irgendwie war sie unbestreitbar mondän.

„Du musst RB sein." Lächelnd entblößte sie eine Reihe perfekter weißer Zähne.

Joanna war mit Patsys Küche offensichtlich bestens vertraut. Bald schon holte sie Olivenöl, Balsamico-Essig und diverse Kräuter und Gewürze aus den Schränken, um eine Vinaigrette zu bereiten. „Ich werde morgen früh mit unserem Anwalt reden", sagte sie. „Dafür muss ich genau wissen, was passiert ist. Jede Kleinigkeit ist wichtig."

Ich schilderte die Festnahme, so gut ich mich erinnern konnte. Sie runzelte die Stirn, als ich erzählte, dass die Polizei die Tür eingeschlagen hatte, statt uns einen Durchsuchungsbefehl vorzulegen. Es schien sie zu erleichtern, dass das Sheriffs' Department nicht an der Razzia beteiligt gewesen war, da seine Zuständigkeit für ganz Kalifornien galt.

„Machte es den Eindruck, als würden sie nach etwas ... Bestimmtem suchen?"

Ich zuckte die Achseln. „Sie haben den Laden total auf den Kopf gestellt, aber sie haben weder die Rufumleitung noch die Tonbänder gefunden. Jedenfalls solange ich noch da war."

„Irgendwas stimmt da nicht", sinnierte sie. „Wir haben uns mit dem LAPD immer gut verstanden."

Nachdem wir uns eine Weile unterhalten hatten, wurde mir klar, dass ich mich mit meiner Annahme, Joanna wäre Mitte dreißig, geirrt hatte. Nach ihrem Auftreten, ihrem Verstand und ihrer Erfahrung schien sie mir jetzt bestimmt zehn Jahre älter zu sein. Das gefiel mir an Sacco. Mit seinem Geld hätte er an jedem Arm jede Menge zwanzigjährige Miezen haben können. Stattdessen war er mit einer Frau liiert, die nicht nur ungefähr in seinem Alter war, sondern ihm auch geschäftlich eine Stütze sein konnte.

„Was wird jetzt werden?", fragte ich. Ich ging davon aus, dass eine Razzia von der Härte für das Büro das Aus bedeutete.

„Wir nehmen morgen den Betrieb in einem Ersatzlokal wieder auf. *Business as usual*", sagte Joanna nüchtern. „Wie sieht's mit dir aus?"

„Mit mir?"

Joanna fixierte mich. „Ron mag dich gern. Die Spieler mögen dich. Es wäre für sie ... eine Beruhigung, wenn du weiter mitmachen würdest."

Ich ließ mir die Möglichkeit auszusteigen durch den Kopf gehen, aber verwarf sie rasch. Ich hatte keine moralischen Bedenken gegen das, was wir taten. Nachdem ich heute erlebt hatte, wie die Polizei sich verhielt, stand für mich fest, wer in Wahrheit die Bösen waren. Außerdem wusste ich, dass ich nur dann darauf rechnen konnte, Tony wiederzusehen, wenn ich weiter für ihn arbeitete.

„Ich bin dabei."

Joanna beugte sich vor und umarmte mich. Als sie mich wieder losließ, blickte ich auf meine Uhr. Es wurde langsam spät.

„Das kann sich noch eine Weile hinziehen", sagte sie. „Die Jungs abzuwickeln dauert länger."

„Vor eins werden sie kaum hier sein", rief Patsy aus der Küche.

„Du solltest nach Hause fahren und dich ausschlafen", meinte Joanna.

Aber ich wollte nicht nach Hause. Ich wollte Tony sehen.

Ich bedankte mich bei Patsy für ihre gastliche Aufnahme und folgte Joanna nach draußen, wo sie mir noch einmal versicherte, ich hätte nichts zu befürchten. Wir verabschiedeten uns, und ich ging zum Auto.

Auf halbem Weg drehte ich mich noch einmal um. „Ach, übrigens ... hast du eine Ahnung, wo sie die Jungs hingebracht haben?"

Joanna lächelte wissend. „Ins L.A. County Jail." Sie musterte mich kurz. „Und für den Fall der Fälle ... frag nach Santino."

„Santino?", wiederholte ich verständnislos.

„Tonys Nachname. Santino. Du musst am Eingangsschalter nach ihm fragen."

Lachend lief ich zum Wagen.

„Danke, Joanna!"

Während ich über den Highway bretterte, ging mir auf, dass ich vorhatte, einen Mann zu verführen, den ich vor gar nicht so langer Zeit noch verabscheut hatte. Aber je mehr ich über Tony erfuhr, umso stärker zog er mich an. Er hatte etwas Altmodisches, fand ich – fast etwas Ritterliches. Obwohl er mich konsequent genau wie alle anderen behandelte, sorgte er immer dafür, dass jemand mich nach der Arbeit zu meinem Wagen begleitete. Und einen Monat lang mussten wir Nummer 5056 jedes Mal warten lassen, wenn er anrief, weil er mich um diesen halben Punkt beschummelt hatte. Wer Tonys Freund war, konnte sich hundertprozentig auf ihn verlassen, und es berührte mich, welchen Anteil er am Leben seiner Geschwister nahm. Trotz seiner rauen Schale war er ein kluger, wohlinformierter Mann. Er las täglich die Zeitung und konnte sich lang und breit über die Iran-Contra-Affäre auslassen, die damals gerade in den Schlagzeilen war. Als ich anfing, meine freien Tage zu verfluchen, wusste ich, dass ich meine Gefühle für ihn endgültig nicht mehr in der Hand hatte. Es gab jetzt kein Halten mehr, sie waren einfach zu stark. Was ich da gerade tat, mochte völlig verrückt sein, doch es war mir egal.

Gibsons Annahme, ich hätte Sex mit meinen Arbeitskollegen, hätte gar nicht weiter von der Wahrheit entfernt sein können. Seit sieben langen Monaten lebte ich jetzt in Los Angeles völlig zölibatär. Ich hoffte sehr, das an diesem Abend gründlich zu ändern. Mehr Ansporn als den Moment, wo ich Tonys Hand berührt und er sie nicht weggezogen hatte, brauchte ich nicht.

Mit quietschenden Bremsen hielt ich auf dem Parkplatz vor dem L.A. County Jail und marschierte forsch auf den Eingang zu. Ich war noch nicht weit gekommen, da ging die Tür auf und Tony trat in die Nacht hinaus. Er sah mich nicht. Schnurstracks schritt er auf eine Zeile von Münzfernsprechern zu. Ich blieb wie angewurzelt stehen und war urplötzlich hin und her gerissen.

Während er in der Tasche nach Kleingeld kramte, zwang ich mich weiterzugehen. Das war ein Wink des Schicksals, entschied ich. Eine Minute später, und ich hätte ihn verpasst.

„Hi", sagte ich.

Er fuhr herum. Seine Miene entspannte sich, als er mich sah. Ohne etwas zu sagen, standen wir da und blickten uns an.

Ich streckte die Hand aus und strich mit den Fingern sanft über die blaue Beule, die ihm von dem Aufprall an der Wand geblieben war.

„Ziemlich üble Blessur."

„Allerdings. Das ist wohl die Quittung für Widerstand gegen die Staatsgewalt." Er guckte, als könnte er es nicht glauben, dass ich gekommen war. „Was machst du hier?"

Ich zuckte die Achseln und lachte nervös. „Ich dachte, vielleicht willst du wo hingefahren werden."

5

TONY UND ICH SETZTEN uns schweigend in mein Auto. Kaum waren wir in den kleinen Renault gestiegen, veränderte sich die Atmosphäre zwischen uns. Wir saßen jetzt hautnah nebeneinander. Ob Tony diese unerträgliche Spannung wohl auch fühlte?

„Und jetzt ... wohin?"

Ich wusste immer noch nicht, neben welchem Tony ich gerade saß. Neben dem anderen, dem freundlichen Tony, der bei der Arbeit manchmal zum Vorschein kam? Oder hatte ich es mit der Fassade zu tun, die Tony sonst der Welt präsentierte?

„Ich muss mein Motorrad holen. Es steht noch am Büro."

„Jetzt?"

Tony guckte auf die Uhr. „Na ja, es wird warten können. Vielleicht sollten wir einfach schlafen gehen."

Mit undurchdringlicher Miene starrte er geradeaus. Er lotste mich zum Freeway, und wir fuhren nach Osten.

„Wie geht's deinem Kopf?", fragte ich.

„Gut." Er fuhr mit den Fingern über den Bluterguss.

„Was ist mit den andern? Wann kommen die raus?"

„Die sind schon vor einer Stunde rausgekommen." Tony seufzte. „Bei mir dauert's immer länger. Wegen meinem Namen."

„Deinem Namen?"

Er knurrte. Er schien noch etwas sagen zu wollen, überlegte es sich aber anders. Stattdessen murmelte er: „Es ist kompliziert."

Es war spät, und auf den Straßen war kein Verkehr. Das einzige Geräusch war das leise Brummen des Motors. Ich hielt das Schweigen nicht aus, deshalb versuchte ich es auf eine andere Tour. „War es übel da drin?"

„Es war kein Kaffeekränzchen."

Damit war unser Gespräch beendet. Zwanzig quälende Minuten später wies er mich an, die nächste Ausfahrt zu nehmen. Wir kamen in eine ruhige Wohngegend. Mein Herz schlug schneller. Wir näherten uns seiner Wohnung.

„Hier." Er deutete auf einen freien Platz vor einer hübschen einstöckigen Wohnanlage aus den zwanziger Jahren. Ich parkte ein und stellte den Motor ab.

Ohne ein weiteres Wort schritt Tony mit mir durch den Haupteingang. Er achtete immer darauf, sein Privatleben strikt unter Verschluss zu halten. Bis jetzt hatte ich nicht einmal gewusst, in welcher Gegend er wohnte. Während wir zu seiner Wohnung gingen, kam ich mir ganz merkwürdig vor, fast wie ein Voyeur. Tony blieb vor der Tür stehen, schloss sie auf und knipste das Licht an. Wir traten ein.

Es war eine kleine, minimalistische Einzimmerwohnung. Die wenigen Möbelstücke darin waren alle seit zehn Jahren nicht mehr modern – ein Sofa, ein Couchtisch, ein langes, niedriges Sideboard im Siebziger-Jahre-Stil, darauf mehrere Taschenbücher und ein kleiner Fernseher. Ansonsten war der Raum unmöbliert. Er wirkte kaum bewohnt. Die Wände waren leer – keine Fotos, keine Bilder. Es war fast, als bekäme ich eine Wohnung gezeigt, die zu vermieten war.

„Wie ... nett", sagte ich, während ich mich in dem kleinen, kahlen Zimmer umschaute.

Es war ganz gewiss anders, als ich mir Tonys Wohnung vorgestellt hatte. *Mit dem Geld, das er verdient, wohnt er bestimmt in einer protzigen Junggesellenbude*, hatte ich angenommen.

„Ich bin nicht viel hier", sagte Tony, als könnte er meine Gedanken lesen. „Es ist ... gemütlich." Er machte die Tür hinter uns zu. „Kann ich dir was anbieten?"

Ich beschloss, die Situation auszunutzen. „Na ja ... duschen wäre ganz nett."

„Oh. Klar, natürlich." Während er ans Wäscheregal trat, fragte ich mich, ob es mir gelungen war, ihm ein Bild meines nackten Körpers vors innere Auge zu rufen. Tony nahm zwei Handtücher von einem ordentlichen Stapel. „Es ist am Ende der Diele." Er reichte mir die Handtücher. „Im Schrank dort sind auch Ersatzzahnbürsten."

Das Bad verriet ein bisschen mehr über Tony als die übrige Wohnung. Das Spiegelschränkchen war bestückt mit den besten Rasiercremes und Rasierern, Zahnpasten, Zahnbürsten und Mundwassern. Auf jeden Fall sparte er nicht bei Toilettenartikeln. Nachdem ich die Tür hinter mir zugemacht hatte, griff ich mir ein Fläschchen, schraubte den Deckel ab und atmete Tonys bekannten Geruch ein. Während ich mir die Zähne putzte, starrte ich wie gebannt auf das Etikett.

Obsession.

Ich entkleidete mich, ohne abzuschließen. Ich war gespannt, ob er zu mir in die Dusche kommen würde. Unter dem starken Warmwasserstrahl entspannten sich meine Muskeln in Nacken und Schultern. Ich seifte mich genüsslich ein, die ganze Zeit den Blick auf die Tür gerichtet. Sie blieb zu. Nach einer Weile begriff ich, dass er nicht kommen würde. Enttäuscht stellte ich das Wasser ab.

Ein Handtuch um den Kopf und ein zweites um den Körper geschlungen trat ich aus dem dampfenden Bad. Ich ging barfuß ins Wohnzimmer. Tony saß auf der Couch und starrte ausdruckslos auf den Fernseher. Er schien eine Million Meilen weit weg zu sein. Auf dem Bildschirm tanzte Janet Jackson in einem viel zu großen Blazer mit dicken Schulterpolstern und die Haare voluminös frisiert durch eine Gasse und sang „When I Think of You".

Tony spürte, dass ich hinter ihm war, und stand auf. Er wirkte steif und unbehaglich in meiner Gegenwart. „Ich geh dann auch mal duschen", murmelte er und schob sich an mir vorbei.

Während Tony duschte, schaute ich mich in der übrigen Wohnung um und stellte fest, dass er nicht einmal ein Bett besaß. Ich ging zum Sofa, wo er vermutlich schlief, und setzte mich so verführerisch, wie ich konnte, in Pose. Als Tony zurückkam, war er frisch rasiert und hatte ein Handtuch um die Hüften geschlungen. Ich tat mein Möglichstes, um nicht auf seine breiten Schultern zu starren, seine muskulösen Arme, die dünne Haarlinie, die von der Brust über den flachen Bauch lief. Stattdessen richtete ich den Blick auf diese klaren braunen Augen.

Er wirkte jetzt lebendiger. Die Erschöpfung war ihm aus dem Gesicht gewichen, und es war, als hätte das Wasser ihn geweckt und ihm die Situation bewusst gemacht. Wir waren nur durch einen kleinen Abstand getrennt, nackt bis auf die Handtücher. Er guckte, als wäre er sich nicht sicher, was er tun sollte. Das war nicht der Tony, den ich sonst gewohnt war. Sein unerschütterliches Selbstvertrauen hatte ihn anscheinend verlassen.

„Hör zu, RB ..." Er strich sich durch die feuchten Haare. „Ich halte das wirklich für keine gute Idee."

„Marisa", sagte ich. „Ich heiße Marisa." Ich stand auf und ließ mein Handtuch zu Boden fallen. Ihm klappte ein wenig der Mund auf. Ich trat auf ihn zu. Mir hämmerte das Herz, und mir war ganz luftig im Kopf. Es gab jetzt kein Zurück mehr. Ich nahm wahr, dass sein Blick nicht von meinem Gesicht abirrte. Der perfekte Gentleman. Aber der unsichere Blick blieb.

Ich war völlig entblößt, nicht nur körperlich. Ich stand nackt vor meinem Boss. Ich hatte meine Gefühle deutlich gemacht. Wenn er mich jetzt fortschickte, konnte ich ihm nie wieder gegenübertreten.

„Schau ... Marisa ..."

Ich beugte mich vor und drückte meine Lippen sanft an seine. Er sträubte sich nicht.

Ich küsste ihn abermals, genauso zart. Diesmal legte er die Arme um mich und zog mich näher. Unsere Küsse wurden leidenschaftlicher. Er fasste mir in den Nacken und zwirbelte meine Haare um seine Finger. Die Monate des Verlangens, die Abende, an denen ich mich einsam nach ihm verzehrt hatte, sollten jetzt ein Ende nehmen. Mir war schwindlig vor Lust. Ich griff blind nach seinem Handtuch und zog daran. Es fiel zu Boden. Meine Augen streiften über seinen straffen, muskulösen Körper, dann kehrten sie zu seinem Gesicht zurück. Sein erwidernder Blick traf mich mit einer solchen Intensität, dass es mir den Atem verschlug.

Er trat von mir zurück und zog an einem Wandelement, hinter dem ich einen Schrank vermutet hatte. Stattdessen klappte ein gusseisernes Schrankbett heraus. Lachlust sprudelte in mir auf; es hatte eine absurde Komik, wie eine Szene in einer Sitcom. Doch als Tony mich abermals küsste und mich sanft auf die Matratze schob, vergaß ich alles ... alles außer ihm.

DAS HARTNÄCKIGE KLINGELN eines Telefons weckte mich am nächsten Morgen in aller Frühe. Tony wälzte sich herum, stöhnte und setzte sich auf, um den Hörer abzunehmen.

„Ja?"

Ich öffnete die Augen. Die Sonne schien schon am Rand der schweren Vorhänge herein und tauchte das Zimmer in ein dämmeriges Zwielicht. Tony saß mit dem Hörer am Ohr auf der Bettkante, und ich konnte im Halbdunkel seine ausgeprägte Rücken- und Schultermuskulatur erkennen. Ich stemmte mich hoch und kroch wie eine Katze an ihn heran, presste die nackten Brüste an seinen Rücken.

Ich hörte Ron am anderen Ende erzählen, die Vermittler hätten sich mit den Spielern in Verbindung gesetzt. Alle hätten die neue 1-800er-Nummer. Heute werde es einen ganz normalen Arbeitstag geben.

Ich küsste Tony in den Nacken und strich ihm mit beiden Händen über die Brust. Tony bemühte sich, das Gespräch zu beenden. Aber Ron war noch nicht fertig. „Carmine wird bei euch mitmachen", hörte ich ihn sagen. „Und RB ist weiter mit dabei."

„Okay."

„Sie hat die Ausweichadresse nicht. Du musst ihr Bescheid sagen."

Tony drehte den Kopf ein wenig und rieb seine Wange an meiner. „Wird sofort erledigt ..."

Kaum hatte er aufgelegt, wandte er seine Aufmerksamkeit wieder mir zu und rang mich spielerisch nieder. Während er meinen Nacken küsste und dann die Lippen langsam an meinem nackten Körper nach unten wandern ließ, bedankte ich mich im Stillen bei allen Frauen, mit denen Tony je geschlafen hatte. Erst hatten mich die Geschichten über die anderen Frauen in seinem Leben geärgert, aber gestern Nacht hatte ich erfahren dürfen, dass bei diesen ganzen Eroberungen ein Mann herausgekommen war, der einen weiblichen Körper wirklich zu nehmen verstand.

Nach einer Stunde waren wir restlos verausgabt. Ineinander verschlungen lagen wir da, und das einzige Geräusch im Raum war der gleichmäßige Rhythmus unseres Atems. Er sah mich bedauernd an.

„Wir sollten uns fertig machen", sagte er. Ich stand auf und begab mich auf wackligen Beinen ins Bad.

Eine halbe Stunde später hielten wir vor dem Lagerhaus. Tony musste sein Motorrad holen. Bevor er ausstieg, beugte er sich zu mir hinüber und küsste mich gefühlvoll. „Ach, übrigens", sagte er, „was gestern Nacht angeht." Ich zog eine Augenbraue hoch. „Ich glaube, wir sollten es niemandem sagen, okay?"

Es war wie ein Schlag in die Magengrube. Das Lächeln gefror auf meinem Gesicht. Schon klappte die Tür zu, und er begab sich zu seinem Motorrad. Ich sah zu, wie er aufsaß, den Motor anließ und davondonnerte. Ich hängte mich an sein Hinterrad, während es in mir drunter und drüber ging. Was sollte das heißen: *Ich glaube, wir sollten es niemandem sagen?* War das für ihn nur ein One-night-stand, sein kleines, nicht für die Öffentlichkeit bestimmtes Privatgeheimnis?

One-night-stands gab es in meinem Leben nicht. Ich holte tief Luft und versuchte, Ordnung in meine Gedanken zu bringen, mir die Tatsachen nüchtern und objektiv anzuschauen. Er hatte mich in seine Wohnung mitgenommen. Nicht in ein Hotel, in seine Wohnung. Das musste doch etwas zählen. Und der Sex ... Ich hatte mir das nicht nur eingebildet, das wusste ich. Da war etwas gewesen, eine besondere Verbindung, die nur entsteht, wenn zwei Menschen wirklich etwas füreinander empfinden.

Bald darauf fuhren wir auf den Mitarbeiterplatz von Olympic Produce and Cold Storage, einem riesigen Lagerhaus mitten im geschäftigen Großhandelsdistrikt von Los Angeles. Tony ging vor, und ich folgte ihm so locker und selbstverständlich, wie ich konnte.

In dem hangargroßen Lagerhaus herrschte lebhaftes Treiben. Ein schmalziges spanisches Liebeslied im Radio schallte durch die dunkle Halle, begleitet von lautem Knallen, Schreien und dem lärmenden Hochbetrieb an einer Laderampe. Niemand beachtete uns, wie wir an Hunderten gestapelter Holzkisten vorbeigingen. Ein schwarzer Zwerg mit einer Zigarre zwischen den Zähnen sauste auf einem Gabelstapler an uns vorbei und brüllte einigen Arbeitern etwas zu, die Kisten mit Eisbergsalat in einen Kühllaster luden.

Tony steuerte mit forschen Schritten die Rückwand des Lagerhauses an. Dort hinten war es viel dunkler, und der Betonboden war glitschig von verrottendem Obst und Gemüse. Er blieb vor einer Edelstahlwand aus Gewerbekühlschränken stehen, wo es anscheinend nicht mehr weiterging. Er winkte mir, zu kommen. Erstaunt beobachtete ich, wie er sich in die Lücke zwischen der Wand und dem ersten Kühlschrank quetschte, bis nichts mehr von ihm zu sehen war.

Ich spähte in den schmalen, dunklen Spalt. „Tony?"

„Komm mit", hörte ich ihn rufen. „Alles in Butter."

Ich zwängte mich meinerseits in die Lücke. Ich musste mich seitwärts durch einen langen, schmalen und stockfinsteren Gang schieben. Meine Brust streifte die Wand vor mir, der Rücken den kalten Stahl des Kühlschranks. Die lauten Arbeitsgeräusche wurden leiser. Tonys Hand fasste meine und zog mich behutsam in ein kleines Zimmer. Er schob eine Platte an ihren Platz zurück, und schon war die Lücke verschwunden, durch die wir gekommen waren. Dahinter befand sich ein hell erleuchteter Büroraum, nicht breiter als ein Korridor.

Danny und Kyle hatten bereits ihre Plätze an dem langen, rohen „Schreibtisch" eingenommen, einem unbehandelten Holzbrett, das auf Kisten ruhte und sich über die ganze Betonblockwand zog. „¡Amigos!", rief Kyle. „¿Cómo están?"

Sie rutschten mit den Stühlen ein Stück vor, damit wir durchgehen konnten. Ich glitt auf einen Metallklappstuhl am hinteren Ende. Wenn das letzte Büro mich an einen unterirdischen Bunker erinnert hatte, dann ähnelte dieses einem überdimensionalen Sarg. Doch trotz des beengten Raums war ich erleichtert, dass Danny und Kyle den Horror des gestrigen Abends anscheinend unbeschadet überstanden hatten.

„Primitiv, aber funktional", sagte Danny mit ausladenden Handbewegungen nach beiden Seiten. „Wenn ich ein Makler wäre, würde ich sagen ... *gemütlich.*"

„Das letzte Loch", grummelte Kyle. Ich nahm die dürftige Ausstattung in Augenschein. Es gab keinen Fernseher, keine Rufumleitung und kein pfiffiges Versteck für die Kassettenrekorder. Sie waren einfach an die Telefone angeschlossen, die in Abständen auf dem Brett platziert waren.

„Denk einfach dran, bei jeder Wette, die du annimmst, auf ‚Record' zu drücken", sagte Kyle. „Ansonsten ist alles paletti."

Jay traf ein. Er klatschte die Jungs ab und nahm am Tisch Platz. Ich schaute mich um.

„Wo ist Mathew?"

Tony gluckste. „Mathew schafft's nicht."

Die anderen grinsten wissend, aber ich stand auf der Leitung. „Oh …
alles in Ordnung mit ihm?"

„Ja, alles in Ordnung." Danny deutete auf den schmalen Spalt, durch
den wir uns alle gerade gequetscht hatten. „Aber er müsste ungefähr
hundert Pfund weniger haben, um seinen Arsch durch diesen Eingang
zwängen zu können."

Wieder ging die Tür auf, und jemand, den ich nicht kannte, trat ein.
Er trug ein grässliches Hawaiihemd mit Blumenmuster und eine Brille
mit dicken Gläsern, die seine braunen Augen grotesk vergrößerten.

„Carmine!", riefen alle im Chor und sprangen auf, um ihm die Hand
zu geben.

„Macht Platz für einen Veteranen", sagte er mit einer Stimme wie
Whiskey mit Rasierklingen. Er setzte sich auf den Stuhl neben mir und
bleckte ein strahlend weißes künstliches Gebiss, als er sich mir mit einem
Lächeln zuwandte. „Carmine", sagte er und reichte mir die Hand.

Trotz der nicht hundertprozentig idealen Arbeitsplatzsituation
war ich in bester Stimmung, als wir loslegten. Ich war froh, wieder zu
arbeiten, und fühlte mich sicher in diesem winzigen versteckten Büro.
Außerdem saß ich nur wenige Schritte von Tony entfernt. Ich warf ihm
einen verstohlenen Blick zu, und er erwiderte mein Lächeln. Mein
Herz schlug höher.

Als die Anrufe nach dem ersten Ansturm ausliefen, wandte
sich das Gespräch der Razzia zu. „Erzähl uns mal was über deine
Zellengenossinnen, RB", sagte Danny. „Irgendwelche lesbischen
Sachen gelaufen?"

„Ich war nicht viel länger als eine Stunde da!"

„Ich weiß nicht, RB. Macht den Eindruck, als ob da im Gefängnis
irgendwas mit dir passiert wäre. Du siehst heute ganz anders aus. Richtig
… leuchtend, könnte man sagen." Kyle kicherte.

„Echt?" Die Jungs amüsierten sich über etwas, aber es war mir
schleierhaft, was. „Tja, danke."

Kyle legte die Füße auf den Tisch, um das Thema weiter auszuwalzen.
„Weißt du was", er zwinkerte, „vielleicht solltest du öfter mal ins
Gefängnis gehen."

Tony räusperte sich. „Gut, Jungs, das reicht jetzt."

„He, Tony", sagte Danny, „kannst du dich noch an die All-Star-Break
voriges Jahr erinnern? Wo wir alle nach Magic Mountain gefahren sind,

in den Freizeitpark?"

Tony lächelte. Er war froh, dass es um etwas anderes ging als mich. „Klar."

„Weißt du noch, wie im Colossus die Achterbahnen auf einer Spur umgekehrt fuhren? Und du rückwärts fahren wolltest?" Danny kicherte bei der Erinnerung. „Und wie wir dann Wildwasserbahn gefahren sind und du klatschnass wurdest, weil du vorne gesessen hast?"

Jetzt wieherten auch Kyle und Jay los. Tony lächelte matt und sagte: „Schon."

„Und weißt du noch, wie Kyle sagte, er wollte nicht den ganzen Nachmittag auf deine haarigen Nippel unter dem nassen Hemd glotzen müssen? Und wie er dir deswegen ein T-Shirt kaufen ging?" Danny und Kyle krümmten sich mittlerweile vor Lachen.

Tonys Miene erstarrte. Mir ging langsam ein Licht auf.

Ich blickte an dem T-Shirt hinunter, das Tony mir am Morgen geliehen hatte. Er hatte es ganz unten aus einem Stapel gezogen, wo es vermutlich jahrelang gelegen hatte. Über dem Siebdruck einer gigantischen Achterbahn stand „Six Flags, Magic Mountain". Mir brannten die Wangen, während meine Kollegen sich vor Lachen ausschütteten und sich gegenseitig abklatschten.

Nach der ersten Verlegenheit war ich eigentlich ganz froh, dass es heraus war. Die Jungs zogen Tony wegen seiner Doppelmoral gnadenlos auf, aber es war nicht böse gemeint. Ich wollte eine richtige Beziehung mit Tony, und ich fasste ihr freundliches Gefrotzel als Zeichen der Zustimmung auf. Selbst Tony schien die Sache jetzt etwas lockerer zu nehmen.

Als später alle Spiele geschlossen waren und wir emsig die Kopien von den Wettscheinen rissen, klingelte Tonys Mobiltelefon. Es war Ron. Normalerweise wäre es ein Routineanruf gewesen. Er hätte sich nach den Quoten erkundigt und gefragt, wie viel wir an Wetten schätzungsweise eingenommen hatten. Doch zehn Minuten später war Tony immer noch am Telefon. Sein Blick sagte mir, dass er etwas Unerfreuliches zu hören bekam. Als er schließlich auflegte, war sein Gesichtsausdruck düster.

„Alle mal herhören. Ron will euch alle heute Abend im Dan Tana's sehen. Ohne Ausnahme."

Die Jungs protestierten, und ich war enttäuscht. Ich hatte gehofft,

Tony an dem Abend zu mir in die Wohnung zu locken.

„Das ist noch nicht alles", fügte er hinzu. „Ab sofort darf niemand mehr mit Jim Arnold telefonieren, reden oder sich treffen."

Obwohl er sich an die ganze Runde wandte, war Tonys Blick auf mich gerichtet. Alle wussten, dass ich die Einzige war, die außerhalb der Arbeit Kontakt zu Jim hatte. Ich bekam einen staubtrockenen Mund.

„Warum?", krächzte ich mühsam.

„Weil Jim daran schuld ist, dass wir verhaftet wurden."

6

„DAS GLAUBE ICH NICHT."

Ich blickte flehend von Ron zu Tony. Die Köpfe zusammengesteckt saßen wir dritt auf roten Lederpolstern in einer Nische im Dan Tana's, einem italienischen Restaurant in West Hollywood.

Ron lächelte traurig und schüttelte den Kopf. „Es stimmt aber, RB."

„Ron. Ich kenne Jim. Er würde nie etwas tun, das mich, oder sonst jemanden, in Gefahr bringt. Das muss eine Verwechslung sein."

Tony beugte sich vor, und das milde Licht der flackernden Kerze beschien sein Gesicht. „Wir behaupten nicht, er hätte es absichtlich getan."

Ich machte den Mund auf, um etwas zu sagen, aber Ron kam mir zuvor. Seine Stimme war sanft, voll Mitleid.

„Ich bin nicht der Einzige, für den Jim arbeitet, RB. Jim installiert auch für andere Buchmacher in Kalifornien Rufumleitungen und Aufnahmegeräte. Auch für Leute in Vegas, legale Unternehmen. Jim lässt es so aussehen, als ob alle Anrufe aus Nevada kämen, wie es die Glücksspielaufsicht vorschreibt."

Ich ließ den Blick durch das Restaurant schweifen. Die übrigen Mitarbeiter saßen in Nischen um uns herum, aber Tony und Ron mussten die Sache mit Jim erst mit mir klären, bevor wir uns alle zusammensetzten.

„Ja ... und?"

„Im vorigen März machte eines der größten unabhängigen Glücksspielzentren in Vegas dicht. Der Besitzer verschwand, mit Schulden in Millionenhöhe. Rat mal, auf wen sie bei den Ermittlungen stießen?"

„Ich nehme mal an, du sagst jetzt Jim. Aber –"

„Nicht lange danach wurde eine andere zugelassene Buchmacherfirma, die Santa Anita, polizeilich geschlossen. Die Glücksspielaufsicht untersuchte die Sache gründlich und nahm die Telefonprotokolle genauestens unter die Lupe – und rat mal, auf wen sie dabei stießen. Wieder."

„Aber das beweist gar nichts", beharrte ich.

„Es beweist, dass die Behörden genau wissen, wer James Samuel Arnold ist", stellte Ron mit aller Entschiedenheit klar. „An Telefonverbindungen rumzupfuschen ist strafbar, RB. Natürlich wurde das LAPD über seine Aktivitäten informiert. Und Jim ist nicht gerade jemand, der sich durch Zurückhaltung auszeichnet."

„Er ist ausgesprochen publicitygeil", erklärte Tony kategorisch. „Wichtig ist, dass sein Name bekannt wird. Er fährt Rennen. Du kannst Bilder von ihm in der Zeitung sehen, wie er neben seinem Wagen posiert. Es war nicht schwer für die Bullen, ihm auf die Spur zu kommen. Sie sind ihm einfach zum Small Office gefolgt und von dort zum Big Office. Die Bullen dachten, sie wären auf ein großes Sportwettenkartell gestoßen. Deshalb sind sie mit gezückten Waffen rein. Deshalb sind wir auch nicht vorgewarnt worden – es war ihnen nicht klar, dass sie uns hochnehmen."

Ron paffte an seiner Zigarre. „Schau, Jim ist im Augenblick einfach zu heiß. Die Bullen beschatten ihn. Ihm ist klar, welche Konsequenzen das haben muss; niemand macht ihm einen Vorwurf. Die nächsten Monate über muss Jim sich unbedingt von uns fernhalten. Niemand – und das heißt, niemand – darf mit ihm in Kontakt treten."

Ich wusste, was er damit sagen wollte. Ich musste mich entscheiden: Entweder ich fuhr die nächste Alcan mit Jim und hörte mit der Buchmacherei auf, oder ich trennte mich von Jim und blieb dabei. Vor ein paar Monaten hätte ich einfach den Job an den Nagel gehängt. Aber jetzt nicht mehr.

„Da gibt es gar nichts zu überlegen", sagte Tony mit einem Anflug von Gereiztheit.

Ron bremste ihn. „Sie ist erwachsen. Sie kann ihre Entscheidungen selbst treffen."

Tony hatte recht – Rallyefahren war eine aufregende Sache. Doch als ich ihm im flackernden Kerzenschein in die Augen sah, krampfte sich mir das Herz zusammen. Mein Verlangen, mit ihm zusammen zu sein, war schier überwältigend. Gerade jetzt von ihm fortzugehen, wo es so gut mit uns angelaufen war, war mir unvorstellbar. Kein anderer Mann hatte je solche Gefühle in mir ausgelöst wie Tony, nicht einmal annähernd.

„Es wird Jim nicht schwerfallen, einen anderen Fahrer zu finden", sagte ich abschließend. „Bis das Rennen startet, ist es noch ewig hin. Ich bleibe."

Ron strahlte über meine Entscheidung. Ich wich Tonys Blick aus. Ich wusste, er wollte mich schützen. Aber in Wirklichkeit war die Arbeit im Wettbüro wahrscheinlich die sicherere Alternative.

„He, RB." Carmine stand neben einem großen, gut gekleideten Mann mit graumelierten Haaren. „Ich wollte dir Roger vom Small Office vorstellen."

Während ich ihn begrüßte, bemerkte ich, dass weitere Mitarbeiter hereinkamen. Minuten später waren wir einundzwanzig Personen und füllten den ganzen Teil des Restaurants. Da wurde mir die Größe von Rons Betrieb erst richtig bewusst. Seine Mitarbeiter waren eine bunte Mischung von Leuten, die äußerlich betrachtet nichts gemeinsam hatten – aber alle drehten sie sich um Ron Sacco.

Er ging von Tisch zu Tisch und plauderte freundschaftlich mit seinen Angestellten. Wer sie auch waren, Ron fand mit jedem eine gemeinsame Ebene. Ich hatte den Eindruck, dass er wahrscheinlich auch ein erfolgreicher Politiker hätte werden können – allerdings war er dafür vielleicht ein klein bisschen zu ehrlich.

Als Ron schließlich in unsere Nische zurückkehrte, stand das Essen auf dem Tisch. Er ließ sich sein Steak schmecken. „Gibson bleibt ein Problem", sagte er und unterstrich den Satz mit einem Stoß seines Steakmessers. „Pech, dass wir den einzigen nicht geschmierten Bullen in ganz L.A. an den Hacken haben. Das bedeutet erhöhte Wachsamkeit für alle. Vergewissert euch, dass ihr nicht verfolgt werdet! Parkt weiter weg vom Büro!"

„Was ist mit Jim?", fragte ich und dachte dabei an sein technisches

Know-how. „Wie willst du ihn ersetzen?"

„Schon passiert. 5043 hat mich mit zwei Leuten in Verbindung gebracht, die erstklassige Arbeit machen."

„5043 ... Dale Calhoun", dachte Tony laut. „Der Promi-Bookie von Beverly Hills." Ich erkannte die Nummer. Er war einer unserer Spieler.

„Genau der. Als er von der Sache hörte, rief er mich an und empfahl die Dienste von zwei Sicherheitsexperten."

Ron tupfte sich den Mund mit einer Serviette ab. „Dale hat sie mal beschäftigt, als er den Verdacht hatte, dass einer seiner Mitarbeiter mit einem Spieler gemeinsame Sache macht und ihn linkt. Nach wenigen Tagen konnten sie es ihm in Ton und Bild beweisen. Dale lobt sie in den höchsten Tönen. Ich habe ein bisschen nachgeforscht, und was ich gefunden habe, gefällt mir."

Tony nahm einen Schluck Wein. „Nämlich?"

„Einer von ihnen, Dan Hanks, war auf Auslandseinsatz in Vietnam."

„Als was?"

„Als Mitarbeiter des Marinenachrichtendienstes. Hat Leitungen angezapft. Ehrenvoll entlassen und danach jahrelang immer wieder mal gesessen, hauptsächlich wegen kleiner Sachen. Der andere nennt sich ‚Mad Dog' Valis und hat erstklassige Referenzen von den Gambinos vorzuweisen."

„Von den Gambinos? Gehören die nicht zur Mafia?", unterbrach ich. Doch weder Ron noch Tony reagierte.

„Die beiden haben sich ausgerechnet auf der Detektivschule kennengelernt und beschlossen, sich zusammenzutun und auf Kopfgeldjagd zu gehen." Ron tat einen langen, nachdenklichen Zug an seiner Zigarre. „Hab sie gestern Abend kennengelernt. Genau die Art Leute, die ich gern beschäftige: intelligent, talentiert, kreativ."

Er blies auf die glühende Spitze seiner Zigarre. „Wenn die beiden durch sind, werden die neuen Büros bullensicher sein. Darauf könnt ihr Gift nehmen."

⊠

WÄHREND HANKS UND Valis für die Sicherheit der neuen Geschäftsräume sorgten, arbeiteten wir weiter in dem beengten, verräucherten Ausweichbüro bei Olympic Produce and Cold Storage. Mir machten die äußeren Umstände nichts aus. Tony war da, und nach Feierabend hatte ich ihn ganz für mich allein. Mit seiner Harley machte er mich mit Los Angeles in seiner ganzen chaotischen, schmutzigen Herrlichkeit bekannt. Fest an ihn gepresst donnerte ich mit ihm um die Haarnadelkurven und über die Kuppen des Sunset Boulevard. Wir rasten auf gewundenen Straßen die Hollywood Hills hinauf, an Millionärsvillen vorbei, die über der smogverpesteten Stadt am Fuß der Hügel thronten. Wir sausten über den Mulholland Drive und genossen einige der unglaublichsten Blicke, die die Stadt zu bieten hat.

Meine Gefühle für Tony wurden immer stärker. Der Tony, den ich außerhalb der Arbeit erlebte, war jemand völlig anderer als der ärgerlich fauchende Mann, mit dem ich es die ganzen Monate davor zu tun gehabt hatte. Ich hatte den ersten Anfall echter Liebe. Auch wenn er es nicht aussprach, meinte ich zu wissen, dass auch ihm viel an mir lag.

Meine Eltern hätten weder meinen Freund noch meine Tätigkeit gutgeheißen, deshalb teilte ich ihnen schlicht nichts davon mit. Keinen Umgang mit meinem Vater zu haben war einfach. Er war nach der Scheidung in ein Apartment in Manhattan gezogen und war weiterhin viel auf Reisen. Mich vor meiner Mutter zu drücken war schwieriger. Ich rief sie gewöhnlich an, wenn ich wusste, dass sie Yogaunterricht hatte, aber am Muttertag funktionierte diese Taktik nicht. Gegen zwölf New Yorker Zeit rief ich sie in der Hoffnung an, dass sie mit einer Freundin beim Brunch saß. Sie nahm beim ersten Klingeln ab, als hätte sie neben dem Telefon gesessen und auf meinen Anruf gewartet. Vor Schreck hätte ich beinahe aufgelegt.

„Marisa? Bist du das?"

Ich fasste mich wieder. „Hi, Mom", sagte ich so munter, wie ich konnte. „Ich wollte dir einen frohen Muttertag wünschen."

„Wo bist du? Was machst du?" Die Sorge in ihrer Stimme brachte mich aus dem Konzept. „Ich habe seit Monaten nicht mehr mit dir geredet! Dein Vater auch nicht!" Dass meine Eltern nach ihrem heftigen Scheidungskrach meinetwegen so beunruhigt waren, dass sie tatsächlich miteinander sprachen, ließ bei mir die Alarmglocken schrillen.

Verunsichert sagte ich das Erste, das mir in den Sinn kam. „Mom, mir geht's gut. Ich arbeite für ein ... Lebensmittelunternehmen."

„Du machst was?" Sie hörte sich an, als hätte ich verkündet, dass ich

Stripperin werden wollte. Ich holte tief Luft und beschrieb ihr mein fiktives Leben im Lagerhaus nach den Beobachtungen, die ich dort gemacht hatte. Ich plapperte von Gemüsekisten, Kühllastern und meinen mexikanischen Kollegen.

Das Schweigen am anderen Ende der Leitung war bedrückend. Das spornte mich nur an, noch mehr Unsinn zu erzählen. Ich merkte nicht einmal mehr, worüber ich eigentlich redete. Schließlich hielt ich inne und versuchte zu retten, was noch zu retten war.

„Ich bin wirklich glücklich", sagte ich mit Nachdruck. Das wenigstens war nicht gelogen. „Ich habe einen wunderbaren Mann kennengelernt. Und ich habe eine Wohnung ganz nahe am Strand."

Ich musste das nächste lange, bedenkliche Schweigen über mich ergehen lassen. „Du hast also eine Greencard?", fragte sie scharf.

„Brauche ich nicht, ich arbeite schwarz. Die Mexikaner machen das alle. Das ist gar nichts Besonderes."

„Und dieser Freund, den du hast, ist ... Mexikaner?"

Ich unterdrückte ein Lachen. „Nein, Mom. Italiener. Er leitet das Unternehmen." Ich hatte gehofft, diese letzte Bemerkung würde sie vielleicht günstig stimmen, aber sie ging gar nicht darauf ein.

„Und das Studium? Du hast doch bestimmt noch andere Ziele im Leben außer ... Gemüse zu verpacken."

„Doch. Natürlich werde ich wieder studieren ... eines Tages. Aber noch nicht gleich."

Als wir schließlich auflegten, war ich nur noch ein Häufchen Elend. Ich hatte ihr nicht nur den Muttertag verdorben, sondern anscheinend ihre ganze Welt zum Einsturz gebracht. Andererseits hatte sie genauso reagiert, wie ich es erwartet hatte. Mir graute davor, meinen Eltern Tony vorzustellen, aber ich wusste, dass es nicht zu vermeiden war. Mein Freund kam aus einer Welt, die ihnen vollkommen fremd war. Beide Seiten mussten einfach lernen, miteinander umzugehen. Es war mir vorher noch nie mit jemandem so ernst gewesen. Ich redete mir ein, dass sie ihn schon mögen würden, wenn sie ihn erst einmal richtig kennenlernten.

Tony und ich waren beinahe sieben Tage die Woche vierundzwanzig Stunden täglich zusammen. Ich gab mir Mühe, die perfekte Freundin zu sein. Ich aktivierte meine hausfraulichen Fähigkeiten und übernahm das Einkaufen, Waschen und Putzen. Sogar eine Heirat erschien mir möglich. Bemerkenswert, wo meine Eltern mir doch die Vorstellung vom glücklichen Eheleben schon vor langem vergiftet hatten.

Zusammenzuziehen kam mir wie der nächste natürliche Schritt vor. Tony und ich wohnten abwechselnd in meinem Apartment in Long Beach und seinem in Bimini Place. Ich fand es albern, zwei getrennte Wohnungen zu haben, wenn wir doch immer zusammen waren. Ich machte Andeutungen, doch sie wurden ignoriert. Ich kannte Tony gut genug, um nicht zu drängeln.

Irgendwann löste Ron das Problem. „Ich möchte, dass ihr zusammenzieht", verkündete er eines Tages, als er gerade mal wieder die Gehälter vor Tony auf den Tisch warf. Er ließ den Satz einen Moment nachwirken, bevor er hinzufügte: „Ihr alle, meine ich damit."

„Wir sollen alle zusammenziehen?", fragte Kyle stirnrunzelnd.

„Nur bis sich die Situation wieder beruhigt hat. Gibson ist entschlossen, mich zur Strecke zu bringen. Ihr habt doch gesehen, wie leicht es für ihn war, Jim zu verfolgen. Er könnte das gleiche mit jedem von euch machen."

„Und warum müssen wir dann zusammenziehen?"

„Die Polizei kann euch nicht verfolgen, wenn sie euch nicht sieht", sagte Ron. „Es gibt ein Hochhaus in der Franklyn Avenue mit einer Tiefgarage. Stellt euch vor, ihr fahrt in einem Kleinbus mit dunkel getönten Scheiben zusammen zur Arbeit und wieder zurück. Niemand sieht euch kommen oder gehen." Er bemerkte unsere verwunderten Mienen. „Es wäre nicht auf ewig. Nur bis Gibson denkt, ich hätte den Laden dichtgemacht."

Der Vorschlag hatte alle überrumpelt. Der erste Widerspruch kam von Carmine. „Meine Fresse, Ron, ich bin zu alt für eine scheiß Wohngemeinschaft. Ich muss für mich sein können. Nichts gegen die Leutchen hier, aber ich bin so schon zu viel mit ihnen zusammen."

Ron schien mit Carmines Einwand gerechnet zu haben. Statt auf ihn einzugehen, konzentrierte er sich darauf, uns andere zu überzeugen.

„Das Haus ist traumhaft. Es gibt einen Swimmingpool auf der Terrasse im zweiten Stock, eine Sauna und ringsherum einen Balkon mit Blick auf den Ozean."

„Ich bin dabei", erklärte ich. Kyle und Danny schlossen sich umgehend an. Tony und Jay sagten nichts.

„Die Fahrzeit zur Arbeit wird dadurch kürzer", bearbeitete Ron sie weiter.

Jay schüttelte den Kopf. „Geht nicht. Ich muss zur Uni, Ron. Ich wohne jetzt schon zu weit vom Campus weg. Noch weiter weg kriege ich nicht hin. Außerdem brauche ich Ruhe zum Lernen. Tut mir leid."

Ron war klar, dass Tony und ich ein Paar waren. Ich ging davon aus, dass es für Tony schlicht zu schnell eine zu große Nähe bedeutete. Ich hätte jubeln können, als er seufzte. „Na schön, von mir aus." Säuerlich fügte er hinzu: „Aber Bimini gebe ich nicht auf!"

Das war mir egal. Mir war nur an einem gelegen: dass Tony und ich zusammenlebten.

Und als er unser neues Domizil zu sehen bekam, schwand sein Widerwille. Es war ein Luxushochhaus mit eigenem Portier, Concierge und Hausservice. Unsere Wohnung war wunderschön – allein das Elternschlafzimmer war größer als Tonys ganze alte Wohnung und hatte einen eigenen begehbaren Kleiderschrank, ein eigenes Badezimmer und Balkon mit Meerblick. Die übrigen Zimmer waren am anderen Ende der Wohnung, so dass wir für uns sein konnten, fast so wie in einer separaten Privatwohnung. Der Swimmingpool war riesig, und ringsherum standen gepolsterte Badeliegen. Vor lauter Begeisterung knetete ich Tonys Hand.

In der Wohnung an der Franklyn Avenue verlief unser Leben nach einem festen Plan. Jeden Morgen trafen wir Carmine und Jay in der Tiefgarage. Wir stiegen alle in den neuen Kleinbus, der einer Festung auf Rädern glich. Die Scheiben waren geschwärzt, und er war mit Polizeifunkempfang ausgestattet. Die Seitenspiegel zeigten nach oben, damit wir uns vergewissern konnten, dass uns kein Hubschrauber verfolgte. Tony wurde zum Fahrer bestimmt, und Jay hatte die Aufgabe, im Funk auf verdächtige polizeiliche Aktivitäten zu horchen. Ich fand die ganze Sache wahnsinnig aufregend, so als ob wir mit dem LAPD ein großes Katz-und-Maus-Spiel trieben.

Eines Morgens im Juni kam die Nachricht, die wir alle sehnsüchtig erwarteten. Das neue Büro war fertig. Ron nannte uns die Adresse und den Termin. Mathew schloss sich dem Team wieder an, und wir trafen ihn in der Garage, bevor wir alle den Bus bestiegen. Wir nahmen den Highway 10 nach Norden und fuhren in die Bay Street ins Zentrum von L.A., wo wir vor einem unscheinbar aussehenden Gebäude hielten, gräulich weiß gestrichen, mit Graffiti beschmiert, die Fenster verbrettert. Über einer Holztür stand auf einem Schild „Gumms Lighting" mit dem Zusatz „Nur nach Vereinbarung" und einer Nummer darunter.

Wir schauten hinaus, und ich sah auf der anderen Straßenseite Rons Mustang stehen. Er stieg aus, und wir folgten ihm zum Eingang.

Die Tür ging von innen auf, und ein großer, stämmiger Mann mit rotblonden Ringellocken stand vor uns. Eine spiegelnde Pilotenbrille verdeckte seine Augen, so dass man nur schwer sein Alter schätzen konnte. Dann bemerkte ich die zwei Pistolen, die er in einem fest um die Taille gezogenen Lederhalfter stecken hatte. Als wir an ihm vorbeidefilierten, kam uns im Flur ein zweiter Mann entgegen. Er war etwas kleiner, sehr dünn und hatte verschlafene Augen und modisch frisierte dunkle, schulterlange Haare. Er war von Kopf bis Fuß schwarz gekleidet, trug Cowboystiefel aus Schlangenleder und hatte eine Pistole locker im Gürtel stecken.

Das waren Hanks und Valis, die Sicherheitsexperten, die Ron beschäftigt hatte. Sie stellten sich jedoch als „Red" und „Duke" vor. Ich warf Tony einen kurzen Blick zu; er wirkte nicht sonderlich beeindruckt von diesem merkwürdigen Duo.

Red und Duke gaben uns eine Führung durch die neuen Geschäftsräume. Red mit seinem rotblonden Vokuhila war hauptsächlich für das Reden zuständig. „Schaut euch das mal an", sagte er. „Sieht von außen aus wie eine gewöhnliche Holztür, stimmt's? Aber wenn ihr genau hinguckt, seht ihr, dass sie mit Stahl verstärkt ist. Hier haben wir einen Sicherheitsriegel hingetan, nur vorsichtshalber." Duke hob die schwere Stahlstange auf und klemmte sie in die Halterung. Sie stand an beiden Seiten des Eingangs ein gutes Stück über. Mathew pfiff anerkennend. Die Tür war praktisch nicht aufzubrechen. „Hier drin wird euch niemand unbemerkt auf die Pelle rücken können."

Wir folgten dem kuriosen Paar durch einen hell erleuchteten Korridor, bis wir in den Hauptraum kamen. Im Vergleich zum alten Büro war er ein riesiger Fortschritt: groß und sauber, Tische und Stühle an den Außenwänden aufgereiht. Es roch nach frischer Farbe. Zwei Fernseher waren an der Wand angebracht, und auf einem Tisch standen zwei Monitore. Red trat an die Monitore und tätschelte einen.

„Diese zwei Goldstücke sind eure Augen und Ohren. Wir haben auf dem Dach zwei Überwachungskameras montiert, mit denen könnt ihr beide Straßen gut überblicken. Niemand kann sich dem Gebäude nähern, ohne dass ihr es bemerkt." Er sah Ron mit einem schiefen Grinsen an. „Keine Überraschungen."

Auf den Bildschirmen sahen wir bis zur übernächsten Querstraße die parkenden Autos.

„Schredder", verkündete Red als Nächstes und deutete auf eine Art Kasten an der Wand. „Für den unwahrscheinlichen Fall, dass ihr die Bullen kommen seht, schiebt ihr einfach die Wettscheine hier rein, und futsch sind sie." Er griff sich zwei leere Scheine und schob sie in den Apparat. Die Messer zerkleinerten sie zu spaghettiartigen Schnipseln.

Die nächste Station war das weitläufige Lagerhaus. Tonys Trainingsbank mit den Gewichten war unter einem vergitterten Fenster aufgestellt worden. Damit gab es immer noch reichlich Parkfläche für den Bus. Wir folgten Red und Duke zu einem Palettenregal, das an der Wand stand.

„Hier habt ihr ein stinknormales Regal", sagte Duke und deutete auf die Wand wie ein Zauberer, der gleich ein Kunststück aufführt. „Aber mit einem leichten Druck ..." Er bückte sich, fasste unter das unterste Regal und zog eine versteckte Schublade heraus. Die Aufnahmegeräte waren passgenau darin untergebracht.

Danny bückte sich seinerseits, um die Konstruktion in Augenschein zu nehmen. „Der Hammer", sagte er.

Die Rufumleitung war ebenfalls geschickt versteckt, und zwar im Innern einer voll funktionsfähigen Werkbank. Selbst Tony war wider Willen von der handwerklichen Gediegenheit beeindruckt.

Red wies auf den Ausgang am Ende des Lagerhauses. „Die Tür dahinten ist ebenfalls mit Stahl verstärkt", sagte er. „Nicht aufzubrechen."

Nachdem ich mir im Büro monatelang mit den Männern eine Toilette geteilt hatte, war die aufregendste Neuigkeit für mich die Existenz zweier Bäder.

Als wir alle wieder im Büro versammelt waren, forderte Red Ron auf, auf seinem Mobiltelefon die 1-800er-Nummer des Büros zu wählen. Augenblicklich klingelten die Digitaltelefone auf dem Schreibtisch, und gleichzeitig blinkten die Lichter. Duke reichte Tony einen silbernen Kugelschreiber. „Drück mal drauf", forderte er ihn auf. Als Tony auf den Kugelschreiber drückte, hörten das Klingeln und das Blinken der Lichter schlagartig auf. Tony drückte erneut, und sofort gingen die Telefone wieder los. Danny lachte vor Vergnügen über diese sinnige Erfindung. Ron wirkte schwer beeindruckt.

„Das wär's dann", sagte Red. „Euer neues Büro. Ein Rat noch: Wechselt immer wieder mal euren Weg zur Arbeit. Routine ist euer

Feind. Und vergesst nicht die elementaren Vorsichtsmaßregeln: in den Rückspiegel schauen und die Tür erst aufmachen, wenn ihr euch vergewissert habt, dass draußen die Luft rein ist. Wenn ihr euch daran haltet, werdet ihr hier in Glück und Freude leben. Noch Fragen?"

Niemand sagte etwas. Red nahm seine schwarzglänzende Members-Only-Jacke von der Rücklehne eines Stuhls, zog sie an und machte den Reißverschluss zu, so dass man die Pistolen nicht sah. Duke zog sein Hemd über die aus der Jeans lugende Pistole und setzte eine Sonnenbrille auf. „Viel Glück", sagte Red, und Ron brachte die beiden zur Tür. Wir beobachteten auf den Monitoren, wie die drei nach draußen schlenderten und Duke und Red dann zu einem Buick an der nächsten Straßenecke stolzierten.

„Lieber Himmel, Ron", sagte Mathew, als dieser ins Büro zurückkam. „Bisschen überkandidelt, die beiden, was? Wie zwei Comicfiguren."

Tony schnaubte: „Dale hat diese Hampelmänner empfohlen?"

„Wärmstens", sagte Ron in beschwichtigendem Ton.

Tony schüttelte den Kopf und sah dem davonfahrenden Buick nach. „Ich würde hundertmal lieber mit Jim arbeiten als mit diesen beiden Vögeln. Selbst wenn die Bullen ihn auf dem Schirm haben."

⊠

AN DEM ABEND FUHREN wir zum Bimini Place, um Tonys letzte Sachen zu holen. Ich war aufgeregt: Dies war der letzte Schritt, dann lebten wir offiziell zusammen. Als wir die Tür aufmachten, spürte ich sofort, dass etwas nicht stimmte. Die Vorhänge waren zugezogen. Wir hatten seit Tagen nicht mehr dort geschlafen, aber ich war mir sicher, dass ich sie offen gelassen hatte. Da bemerkte ich einen eigenartigen, muffigen Geruch.

Ich spürte, wie Tony erstarrte. „Warte", murmelte er.

Als er das Licht anschaltete, erschrak ich. Auf der Bettkante saß ein Mann mit dem Rücken zu uns, den nackten Oberkörper vorgebeugt. Ohne sich umzudrehen, knurrte er: „Mach das scheiß Licht aus!" Bevor Tony den Raum wieder in Dunkel hüllte, prägte sich mir das Bild des Mannes auf dem Bett ein. Seine Haut war bläulich und schweißglänzend. Der Oberkörper war muskulös und voll ausgebildet, und doch schien der Mann nicht größer als ein Kind zu sein. Eine lange Narbe lief vom Nackenansatz die ganze Wirbelsäule hinunter. Wie er da zusammengekrümmt hockte und die Augen gegen das Licht abschirmte, kam er mir im ersten Moment wie ein unterirdisches Wesen vor, das unerwartet von der Sonne getroffen worden war. Tony knipste eine matte Tischlampe an.

Stocksteif stand ich da, während der Fremde sich zu Tony umdrehte. In dem Schummerlicht sah er noch unheimlicher aus. Er hatte sandblonde Haare und helle Augen, die glasig und tot wirkten, wie unter dem Einfluss starker Medikamente. Sein Gesicht machte mir Angst. Es hatte etwas Dämonisches und war doch seltsam bekannt. Der Mann deutete auf einen der Barhocker und bemerkte trocken: „Alles Gute zum Dreißigsten." Als mein Blick dem Finger folgte, lag auf dem Hocker neben dem Küchentresen ein ordentliches Häufchen weißes Pulver.

„Das ist zwei Wochen her", sagte Tony.

Bestürzt begriff ich, warum der Mann mir so bekannt vorkam. Es war nicht nur das Gesicht – sie hatten auch den gleichen athletischen Oberkörper.

Tonys Vater war also gar nicht tot, wie ich angenommen hatte. Ich blickte auf das Pulverhäufchen. „Tony nimmt keine Drogen", sagte ich. Die Vorstellung entsetzte mich, dass ein Vater sein Kind dazu anhielt, Rauschgift zu nehmen.

Tonys Vater drehte sich mir langsam zu. Er lachte auf eine grässliche, keuchende Art, die klang, als würde ein Reifen die Luft verlieren. Das Lachen sollte mir sagen, wie sehr ich mich irrte. Ich wartete auf Tonys Unterstützung. Stattdessen wandte er die Augen ab.

„Wo hast du denn die Sissy aufgegabelt?", gluckste sein Vater.

Tränen stiegen mir in die Augen. Ich wandte mich ab, um zu gehen, aber Tony schritt durchs Zimmer und nahm meinen Arm.

„Geh nicht." Er schaute sich zu seinem Vater um. „Zieh dir was an!", herrschte er ihn an.

Der kleine Mann stand auf und zog sich ein zerknittertes Hemd über, das er auf dem Sofa abgelegt hatte. Währenddessen konnte ich nicht anders, als mit einer Art entsetzter Faszination seinen kleinwüchsigen Körper anzustarren. Er knöpfte das Hemd zu und ging wortlos an mir vorbei. Tony folgte ihm.

Ich schloss hinter ihnen die Tür und machte das Licht wieder an. Diese Begegnung hatte meine Wahrnehmung zurechtgerüttelt, und zum ersten Mal sah ich die Wohnung, wie sie wirklich war. Vorher hatte ich sie für gemütlich gehalten, aber das war sie nicht. Sie war ein Loch. Die

Farbe blätterte ab. Die Tapete löste sich. Das Parkett war zerkratzt. Es war eine ramschige Bude in einem heruntergekommenen Haus in einem üblen Viertel. Und ich stand darin neben einem Häufchen, das ich für Kokain hielt und das bestimmt mehrere tausend Dollar wert war.

Nichts war so, wie es sein sollte. Ich war verhaftet worden. Ich arbeitete illegal. Ich liebte einen Kriminellen. Ein verzweifeltes Schluchzen stieg in meiner Kehle auf, und ich kämpfte dagegen an. Was tat ich hier? Ich schaute mich wieder in dem kleinen Apartment um und erkannte mit einem eisigen Schreck, dass ich überhaupt nichts von Tony wusste.

7

„ICH FASSE ES NICHT, DASS DIESER MANN dein Vater ist."

Wir saßen zusammen im Sand und blickten auf den weiten, unergründlichen Ozean hinaus. Ich fand es erleichternd, nicht mehr in Bimini Place zu sein. Tonys Vater hatte über das ganze Haus einen düsteren Schatten geworfen.

Tony wollte den Arm um mich legen, doch ich machte mich steif.

„Beurteile mich nicht nach meinem Vater, Marisa", sagte er. „Ich kenne den Mann kaum." Er blickte aufs Meer hinaus, und die Strahlen der untergehenden Sonne vergoldeten sein Gesicht.

„Wie das?"

Tony atmete einmal tief durch. „Er war nicht gerade ein Vorbild für mich. Eigentlich war er gar kein richtiger Vater. Er war zwischendurch monatelang verschwunden, manchmal jahrelang. Wir waren nie auf irgendwas von ihm angewiesen. Ab und zu kam er an und war dann einfach da. Tat so, als wenn er nie weg gewesen wäre."

„Und deine Mutter hat ihn dann einfach reingelassen?"

Tony lächelte traurig. „Oh, sie hat ihn gehasst. Hat ihn einen nichtsnutzigen kleinen Dreckskerl genannt. Aber wieder aufgenommen hat sie ihn immer. Immer."

Die zerrüttete Beziehung meiner Eltern erschien mir im Vergleich auf einmal geradezu rosig.

„Als ich dreizehn war, kam er auf einmal aus heiterem Himmel in einem brandneuen silbernen Caddy an. Wir waren zu dem Zeitpunkt bettelarm. Und da kreuzt mein Paps in dem coolsten Schlitten auf, den ich je gesehen hatte. Er nahm mich auf eine Spritztour mit, und ... ich kann dir gar nicht sagen, was das für ein Gefühl war, als meine Freunde mich in diesem Wahnsinns-Cadillac durch die Gegend fahren sahen."

Tony hatte jetzt ein Lächeln auf den Lippen. Seinem entrückten Blick war anzumerken, dass er diesen Tag mit wehmütigen Gefühlen neu durchlebte. Dann fiel ein Schatten über sein Gesicht.

„Sprich weiter", flüsterte ich.

„Dad sagte, er hätte da noch was zu erledigen. Ich fragte nicht nach. Ich wollte nichts sagen, was für Unfrieden sorgte, jetzt, wo er wieder da war. Wir fuhren in den Tenderloin-District, und das war das reinste Kriegsgebiet damals. Die Geschäfte waren alle verrammelt. Penner saßen an den Straßenecken und tranken aus Papiertüten. Nutten promenierten auf und ab. Und Dad fährt im Schneckentempo die Straße entlang, schaut in alle Richtungen, murmelt vor sich hin. Schließlich sieht er den Mann, den er sucht. Einen Schwarzen an einer Straßenecke. Dad fährt rechts ran und sagt mir, ich soll das Fenster runterlassen und den Mann rufen. Also gut, ich lasse es runter und schreie: He, Mister! Der Mann kommt angewalzt, ganz lässig, und guckt rein.

Und in dem Moment macht es *peng!*, und Paps düst ab mit vollem Karacho. Ich brauche ein bisschen, um zu begreifen, dass er dem Mann gerade ins Gesicht geschossen hat. Ich sitze da und bin total mit Blut und Gehirn bespritzt."

Ich war wie vom Donner gerührt. „Er hat ihn ermordet?", sagte ich schließlich. „Einfach so – direkt vor deinen Augen?"

„Er hat dem Mann das Gesicht weggepustet. Du hättest Mom hören sollen, als er mich zu Hause abgesetzt hat. Ich sah aus, als hätte ich im Schlachthaus gearbeitet. Dad behauptete, ich hätte Nasenbluten bekommen. Danach verschwand er wieder. Fast vier Jahre sahen und hörten wir nichts mehr von ihm. Ich dachte, er wäre im Knast oder tot. Dann ruft er eines Tages zu Hause an. Ich war siebzehn."

„Was wollte er?"

„Er hatte einen Job für mich in Los Angeles. Er kriegte mich mit dem Versprechen, ich könnte nach ein paar Wochen mit viel Geld für Mom und die Mädchen wieder zurück nach Hause. Ich nahm mir in der Arbeit zwei Wochen frei und fuhr nach L.A. Er macht die Tür auf, und die Wohnung ist eine Drogenhölle – Spritzen, verbrannte Löffel, alles, was dazugehört. Er ist voll auf Heroin, kaum ansprechbar. Eigentlich sollte er für Sacco Anrufe annehmen."

„Ron?" Ich konnte mir nicht erklären, wieso Ron mit jemandem wie Tonys Vater verkehrte. „Dein Vater hat für Sacco gearbeitet?"

„Sie waren alte Freunde. Dad und Sacco fingen zusammen vor zwanzig Jahren mit Sportwetten an. Sie waren Partner, bis Dad wie üblich Scheiße baute. Er stieg in den Drogenhandel ein, trieb sich mit zwielichtigen Gestalten rum. Ron war clever genug, um zu begreifen, dass Dads Verhalten geschäftsschädigend war, darum trennte er sich von ihm und zahlte ihn aus. Fünf Jahre später ruft er Ron völlig abgebrannt an und bittet um einen Job. Ich vermute, Sacco hatte das Gefühl, ihm das schuldig zu sein, deshalb gab er ihm einen Job in der Wettannahme. Damals hatte Sacco noch lauter kleine Außenstellen – pro Wohnung ein Telefon mit einem Mitarbeiter, der von einer Spielergruppe Wetten annahm. In Bimini Place hatte er sieben. Das Gebäude war am Verfallen, deshalb war es dem Eigentümer egal, was darin vorging, solange die Miete bezahlt wurde. Sacco brachte Dad in einer der Wohnungen unter, und der Vermieter drückte ein Auge zu.

Leider war Dad völlig am Arsch und ging gar nicht ans Telefon. Ron bekommt Beschwerden von den Spielern, also geht er nachschauen und trifft Dad völlig weggetreten an. Er gibt Paps eine letzte Chance, noch die Kurve zu kriegen, und an dem Punkt rief Paps mich an. Als ich bei ihm eintraf, war er in einem Zustand, wo an Arbeit gar nicht zu denken war. Das war mein Crashkurs in der Buchmacherkunst."

Obwohl Tonys Geschichte mich traurig machte, hatte sie auch etwas düster Faszinierendes. So viel hatte er mir noch nie über seine Vergangenheit erzählt.

„Jim hat mir erzählt, bei Sacco wäre es mit dem Geldverdienen erst richtig losgegangen, als du dazugestoßen bist", sagte ich.

Tony schmunzelte. „Ich hatte schon immer ein Talent für Zahlen. Wie Wetten funktionieren, war mir sofort klar. Es gibt bestimmte Muster. Ich achtete darauf, wie die Spieler wetten. Ich fing an, selber die Quoten anzupassen. Wenn San Diego bei drei stand und ein Spieler hatte schon zweimal darauf gesetzt, gab ich ihm die Wette für minus vier. Damals war das ganze System noch in den Kinderschuhen. Ron rief alle paar Stunden mit den Quotenwechseln an. Aber ich brauchte seine neuen Quoten nicht, weil ich meine eigenen machte. Meine Stelle war die einzige, die durchweg Geld verdiente. Der Witz daran war, Ron hatte keine Ahnung, dass ich überhaupt dort arbeitete. Erst als wir hochgenommen wurden. Das war vor zwölf Jahren – meine erste Festnahme, am Tag nach meinem achtzehnten Geburtstag. Das war das einzige Mal, dass die Bullen mich nicht mit meinem Dad verwechselten. Weißt du noch, wie ich dir sagte, dass mein Name mir Probleme macht? Der Grund ist: Wenn sie ihn in den Computer eingeben, erscheint auch Dads Vorstrafenregister. Und glaub mir, er hat noch für ganz andere Sachen gesessen als illegale Sportwetten."

Ich dachte an den bleichen kleinen Mann, dem ich begegnet war. Selbst wenn er gar nicht anwesend war, zerstörte er Tonys Leben.

„Sacco kam aufs Revier, um für uns die Kaution hinzublättern. Er erkannte mich sofort, obwohl er mich nur einmal als Kind gesehen hatte. Er zahlte die Strafen, wollte, dass ich dabeiblieb. Ich dachte mir: Ach, was soll's? Vorbestraft war ich eh schon. Also mietet Ron ein Lagerhaus an, vereinigt die ganzen Außenstellen unter einem Dach und überträgt mir die Leitung. Das Geschäft boomte. Ich habe für Ron viel Geld verdient, aber im Gegenzug ist er immer gut zu mir gewesen. Wenn Ron nicht wäre, könnte ich nicht für meine Mom und meine Schwestern sorgen. Ich habe ihnen ein Haus in Nordkalifornien gekauft, meine kleinen Schwestern in eine katholische Schule gesteckt und meinem Schwager geholfen, sich selbstständig zu machen."

„Alles, was eigentlich dein Vater hätte tun sollen", sagte ich.

„Ron ist wie ein Vater zu mir gewesen, mehr als mein richtiger."

Ich holte tief Luft. Ich war froh, mehr darüber zu wissen, wo Tony herkam, aber damit war das Problem nicht gelöst, dass sein Vater wieder auf der Bildfläche erschienen war. „Und wie oft siehst du deinen Vater?"

Tony zuckte die Achseln. „Nicht oft. Immer dann, wenn er was braucht. Ich sehe ihn überhaupt nur aus dem Grund, weil er weiß, wo ich zu finden bin."

„Vielleicht solltest du umziehen."

„So leicht ist das nicht, Marisa. Larry – der Verwalter von Bimini Place

– ist ein alter Freund. Als Ron die Außenstellen aus dem Haus wegverlegte, war das für ihn ein schwerer Schlag. Larry ist immer gut zu mir gewesen. Deshalb bin ich dageblieben und miete weiter das Apartment, selbst wenn ich es nicht bewohne. Larry gehört quasi zur Familie."

Ich nickte. Ich wusste, dass Loyalität Tony sehr wichtig war, eine Eigenschaft, die ihn von seinem Vater gründlich unterschied.

„Was ist mit dem Rücken deines Vaters passiert?", fragte ich vorsichtig. „Ist das eine Messerwunde?"

„Nein ... Als kleiner Junge hatte er einen Auswuchs auf dem Rücken, der immer größer wurde. Damals konnte es sich die Familie nicht leisten, mit ihm zum Arzt zu gehen. Als er elf war, war daraus ein großer Buckel geworden. Die Ärzte mussten ihn aufschneiden. Drinnen fanden sie einen Haufen Haare, Fleisch und Zähne. Die Ärzte sagten, mein Paps hätte sich seinen Zwillingsbruder im Mutterschoß einverleibt, und der Zwilling würde jetzt wie ein Parasit in seinem Körper immer weiter wachsen. Sie schnitten alles weg, aber durch die Operation wurde sein Wachstum gehemmt."

Mir schauderte, aber es hatte eine schreckliche Stimmigkeit: Tonys Vater, der böse Zwilling, der seinen Bruder auffraß.

„Ist dein Vater wirklich wegen deines Geburtstags gekommen?"

Tony legte den Arm um mich und zog mich an sich. Diesmal sträubte ich mich nicht. Mit einem amüsierten Ton in der Stimme sagte er: „Das macht dich so liebenswert, Marisa. Du glaubst immer an das Gute in den Menschen. Nein, er ist nicht wegen meines Geburtstags gekommen. Nicht im Geringsten."

„Weswegen dann?"

„Dad importiert Heroin aus Thailand. Ich soll ihm einen Gefallen tun, deswegen ist er gekommen."

„Heroin? Heißt das, dieses Pulver in deiner Wohnung war Heroin?"

„Allerdings. China White. Ein kleines Vermögen wert."

Für mich war das Wort Heroin gleichbedeutend mit Tod. „Nimmst du Heroin?", flüsterte ich.

„Ich habe es einmal probiert. Nur einmal. Hör zu, Marisa, ich bin schon ziemlich lange in L.A., und du bist der einzige Mensch, den ich kenne, der nicht trinkt und sich nichts einwirft."

„Du nimmst also Drogen." Mir wurde ganz eng in der Brust. „Was für Drogen?"

„Koks." Ich machte mich aus seiner Umarmung los, und er fügte hastig hinzu: „In letzter Zeit viel weniger."

„Aber warum? Warum machst du das?"

Den Reiz von Alkohol oder Drogen hatte ich nie verstanden. Ich war risikofreudig, aber ich wollte die Sache immer im Griff behalten. Die Vorstellung, von einer Substanz abhängig zu sein, erschien mir krank. Ich konnte niemanden respektieren, der Drogen nahm. Und ohne Respekt kann eine Beziehung nicht halten.

„Warum ich kokse?" Tony überlegte. „Einmal aus praktischen Gründen – damit ich wach bleibe. Ich arbeite sechs Tage die Woche und am Abend mache ich noch die Wertungen. Ich brauche was, das mich am Laufen hält."

„Probier's mal mit Kaffee", sagte ich naserümpfend.

„Aber", Tony legte mir die Hand auf den Arm, „seit wir zusammen sind, habe ich das Zeug kaum angerührt. Ich verbringe neuerdings viel mehr Zeit im Bett."

Ich wusste, er wollte mich aufheitern, aber es war mir egal. Tränen brannten mir in den Augen.

„He", sagte er sanft. „Komm her. Schau, ich finde es toll, dass du keine Drogen nimmst. Das mag ich an dir. Ich würde nicht wollen, dass du damit anfängst."

Jetzt flossen die Tränen. Aber ich war ihm nicht böse. Ich weinte einfach um den kleinen Jungen, der Tony einmal gewesen war. Er tat mir furchtbar leid. Seine Kindheit, sein ganzes Leben war von meinem himmelweit verschieden. Er zog mich an sich, und ich vergrub mein Gesicht an seinem Hals. Wenn er mich liebt, dachte ich, wird er keine Drogen brauchen. Ich atmete den sauberen, warmen Duft seiner Haut ein.

„Ich liebe dich", flüsterte ich.

⬚

IM BÜRO WURDE die Arbeitsbelastung gerade geringer. Die Baseballsaison war im Gange, und dieser Sport war bei unseren Spielern deutlich weniger beliebt. Viele meldeten sich die ganze Saison über ab. Und weniger Arbeit bedeutete mehr Freizeit. Tony und ich genossen sie in vollen Zügen und erkundeten auf seiner Harley gemeinsam Südkalifornien.

Eines Abends fuhr Tony mit mir zum Tail O' the Pup, einem Hotdog-Stand in Los Angeles, der Kultstatus hatte. Er hatte die Form eines riesigen

Hotdogs und war eine der letzten noch existierenden Verkaufsstellen, deren äußere Form die darin angebotenen Produkte nachahmte, wie es in den fünfziger Jahren modern gewesen war. An einem milden Sommerabend aß ich davor meinen ersten Chili-Dog. Wieder sagte ich zu Tony: „Ich liebe dich", und hoffte, er würde es erwidern.

Er verstand nicht, wie sehr ich mir wünschte, dass er es seinerseits aussprach. Tief im Innern wusste ich, dass er mich auch liebte. Wie hätte es anders sein können? Was uns verband, war so unglaublich stark, leidenschaftlich und zärtlich. Ich wusste, dass er genauso empfand. Warum konnte er es nicht sagen?

⊠

„GOTT" WAR DER SPITZNAME, den sich die Jungs für das kuliförmige Gerät ausdachten, mit dem Tony die Telefone zum Schweigen brachte. Gott erwies sich als extrem brauchbares Teil. Die Telefone abschalten zu können, bis wir anfingen, verschaffte uns Ruhe, und die hatten wir dringend nötig.

Eines Samstags im Juni jedoch war Tony stinksauer. „Wo zum Teufel ist Gott?", schnauzte er, während er durchs Büro stürmte. Seine unbedachte Frage animierte die Jungs zu den üblichen Witzeleien.

„Gott ist überall!"

Tony suchte weiter die Schreibtische ab.

„Wenn ich dich darauf hinweisen darf, Danny, Nietzsche hat festgestellt, dass Gott tot ist", dozierte Mathew im Ton eines Philosophieprofessors.

Tony, der keine Zeit hatte zu philosophieren – vor allem unmittelbar vor der Opening Line –, entgegnete mit einem schneidenden „Haltet Eure Scheiss-Klappe! Helft mir suchen!".

Als Tony an mir vorbeistampfte, fiel mir etwas Dünnes, Silbernes auf, das ihm aus der Gesäßtasche schaute. Ich zog es heraus.

„Gott war die ganze Zeit mit dir", sagte ich. Ein Klick, und die Telefone schrillten los.

Wie üblich schaute ich periodisch auf den Monitor. Sergeant Gibson schien uns vergessen zu haben. Aber wir blieben wachsam. Die Bildschirme zeigten ein unverändertes Bild der menschenleeren Straßen vor dem Gebäude – ein ganz normaler Arbeitstag.

Auf der Rückseite des Lagerhauses jedoch versammelten sich heimlich Sheriffs, Polizisten, Zivilbeamte und Elektronikspezialisten. Red und Duke hatten zwar das Garagentor und den Hinterausgang mit Stahl verstärkt, wie versprochen. Aber sie hatten an der Tür auch die Scharniere gelockert, so dass Gibsons Männer sie mit einem Stemmeisen aufhebeln konnten. Einer nach dem anderen drangen die Männer des Einsatzkommandos wie Schatten ins Lagerhaus ein. Mit gezückten Waffen schlichen sie an dem geparkten Bus vorbei. Über dem unablässigen Klingeln der Telefone und den lauten, hektischen Stimmen, mit denen wir im Akkordtempo Wetten annahmen, hörten wir sie nicht kommen.

Ich nannte gerade einem Spieler die Quote, als ich aus dem Augenwinkel eine Bewegung wahrnahm. Ich hob den Kopf und erblickte Sergeant Gibson. Im ersten Moment hielt ich ihn für eine Halluzination. Die Erscheinung gab kein Geräusch von sich – er stand einfach da, das Gesicht zu einem humorlosen Grinsen verzogen. Bevor ich die anderen warnen konnte, strömten die Beamten herein.

Diese Razzia war eine viel größere Aktion als die letzte. Bei so vielen Polizisten im Einsatz war gar nicht daran zu denken, dass wir am nächsten Morgen in einem Ausweichbüro wieder Anrufe entgegennahmen. Während die Männer um uns herum mit routinierter Effizienz zu Werke gingen, überkam mich eine tiefe, schwere Niedergeschlagenheit. Für mich bedeutete dies das endgültige Aus.

„An die Wand mit euch!"

Zivilbeamte setzten sich auf unsere freigewordenen Plätze, nahmen Anrufe entgegen und notierten sich wie selbstverständlich Wetten. Der Übergang war fließend. Unsere Spieler merkten gar nicht, dass sie bei verdeckten Ermittlern setzten.

Gibson wühlte auf den Tischen herum und suchte offensichtlich nach etwas Bestimmten. Er war diesmal viel ruhiger. Er hatte sich wirklich gründlich vorbereitet. Plötzlich leuchteten seine Augen auf, und er schritt auf Tony zu und pflückte ihm Gott vom T-Shirt-Kragen, wo er steckte. Ohne zu zögern, drückte Gibson den Knopf, und die Telefone verstummten augenblicklich. Mit einem Augenzwinkern für Tony ließ er uns wissen, dass er eingeweiht war. Das konnte nur eines bedeuten: Red und Duke hatten uns ans Messer geliefert.

Später sollten wir erfahren, dass sie über zehn Jahre lang verdeckt für das FBI und die Drogenfahndung gearbeitet hatten. Mit der Durchsuchung bei Ron Sacco waren sie ein für alle Mal enttarnt.

In Handschellen an der Wand aufgereiht hörten wir schweren Herzens mit an, wie die Geheimschublade und die Werkbank von unerbittlichen Hammerschlägen und kreischenden Motorsägen fachmännisch zerlegt wurden. Diesmal wollten sich die Behörden kein wichtiges Belastungsmaterial durch die Lappen gehen lassen. Die zügige, koordinierte Präzision war fast erschreckender als der vorige gewaltsame und chaotische Überfall. Kein Schreien, keine Drohungen, keine körperliche Gewalt. Sie hatten Spezialisten dabei, die das Büro in wenigen Minuten auseinandernahmen.

Im Laufe der Razzia wurden mir die Konsequenzen, die das für mich hatte, mit ernüchternder Deutlichkeit klar. Wie kam ich dazu, hier neben diesem bunt zusammengewürfelten Haufen von Ganoven und Asozialen in Handschellen auf dem Boden zu sitzen? Ich – kosmopolitisch, gebildet, mit einem Vater, der für die Vereinten Nationen arbeitete? Was hatte ich mir dabei gedacht? Wie hatte ich so dumm sein können? Hatte ich wirklich geglaubt, es könnte so leicht sein, gegen das Gesetz zu verstoßen, und ich müsste nicht dafür bezahlen?

Ein Kamerateam traf ein, dann noch eines und noch eines. Wir kamen in die Nachrichten, ja, wir waren die Meldung des Tages. Während sich das Büro in einen Medienzirkus verwandelte, schritt Sergeant Gibson auf mich zu, ging vor mir in die Hocke und sah mir in die Augen. „So, jetzt wirst du richtig gefickt", hauchte er und schlug mir mit einer flinken Bewegung die Baseballmütze vom Kopf, so dass die Kameras mein Gesicht aufnehmen konnten. Verzweifelt drehte ich mich weg und hoffte, meine Eltern würden das Gesicht ihrer Tochter nicht erkennen, wenn sie die Abendnachrichten anschalteten.

Schließlich wurden die Reporter und die Kamerateams zusammen mit den Sheriffs und Kriminalbeamten hinausgeschickt, und das LAPD erledigte den Rest allein. Todunglücklich schaute ich Tony an. Er starrte gedankenverloren ins Leere. Es versetzte mir einen heftigen Stich, als mir klarwurde, dass ich ihn jetzt wahrscheinlich sehr lange nicht wiedersehen würde.

Zwei Polizistinnen kamen und halfen mir auf die Beine. Ich warf Tony einen letzten gequälten Blick zu. Unsere Augen trafen sich.

„Ich liebe dich", formte er mit den Lippen.

8

ICH WAR IM GEFÄNGNIS. Schon wieder. Ich konnte es nicht fassen, dass ich so tief gesunken war.

Wieder hatte Ron dafür gesorgt, dass meine Kaution eintraf, bevor ich das Hochsicherheitsgefängnis für Frauen überhaupt betrat. Aber auf besonderen Wunsch Sergeant Gibsons – dem der Direktor prompt nachkam – sollte ich trotzdem vierundzwanzig Stunden festgehalten werden. Ich sollte mit knallharten Kriminellen zusammengesperrt werden. Ich bereitete mich seelisch auf die Gräuel vor, die mich vermutlich erwarteten.

Die Wärterin, eine große, verkniffen blickende Blondine in zu enger Uniform, führte mich und eine andere Frau in die Arrestzelle. Meine Begleiterin war eine untersetzte, unnahbar wirkende Mexikanerin mit einem roh gemalten Dolch auf der Wange. Sie hatte mich während der Aufnahmeprozedur dabei ertappt, wie ich darauf starrte, und mir einen bösen Blick zugeworfen, der mich erschauern ließ.

Die Wärterin zog den Schlüsselbund vom Gürtel und nahm uns die Handschellen ab. Wir kamen in die Arrestzelle. Vier weitere Frauen waren dort eingepfercht, die alle auf einer harten Holzbank an der

Wand saßen. Ich setzte mich auf die leere Bank ihnen gegenüber und starrte auf meine Füße.

Die Mexikanerin ließ sich neben mich plumpsen. „Scheiß puta!", sagte sie zu niemand Bestimmten. Aus ihrer Vertrautheit mit der Aufnahmeprozedur hatte ich geschlossen, dass auch sie nicht zum ersten Mal im Sibyl Brand war. Ich sah sie von der Seite an. Ihre Augen bohrten sich förmlich in meine. Der mit Tusche gemalte Dolch runzelte sich, als sie verächtlich den Mund verzog.

„Na los, Schlampe, überrasch mich. Weshalb haben sie dich verknackt?"

Ich fühlte, wie sich die Blicke der Frauen auf der Bank gegenüber auf mich richteten. „Sportwetten", antwortete ich mit möglichst ruhiger Stimme. „Und dich?"

„Drogenhandel."

Ich lehnte den Kopf an die Betonwand und schloss die Augen. Die letzten Momente der Verhaftung liefen seit Stunden in einer Dauerschleife vor meinem inneren Auge ab. Als ich abgeführt wurde, hatte Tony die drei Worte gesagt, die ich die ganze Zeit hatte hören wollen. Ich liebe dich.

Wenigstens darüber hatte ich jetzt Klarheit. Auch wenn man uns für wer weiß wie lange brutal auseinandergerissen hatte.

Lautes Rasseln riss mich aus meinen Gedanken. Die Tür der Arrestzelle wurde aufgeschlossen, und eine ungeheuer dicke Küchenhilfe mit kurzgeschorenen grauen Haaren kam hereingewatschelt. Unter dem wachsamen Blick einer Wärterin händigte sie jeder von uns ein Sandwich aus. „Abendessen, die Damen", verkündete sie. Als sie zu unserer Bank kam, begrüßte sie die Mexikanerin wie eine alte Freundin. „Lupe! Was machst du denn hier, Alte?"

„Scheiße. Dasselbe wie du. Die Arschlöcher haben mich geschnappt."

Sie plapperten lebhaft auf Spanisch, bis die Wärterin damit Schluss machte. Ein Sandwich landete auf meinem Schoß, und die Küchenhilfe watschelte aus der Zelle. Die beiden Brotschnitten waren hart und trocken. Als ich sie aufklappte, entdeckte ich dazwischen eine farblose Scheibe Mortadella, die sich am Rand kringelte. Darunter klebte eine Schicht Mayonnaise, die einen ausgesprochen ungesunden Glanz hatte. Mir knurrte der Magen. Ich hatte seit dem Frühstück nichts mehr gegessen, aber ich wollte auf keinen Fall mit diesem Fraß eine

Salmonellenvergiftung riskieren. Irgendwann morgen war ich wieder auf freiem Fuß. Bis dahin musste ich durchhalten. Ich legte das Sandwich neben mir auf die Bank und massierte mir die roten Striemen, die die Handschellen an den Handgelenken hinterlassen hatten.

Ein unbehagliches Schweigen war eingetreten. Ich blickte auf. Die Frauen auf der anderen Bank glotzten mich an. Eine feindselige Atmosphäre breitete sich rasch in der Zelle aus wie Gift. Vielleicht hielten sie mich für ein schnöseliges weißes Prinzesschen, das sich zu fein war, das gleiche wie alle anderen zu essen. Ich nahm das Sandwich und hielt es ihnen hin. „Ich hab keinen Hunger", sagte ich.

Die Gefangene direkt gegenüber von mir, eine massige Schwarze mit kahlrasiertem Schädel, riss es mir aus der Hand und schlang es mit zwei Bissen hinunter. Fürs Erste wenigstens war die Spannung beigelegt.

Kurz darauf kam die Wärterin in unsere Zelle zurück und rief meinen Namen und den zweier anderer. Wir wurden einen Korridor hinuntergebracht und kamen in einen kahlen Raum mit hartem Neonlicht. Hier wurden wir fotografiert und nach Läusen abgesucht. Anschließend mussten wir uns ausziehen und eine entwürdigende Leibesvisitation über uns ergehen lassen. Schließlich bekam ich eine formlose graue Hose mit passendem Oberteil. Meine neue Uniform.

Sie fanden in der Kleiderkammer keine Schuhe, die mir passten, und so durfte ich meine eigenen Turnschuhe tragen. Ich hatte sie mir wegen ihrer dicken Sohlen gekauft, denn mit der zusätzlichen Größe, die sie verliehen, konnte ich bei der Arbeit in dem zwielichtigen Großhandelsdistrikt leichter als Mann durchgehen. Vielleicht war das ja auch im Gefängnis ein kleiner Vorteil.

Sobald wir uns umgezogen hatten, wurden wir in eine zweite Arrestzelle gebracht. Nach und nach füllte sie sich mit weiteren abgefertigten Frauen. Wir warteten in gedrücktem, trostlosem Stillschweigen. Als Letzte erschien die Mexikanerin Lupe. Sie kam mit dem selbstbewussten Gebaren von einer hereinspaziert, die diese Abläufe in- und auswendig kannte. Sie hatte nichts zu befürchten. Sie hatte hier drinnen Freundinnen, die sie an die Spitze der Zellenhierarchie beförderten. Bald schon bemerkte ich eine andere Aushilfe, die lustlos einen Besen durch den Flur vor der Zelle schob und heimlich die Neuen musterte. Lupe sprang auf und schritt an die Gitterstäbe. Sie und die Aushilfe unterhielten sich hastig im Flüsterton.

Blitzschnell griff sich die Aushilfe in den Hosenbund, zog eine Zigarette hervor und ließ sie auf den Boden fallen. Sie fegte sie unter dem Gitter hindurch in die wartenden Hände von Lupe, die den verbotenen Schatz geschickt im Aufschlag ihrer umgekrempelten Hose verschwinden ließ. Triumphierend schlenderte sie davon und setzte sich neben mich. Sie stupste mir mit einem Wurstfinger vor die Brust.

„He, Schlampe, hab gehört, du bist in den Nachrichten."

„Tatsächlich?"

„Ja, Schlampe, tatsächlich. Dein weißes Arschgesicht ist im Fernsehen! Und willst du noch was wissen? Es heißt, du kriegst hier drin den Arsch aufgerissen."

☒

DAS HÖHNEN UND Schreien der Insassinnen hallte von den hässlichen rosa Wänden wider, als wir hinter der Wärterin den langen Flur entlanggingen. Frauen pressten sich an die Gitter und buhten die Neuen aus. Von dem Lärm unbeeindruckt lieferte die Wärterin jede Gefangene in dem Zellentrakt ab, in den sie gehörte. Nach und nach wurden wir weniger. Schließlich folgten ihr nur noch Lupe und ich. Wir kamen zum Tor am Ende des Flurs und wurden eingelassen. Eine Schar rauer, bedrohlicher Frauen beäugte mich, als die Gittertür hinter uns zufiel.

Vor uns war ein offener Bereich, wo die Frauen ziellos umherschweiften und anscheinend kommen und gehen konnten, wie sie wollten. Mein Instinkt riet mir, nicht stehen zu bleiben. Zwei Frauen rempelten mich an, aber ich ging einfach weiter, den Blick auf den Boden geheftet. Plötzlich versperrte mir ein großes Hindernis den Weg.

Ich hob den Kopf und sah mich einem bulligen schwarzen Mann gegenüber. Über seinem Afro trug er ein schwarzes Haarnetz, vorne verknotet. Die Hosen hingen ihm tief an den Hüften, und unter den Knien, wo sie abgeschnitten waren, kamen kräftige, behaarte Beine zum Vorschein. Ein Päckchen Zigaretten steckte im umgekrempelten Ärmel seines engen T-Shirts, und seine muskulösen Arme glänzten. Vor Schreck konnte ich im ersten Moment nicht reagieren. Was machte ein Mann im Frauengefängnis?

Während der Mann mich taxierte, blähten sich seine Nasenflügel. Da hörte ich hinter ihm eine bekannte höhnische Stimme. Lupe.

„Das ist sie. Das ist die weiße Schlampe aus den Nachrichten. Mach sie fertig, Pretty Boy!"

Auf ihren Befehl hin trat der Mann einen Schritt auf mich zu. Seine Augen glitzerten gefährlich. Ich erkannte, dass ich mich geirrt hatte. Pretty Boy war eine zwei Zentner schwere Frau.

Wie ich jetzt reagierte, entschied darüber, welche Behandlung ich hier erfahren würde. Wenn ich mich duckte, war ich eine leichte Beute für jede, die mich als Punchingball benutzen wollte. Ich ballte die Fäuste. Mein Atem wurde flach. Ich hatte diese Kreatur mit nichts provoziert. Es war das Ende eines langen, schwierigen Tages. Ich wollte nur in Ruhe gelassen werden, sonst nichts. Ich fühlte, wie das Adrenalin einschoss und den Zorn befeuerte, der in mir schwelte.

„Lass mich in Ruhe!", drohte ich.

Die Augen des ganzen Zellentrakts schwenkten in unsere Richtung. Die Frau funkelte mich böse an, aber ging nicht zum Angriff über.

„Es ist mir ernst! Lass mich in Ruhe!"

An jedem anderen Tag hätte Pretty Boy mich im Kampf in Stücke gerissen. Aber heute nicht. Das hatte nichts mit Strafvollzug zu tun. Es war nicht rechtens, dass ich hier war, schon gar nicht, dass ich dieser Bestie ausgeliefert war.

„Mach schon! Mach – sie – *fertig!*" Wieder Lupe. Gierig nach Gewalt. Pretty Boy beugte sich vor. Ihr Gesicht war nur Zentimeter von meinem entfernt. Sie sah meinen kampfentschlossenen Augen an, dass sie mich nicht einfach mal kurz zusammenschlagen konnte.

„Pass bloß auf, dass du mir nicht in die Quere kommst!", knurrte sie.

Damit zog sie ab, im Schlepptau die Aufhetzerin, die nicht auf ihre Kosten gekommen war. Die kleine Menge, die sich versammelt hatte, machte enttäuschte Mienen, weil die Weiße nun doch nicht zu Brei geschlagen wurde.

Mein Weg weiter in den Zellentrakt hinein endete vor einer Wand mit Metallregalen, wo Wäschebündel verstaut waren. Eine ältere Insassin meinte, ich solle mir ein Bündel nehmen, und zeigte mir dann, wo der Schlafbereich war. Ich hatte viele Filme gesehen, die im Gefängnis spielten, und stellte mir vor, ich würde in einer Zelle mit Stockbett und Toilette schlafen. Stattdessen kam ich in einen Schlafsaal mit Metallstockbetten in langen Reihen. Wenigstens hundert Frauen waren in diesem großen, offenen und praktisch unkontrollierten

Teil des Gefängnisses inhaftiert. Dass keine Wärterinnen da waren, erschreckte mich. Ich war mir sicher, dass Gewaltausbrüche hier an der Tagesordnung waren.

Mein Bündel enthielt ein Handtuch, Laken, ein Kissen, einen Kissenbezug und eine Decke. Ich fand ein unbelegtes Bett und warf es darauf. So gern ich die Gefängnistoilette gemieden hätte, ließ sich ein gewisser Drang doch nicht unterdrücken.

Wie der Schlafsaal waren auch die Waschräume riesig. An einer langen Wand waren die Duschkabinen, an der gegenüber die Klos mit kleinen, nicht abschließbaren Türen, die einem wenig Rückzugsmöglichkeit boten. Der Raum war brechend voll von Frauen, die hier anscheinend zum Reden und Abhängen zusammenkamen. Ich stahl mich in eine freie Toilette.

An den Waschbecken waren mehrere Frauen mit etwas Merkwürdigem beschäftigt. Vor meinen faszinierten Augen nahm eine Frau die Mine aus einem Kugelschreiber und quetschte die Tinte darin auf mehrere Kleckse weißer Zahnpasta. Dann verteilte sie den Mix mit den Fingern auf den Kacheln, und ich begriff, dass sie dabei war, die aktuelle Sibyl-Brand-Kosmetikkollektion herzustellen. Mit roter Tinte gemischt wurden aus der Zahnpasta Lippenstift und Rouge in einer Farbpalette von blassrosa bis knallrot. Blaue Tinte ergab Lidschatten, der großzügig mit den Fingerspitzen aufgetragen wurde. Die Frauen tunkten die Finger in das Zeug und malten sich das Gesicht an. Wenn man die Umgebung ausblendete, sahen sie aus wie eine Horde Highschool-Mädchen, die sich zurechtmachten, um ein Footballspiel zu gucken. Ich bemerkte, dass sie sich sogar ihre formlosen, unweiblichen Uniformen sorgfältig hergerichtet hatten, so dass Beine, Busen und Taille optimal zur Geltung kamen.

Wut brodelte in der Luft, und immer wieder hörte ich lautes Schreien und Schimpfen. Ich beschloss, mich bis zum Eintritt der Nachtruhe in meinem Bett zu verkriechen. Als ich davorstand, musste ich feststellen, dass mir jemand die Decke weggenommen hatte. Ich wusste, dass gar nicht daran zu denken war, sie wiederzubekommen. Es gab zu viele Betten, zu viele Gefangene, und überhaupt, was hätte ich tun sollen? Höflich fragen? Ich hatte nicht vor, wegen einer kratzigen Gefängnisdecke eine Tracht Prügel – oder Schlimmeres – zu riskieren, und so fand ich mich damit ab, ohne Decke zu schlafen.

Meine gespielte Ruppigkeit von vorher war inzwischen verflogen. Ich war erschöpft, ausgelaugt. Ich stieg auf das obere Bett und machte es mir so gemütlich wie möglich. Die Matratze quietschte und knarrte beunruhigend, als ich mich darauf legte. Ich schloss die Augen, und meine Gedanken schweiften zu Tony. Was er wohl in diesem Moment durchmachte? Ob er an mich dachte?

Im Unterschied zu den meisten anderen Frauen hier würde ich am nächsten Tag freikommen. Doch was dann? Würden Tony und die anderen wieder für Sacco arbeiten? Für mich kam das nicht in Frage. Ich wollte nicht das Risiko eingehen, je wieder hier zu landen. Mir graute es bei der Vorstellung, mehr als vierundzwanzig Stunden mit diesen verrohten, gewalttätigen Frauen eingesperrt zu sein.

Die übrigen Insassinnen kamen erst Stunden später in den Schlafsaal. Streitereien über Zigaretten oder fehlende Kleidungsstücke heizten die Atmosphäre auf. Mir knurrte der Magen, und ich hatte einen säuerlichen und schlechten Geschmack im Mund. Ich hatte schon länger nichts mehr gegessen, und das Frühstück war noch Stunden entfernt. Ich musste schlafen; ich musste bei Kräften bleiben.

Wärterinnen patrouillierten zwischen den Bettenreihen und kontrollierten, dass die Frauen sich zur Ruhe begaben. Eine kam an mir vorbei. Sie trug einen gefalteten Papierhut, auf dem in roher Blockschrift das Wort „PUSSY" stand. Sie blieb neben meinem Bett stehen und guckte mich finster an.

„Schuhe aus!"

Ich zog meine Turnschuhe aus und steckte sie unter das kratzige fadenscheinige Laken. Für den Fall, dass jemand sie mir in der Nacht zu stehlen versuchte, wickelte ich mir die Schnürsenkel um die Hand.

Um neun Uhr rief eine Wärterin: „Nachtruhe!", und es wurde dunkel im Schlafsaal. Ich lag da wie erstarrt da. Ich hörte Flüstern, Kichern, leise Schritte von Frauen, die umherschlichen und in andere Betten krochen. Ich drehte mich auf die Seite und hoffte, es würde bald Morgen werden. Das Letzte, was ich bemerkte, bevor ich in einen unruhigen Schlaf sank, war ein Flackern irgendwo im Dunkeln und dann der unverkennbare Geruch von Marihuana.

9

WETTRING ZERSCHLAGEN! 40 MILLIONEN UMSATZ IM JAHR!

Die Jungs aus dem Big Office drängten sich um den Resopaltisch und starrten mit großen Augen auf die Schlagzeilen der *Los Angeles Times*. Auch auf die Titelseiten der *San Francisco Chronicle* und von *USA Today* hatten wir es geschafft. In ganz Amerika waren wir groß in den Nachrichten.

„Lies vor!"

Wir waren im The Pantry, einer gastronomischen Institution in L.A., die berühmt war für ihre Hausmannskost, Riesenportionen und Frühstück den ganzen Tag. Nach vierundzwanzig Stunden im Gefängnis brauchten wir alle dringend etwas Wohltuendes im Magen. Ich blickte mich nervös um. So ausführlich, wie über den Fall berichtet wurde, war ich mir sicher, dass alle Augen auf uns gerichtet waren.

„Was? Hier?"

„Niemand guckt", sagte Mathew freundlich. „Mach schon!"

Ich fing an zu lesen.

„Eine raffinierte Buchmacherfirma, die mit Hilfe gebührenfreier Nummern mindestens 40 Millionen Dollar mit Sportwetten scheffelte, wurde Ziel einer

Razzia, die das Glücksspieldezernat des Sheriffs von Los Angeles County am Samstag vornahm. Sechs Personen droht eine Anklage wegen illegaler Buchmacherei, wofür sie bei einer Verurteilung mit Höchststrafen von drei bis fünf Jahren Gefängnis rechnen müssen."

Ich fühlte, wie alle Farbe aus meinem Gesicht wich. Drei bis fünf Jahre?

„Babe ... alles okay mit dir?"

Tonys Augen strahlten Sorge aus. Ich nickte rasch und richtete den Blick wieder auf die Zeitung. Die Kellnerin erschien, und ich zuckte zusammen, als sie anfing, uns Kaffee nachzuschenken.

„Lies weiter!", drängte Danny.

Tony drückte mir unter dem Tisch beruhigend den Schenkel. „Vertrau mir, Babe. Du kommst nicht ins Gefängnis."

„Aber hier steht –"

„Vertrau mir." Er sah mich durchdringend an. „Du kriegst eine Geldstrafe und kommst mit einem blauen Auge davon."

„Lies doch einfach, RB!", drängte Danny erneut.

Ich gab mir einen Ruck und nahm wieder die Zeitung hoch. *„Die Organisation, die mit sechs fiktiven Geschäftsstellen operierte, hatte ihren Sitz in einem Gebäude in East Los Angeles, wo die Beamten elektronische Geräte zur Aufzeichnung der Wetten sicherstellten. Die Organisation nahm Wetten aus anderen Bundesstaaten an und leitete eingehende Anrufe mit einer besonderen Schaltung an Stellen weiter, die nur die Mitarbeiter kannten, damit die Anrufe nicht zurückverfolgt werden konnten."*

Der Artikel enthielt außerdem eine ungefähre Beschreibung unserer Tätigkeit und ließ sogar einen Satz zu „Gott" fallen: *„Die Polizei fand einen drahtlosen Sender in einem Kugelschreiber versteckt, der die Telefonverbindung zum Büro unterbrach, wenn man ihn aktivierte."*

Zum Schluss wurden die Festgenommenen mit Namen und Alter aufgeführt, und ich verging fast vor Scham, als ich meinen Namen schwarz auf weiß sah. Selbst wenn mein Vater am Abend zuvor aus irgendeinem Grund die Fernsehnachrichten verpasst hatte, würde er in der Zeitung von heute bestimmt davon lesen.

„O Gott", stöhnte ich. „Das wird meine Eltern umbringen ..."

Tony schüttelte den Kopf. „Das ist das erste Mal, dass du mit dem Gesetz in Konflikt kommst. Du kriegst eine Geldstrafe."

„Genau genommen ist es das zweite Mal."

Tony warf Mathew einen giftigen Blick zu. „Danke, Mathew. Und jetzt halt deine verdammte Fresse!"

Ich versuchte, es positiv zu sehen. Ich wusste, dass Tony ein halbes Dutzend Mal verhaftet worden war, und zu mehr als einem Bußgeld und einer Bewährungsstrafe war er nie verurteilt worden. Das war gewiss ein gutes Zeichen.

Danny blätterte *USA Today* durch und pfiff vor sich hin. „Verdammt, wir sind echt heiß!"

Bei all den Morden, Vergewaltigungen, Drogendelikten und Bandenkriegen, die in Amerika passierten, wie um alles in der Welt konnte da eine Buchmacherfirma die größte Meldung des Tages sein?

„Dafür können wir uns bei Duke und Red bedanken", schimpfte Mathew.

Tony stimmte ihm grimmig zu. „Sacco blättert ein Vermögen dafür hin, dass sie uns vor den Bullen sichern, und dann verpfeifen sie uns."

Sechs dampfende Teller kamen, hoch beladen mit Pfannkuchen, Bratkartoffeln und dicken Scheiben Pökelschinken. Voll Heißhunger tränkte ich meine Pfannkuchen in Ahornsirup. „Und was passiert jetzt?"

Tony hatte diese Prozedur schon oft genug erlebt. Er spulte die nächsten Schritte mit professioneller Selbstverständlichkeit herunter. „Sie klagen uns an. Illegale Buchmacherei und Bildung einer kriminellen Vereinigung. Danach kriegen wir eine Geldstrafe und eine Verwarnung. Das war's dann."

„Was ist mit Ron?" Ich senkte die Stimme. „Es ist aus, nicht wahr? Er kann nach so einer Sache nicht weitermachen."

„Das ist nicht dein Ernst, oder?" Tony klopfte nachdrücklich auf die Zeitung. „Du hast doch gelesen, was sein Geschäft wert ist. Eine solche Einnahmequelle wird er doch nicht einfach in den Wind schießen."

„Aber dann wird die Polizei ihn doch bestimmt wieder hochnehmen."

„Er wird eine Möglichkeit finden. Wie immer."

„Tja, schön für ihn", sagte ich mit einem Anflug von Bitterkeit. „Aber ich bin draußen. Ich werde auf keinen Fall noch einmal dort anfangen. Nie wieder."

Auf meinem Stockbett im Sibyl Brand hatte ich in den stillen Momenten vor Tagesanbruch eine Entscheidung getroffen. Ich gehörte nicht in ein Frauengefängnis. Ich gehörte auf die Universität. Es hatte eine Zeit in meinem Leben gegeben, da wollte ich zeichnen und malen und sonst gar nichts. Diesen Teil von mir hatte ich verloren. Aber nicht endgültig. Ich wollte wieder eine Künstlerin sein.

„Ich setze mein Studium fort." Kaum waren die Worte heraus, da überkam mich eine ungeheure Erleichterung.

Tony nickte. „Ich habe Ron schon gesagt, dass du aufhörst."

„Was?"

Tonys braune Augen blitzten. „Ich hätte nicht zugelassen, dass du wieder dort anfängst, und wenn du mich angefleht hättest. Das ist kein Leben für dich. Du musst was aus dir machen."

Ich umhalste ihn und küsste ihn leidenschaftlich. Normalerweise hätte es mich wütend gemacht, dass jemand anders eine Entscheidung für mich traf. Unter den Umständen jedoch war ich mehr als einverstanden.

„Und ihr anderen?"

„Für mich ändert sich gar nichts", sagte Mathew und schaufelte sich eine Gabelvoll Pfannkuchen in den Mund. „Die Bullen haben weder das Ausweichbüro noch das Baby Office gefunden. Sie wissen nicht einmal von der Wohnung in der Franklyn Avenue. Ich habe keine Angst."

„Das waren nur diese Arschlöcher, die uns ans Messer geliefert haben", ätzte Danny. „Wenn Duke und Red nicht gewesen wären, hätte Gibson uns nie gefunden."

Ich wusste, dass Tony bei Ron bleiben würde. Auf legalem Wege konnte er niemals so viel Geld verdienen wie mit der Leitung des Büros.

Unterdessen zog sich die Schlinge weiter zu. Ein paar Tage später wurden Ron und Joanna in ihrem Haus in Chino wegen Bildung einer kriminellen Vereinigung zur Verübung illegaler Buchmacherei verhaftet. Den Zeitungsberichten zufolge war Sacco „der mutmaßliche Anführer eines millionenschweren landesweiten Wettrings". Ron bezahlte ihre Kaution in bar, und sie spazierten aus dem Untersuchungsgefängnis.

An jenem Abend versammelten wir uns alle wieder im Dan Tana's. Trotz der schlimmen Entwicklungen lag eine spürbare Erregung in der Luft. Alle waren gespannt, wie Rons nächster Schritt aussehen würde.

„Staten Island", verkündete er. Überraschtes Gemurmel lief um den Tisch. „Wir gehen an die Ostküste. Jim ist schon da und bastelt die Anschlüsse."

Für Staten Island als neuen Standort sprach zweierlei. Die lästige Aufmerksamkeit von Sergeant Gibson machte einen Umzug in einen anderen Bundesstaat erforderlich. Und Staten Island war der einzige Ort in Amerika, wo illegale Buchmacherei strafrechtlich als Vergehen und nicht als Verbrechen galt.

„Auf Staten Island müssen wir im schlimmsten Fall ein Bußgeld zahlen", sagte Ron. „Und ein Bußgeld kann ich mir leisten."

Ron hatte auf der Insel, einem Stadtteil von New York, bereits vier Häuser angemietet. Alles war organisiert und startbereit. Die meisten hatten nichts dagegen, für ihn auf die andere Seite des Kontinents zu ziehen. Mathew witzelte, seine Frau liebe die Ostküste, weil dort der Druck nicht so groß sei, schlank sein zu müssen. An dem Abend verlor Ron nur einen Mitarbeiter, Jay, der wegen des Studiums nicht umziehen wollte.

Je länger sich die Zusammenkunft hinzog, umso mehr stieg auch meine Erregung. Die Aussicht, nach Osten zu ziehen, lockte mich. Ich wäre näher bei meinen Eltern, aber nicht zu nahe. Plötzlich sah es ganz leicht aus, mein Leben wieder auf die richtige Bahn zu bringen. Vielleicht ging ich am Ende doch noch auf die Cooper Union School of Art. Ich konnte eine Mappe zusammenstellen und mich noch einmal bewerben.

Leider hatte Ron mit Tony etwas anderes vor. Er bat uns, nach dem Treffen noch zu bleiben. Nachdem er alle anderen verabschiedet hatte, setzte er sich an unseren Tisch und paffte die zweite Zigarre des Abends. Er lehnte sich auf seinem Stuhl zurück und grinste Tony an.

„Ich besorge dir eine Glücksspiellizenz", verkündete er.

Tony schien die Aussicht nicht allzu sehr zu begeistern.

„Was ist eine Glücksspiellizenz?", fragte ich.

„Damit kann Tony ein legales Büro in Las Vegas betreiben, zugelassen von der staatlichen Glücksspielaufsicht in Nevada. Denk doch mal", sagte er und zeigte mit der glimmenden Zigarre auf Tony, „du wirst unsere größten Zocker betreuen."

Aus Tonys Reaktion schloss ich, dass das Gespräch einen Subtext hatte. „Und?", fragte Tony kühl.

„Und du wirst eine Direktverbindung nach Staten Island haben. Damit kannst du dort alles ... im Auge behalten. Dafür sorgen, dass es glatt läuft."

Ich fragte mich, warum Ron nicht wollte, dass Tony mit der übrigen Mannschaft an die Ostküste zog. Irgendetwas stimmte da nicht.

Tony beugte sich über den Tisch und senkte die Stimme. „Ron", sagte er, „hast du die Genehmigung dazu?"

Ron schaute auf seine Uhr. „Schon nach Mitternacht", sagte er sanft. Dann wandte er sich an mich: „Herzchen, du musst todmüde sein. Wie wär's, du fährst nach Hause und schläfst dich gründlich aus?"

Ich verstand. „Sicher", stimmte ich zu und verabschiedete mich mit einem Kuss von Tony, damit die beiden ungestört reden konnten.

※

IN DIE WOHNUNG zurückgekehrt überlegte ich hin und her, ob ich meine Eltern anrufen sollte. Inzwischen mussten sie doch von der Verhaftung gehört haben. Ich konnte mich nicht ewig vor ihnen verstecken. Aber ich kniff und rief stattdessen meine Schwester Heather an. Ich wusste, ich konnte mich darauf verlassen, dass sie für eine gewisse Schadensbegrenzung sorgte. Ich wählte ihre Nummer in Vancouver und wartete atemlos darauf, dass sie abnahm.

Kaum war sie ans Telefon gegangen, war mir klar, dass ich nichts zu befürchten hatte. So fröhlich, wie sie klang, konnte sie nicht von meiner Festnahme gehört haben. Und wenn Heather nicht Bescheid wusste, dann waren sicher auch meine Eltern nicht im Bilde. Ich konnte mein Glück kaum fassen.

„Du klingst echt glücklich", bemerkte meine Schwester.

„Ich bin noch nie im Leben glücklicher gewesen."

Statt ein langes schwieriges Gespräch über meine Lebensentscheidungen zu führen, plauderten wir eine Stunde lang über die Männer, mit denen wir zusammen waren. Von jeher war es zwischen uns so gewesen, dass wir uns gegenseitig alles anvertrauten.

Das reichte bis in die Kindheit zurück und galt selbst für Verletzungen, die buchstäblich körperlich waren. Meine Mutter verhielt sich stets völlig gleichgültig, wenn wir uns verwundeten. Wir wurden einfach auf die Füße gezogen oder bekamen Sachen zu hören wie: *Steh auf! Nicht schlappmachen! Hör auf zu heulen! Beweg dich!* Klaffende Wunden, die in der Notaufnahme hätten versorgt werden sollen, wurden lediglich zu Hause verbunden. Meine Mutter war während des Krieges nicht in den Genuss ärztlicher Betreuung gekommen, warum sollte es uns dann anders gehen?

Als ich sechzehn war, bemerkte ich eine größer werdende Geschwulst im Nacken und eine andere am rechten Ohr. Es war ein Kampf, meine Mutter dazu zu bringen, dass sie mit mir zum Arzt ging. Schließlich gab sie nach, ging aber mit mir zu ihrem „Arzt", einem Psychiater. Ich fühlte mich hintergangen und gedemütigt. Ich bildete mir die Geschwülste doch nicht ein, etwas wuchs wirklich an meinem Kopf, doch ich hatte keine Möglichkeit, etwas dagegen zu unternehmen.

Die erste Wucherung wurde irgendwann entfernt, und ich behielt eine unschöne Narbe am Hals zurück. Mein Vater, der immer noch viel auf Reisen war, ließ die zweite von einem Facharzt für plastische Chirurgie wegoperieren, eine große histolytische Hyperplasie, die sich durch die Gesichtsmuskeln geschoben hatte und mir an der Wange die Haut ausbeulte. Wieder zeigte meine Mutter nicht das leiseste Mitgefühl.

Ihre Gleichgültigkeit ließ mich immer mehr auf Distanz zu ihr gehen. Wollte sie meine Widerstandskraft stärken, oder war sie unfähig zur Fürsorge? Oder war es ihr schlicht egal? So jedenfalls fasste ich es auf. Mit den Jahren hörte ich auf, mich mit meinen Nöten körperlicher wie seelischer Art an sie zu wenden, weil ich wusste, dass von ihr nichts kommen würde.

Wie immer war es eine Freude, mich mit meiner Schwester auszutauschen, aber als ich den Schlüssel in der Tür hörte, verabschiedete ich mich hastig. Ich musste erfahren, was mit Tony geschehen war.

„Was hattet ihr zu bereden? Warum hat Ron mich fortgeschickt?", fragte ich.

„Babe, es ist spät."

„Wieso braucht Ron eine Genehmigung, um das Büro nach Staten Island zu verlegen? Wer muss das genehmigen?"

Tony zog sein Hemd aus und ließ sich mit nacktem Oberkörper aufs Bett fallen. „Politik. Du kannst dir für eine erfolgreiche Buchmacherfirma, die Millionenprofite macht, keinen neuen Standort im Land suchen, wenn du keine Genehmigung hast."

„Von wem, Tony?"

„Vom Mob."

„Du hast mir erzählt, wir würden nicht für die Mafia arbeiten", hauchte ich mit versagender Stimme.

„Stimmt auch. Ron arbeitet nicht für die. Es ist komplizierter. Er braucht für seine Tätigkeit trotzdem ihr Einverständnis."

„Kapier ich nicht. Wieso?"

„Vor Jahren, lange bevor ich dazukam, verlor Ron einmal viel Geld bei einem Spiel. Das war finanziell ein schwerer Schlag. Er musste sich Geld leihen, um seine Spieler zu bezahlen. Wenn du auf die Schnelle solche

Summen benötigst, gibt es nur eine Adresse, an die du dich wenden kannst."

„Den Mob."

„Jap. Ron ging zwei ehemalige Mobster besuchen, die sich zur Ruhe gesetzt hatten und im Napa Valley eine Weinkellerei besaßen. Er hatte schon damals einen guten Ruf, deshalb liehen sie ihm das Geld. Und Ron zahlte es bis auf den letzten Cent zurück, plus Zinsen."

„Und?"

„Vor ein paar Jahren tauchten zwei Italiener bei mir an der Tür in Bimini auf. Ich hatte keine Ahnung, wer sie waren, aber sie ihrerseits schienen mich gut zu kennen." Tony machte einen starken Ostküstenakzent nach. „Ab morgen arbeitest du für uns!"

Die veränderte Aussprache machte mich stutzig. Die Wendung, die diese Geschichte nahm, gefiel mir gar nicht.

„Sobald sie gegangen waren, rief ich Ron an. Eine halbe Stunde später waren wir unterwegs ins Napa Valley. Die zwei alten Mobster begrüßten uns wie alte Freunde. Sie zeigten uns ihre Kellerei, luden uns zu Grappa und Cohibas ein. Sie erzählten uns, dass die Italiener, die mich aufgesucht hatten, von der Licavoli-Familie in Cleveland kamen. Die versuchte schon seit einiger Zeit mit allen Mitteln, in Kalifornien Fuß zu fassen. Die beiden Alten versprachen, sich darum zu kümmern. Und sie hielten Wort. Wir hörten nie wieder von den Leuten aus Cleveland. Danach hielt Sacco es für geraten, sich regelmäßig Geld bei den beiden zu leihen. Nicht, dass wir es nötig gehabt hätten. Aber Ron dachte sich, die Zinsen wären ein Anreiz, uns vor zukünftigen Übernahmeversuchen zu schützen."

„Das heißt, Ron zahlt dem Mob Schutzgeld."

„Schutzgeld stimmt nicht ganz. Es ist eher eine Versicherung."

„Und diese beiden, die Alten im Napa Valley, die haben ihm also die Genehmigung gegeben, das Büro an die Ostküste zu verlegen?"

„Ja. Unter einer Bedingung." Tony wandte seine Aufmerksamkeit meinem Schlüpfer zu und fing an, ihn mir auszuziehen.

„Nämlich welcher?"

„Dass ich nicht mitgehe."

Ein seit einiger Zeit schwelender Machtkampf in der Gambino-Familie hatte blutige Formen angenommen. Tony eilte ein Ruf voraus, und die beiden Mobster befürchteten, seine Anwesenheit könnte das ohnehin schon explosive Klima im Osten noch zusätzlich anheizen.

Ich wollte eigentlich noch so vieles fragen, inzwischen jedoch war ich halb nackt, und alle Gedanken an die Mafia waren verflogen.

Stundenlang lag ich danach neben Tony und lauschte seinen Atemzügen. Ich dachte an Las Vegas. In so einer Stadt hatte ich niemals leben wollen. Der Ozean würde mir fehlen. Das Leben, das wir hier zu bauen begonnen hatten, würde mir fehlen. Ich versuchte, mich damit zu trösten, dass ich ohnehin viel zu sehr vom Studium in Anspruch genommen sein würde, um meine Tage mit Strandspaziergängen zu verbringen.

🗑

EINE WOCHE SPÄTER MUSSTE ich zum ersten Mal vor Gericht erscheinen. Am Freitag, den 3. Juli 1987, um 8 Uhr 50 schritten Kyle, Jay, Mathew, Danny, Tony und ich die eindrucksvolle Treppe zum Los Angeles County Courthouse hinauf. Wir fragten am Eingangsschalter, wo wir zur Anklageerhebung hinmussten.

Rons Anwalt Harold Fisher war ein untersetzter Mann mit einem Menjou-Bärtchen. Er erklärte uns, was uns erwartete. Wenn wir aufgerufen wurden, hatten wir den Gerichtssaal zu betreten. Dann wurde jedem einzelnen die Anklage wegen krimineller Buchmacherei und Bildung einer kriminellen Vereinigung verlesen. Wir wurden über unsere verfassungsmäßigen Rechte belehrt und gefragt, ob wir auf schuldig oder nicht schuldig plädierten.

Harald begegnete meinem Blick. „Ihr plädiert auf nicht schuldig", wies er uns an.

Tony legte das gelangweilte, gleichgültige Verhalten eines Menschen an den Tag, der in der Kfz-Zulassung in der Schlange wartet. Ich rang abwechselnd nervös die Hände und guckte obsessiv auf die Uhr. Tony hatte den anderen eingeschärft, sich anständig anzuziehen, und sie sahen zum Schießen aus in ihren schlecht sitzenden Anzügen mit den albernen Krawatten. Tony dagegen sah in seinem klassischen schwarzen Zweireiher eher wie ein Anwalt aus als wie ein notorischer Krimineller. Wie konnte er nur so ruhig sein?

„Ich gehe auf die Toilette", stieß ich hervor.

Dort stellte ich mich vor den Spiegel und warf einen Blick unter meine Achseln. Zu meiner Erleichterung hinterließ meine Nervosität wenigstens keine sichtbaren Spuren auf der Jacke. Ich strich mein

Kostüm glatt und zog mir die Lippen nach. Mit einem letzten Blick auf mein Spiegelbild ging ich wieder hinaus und klapperte auf hohen Absätzen durch den leeren Flur.

Alle außer Tony waren fort. „Was ist passiert?"

„Die Staatsanwaltschaft hat noch keine Anklage erhoben. Wir müssen am Montag wiederkommen."

„Aber was ist mit Vegas?" Wir hatten geplant, noch am selben Tag die Stadt zu verlassen.

„Daran ändert sich nichts. Wir fahren einfach am Sonntagabend zurück."

OBWOHL ICH NOCH nie in Las Vegas gewesen war, kam mir die Stadt aus Filmen bekannt vor: das Lichtergefunkel in Rosa und Grün vor den Casinos, die lautstarke Kundenfängerei der Anreißer, die riesige Leuchtreklame mit den Cowboy am Pioneer Club. Mir war, als hätte ich das alles schon mal gesehen. Statt von dem künstlichen Glanz geblendet zu sein, fand ich das ganze Theater billig und geschmacklos. Soweit ich sehen konnte, hatte Vegas nichts anderes zu bieten als die Möglichkeit, vierundzwanzig Stunden am Tag zu spielen, zu trinken, einzukaufen und zu heiraten. Mir graute bei dem Gedanken, hier auf Dauer zu leben.

Ich folgte dem Umzugslaster auf einen großen staubigen Parkplatz vor den Majestic View Apartments. Ich stellte den Motor aus und trat in die sengende Wüstenhitze hinaus.

„Das müsste es sein", sagte Tony und überprüfte noch einmal die Adresse.

Das einstöckige Gebäude mit seinem hellgrauen Einheitslook hatte nichts von dem Charme unseres alten Apartments in Hollywood. Ich folgte ihm die Treppe hinauf und über den grau ausgelegten Flur zur Nummer 212. Als Tony die Tür aufschloss und das Licht anmachte, erblickten wir eine leere Einzimmerwohnung. Wortlos schaute ich mich um. Mit einem Seufzen sagte Tony: „Komm, wir laden aus."

Zwei Tage später begaben wir uns abermals mit Kyle, Danny, Mathew und Jay in L.A. ins Gerichtsgebäude. Wieder bekamen wir mitgeteilt, dass noch keine Anklage eingereicht worden war. Wir sollten am 27. August wiederkommen.

Mathew war wütend. „Das darf doch nicht wahr sein!", schimpfte er. Er, Kyle und Danny mussten jetzt für ihren Gerichtstermin ein drittes Mal von New York angeflogen kommen.

„Ich fasse es nicht, dass sie einfach so über unsere Zeit verfügen können", jammerte ich. „Wir sind fünf Stunden für nichts gefahren. Warum ist noch keine Anklage erhoben worden? Die Verhaftung war im Mai. Wie viel Zeit brauchen sie denn noch?"

Tony lachte über meine Naivität. „Babe, die können machen, was sie wollen und wann es ihnen passt. Wir sind denen jetzt ausgeliefert."

Auf dem Rückweg nach Vegas hielten wir an einer Tankstelle. Als wir hinausgingen, fiel mir am Zeitungsständer eine Schlagzeile ins Auge. BUCHMACHER IN DER BAY AREA VERHAFTET!

Ich stupste Tony und zog eine Zeitung heraus. Tony blickte auf die Zeitung und dann auf die lange Schlange vor der Kasse. Mit einem Achselzucken steckte er sie in den Ständer zurück. „Egal. Das war in San Francisco. Mit uns hat das nichts zu tun."

Hätten wir die Zeitung gekauft, wären wir über einen Mann namens Anthony „Sonny" LoBue informiert worden, einen Buchmacher in San Francisco, dem Erpressung, Spielmanipulation und Bestechung vorgeworfen wurden, dazu illegales Glücksspiel und Bildung einer kriminellen Vereinigung. Ich ahnte nicht, dass LoBues Name mich in späteren Jahren noch verfolgen sollte.

⬚

ALS WIR WIEDER IN Vegas eintrafen, war ich völlig erschöpft. Von dem Umzug taten mir sämtliche Muskeln weh. Mein einziger Wunsch war, mich in der Badewanne gründlich durchweichen zu lassen und dann ins Bett zu krabbeln. Die Anstrengungen der letzten Tage hatte mich restlos ausgelaugt.

„Was zum Teufel ...?", hauchte Tony, als er die Tür aufmachte. Unbekannte Papiere waren auf dem Wohnzimmertisch verteilt. Tony griff sich eine Handvoll und schaute sie durch. Es waren handschriftliche Listen mit Namen, Nummern und Geldbeträgen. Jemand hatte sie uns in die Wohnung gelegt.

Wir erstarrten, als an der Tür plötzlich lautes, nachdrückliches Klopfen ertönte.

„Aufmachen!"

Tony und ich sahen uns an und kamen augenblicklich zum selben Schluss. Man hatte uns eine Falle gestellt. Ich schnappte mir die Papiere, stürzte ins Bad und schloss die Tür hinter mir ab. Dann zerriss ich sie in Windeseile, warf sie in die Kloschüssel und spülte immer wieder. Mir zitterten die Hände, und mein Atem ging keuchend. Ich hörte, wie draußen die Polizei drohte, die Tür aufzubrechen. Ich spülte ein letztes Mal und eilte an Tonys Seite, als auch schon die Tür aufflog.

Sergeant Gibson warf Tony einen Durchsuchungsbefehl zu. „Eisen anlegen!", knurrte er seine Männer an. Ein Beamter trat mit Handschellen auf mich zu, aber Gibson gebot ihm Einhalt. „Sie nicht. Sie ist noch nicht vorbestraft. Bis jetzt."

In Schockstarre beobachtete ich, wie die Beamten die Wohnung durchsuchten, vermutlich nach den belastenden Papieren. Als sie wenige Minuten später gingen, nahmen sie Tony mit. Er trug immer noch den Anzug, den er Stunden zuvor in L.A. zum Prozess angezogen hatte.

Ich sank bestürzt aufs Sofa. Mir schwirrte der Kopf. Was war da gerade geschehen? Warum hatten sie Tony mitgenommen? Und wer hatte uns die Liste mit Nummern untergeschoben? Ich musste Ron anrufen, aber wir hatten noch kein Telefon. Ich dachte daran, die Wohnung zu verlassen und ein Münztelefon zu suchen, aber wenn nun Gibsons Männer draußen warteten und mich verfolgten? Von der Situation überfordert brach ich in ohnmächtige Tränen aus.

Keine zwei Stunden später kehrte Tony zurück. Ich fiel ihm um den Hals. „Alles in Ordnung mit dir? Was ist passiert?"

„Wir fahren, Babe. Sofort. Wir haben hier nichts mehr verloren."

Gibson hatte versucht, Tony einsperren zu lassen, aber hatte es sich anders überlegt, als dieser mit seinem Anwalt zu sprechen verlangte. Er begnügte sich damit, ihn zu warnen. „Richten Sie Sacco aus, wenn er versucht, sich in Vegas einzunisten, gibt das automatisch zwanzig Jahre."

Wie sich herausstellte, musste Tony sich als Vorbestrafter nach Landesrecht bei der Polizei melden, wenn er Nevada nur besuchen wollte. Sie gaben Tony achtundvierzig Stunden, um dem Folge zu leisten oder ins Gefängnis zu wandern.

„Ich habe mich für die dritte Option entschieden", sagte er mit einem traurigen Lächeln.

„Die da wäre?"

„Ich steige aus."

Ich starrte Tony entgeistert an. „Ich verstehe nicht."

„Ich höre mit dem heutigen Tag mit der Buchmacherei auf. Ich steige aus."

Das war mir unbegreiflich. Nach dreizehn Jahren bei Ron, nach allem, was Tony mir über ihr Verhältnis erzählt hatte, wollte er jetzt einfach aufhören?

„Was sollen wir denn tun?"

„Das gleiche wie alle andern. Wir werden ganz normale Leute sein."

Tony ging einen neuen Umzugslaster mieten und überließ mir die mühselige Aufgabe, gleich wieder zu packen. Während ich alles zurück in die Kisten tat, die ich erst vierundzwanzig Stunden zuvor ausgepackt hatte, gingen mir Tonys Worte immer wieder im Kopf um. Was meinte er mit ganz normalen Leuten?

Als er wieder da war, begann er systematisch, Kisten und Koffer zu füllen. Er war von einem neuen Elan beseelt und entschlossen, die Stadt so schnell wie möglich zu verlassen. „Ich bin für dieses Kaff zu italienisch", schnaubte er wütend. „Sie wollen die Mafia aus Vegas raushalten, und ich sehe ihnen mafiös aus."

Mir fiel auf, dass ich in dem ganzen Chaos nach Tonys Ankündigung versäumt hatte, ihm eine ziemlich wichtige Frage zu stellen.

„*Wohin* wollen wir denn?"

Tony hörte zu packen auf und wischte sich mit dem T-Shirt den Schweiß ab. „Nach Red Bluff", sagte er, als wäre das die klarste Sache der Welt. Als er meinen konsternierten Blick bemerkte, fügte er hinzu: „Wo meine Mutter und meine Schwestern leben."

„Wo ist das?"

„In Nordkalifornien."

Tony fuhr fort, unsere Habe in Kisten zu verstauen. Ich war zu erschöpft, um zu widersprechen. Ich wollte allerdings eine gewisse Vorstellung davon haben, was mich erwartete.

„ Tony ... hat Red Bluff eine Universität?"

Er antwortete mit einem kurzen Kopfschütteln und packte weiter.

Stunden später hing ich hinter dem Steuer meines Renault und folgte Tony, der im Umzugslaster auf dem nächsten anonymen Highway aus Las Vegas hinausdonnerte. Das trockene, staubige Land links und rechts schien kein Ende zu nehmen. In der Luft lag der schreckliche

Gestank dicht gedrängter Rinderherden, auf die das Schlachthaus wartete.

Ich ziehe ans Ende der Welt, dachte ich, während in meiner Magengrube die Angst zu drücken begann.

10

Red Bluff, Kalifornien, Juli 1987

„MEIN SCHATZ!"

Sophia Santino stieß schwungvoll die Fliegentür auf und warf die fleischigen Arme um ihren Sohn. Tony taumelte in ihrer ungestümen Umarmung zurück.

„Mein Schatz ist wieder da!"

Während sie Tony mit Küssen überschüttete, warf sie mir über seine Schulter einen kalten, taxierenden Blick zu. Sophia kam mir wie eine vor, der es nicht schwergefallen wäre, drei bis fünf Jahre im Sibyl Brand-Gefängnis locker zu überstehen.

Schließlich ließ sie ihn los und strich sich die schütter werdenden braunen Haare zurück, die sie zu einem dünnen Pferdeschwanz zusammengebunden hatte. Sie nahm sein Gesicht in beide Hände. Alles Harte in ihrem Ausdruck zerschmolz. Ihre Augen schwammen in Tränen. „Mein Schatz ist wieder da", flüsterte sie. Dann brüllte sie ins Haus: „Mädels! Kommt her! Euer Bruder ist da!"

Sie führte uns ins Haus, und wir betraten ein kleines, ärmlich eingerichtetes Wohnzimmer. In einer Ecke plärrte ein Fernseher. Zwei junge Mädchen kamen von der blausamtenen Couchgarnitur zu uns herüber, vorneweg Dina Santino, Tonys vierzehnjährige Schwester. Der winzige Neckholder-Top und die Hotpants, die Dina trug, bedeckten kaum ihren schlanken jungen Körper. Sie hatte sich die schulterlangen braunen Haare aufwendig gelockt und das Gesicht dick geschminkt. Sie gab ihrem Bruder einen Kuss auf die Wange. Tony hielt sie auf Armeslänge von sich und betrachtete sie ausgiebig.

„Wasch dir diese Schmiere aus dem Gesicht!", knurrte er. „Und zieh dir gefälligst was an, zum Donnerwetter!"

„Mo-om!" Dina blickte ihre Mutter flehend an.

„Tu, was dein Bruder sagt! Keine Widerrede!"

Während Dina aus dem Zimmer stampfte, stellte Tony mich der siebzehnjährigen Leanne vor. Sie hatte einen großen rosa Kaugummiklumpen im Mund. „Freut mich, dich kennenzulernen, Leanne", sagte ich. Zur Erwiderung ließ sie ein kurzes Lächeln aufleuchten und eine große Kaugummiblase platzen, dann warf sie sich wieder auf die Couch, um eine Folge von *All My Children* weiterzugucken.

Tony und ich folgten seiner Mutter in die Küche. Sophia holte drei Dosen Budweiser aus dem Kühlschrank und knallte sie auf den Tresen. Von einer riss sie die Lasche ab und reichte sie Tony. Dann bot sie mir eine an. „Willst du ein Bier, Süße? Irgendwo auf der Welt ist es bereits fünf Uhr."

Ich lehnte so locker wie möglich ab. Doch bevor ich erklären konnte, dass ich keinen Alkohol trank, war Sophias Aufmerksamkeit bereits zu ihrem Sohn zurückgekehrt.

„Auf meinen Schatz!" Sophia prostete ihm zu und nahm einen langen Schluck aus der Dose. Sie drückte ihre Zigarette aus, nahm sich eine neue und zündete sie an. Dina kam zurück und präsentierte sich in einem schwarzen T-Shirt, auf dem in fetten gelben Buchstaben „Bon Jovi – LET IT ROCK" stand. Ihr Gesicht war frisch gewaschen.

„Jetzt siehst du aus wie meine kleine Schwester!" Tony grinste und drückte sie scherzhaft. Dina verdrehte die Augen und trollte sich zu ihrer Schwester ins Wohnzimmer.

Sophia zog an ihrer Zigarette und blies eine Rauchwolke in die Luft. „Und, bist du jetzt den ganzen Weg gekommen, um mir deine hübsche ... Freundin vorzustellen?", fragte sie mit kaum verhohlener Abschätzigkeit in der Stimme.

„Nein, Ma. Ich habe Neuigkeiten." Tony schmunzelte. „Große Neuigkeiten."

Tonys Mutter blickte mich säuerlich an. „Kriegt ihr ein Kind oder so?"
„Nein, Ma! Ich habe mit den Sportwetten aufgehört. Ich fange mit ehrlicher Arbeit an. Wir bleiben hier ... und zwar fest."

Sophias Gesicht wurde lang. Sie bemühte sich um Fassung. Als sie die Zigarette an die Lippen führte, merkte ich, dass ihre Hand zitterte.

„Oh", sagte sie matt. „Na, sieh mal einer an ..."

Ihre Reaktion verblüffte mich. Ich hatte angenommen, die Neuigkeit würde sie begeistern. Ihr Sohn gab sein Verbrecherleben auf und zog in die Nähe seiner Familie.

Das Gespräch kam auf Geld, und die Gründe für Sophias Reaktion wurden klar. Nervös ratterte sie eine lange Liste unerwarteter Ausgaben herunter, die sie in letzter Zeit gehabt hatte.

Mir war das peinlich. Meine Eltern hatten ihre Finanzen niemals vor mir besprochen. Doch kaum saß ich zum ersten Mal mit Tonys Mutter zusammen, da bekam ich schon eine detaillierte Aufstellung finanzieller Nöte zu hören. Ich entschuldigte mich und ging hinaus, um sie ungestört reden zu lassen.

Ich setzte mich auf die Veranda und betrachtete den ungepflegten Rasen. Die Sonne hatte große braune Stellen hineingebrannt. In der Auffahrt parkte ein silberner Cadillac, vermutlich der, mit dem Tony zwei Jahre zuvor seine Mutter zum Muttertag überrascht hatte. Jetzt stand er da und briet in der Nachmittagssonne. Die Scheiben waren staubig, eine Radkappe fehlte, und eine hässliche Delle verunstaltete ihn an einer Seite. Bei dem trostlosen Anblick fragte ich mich – nicht zum ersten Mal an diesem Tag –, was ich hier eigentlich tat.

Als Tony herauskam, war seine Stimmung im Keller.

„Nichts wie weg!", schnaubte er und stürmte über den Rasen. Er riss die Tür des Renault auf. „Sie hat all mein Geld verspielt, mein ganzes verdammtes Geld!", schimpfte er. „Da bringe ich sie eigens hierher, damit sie sich von Bay Meadows fernhält, und sie ..." Vor ohnmächtiger Wut schüttelte Tony den Kopf.

Bay Meadows war eine berühmte Pferderennbahn bei San Francisco. Sophia war eine Zockerin. Tonys Geld zur Verfügung zu haben war für sie eine zu große Versuchung gewesen. Ich verkniff mir die Frage, wie viel Geld sie verspielt hatte. Nach Tonys wutentbrannter Miene zu urteilen, musste die Summe beträchtlich sein. Tony raste durch die Kleinstadt Red Bluff, vorbei an der Kirche, der Schule und zwei in der Sonne schmorenden Geschäften. Im Nu entschwand Red Bluff in unserem Rückspiegel. Wir überquerten die Interstate und fuhren ein Stück durch freies Gelände.

Tony bog auf eine Schotterstraße ab und hielt vor einem großen eingezäunten Grundstück. Weiter hinten lagen Haufen von Steinen in allen Größen, von winzigen Kieseln bis zu großen Felsbrocken. Fliesen, Pflastersteine und Säcke mit verschiedenen Arten von Mutterboden lagerten ordentlich auf dem Gelände. Er parkte vor einem ebenerdigen Holzhaus, an dem ein Schild mit der Aufschrift „Accardo Landscaping" prangte. Ich begriff, dass dies die Landschaftsbaufirma seines Schwagers war, in die Tony investiert hatte.

Tony knallte die Wagentür zu und stürmte zum Eingang. Ich folgte ihm. Das Büro war klein, sparsam eingerichtet und wunderbar kühl. Der erstaunt blickende Mann hinter dem Schreibtisch sprang auf, als Tony zur Tür hereinplatzte und bellte: „Wo ist Angela?"

„Tony! Ich hatte gar nicht mit dir ... Äh, Angela ist hinten."

Er führte uns zur Hintertür hinaus. Wir gingen über eine staubige Fläche zu einem brandneuen Mobilheim. Um das peinliche Schweigen zu brechen, stellte ich mich dem Mann vor, den ich für Tonys Schwager hielt. „Dominic Accardo", bestätigte er und gab mir die Hand.

Dominic ging voraus auf eine Veranda, die angebaut worden war, damit das Domizil mehr wie ein Haus und weniger wie ein Wohnmobil aussah. Eine hübsche Brünette mit derselben Haut- und Augenfarbe wie Tony machte die Tür auf. Seine älteste Schwester Angela.

„Tony", sagte sie mit einem schiefen Lächeln. „Lange nicht gesehen."

Tony kam sofort zur Sache. „Ma hat wieder zu spielen angefangen!"

Angela riss verwundert die Augen auf, sagte aber nichts.

„Das musst du doch gemerkt haben, Angie! Du wohnst gerade mal fünf Minuten entfernt!"

Angela schaute an ihrem Bruder vorbei und bedachte mich mit einem schwachen Lächeln. „Wie wär's, ihr kommt erst mal rein."

Als wir in das Wohnmobil traten, sah ich zwei Kinder herumlaufen. Tony achtete gar nicht darauf und beschuldigte Angela weiter, ihn über Sophias Rückfall im Dunkeln gelassen zu haben.

Schließlich fauchte Angela: „Wer bin ich denn, verdammt noch mal? Ihr Babysitter? Ich habe zwei Kinder und muss ein Geschäft führen, Tony. Mach mal halblang!"

Tony und Angela führten ihr hitziges Streitgespräch fort, während sie mit Dominic zum Büro zurückgingen. Ich blieb im Wohnmobil mit Angelas Kindern zurück: Cynthia, vier, und Jason, drei. Ich hatte den schrecklichen Verdacht, dass Tonys Pläne sich in Luft aufgelöst hatten. Um mich von diesem verstörenden Gedanken abzulenken, knüpfte ich ein Gespräch mit den Kindern an.

„Na", fragte ich freundlich, „was macht ihr zwei am liebsten?"

Jason grinste, und die Lücken herausgefallener Milchzähne wurden sichtbar. „Angeln."

„Wirklich? Ist ja toll. Habt ihr denn kürzlich etwas gefangen?"

„M-hm." Jason breitete die Arme so weit aus, dass er dabei fast umfiel. „Ich habe mit Daddy einen Streifenbarsch gefangen. Unten am Fluss. Er war so groß!"

Ich lachte. Die zwei waren süß. „Das ist ja großartig! Und was macht ihr sonst noch gern?"

Jason ließ sich auf den Teppich fallen und seufzte dramatisch. „Sonst gibt's hier nichts zu machen."

Ein Haus weiter gab Angela Tony einen detaillierten Rechenschaftsbericht, wie sie sein Startkapital für die Landschaftsbaufirma verwendet hatten. Ich zweifelte nicht daran, dass Sophia immer noch mit einem Bier in der Hand in ihrer Küche saß und mit den grausamen Wendungen des Lebens haderte. Bestimmt war ihr nie in den Sinn gekommen, Tony könnte mit seiner lukrativen Tätigkeit als Buchmacher aufhören. Wenn Tony in Red Bluff blieb, war es mit den Fahrten nach Bay Meadows vorbei. Damit hatte sie keine Gelegenheit mehr, das Geld zurückzugewinnen, das sie verzockt hatte.

Tony verließ das Büro von Accardo Landscaping mit einem Firmen-T-Shirt, einer passenden Mütze und einem Vollzeitjob. Ich bekam Name und Adresse einer Firma in Redding, eine halbe Stunde nördlich gelegen, wo ich am nächsten Vormittag einen Vorstellungstermin hatte. Wie der Zufall es wollte, suchte das Unternehmen, das für Accardo Schilder herstellte, gerade eine neue rechte Hand im Büro. Tony fuhr schweigend zum Haus seiner Mutter zurück. Da erst begriff ich, dass wir völlig blank waren.

„Jetzt sind wir wohl wirklich ganz normale Leute, denke ich mal", versuchte ich vergeblich, die Stimmung aufzuhellen.

Kaum hatte ich den Ausstellungsraum der Firma Autographics in Redding betreten, da wusste ich, dass ich den Job haben wollte. Gary Stamper, der Besitzer, hatte lange Haare und trug ein verkleckstes Grateful-Dead-T-Shirt und Jeans.

„Heee", sagte er mit einem freundlichen Grinsen. „Sie müssen Marisa sein. Super. Kommen Sie rein, schauen Sie sich um …"

Gary war ein talentierter Künstler, der mit der individuellen Bemalung von Autos und der Zeichnung und Herstellung von Firmenschildern eine Marktlücke für sich gefunden hatte. Der Ausstellungsraum war teilweise ein Künstleratelier und zeigte eine breite Palette von Garys Arbeit mit verschiedenen Medien. Ich atmete den Geruch von Terpentin und frischer Farbe ein. Tonys Welt war für mich ein Kulturschock gewesen. Aber die altvertrauten Ölfarben, vorgespannte Leinwände, Spraydosen und das allgemeine Durcheinander eines Künstlers bei der Arbeit zu sehen und zu riechen, war unglaublich wohltuend.

„Kommen Sie, wir gehen gleich durch ins Büro", sagte Gary. „Meine Frau kann's gar nicht erwarten, Sie kennenzulernen."

Garys Frau Sheila war im achten Monat und glich dem archetypischen Hippiebild ganz genauso wie ihr Mann. Sie führte das Vorstellungsgespräch mit einem zappelnden Einjährigen auf dem Schoß. Sie erzählte, dass sie jemanden suchten, der ans Telefon ging, Kostenvoranschläge machte, Verabredungen traf, Garys Terminkalender führte, Material bestellte, die Räume sauber hielt und täglich das Geld zur Bank brachte. Ich nickte begeistert.

„Sie haben doch keine Angst vor Hunden, oder?"

„Vor Hunden?" Ich wusste nicht, was das zur Sache tat. „Nein, überhaupt nicht."

Sheila stieß einen lauten Pfiff aus, und Shadow und Shady, zwei riesige Dobermänner, kamen durch eine große Hundetür in der Wand ins Zimmer gesprungen.

„Gut!", sagte Sheila. „Dann haben Sie den Job."

Tony und ich mieteten ein kleines Haus in Red Bluff und fanden uns in unser neues Leben als Berufstätige mit denkbar geringem Einkommen ein. Ich besorgte mir einen kalifornischen Führerschein, und wir schlossen eine Kranken- und eine Kfz-Versicherung ab und meldeten ein Telefon auf unser beider Namen an. Wir wurden eines von vielen jungen Paaren, die sich mühsam ein Leben aufbauen – nur mit dem Unterschied, dass wir immer noch darauf warteten, wegen einer Straftat in aller Form angeklagt zu werden.

Im August fuhren wir zu unserem nächsten Gerichtstermin nach L.A., nur um mitgeteilt zu bekommen, dass immer noch keine Anklage erhoben worden war. Beim nächsten Mal im September ging es uns genauso.

In Los Angeles zu sein, umgeben von meinen früheren Freunden und Kollegen, war eine bittersüße Erfahrung. So viele schöne Erinnerungen verbanden sich für mich mit der Stadt. Ich hatte gehofft, sie würde auch Tony an all das erinnern, was wir dort zurückgelassen hatten, doch das war leider nicht der Fall. Er hatte die Tür zu seinem alten Leben ein für allemal zugeschlagen. Während wir im Gerichtsgebäude warteten, erkundigte er sich kein einziges Mal nach Ron oder den Geschäften in Staten Island. Stattdessen schwärmte er den Jungs von der Jagdpartie vor, die er und Dominic für den Herbst geplant hatten.

Mein Gott, dachte ich, *in Red Bluff zu leben macht ihn wirklich glücklich.* In gewisser Weise beneidete ich ihn um sein Glück. Es ärgerte mich auch. Ich fand das Kleinstadtdasein beklemmend. Diese kurzen, frustrierenden Fahrten nach L.A. führten mir nachdrücklich vor Augen, dass mir die Freiheit des Stadtlebens fehlte, und die lange, deprimierende Rückfahrt nach Red Bluff fiel mir jedes Mal schwerer.

Zu allem Unglück erfuhren wir auch noch, dass Tonys Vater in Mexiko an Leberversagen gestorben war. Der jahrzehntelange Missbrauch mit Heroin und anderen Drogen hatte Anthony Vittorio Santinos Körper zerstört. Tony und Angela mussten die lange Fahrt nach Chihuahua unternehmen, um einen verschrumpelten gelben Leichnam als den Mann zu identifizieren, der einmal ihr Vater gewesen war.

Die Trauerfeier fand in der katholischen Kirche St. Bruno in San Francisco statt. Sophias lautes Weinen hallte während des ganzen feierlichen Gottesdienstes durch die Kirche. Im Laufe der sich lange hinziehenden Zeremonie wurde mir übel. Plötzlich überkam mich ein starker Brechreiz. Ich hielt mir die Hand vor den Mund und stöckelte so schnell wie möglich den Mittelgang hinunter und zu der schweren Holztür hinaus. Ich schaffte es gerade noch zu ein paar nahen Ziersträuchern und erbrach mich.

Als Sophia vermutet hatte, ich sei schwanger, war mir ein entrüstetes Lachen entfahren. Ich hatte gewissenhaft die Pille genommen, und ein Kind passte nicht in unsere Lebensplanung. Der frühe Tod seines Vaters war Tony teuer zu stehen gekommen: Er hatte für die erheblichen Krankenhausrechnungen aufkommen müssen, bevor die Klinik die Leiche freigab. Die Kosten für Einäscherung und Bestattung kamen noch dazu. Wir konnten uns auf gar keinen Fall ein Kind leisten.

Auf der Rückfahrt nach Red Bluff bestand Tony darauf, einen Schwangerschaftstest zu kaufen. Während ich zu Hause auf dem Rand der Badewanne saß, starrte ich ungläubig auf das rote Pluszeichen, das langsam erschien. Ich brach in Tränen aus. Tony klopfte an die Badezimmertür.

„Na?"

Heftig vor mich hinschluchzend reichte ich ihm das Plastikstäbchen. Gebannt starrte er es an. Dann erschien ein breites Grinsen auf seinem Gesicht.

„Wir kriegen ein Kind!", lachte er. „Marisa, wir kriegen ein Kind!" Er schlang die Arme um mich. So sehr mich die Schwangerschaft schockierte, Tonys Reaktion freute mich doch. Er sah mir in die Augen und wischte mir mit den Daumen die Tränen ab.

„Dann sollten wir wohl lieber heiraten", sagte er.

Mein Herz schlug höher. Obwohl der Zeitpunkt denkbar ungünstig war, fühlte es sich richtig an. Tony war der einzige Mann, den ich je wirklich geliebt hatte. Dann kam mir der Gedanke an die möglichen Schrecken einer Hochzeit in Red Bluff im Beisein unserer beider Familien. „Wie wär's, wir büxen aus", schlug ich hoffnungsvoll vor. „Wir nehmen uns frei und fahren nach Vegas."

„Vegas?", sagte Tony. „Hast du schon vergessen, was wir letztes Mal dort erlebt haben?"

Wohl oder übel war ich bald mittendrin in der Planung einer großen Hochzeit in Weiß. Für Tonys Familie kam gar nichts anderes in Frage: Das älteste Kind und der einzige Sohn einer stolzen Italienersippe heiratete, da musste das einfach sein. Für mich jedoch bedeutete es, dass etwas auf mich zukam, wovor mir graute, seit ich Tonys Antrag angenommen hatte.

„Hi, Mom." Ich kam direkt zur Sache. So munter wie möglich zwitscherte ich: „Ich heirate! Ist das nicht toll? ... Mom?"

Eisiges Schweigen, während meine Mutter die schockierende Neuigkeit verarbeitete. „Das heißt, du bist schwanger", sagte sie mit dünner Stimme.

Ich rang um Fassung, nachdem ich diesen Anruf vorher ein Dutzend Mal innerlich durchgespielt hatte.

„Aber ja, Mom, bin ich." Schweigen. „Du wirst Großmutter!" *Gott sei Dank*, dachte ich, während das Schweigen sich quälend in die Länge zog, *wenigstens weiß sie nicht, dass mir eine Vorstrafe droht.*

Als die Einladungen zu unserer Hochzeit am 28. November hinausgingen, schickte ich keine einzige an meine Freundinnen. Sie hatten alle einen Universitätsabschluss, eine phantastische Stelle, einen festen Freund und ein interessantes Leben. Ich dagegen war schwanger, wegen strafbarer Handlungen angeklagt und im Begriff, einen Mann zu heiraten, der zum Lebensunterhalt Rasen mähte. Ich lud nur meine nächsten Angehörigen ein, und mir graute allein bei der Vorstellung, wie meine Mutter auf ihren Schwiegersohn und seine Familie reagieren würde.

Mein eigenes Verhältnis zu Tonys Familie hatte sich seit der Ankündigung, ich werde meinen Mädchennamen behalten, verschlechtert. Die vielen plötzlichen Veränderungen in meinem Leben überwältigten mich, und meinen Nachnamen zu verlieren hätte mich noch zusätzlich belastet. Sophias empörter Protest bestärkte mich nur in meinem Entschluss. Ich klammerte mich an das „Lankester", als hinge mein Leben davon ab.

Ich wusste, ich konnte mich darauf verlassen, dass mein Vater die angespannte Atmosphäre auflockern würde. Bei gesellschaftlichen Anlässen war er stets natürlich und ungezwungen. Er hatte mir beigebracht, erfinderisch zu sein, das Leben zu genießen und aus jeder Situation das Beste zu machen. Auch er hatte im Zweiten Weltkrieg leiden müssen, aber seine Reaktion auf diese schreckliche Zeit war vollkommen anders als die meiner Mutter. Meine Mutter konnte offenbar ihre Vergangenheit nicht loslassen; mein Vater hatte seine einfach begraben.

Vom Schicksal, dass die Familie meines Vaters ereilt hatte, erfuhr ich erst von seinem Vater, als ich einmal einen Teil der Sommerferien bei ihm in England verbrachte. Ich war damals sechzehn und hatte keine Ahnung, dass mein Vater während des Krieges unvorstellbare Verluste erlitten hatte. 1940 wurden seine Mutter, sein Bruder, seine Tanten und Cousins von einer deutschen Bombe getötet, die im Haus der Lankesters in Leicester einschlug. Mein Vater war der einzige Überlebende.

Die Ehe meiner Eltern hing am seidenen Faden, als er ein Stück Land in den Catskill Mountains kaufte. De facto befreite das die beiden davon, die Wochenenden gemeinsam verbringen zu müssen. Meine Mutter zog es vor, nach Manhattan zu fahren und Museen und Galerien zu besuchen. Ich campte zusammen mit meinem Vater auf seinem Grundstück im Wald. Der Aufenthalt dort war eine willkommene Erholung von den strengen Regeln und der bedrückenden Atmosphäre zu Hause. Ohne meine Mutter war mein Vater entspannt und fröhlich. Eines Tages verkündete er, er habe vor, eine Straße bergauf zu einer Lichtung zu bauen, wo man eine weite Aussicht hatte. Er ließ massenhaft Schieferplatten antransportieren, die wir später mit Vorschlaghämmern zu Schotter zertrümmerten.

In Phoenicia wurde unweit des Stücks Land, das wir besaßen, eine alte Fabrik abgerissen, was meinen Vater auf den Gedanken brachte, mit dem Wald etwas anzufangen. Auf einmal war er dabei, mit Hilfe seiner Kinder ein Haus zu bauen. Mit schweren Maschinen wurden das Fundament und Klärgruben ausgehoben, aber fast alles andere machten wir. Wir mischten Zement und Beton an, zogen Mauern aus Betonblöcken hoch und arbeiteten mit Sägen, Hämmern und allen sonstigen erdenklichen Werkzeugen. Wir versahen das Haus mit Gipsplatten, Isolierung, Teerpappe und Nut-und-Feder-Dielen. Es dauerte Jahre, bis es fertig war, aber diese Arbeit lehrte mich, dass man jedes Ziel erreichen kann, auch wenn es scheinbar unmöglich ist. Mein Vater war der festen Überzeugung, dass Frauen alles können, was Männer können, einschließlich eine Motorsäge führen, Holz hacken und Gräben ausheben. Zu Hause wurde ich von meiner Mutter ständig kritisiert und getadelt. In den Catskills fühlte ich mich nützlich, stark und fähig.

Heather und Peter trafen ein paar Tage vor der Hochzeit ein und konnten mir so bei der problematischen Sitzordnung helfen. Ich war dankbar für ihre Unterstützung. Seit der Scheidung schwankte die Stimmung meiner Mutter zwischen Bitterkeit und Depression, und nun sollte sie dem Mann, dem sie die Schuld an ihrem Elend gab, von Angesicht zu Angesicht gegenübertreten. Mein Vater dagegen war glücklich wieder verheiratet mit einer attraktiven, erfolgreichen Frau, die zudem zehn Jahre jünger war als meine Mutter. Schon bei der Vorstellung, meine Eltern und meine Stiefmutter im selben Raum zu haben, bekam ich die Krise. Obendrein musste ich mir überlegen, wie es sich auf diese ohnehin schon vergiftete Atmosphäre auswirken würde, wenn auch noch der Santino-Clan dazukam.

„Er sieht mexikanisch aus", bemerkte meine Mutter, nachdem sie Tony zuvor beim Abendessen kennengelernt hatte. Durch die Arbeit im Freien unter der sengenden kalifornischen Sonne war Tonys Haut dunkelbraun geworden. Ich biss mir auf die Zunge. Sinnlos, etwas zu entgegnen. Ich wusste, dass Tony ihren Erwartungen niemals gerecht werden konnte.

Die Begegnung mit ihrem zukünftigen Schwiegersohn war vermutlich einer der absoluten Tiefpunkte im Leben meiner Mutter. In ihren Augen war ich vollkommen gescheitert. Die vielen, vielen Klavier-, Ballett- und Gymnastikstunden, die ganzen Galerien- und Museumsbesuche, meine teure Schulbildung – das alles war nun mit Tony und seiner white-trash Unterschichtsfamilie vor die Säue geworfen. Was Männer betraf, hatte sie sehr viel mehr von mir erwartet.

Ihre Augen verfolgten Tony, während dieser schnurstracks auf meinen Vater und seine Frau Kristen zuging, die gerade eingetroffen waren. Sie begrüßten Tony mit warmem Lächeln. Meine Mutter wandte sich steif ab und murmelte leise „Flittchen".

Heather und Peter passten auf meine Mutter auf, damit ich mich Tony anschließen und meinen Vater und Kristen begrüßen konnte. Zu meiner Erleichterung unterhielten sich die drei über Golf. Tony spielte hin und wieder, und schon bald gab mein Vater ihm eifrig Tipps zu Haltung und Technik. Dann nahm ich das Entsetzen im Gesicht meiner Mutter am anderen Ende des Raums wahr. Ihr schockierter Blick, sah ich, fiel auf eine leicht angetrunkene Sophia, die gestolpert war und sich an der Wand abstützen musste, ein Bier in der einen Hand und eine Zigarette in der anderen.

Ein kühler Hauch lag in der Luft, als die Hochzeitsgesellschaft am nächsten Morgen die Stufen zu der kleinen Kirche hinaufging. Tonys kleine Schwestern machten in letzter Minute noch ein großes Theater um Frisuren und Make-up, während Dad und ich im Eingang einen

Blick auf die drinnen versammelten Gäste warfen. Tonys Cousins, Cousinen, Tanten, Onkel und Kollegen bei Accardo Landscaping nahmen eine Seite der halbvollen Kirche ein. Auf der anderen saß meine Mutter in ihrem hellblauen Chanel-Kostüm mit Hermès-Tuch, den Blick resolut nach vorn gerichtet. Neben ihr saß mein Bruder und hinter ihnen meine Stiefmutter Kristen, die plötzlich über die Schulter schaute und meinem Dad ein aufmunterndes Lächeln schenkte, als sein Blick auf sie fiel. Sein Gesicht zerfloss in ein Lächeln. Ich konnte mich nicht entsinnen, ihn jemals so glücklich gesehen zu haben wie in diesem Augenblick.

Als die Musik zu spielen begann, war dies das Zeichen für die Brautjungfern. Eine nach der anderen gingen sie langsam den Mittelgang hinunter. Heather, die meine Trauzeugin war, plusterte dramatisch den weiten Rock ihres unmöglichen Kleides auf und zwinkerte mir zu, bevor sie hinter ihren zukünftigen Schwägerinnen zum Altar stolzierte.

„Bist du dir ganz sicher, dass du das durchziehen willst?", fragte mein Vater. Aus seinen Augen sprach väterliche Sorge. Ich hatte immer offen mit ihm geredet, und ein Teil von mir wollte alles offenlegen, was in meinem Leben schief lief. In der Vergangenheit hatte er mir immer geholfen. Aber ich war nicht mehr sein kleines Mädchen. Es hätte ihn zu sehr mitgenommen, die Wahrheit zu erfahren. Ich lächelte nach Kräften.

„Ja", sagte ich. „Natürlich bin ich mir sicher."

Auch Peter, der ein Foto schoss, als die Orgel den Hochzeitsmarsch anstimmte, bekam ein Lächeln. Mein Vater, den Arm in meinen geschlungen, zog mich näher an sich heran. Während ich mit ihm den Gang hinunterschritt, bereit für das Treueversprechen, Tony zu lieben und zu ehren, war ich überzeugt, dass ich richtig handelte. Unsere Liebe war ohne Zweifel stark genug, um alles zu bestehen, was das Leben uns an Hindernissen in den Weg legen mochte.

⋈

Es GEFIEL MIR, verheiratet zu sein, aber körperlich ging es mir mit jedem Tag schlechter. Die morgendliche Übelkeit blieb mir auch im zweiten Schwangerschaftsdrittel erhalten. Mir war, als würde das Kind in mir immer stärker und ich dagegen immer schwächer. Ich fand es furchtbar, schwanger zu sein. Immer hatte ich größten Wert darauf gelegt, alles im Griff zu haben, und jetzt war ich einem Vorgang ausgeliefert, wo davon überhaupt keine Rede sein konnte.

Tony litt darunter, dass er mir die Angst, ins Gefängnis zu kommen, nicht nehmen konnte. Ich konnte die Sorgenmaschine nicht abschalten. Warum hatten wir noch nichts gehört? Was lief da hinter den Kulissen? Während die Wochen ins Land gingen, wuchs meine Überzeugung, dass etwas Schreckliches passieren würde.

Ich war in der Mitte des neunten Monats und auf dem Höhepunkt meiner Empfindlichkeit, als zwei Männer in Anzügen das Büro von Autographics betraten. Ihr Anblick brachte bei mir sofort die Alarmglocken zum Schrillen. Scharf Luft holend legte ich mir die Hände auf den Bauch, als könnte ich mein ungeborenes Kind irgendwie vor dem unausweichlichen Gang der Dinge beschützen.

Die Männer traten an die Glastrennwand und zückten ihre Abzeichen. „Wir suchen nach Marisa Lankester."

„Das bin ich", brachte ich mit dünner Stimme heraus.

Darauf stürmten die beiden ins Büro, packten meine Arme und zogen sie mir auf den Rücken. Während einer mir Handschellen anlegte, drückte der andere mir den Kopf auf den Tisch. Diese schnelle, brutale Bewegung trieb mir die letzte Luft aus den Lungen.

Shadow und Shady hörten die Unruhe und kamen ins Büro gerannt. Ihr drohendes Knurren überraschte die Beamten, und sie ließen mich los.

„Rufen Sie Ihre Hunde zurück!", raunzte mich einer der beiden an. „Rufen Sie die verdammten Hunde zurück, sofort!"

Ich versuchte etwas zu sagen, aber kam nicht zu Atem. Die Beamten zogen ihre Waffen und machten Anstalten, die Hunde zu erschießen. Ich konnte gerade noch „Nein!" schreien.

Gary kam aus seinem Atelier geflogen. Mit dem Spachtel in der Hand und den wild fliegenden Haaren sah er mehr wie ein gefährlicher Irrer aus als wie der sanfte Künstler, der er in Wirklichkeit war. Ich fühlte einen stechenden Schmerz im Unterleib, und der Raum rückte auf einmal in weite Ferne.

Mir war, als drückte mir jemand sehr fest auf den Scheitel. Dann wurde alles schwarz.

II

„SIE SIND WOHL NICHT GANZ BEI TROST!"

Undeutlich und verschwommen hörte ich Garys Stimme, während ich wieder zu mir kam. „Sie ist nicht auf der Flucht! Absolut nicht! Sie arbeitet schon seit einem Jahr hier."

Ich kniff die Augen zusammen. Der Raum wurde wieder scharf. Gary fuchtelte wild vor den Beamten herum, die gerade den Inhalt meiner Handtasche auf den Schreibtisch kippten. Niemand schien bemerkt zu haben, dass mir die Sinne geschwunden waren. Einer der beiden verglich meinen Führerschein mit dem Namen auf dem Haftbefehl. „Sie ist es", sagte er.

Der Mann fragte: „Wo wohnen Sie?", und ich nannte ihnen die Adresse. Dieselbe wie auf meinem Führerschein. Die Polizisten blickten sich zweifelnd an. „Wann waren Sie das letzte Mal in Staten Island, Ms. Lankester?"

„Ich bin noch nie in Staten Island gewesen."

Er fasste mich streng ins Auge. „Wir haben einen Haftbefehl, in dem etwas anderes steht."

Gary konnte nicht glauben, was da geschah. „Sie machen einen Fehler! Hier, sehen Sie sich das an!" Er griff sich das Geschäftsbuch.

„Ich habe hier sämtliche Gehaltsbuchungen. Wenn ich's Ihnen doch sage, sie arbeitet hier seit fast einem Jahr Vollzeit."

„Der Name auf dem Haftbefehl stimmt mit dem Führerschein überein. Wir haben keine Wahl. Sie kommt mit."

Ich wurde in das Hochsicherheitsgefängnis von Shasta County gebracht – ein kahles, hässliches Gebäude umgeben von einem eindrucksvoll hohen Stacheldrahtzaun und vielen Meilen Wüstensand. Nachdem mein Foto und meine Fingerabdrücke genommen worden waren, gab die Aufnahmebeamtin meinen Namen in den Computer ein. Was auf dem Bildschirm zu sehen war, schien sie zu verwundern. Ein rascher Anruf beim Gericht in L.A. bestätigte, dass ich keinen angesetzten Prozesstermin versäumt hatte. Es wurde mehr als deutlich, dass ich nicht auf der Flucht war.

„Wie kann es einen Haftbefehl aus einem anderen Bundesstaat gegen mich geben, wenn ich dort gar nicht war und es beweisen kann? Das ist doch widersinnig."

Die Beamtin zuckte die Achseln und tippte weiter. „Ms. Lankester, es spielt keine Rolle, ob es widersinnig ist oder nicht. Tatsache ist, ich muss sie nach Los Angeles County bringen lassen, wo sie in Haft bleiben bis zu ihrem Prozesstermin am" – sie blickte stirnrunzelnd auf den Bildschirm – „dreißigsten Mai."

Mir war, als hätte die Welt aufgehört, sich zu drehen. In Haft? „Aber mein Stichtag für die Geburt ist der siebenundzwanzigste!"

Mit ungerührter kalter Obrigkeitsstimme erwiderte sie: „In dem Fall brauchen wir den Namen eines Verwandten, der bereit ist, das Kind nach der Geburt in Obhut zu nehmen."

Ich starrte sie fassungslos an, versuchte, in den kalten, grauen Augen eine Spur Menschlichkeit zu entdecken. Ich fand keine. Mir schwamm der Kopf. Mein Kind? Erst sollte es im Sibyl Brand zur Welt kommen und mir dann auch noch entrissen werden?

„Ma'am, ich brauche einen Namen." Dicke Tränen liefen mir über die Wangen.

„Nein", sagte ich und schüttelte den Kopf.

„Sie haben reichlich Zeit, sich einen Namen einfallen zu lassen."

Sobald die Wärterin die Zellentür hinter mir geschlossen hatte, sank ich zu Boden. Ich schluchzte so heftig, dass es mich fast zerriss. Ich wusste nicht, was schlimmer war: dass ich in dieser Hölle mein Kind bekommen oder dass mir meine Tochter unmittelbar nach der Geburt weggenommen werden sollte. Ich war so verzweifelt wie nie zuvor im Leben.

Gegen fünf Uhr ging die Zellentür wieder auf. „Ihr Mann ist da", sagte ein Wärter. Ich nahm an, das hieß, dass Tony jetzt ebenfalls im Shasta County Jail inhaftiert war. „Kommen Sie! Stehen Sie auf!" Er half mir auf die Füße und brachte mich in den Aufnahmebereich.

Zu meinem Erstaunen war Tony nicht in Handschellen. Er kam zu mir und schloss mich fest in die Arme.

Kurz darauf saß ich in einem Pickup von Accardo Landscaping, und Tony fuhr mich nach Hause. Ich konnte diese jähe Schicksalswende kaum glauben.

„Was ist passiert? Warum haben sie dich nicht festgenommen?", fragte ich ihn.

„Gary hat mich zum Glück angerufen und mich gewarnt." Tony fuhr auf den Freeway Richtung Red Bluff. „Da habe ich mich gleich verkrümelt. Ich habe Ron angerufen, um rauszukriegen, was das jetzt schon wieder für ein Scheiß ist. Anscheinend wurden die Büros in Staten Island im März hochgenommen. Gibson."

Mir schauderte, als ich den Namen hörte.

„Gibson hat eine Sondereinheit gebildet und ist dann nach Osten, um den ganzen Laden dichtzumachen. Er hat mit der dortigen Polizei zusammengearbeitet."

„Aber was hat das mit uns zu tun?", fragte ich.

„Nichts. Aber Gibson war überzeugt, dass wir mit von der Partie sind. Anscheinend konnte Danny während der Razzia entkommen. Er sprang aus einem Seitenfenster und ließ einen Haufen von seinem Kram zurück. Gibson fand ein paar Kleidungsstücke von ihm und dachte, es wären meine. Sie fanden auch Sachen von seiner Freundin, und Gibson nahm wahrscheinlich an, es wären deine."

Ich schüttelte den Kopf. „Willst du mir erzählen, das hätte gereicht, damit er einen Haftbefehl gegen uns ausstellt? Ein paar dämliche Klamotten, die uns gar nicht gehören?" Es war beängstigend, dass ein einziger Mann so viel unkontrollierte Macht ausüben konnte.

„Nicht allein das, Babe. Die Bullen wissen, dass ich dreizehn Jahre für

Sacco gearbeitet habe. Ich denke, Gibson kann nicht ganz glauben, dass ich wirklich ausgestiegen bin. Er hat zwei und zwei zusammengezählt, fünf herausbekommen, und schon waren wir flüchtige Verbrecher."

Eine Zeitlang fuhren wir schweigend dahin.

„Wie kommt es, dass wir von der Sache in Staten Island nichts gehört haben?", fragte ich leise.

„Warum sollten wir?" In Tonys Stimme schwang eine leise Bitterkeit. „Ich hatte Ron gesagt, er soll den ganzen Kram für sich behalten. Aber da ich ihn anrufen musste, hat er mich aufgeklärt ... Du hast doch schon mal vom RICO Act gehört, nicht wahr?"

„Sicher."

Der Racketeer Influenced and Corrupt Organizations Act, kurz RICO genannt, war ein Gesetz, das Schlagzeilen machte, seit es 1970 ursprünglich gegen Mafia-Verbrechen erlassen worden war. Danach konnte jeder Angehörige einer kriminellen Vereinigung, der in einem Zeitraum von zehn Jahren zwei von insgesamt fünfunddreißig festgelegten Straftaten begangen hatte, darunter auch Glücksspiel, wegen „Racketeering" angeklagt werden, was verschiedene Formen der organisierten Kriminalität umfasste. Dies führte gewöhnlich zu hohen Geld- und Haftstrafen und zur Beschlagnahmung von Vermögenswerten.

„Ron meint, Gibson hätte nur deshalb die Genehmigung erhalten, in Staten Island aktiv zu werden, weil er sich auf RICO berufen hat. Dieser Drecksack ist hinter Rons Vermögen her."

„Der arme Ron", sagte ich. Ich bedauerte ihn wirklich. Vor allem jedoch beschäftigte mich die Frage, was mit uns geschehen würde. „Und was jetzt?"

„Du gehst morgen wieder zur Arbeit wie jeden Tag."

„Meinst du wirklich, Gary und Sheila wollen jetzt noch, dass ich wiederkomme? Meinetwegen wären beinahe ihre Hunde erschossen worden."

„Ich habe ihnen die ganze Geschichte erzählt, Babe. Sie wollen, dass du wiederkommst. Unbedingt."

Vor Rührung über ihre Freundschaft und Treue kamen mir die Tränen. „Aber was wird aus uns? Um ein Haar hätte ich unser Kind im Gefängnis bekommen. Gegen uns sind immer noch zwei Sachen anhängig, und jetzt auch noch dieser Mist. Es ist, als würden wir dafür bestraft, dass wir ehrlich geworden sind."

„Ron meinte zu mir, dass auszusteigen die beste Entscheidung war, die ich je getroffen habe. Er sagt, wir sollten einfach unsere Leben weiterführen, als ob es diesen Tag nie gegeben hätte. Schau, Babe, wir haben uns jetzt seit fast einem Jahr nichts mehr zuschulden kommen lassen. In den Augen des Gesetzes sind wir ein Musterbeispiel für reuige Straftäter. Fisher kann beweisen, dass wir niemals in Staten Island waren. Er wird dafür sorgen, dass Gibson vor Gericht als Depp dasteht. Seiner Meinung nach werden wir vom Richter ein mildes Urteil bekommen."

„Ein mildes Urteil?"

Tony hatte immer beteuert, dass wir nicht ins Gefängnis kommen würden, jetzt aber hörte ich aus seinen Worten deutlich etwas anderes heraus.

Tony ging nicht auf meine Frage ein. „Harold hat deinen Gerichtstermin verschieben lassen. Du kannst also hier das Kind bekommen, genau wie geplant."

Ich war über diese Neuigkeit so erleichtert, dass ich nicht nachhakte, als Tony meiner Frage auswich. „Und du wirst dabei sein, ja?"

„Natürlich. Eine Sache muss ich allerdings noch erledigen. Ich muss morgen früh nach Vegas fahren. Da gibt es einen Haftbefehl gegen mich, um den ich mich kümmern muss."

„Was? Warum? Wir waren doch nur drei Tage in Vegas."

„Eine reine Formalität. Ich stelle mich einfach, hinterlege die Kaution und komme wieder." Er beugte sich zu mir herüber und küsste mich auf die Stirn. Ich war von diesem Wechselbad der Gefühle schrecklich mitgenommen.

Wir bogen in unsere Auffahrt ein und sahen an der Haustür den Durchsuchungsbefehl kleben. In unserer Abwesenheit hatte die Polizei unser Haus auseinandergenommen.

Während ich von Zimmer zu Zimmer ging, wuchs mein Zorn. Die Babysachen, für die ich so hart gearbeitet hatte, lagen achtlos hingeworfen auf dem Boden des Kinderzimmers. Stumm sammelte ich die kleinen rosa und gelben Kleidungsstücke auf. Als ich sie alle beisammen hatte, stürmte ich trotz Tonys Protesten in die Küche und warf sie in die Mülltonne. Dass ich meinem Kind diese Sachen anzog, kam gar nicht in Frage.

Tony legte fürsorglich den Arm um mich und führte mich zur Couch. Er setzte sich neben mich, und schaute mir in die Augen. „Ich konnte dich unmöglich im Gefängnis sitzen lassen, das weißt du, nicht wahr?"

„Natürlich."

„Und du weißt auch, dass ich auf der Welt nur einen Menschen kenne, der so viel Geld zur Verfügung hat, wie ich heute für deine und meine Kaution brauchte. Wenn dieses Schlamassel irgendwann einmal bereinigt ist, werden wir viele tausend Dollar für Gerichts- und Anwaltskosten und Geldstrafen hinblättern müssen."

Ich nickte langsam. Er wollte mir schonend beibringen, dass diese letzte Verhaftung uns finanziell ruiniert hatte.

„Ron hat angeboten, für alles aufzukommen, für unsere sämtlichen Unkosten. Unter zwei Bedingungen."

„Weiter."

„Erstens soll ich mich der drei Straftaten schuldig bekennen, wegen denen er unter Anklage steht. Ich soll der Polizei erzählen, dass ich in L.A. der Boss war."

„Nein!" Ich schüttelte energisch den Kopf. „Es muss eine andere Möglichkeit geben. Wir könnten das Geld leihen. Von meiner Familie."

„Ich würde mir niemals Geld von deiner Familie leihen", erklärte Tony bestimmt. „Schau, ich bekenne mich keiner Sachen schuldig, die irgendwas mit Staten Island zu tun haben. Ich übernehme nur die Verantwortung für die letzten beiden Verhaftungen. Vor Vegas. Harold sagt, der Richter wird uns unter den gegebenen Umständen wohlwollend beurteilen. Denk doch mal: Wir führten ein Verbrecherleben, aber dann verliebten wir uns, hörten mit der Buchmacherei auf, heirateten, suchten uns normale Jobs und gründeten eine Familie. Wir haben erschlagende Beweise für unsere Geschichte. Harold sagt, wir sind der Traum jedes Strafverteidigers. Niemand hätte etwas davon, wenn ich hinter Gitter käme. Harold ist überzeugt, dass uns eine Geldstrafe, gemeinnützige Arbeit und Bewährung erwartet – sonst nichts. Er sagt, im allerschlimmsten Fall muss ich ein Jahr sitzen."

Als Tony das sagte, war es, als sackte mir der Magen weg. Ich stellte mir vor, wie ich unser Kind alleine aufzog, während er ein Jahr im Gefängnis saß.

„Und ich?", hauchte ich.

„Geldstrafe und Bewährung."

Ich war wie vor den Kopf geschlagen von dem, was mein Mann mir da erzählte. „Und was ist Rons zweite Bedingung?"

Tony schwieg einen Moment. Ich machte mich auf das Schlimmste gefasst.

„Ron möchte, dass wir in die Dominikanische Republik ziehen. Die Büros dorthin auslagern."

Im ersten Moment war ich mir sicher, mich verhört zu haben. „Wohin?"

„Santo Domingo. Er ist seit Monaten mit Anwälten von hier und von dort zugange. Er will in die DomRep umsiedeln, weil Glücksspiel dort legal ist. Und weil der amerikanische Staat dort keine Rechtsbefugnis hat. Dort wären wir sicher vor ... dem allen."

Santo Domingo. Bei dem Namen tauchten vor meinem inneren Auge Bilder von weißen Sandstränden und sich sanft im Wind wiegenden Palmen auf. Ich hatte früher gelegentlich Urlaub in Bermuda und Puerto Rico gemacht und mich in die Gegend verliebt. Nachdem ich mich monatelang gefühlt hatte, als ob die Mauern um mich immer enger würden, erfüllte mich der Gedanke, in die Dominikanische Republik umzuziehen, mit Abenteuerlust. Freiheitsgefühlen.

„Wir würden also nach Santo Domingo ziehen und dort leben?"

Tony nickte bedrückt. Ihm gefiel das Kleinstadtleben. Er genoss es vermutlich, nicht mehr unter dem enormen Druck zu stehen, den die Arbeit für Ron bedeutete. Er war von Herzen gern ein normaler Arbeitnehmer mit einem Achtstundentag und freien Wochenenden. Er mochte gern bei seiner Familie sein und mit seinen Freunden jagen und angeln gehen. Für Tony war Red Bluff das Paradies. Ich konnte meine Freude über die Aussicht fortzuziehen kaum verbergen.

„Und wie bald soll das sein?"

Tony zuckte die Achseln. „Na ja, wir müssen erst den Prozess hinter uns bringen. Harold meint, bis September könnten wir mit allem durch sein."

Ich hatte das eigentümliche Gefühl, dass die dunklen Wolken, die seit einem Jahr über uns hingen, langsam abzogen. Bis September waren es nur noch vier Monate. Zum ersten Mal seit Los Angeles freute ich mich richtig auf die Zukunft.

☒

AM NÄCHSTEN MORGEN flog Tony nach Vegas und ich ging zur Arbeit. Gary und Sheila nahmen mich mit offenen Armen wieder auf. Ihr

Vertrauen in mich war trotz meiner Verhaftung ungebrochen, und ich führte weiter das Büro, als ob nichts gewesen wäre.

Als ich nach Hause kam, war Tony schon wieder aus Vegas zurück. Er hatte die Kaution hinterlegt, aber ihm stand in Nevada trotzdem ein gerichtliches Horrorszenario bevor. Er musste mehrfach vor Gericht erscheinen, sowohl in Las Vegas als auch in Los Angeles. Auf weitere Einzelheiten wollte er nicht eingehen. Sein Mantra in den kommenden Wochen war, es sei für alles gesorgt und ich solle mich entspannen. „Konzentriere dich auf die Schwangerschaft", sagte er und streichelte fürsorglich meinen ansehnlichen Bauch.

Mein Stichtag kam und ging. Drei Tage später ließ Tony mich wegen seines nächsten Gerichtstermins in L.A. schweren Herzens in Red Bluff allein; er befürchtete, er könnte den wichtigsten Tag unseres Lebens verpassen. Dort wurde in insgesamt neun Punkten Anklage gegen ihn erhoben. Anschließend übergab er Harold Fisher einen Haufen Dokumente, darunter auch unsere Steuererklärungen, die zweifelsfrei bewiesen, dass weder er noch ich Staten Island auch nur betreten hatten.

Als Tony zwei Wochen später von seinem zweiten Gerichtstermin am 10. Juni zurückkam, war ich immer noch schwanger. Früh am nächsten Morgen setzten endlich die Wehen ein. Am Abend saßen Tony und ich aneinandergekuschelt zusammen und bestaunten unsere schöne neugeborene Tochter.

„Justine", flüsterte ich und küsste sie auf den Scheitel.

„Justine", flüsterte Tony.

Wir hatten den Namen wegen seiner Bedeutung gewählt: die Gerechte.

Eine Woche nach Justines Geburt erschien ich im Gerichtsgebäude in Los Angeles. Bevor ich in den Saal ging, erklärte mir Harold Fisher, was geschehen würde.

„Bekennen Sie sich schuldig", sagte er, während ich Justine fest an mich drückte. „Der letzte Anklagepunkt wird bestimmt fallengelassen. Damit reduziert sich Ihre Höchststrafe von fünf auf drei Jahre Haft."

Obwohl wir das vorher besprochen hatten, graute mir doch davor, in einen Gerichtssaal zu gehen und mich eines Verbrechens schuldig zu bekennen.

Gemäß seiner Vereinbarung mit Sacco hatte Tony sich bereits dreier Verbrechen schuldig bekannt und die Verantwortung für das Geschäft übernommen. Auch Danny, Kyle, Mathew und Jay hatten sich alle schuldig bekannt. Ich wusste, mir blieb nichts anderes übrig, als genauso zu handeln. Widerstrebend reichte ich Justine ihrem Vater. Ich gab ihr einen letzten, langen Kuss und sammelte mich. Dann folgte ich Harold in den Saal.

In dem vollen Gerichtssaal war es drückend heiß. Gibson stand mit verschränkten Armen und selbstgefälliger Miene neben seinen Kollegen. Ich versuchte, möglichst neutral zu blicken. Harold gab mir Anweisungen, wann ich mich zu setzen und wann ich aufzustehen hatte.

Der Richter hielt einen langen Vortrag, gespickt mit juristischen Fachausdrücken, in dem er mir meine Rechte erklärte. Dann fragte er mich direkt: „Hat man Sie bedroht?"

„Nein", erwiderte ich.

„Hat man Ihnen irgendwelche Versprechungen gemacht?"

„Nein." Er verlas die Anklage. Ich wurde aufgefordert, mich zu erklären. Ich holte tief Atem.

„Schuldig", sagte ich.

Die Urteilsverkündung wurde für den 25. Juli anberaumt. Bis dahin war ich gegen Kaution auf freiem Fuß. Die Verhandlung war beendet.

x

AM NÄCHSTEN MORGEN flog Tony in die Dominikanische Republik, um sich mit einem Anwalt und einem Vertreter der dortigen Telefongesellschaft zu treffen. Zu Hause in Red Bluff nahm ich die mühsame Aufgabe in Angriff, alles, was wir besaßen, einzulagern. Innerhalb einer Woche verkaufte ich meinen Wagen, bezahlte unsere Rechnungen, übergab das Haus und nahm mit gemischten Gefühlen Abschied von Gary, Sheila und Tonys Familie.

Noch am selben Nachmittag traf ich mit Justine am Busbahnhof an der 7th Avenue ein, wo Tony auf uns wartete. Er warf unser Gepäck auf den Rücksitz von Joannas Wagen und fuhr mit uns zum Passamt. Wir nahmen den Antrag für Justine mit. Für eine Reise in die Dominikanische Republik brauchte man nur eine Geburtsurkunde und einen Führerschein mit Foto, deshalb konnte Tony ohne Probleme einreisen. Er guckte Justines Formular durch und bat spontan um ein weiteres. Obwohl man als verurteilter Straftäter keinen Pass bekommen durfte, beschloss er, einen zu beantragen. „Im schlimmsten Fall sagen sie nein."

Als wir zur Urteilsverkündung wieder vor Gericht erschienen, kam Tony als Erster an die Reihe. Er wurde zu dreihundertfünfzig Stunden gemeinnütziger Arbeit, einer Geldstrafe von fünfzehntausend Dollar und drei Jahren Haft auf Bewährung verurteilt. Mit Befriedigung beobachtete ich, wie Gibson vor Wut darüber, dass Tony nicht ins Gefängnis musste, aus dem Saal stürmte. Wir stießen einen kollektiven Seufzer der Erleichterung aus, denn wenn Tony nicht ins Gefängnis kam, dann gewiss auch sonst niemand.

Am Nachmittag war dann ich dran: dreitausend Dollar Geldstrafe und zwei Jahre Haft auf informelle Bewährung. Vorbei die Drohung, die ein Jahr lang über unserem Haupt geschwebt hatte.

Tony, Justine und ich bezogen eine geräumige Suite im ersten Stock von Joannas und Rons schönem Haus. Ein regelmäßiger Tagesablauf entwickelte sich. Jeden Morgen um sieben Uhr düste Tony auf seiner Harley zum L.A. County Jail. Dort zog er einen grell-orangen Overall an und verbrachte die nächsten zehn Stunden damit, am Rande des Freeways Müll aufzulesen. Ron ging später am Vormittag aus dem Haus, um sich um sein Geschäft zu kümmern, und Joanna fuhr zu Decorator's Choice, dem Unternehmen für Luxusartikel, in dem sie Teilhaberin war.

Ich blieb mit Justine zu Hause. Meine einzige Pflicht bestand darin, für die vielen Pakete und Päckchen zu unterschreiben, die per FedEx für Ron eintrafen. Sie enthielten viele hunderttausend Dollar in bar. Ron rief häufig zu Hause an und bat mich, ein bestimmtes Päckchen zu öffnen und das Geld darin zu zählen. Ich nannte ihm dann die Summe in der gleichen Form, wie ich Wetten notiert hatte: indem ich die letzten beiden Nullen weglieaß.

Eines Morgens kamen zwei Kuverts, adressiert an Tony und mich. Ich unterschrieb für beide und fand im ersten Justines Pass. Der zweite Umschlag enthielt ebenfalls einen Pass, in dem Fall auf Tonys Namen. Er war ohne Nachfragen ausgestellt worden. Dieses eine Mal hatte das schwerfällige Räderwerk der staatlichen Bürokratie zu unseren Gunsten gearbeitet.

In den kommenden Wochen war ich so glücklich wie seit langem nicht mehr. Hinter dem Haus gab es einen Pool mit kristallklarem Wasser, wo ich Runden schwamm, wenn Justine schlief. Die Zeit, in der ich dick, unbeweglich und deprimiert gewesen war, lag hinter mir. Ich war wieder stark und geschmeidig – körperlich wie seelisch. Tatsächlich gefiel mir mein Körper nach der Geburt besser; ich fühlte mich weiblicher als zuvor, femininer. Es war eine Nebenwirkung der Mutterschaft, die auch nach Tonys Geschmack war.

Dankbar stellte ich fest, dass Tony problemlos wieder in sein altes Leben geschlüpft war, obwohl er Red Bluff so ungern verlassen hatte. Er stürzte sich auf die Aufgabe, das dominikanische Wettbüro auf die Beine zu stellen. Nach einem Kurzbesuch jedoch war der Eindruck, den er von dem Land hatte, alles andere als positiv. Für mein Gefühl ließen sich seine Klagen samt und sonders in einem Satz zusammenfassen: Es war nicht Amerika. In Anbetracht dessen schämte ich mich fast dafür, wie sehr ich mich auf den Umzug freute.

Tonys Bewährungshelferin war eine knallharte, resolute Frau namens Ruth Gordon. Mitte August trafen Tony, Justine und ich sie zum ersten Mal in ihrem Büro in Crenshaw. Tony gab 117 Bimini Place als unsere Adresse an und beschrieb mit unbewegter Miene, wie er in seiner Vollzeittätigkeit für Decorator's Choice Fenster mit üppigen Gardinen und Vorhängen ausstattete. Tonys Strafaussetzung war an die Bedingung geknüpft, dass er wöchentliche Berichte ausfüllte und sie an Ms. Gordon schickte. Außerdem musste er in den nächsten zwei Jahren einmal im Monat persönlich bei ihr erscheinen. Das bedeutete, dass Tony jeden Monat von Santo Domingo nach L.A. fliegen und ihr weismachen musste, er hätte die letzten vier Wochen seine Brötchen damit verdient, Fenster zu dekorieren.

Ich erschauerte, als sie ihn streng daran erinnerte, dass sein Bewegungsspielraum auf Los Angeles und San Bernardino County begrenzt war. „Und natürlich", fügte sie hinzu, „ist Ihnen der Kontakt mit anderen Buchmachern verboten."

12

Santo Domingo, September 1988

DIE AUGEN GEGEN DIE blendende Sonne abgeschirmt, setzte ich mir Justine auf die Hüfte und folgte Tony aus dem Flugzeug auf das glühend heiße Rollfeld. Eine Gruppe grinsender Männer in geblümten Schlaghosen und Rüschenhemden spielte einen flotten Merengue. Während sie im Takt die Hüften schwenkten, teilte eine andere Gruppe Cuba Libre an die aussteigenden Touristen aus. Die Luft war heiß und salzig und so feucht, dass Justine sofort in Schweiß ausbrach und ihr Körper an meinem glitschte.

Wir begaben uns zügig in das vergleichsweise kühle kleine Flughafengebäude von Santo Domingo. Ein kleiner, dicker Mann in einem schlecht sitzenden grauen Leinenanzug schritt mit ausgestreckter Hand auf uns zu. Zwei imposante Soldaten in Kampfuniform flankierten ihn.

„Señor Santino", säuselte der Mann und nahm Tonys Hand. „Willkommen in Santo Domingo."

„Marisa, das ist Gustavo Flores, unser Anwalt", erklärte Tony. „Gustavo – meine Frau Marisa."

Der kleine Mann strahlte mich mit einem glatten und unehrlichen Politikerlächeln an und verbeugte sich leicht. *„Encantado. "*

Wir ließen uns weiter in das schäbige Gebäude hineinführen, um uns Touristenvisa zu besorgen. Auf Gustavos Rat hin gaben wir an, im Urlaub zu sein, nicht auf Geschäftsreise. Gustavo reichte einem der Soldaten unsere Papiere. Der Mann drängte sich an die Spitze der langen, langsamen vorrückenden Einreiseschlange. Mit kaum einem Blick darauf stempelte der Mann hinter dem Schalter unsere Papiere und winkte uns durch. Unsere Mitreisenden beobachteten uns neugierig und murmelten untereinander, während wir zur Gepäckausgabe gingen. Tony genoss die VIP-Behandlung sichtlich. Ich fragte mich, wie viel – oder wie wenig – sie ihn gekostet hatte.

Wir holten unser Gepäck und begaben uns zum Zoll, wo uns die gleiche Vorzugsbehandlung zuteil wurde. Wir schritten schnurstracks an den langen Reihen mit Tischen vorbei, wo andere Reisende, deren Koffer von bestechlichen Zollbeamten ausgeleert und rücksichtslos durchwühlt wurden, entgeistert starrten. Hinter dem Zoll stürzte sich ein Schwarm dominikanischer Gepäckträger auf uns, die sich alle darum rissen, unser Gepäck auf ihre rostigen Karren zu laden.

„*Taxi! Taxi!*"

„*Change money! Good rates, change money!*"

„*Hotel, hotel, nice hotel for you!*"

Verunsichert von den uns umschwärmenden Horden drückte ich Justine fester an mich. Das Absperrgitter schwankte und kippelte unter dem Ansturm größtenteils dunkelhäutiger Einheimischer, die mit ausgestreckten Händen dagegen drängten und um unsere Aufmerksamkeit buhlten. Andere hielten Zettel hoch, auf die die Namen eintreffender Passagiere gekritzelt waren. Ein Rattenschwanz barfüßiger Kinder lief hinter uns her und bettelte uns an. Gustavo schlug nach ihnen, als ob sie Mücken wären. Ich hätte am liebsten in meine Handtasche nach Geld gegriffen, hatte aber Angst, von unserer Gruppe getrennt zu werden. Als die Flughafensoldaten die Kinder vertrieben, schämte ich mich für die Erleichterung, die ich empfand.

Als wir schließlich den Parkplatz erreichten, schien sich unsere Gruppe verdreifacht zu haben. An jedem Gepäckstück hingen mindestens drei oder vier Männer, die es tragen halfen. Jemand zerrte an meiner Handtasche und bot an, sie mir zu tragen. „Nein, *gracias!*", fauchte ich. Ich hielt die Augen auf Tonys Brieftasche geheftet, die aus seiner Gesäßtasche guckte. Justine quengelte, weil ihr die große

Hitze zu schaffen machte. Als schließlich die Koffer in Gustavos zerbeulten schwarzen Pinto und den Militär-Jeep daneben verladen waren, streckten Dutzende die Hände in unsere Fahrzeuge und verlangten Geld. Tony teilte Zehndollarscheine unter den ursprünglich engagierten Gepäckträgern aus, was beinahe einen Tumult auslöste.

Gustavos Pinto bretterte vom Flughafengelände und holperte über eine mit Schlaglöchern übersäte Straße. Ich suchte vergeblich nach Sicherheitsgurten, gab auf und hielt Justine ganz fest. Während Gustavo und Tony sich unterhielten, betrachtete ich tief ergriffen die felsige Küste und das glitzernde türkisblaue Wasser. Es war ein erregendes Gefühl – ein neuer Anfang. Es würde Strände zu erkunden, eine neue Kultur kennenzulernen und eine fremde Sprache zu lernen geben.

Meine Mutter hatte sich nicht vorstellen können, warum wir in ein Land umsiedeln wollten, das für sie zur Dritten Welt gehörte. Dass Tony in Santo Domingo eine Stelle angeboten worden war, besänftigte sie nicht im Geringsten. Tony hatte mir eingeschärft, was ich auf Nachfragen erzählen sollte, und genau das erzählte ich ihr: „Er wird eine Firma leiten, die sensible Informationen zu kurzfristigen, hochriskanten Anlagen verkauft." Meine Mutter – die keine Ahnung von den Problemen hatte, die wir hinter uns ließen – war alles andere als überzeugt.

„Tatsächlich. Und das kann er nicht in den USA machen?"

„Die Telefongesellschaft dort bietet günstige Tarife." Ich wusste, das war eine lahme Ausrede, aber eine bessere hatte ich nicht.

Die extreme Armut, auf die mein Vater mich vorbereitet hatte, war auf der Fahrt überall deutlich zu erkennen. Baufällige Blechbuden prägten das Land. Kinder spielten barfuß auf der nackten Erde und flitzten dabei gelegentlich knapp vor uns über die Straße wie in einem gefährlichen Mutprobenspiel. Einheimische gingen in einem nicht abreißenden Strom am Straßenrand entlang und trugen Plastikflaschen mit Trinkwasser. Die Fernstraße bog von der Küste ab, und als wir uns der Stadt näherten, nahm der Verkehr drastisch zu. Der Rauch von Dutzenden brennender Müllhaufen vernebelte die Luft. Wir überholten klapprige Busse und uralte qualmende Pkw, die vor Mitfahrern aus allen Nähten platzten. Ein Motorrad sauste vorbei, das, wie es aussah, einer ganzen Familie als prekäres Fortbewegungsmittel diente.

Wir fuhren über die Juan-Pablo-Duarte-Brücke auf eine frisch gepflasterte Straße. Auf den ersten Blick hatte man den Eindruck, dass neue Wohnungen die Straße säumten. Bei genauerem Hinschauen erkannte ich, dass die Gebäude nur Fassaden waren, mit denen die Stadt das Gewirr ärmlicher Blechhütten unmittelbar dahinter kaschieren wollte. Auf einem Hügel erspähte ich eine alte Kolonialvilla, einst wunderschön, jetzt rettungslos verfallen. Sie war anscheinend von Obdachlosen übernommen worden, die auf den einsturzgefährdeten Balkonen provisorische Zelte aufgespannt hatten. Die Stadt hatte zweifellos bessere Tage gesehen.

An jeder Kreuzung, an der wir hielten, wurde Gustavos Pinto von Bettlern und Hausierern belagert. Ein Mann kam auf Holzkrücken angehumpelt und versuchte, mit einem schmutzigen Lumpen die Windschutzscheibe zu putzen. Eine alte Frau presste sich an die Scheibe und pochte mitleiderregend mit einem knotigen Finger dagegen, um sich ein paar Peso zu erbetteln. Ich erwiderte ihren Blick, und sie lächelte mit einem völlig zahnlosen Mund.

„Tony ... gib ihr ein bisschen Kleingeld! Bitte!"

Gustavo schnaubte verächtlich. „Mr. Santino, achten Sie gar nicht darauf. Wenn Sie einem Bettler Geld geben, haben Sie sofort zwanzig am Hals." Gustavo brüllte die Frau auf Spanisch an. Sie trottete niedergeschlagen zum nächsten Auto in der Schlange.

Es ging quälend langsam voran, und die genervten Fahrer veranstalteten ein Hupkonzert. Wir krochen wieder auf die funkelnde Karibik zu, dann schwenkten wir nach rechts auf die Avenida George Washington, die direkt am Wasser entlangführte. „Kein Strom", sagte Gustavo und deutete auf eine tote Ampel. Dieser Anblick sollte mir in den kommenden Jahren noch sehr vertraut werden.

Die Umgebung veränderte sich, und es kamen herrschaftliche Villen, alle geschützt von hohen Steinmauern und bewaffneten Wächtern. Wir bogen in eine Auffahrt mit üppiger tropischer Vegetation an den Seiten ein und hielten vor dem Jaragua, dem neuesten Fünf-Sterne-Hotel auf der Insel. Ein Portier mit Schirmmütze und weißen Handschuhen begrüßte uns.

Zwei livrierte Gepäckträger brachten uns durch die riesige Lobby zum Empfang. Die Klimaanlage kühlte die feuchten Sachen an meiner Haut. Im Hintergrund ertönte das leise Klimpern eines Jazzpianos. Es hätte irgendein Luxushotel in den Vereinigten Staaten sein können. Das Haus war zugleich schön und vollkommen anonym.

„Das Jaragua hat eigene Generatoren, deshalb fällt der Strom nie aus", sagte Gustavo, während ich mich in der ringsum verspiegelten Lobby umschaute. „Es gibt drei Restaurants, einen Spa-Bereich, einen Schönheitssalon, mehrere Bars, Geschäfte, Boutiquen, Tennisplätze, Swimmingpool ..." Abermals bedachte er mich mit einem eigentümlich unehrlichen Lächeln. „Ms. Santino, Sie werden hier nie wieder weg wollen."

Etwas an Gustavos Verhalten passte mir ganz und gar nicht. So schön das Hotel aussah, ich war es leid, aus dem Koffer zu leben, und wünschte mir für Tony und mich eine eigene Bleibe. Als ich das äußerte, beteuerte Gustavo, er werde „eine schöne Villa" für uns suchen, irgendwo abseits vom Lärm und Schmutz Santo Domingos. Das war das Letzte, was ich hören wollte. Ich hatte in Red Bluff Ruhe und Frieden zur Genüge gehabt.

„Ich würde gern etwas stadtnäher wohnen", sagte ich. „Ich möchte mir jeden Tag auf dem Markt frisches Obst und Gemüse kaufen können."

Gustavo lachte schallend. „Sie werden einen Chauffeur haben und Personal, das die Einkäufe für sie erledigt. Entspannen Sie sich einfach. Gehen Sie ins Spa. Machen Sie sich um die Einkäufe keine Gedanken. Kümmern Sie sich lieber um dieses schöne kleine Mädchen." Er grinste Justine an und tätschelte ihr den Kopf, als wäre sie ein Hund. „Für alles andere lassen Sie nur mich sorgen."

⊠

„GUSTAVO KANN SICH seine Villa sonst wohin schieben", sagte ich, als sich die Fahrstuhltüren schlossen. „Ich will nicht mit Personal auf dem Land leben."

„Er will doch nur behilflich sein, Babe."

„Ich kann ihn nicht leiden. Hast Du gesehen, wie er Justine den Kopf getätschelt hat? Igitt. Wo hat Ron ihn überhaupt aufgegabelt?"

„Ron? Ron kennt ihn gar nicht. Er ist über Edwin Walker gekommen."

„Über wen?"

„Edwin Walker. Das ist ein Amerikaner, der für Codetel arbeitet, die hiesige Telefongesellschaft. Walker hat mitgeholfen, aus Codetel das technisch fortschrittlichste Fernmeldenetz in Lateinamerika zu machen. Und er spielt beim Small Office. Seit Jahren schon."

„Und was haben Walker und Gustavo miteinander zu tun? Und wo kommt Ron ins Spiel?"

„Walker meinte zu Sacco, er könnte ihm hier den gleichen Service bieten, den er in den Staaten bekommt. Daraufhin brüteten die beiden die Idee aus, die Firma ins Ausland zu verlegen. Aber zuerst mussten sie das Projekt von einem dominikanischen Anwalt prüfen lassen. Walker konsultierte Gustavo, und Gustavo gab uns grünes Licht. Ihm zufolge tun wir nichts, was hierzulande ungesetzlich wäre. Formal betrachtet geben wir nur Informationen telefonisch weiter. Deshalb haben wir das neue Unternehmen Information Unlimited genannt."

Ich musste zugeben, dass es ein guter Plan war. Für die Spieler änderte sich nichts. Sie hatten keine Ahnung, dass ihre 1-800er-Anrufe nach Santo Domingo gingen. Für das Auszahlen und Einziehen der Gelder traf Ron sich weiter wie üblich mit seinen Vermittlern und Spielern in den Staaten.

Es sollte Jahre dauern, bis der amerikanische Staat dahinterkam, dass Ron Sacco mit Erfolg das erste Offshore-Glücksspielunternehmen der Welt lanciert hatte.

§

TONYS ERSTER ARBEITSTAG in Santo Domingo war ein Vorgeschmack auf das, womit ich in den kommenden Wochen zu rechnen hatte. Er war den ganzen Tag fort und kam erst um zehn Uhr abends ins Hotel zurück. Seinerzeit in L.A. waren unsere Tage im Wettbüro gnädig kurz gewesen: fünf Stunden am Tag von Sonntag bis Freitag und acht am Samstag. In der Dominikanischen Republik sah das anders aus.

Das Büro nahm ab zwölf Uhr Ortszeit Wetten von der Ostküste entgegen und schloss der Westküste wegen erst um zwanzig Uhr. Als Ausgleich für die längeren Arbeitstage bekamen die Mitarbeiter zwei Tage die Woche frei statt nur einen. Im Sommerhalbjahr verschoben sich unsere Öffnungszeiten um eine Stunde, da die Dominikaner ihre Uhren nicht wie die Amerikaner auf Sommerzeit umstellten, das heißt, in den sechs Monaten öffneten wir um dreizehn Uhr und schlossen um einundzwanzig Uhr. Für die Wertung der Wetten waren nicht mehr die Wettannehmer zuständig. Jetzt hatten wir eigene Sachbearbeiter, deren einzige Aufgabe es war, nach Feierabend die Wettscheine zu bearbeiten.

Für Tony erhöhte sich der Druck dramatisch. Der Umfang von Rons Geschäften verdoppelte sich, da er sie nicht mehr heimlich betreiben musste.

Ohne tägliche Rücksprache mit Ron leitete Tony auf einmal ein mittleres Unternehmen in einem Land, dessen Sprache er nicht beherrschte.

Als Tony am nächsten Morgen zur Arbeit fuhr, machte ich mich mit Justine daran, unsere neue Heimat zu erkunden. Ich war entschlossen, meine neugewonnene Freiheit ein bisschen zu genießen. Als ich durch die Lobby ging, versuchte der Rezeptionist vergeblich, mich zu einem Taxi zu überreden. Nein, ich wollte zu Fuß gehen. Zwanzig Minuten lang kämpfte ich mich auf der Straße voran, dann gab ich auf. Die Bürgersteige waren holprig und voller Schlaglöcher, und einen Kinderwagen auf ihnen zu schieben war unmöglich. Mehrere Gullis hatten keinen Deckel, und man konnte direkt in die Kanalisation blicken. Die ganze Zeit rauschte dichter Verkehr an uns vorbei und spuckte Abgase in die Luft. Deprimiert kehrte ich zum Hotel um. Auf dem Rückweg durchnässte ein plötzlicher tropischer Platzregen uns beide bis auf die Haut.

Den nächsten Versuch unternahm ich am Nachmittag mit dem Taxi. Ich bat den Fahrer, uns vor einem Geschäft abzusetzen, das mir nach einem modernen Supermarkt aussah. Im Inneren jedoch war es dunkel und schmuddelig. Die Metallregale an den Wänden waren rostig und enthielten kaum Waren. Auf mehreren Tischen lagen Obst- und Gemüsehaufen, größtenteils noch schmutzig, als ob sie eben erst aus der Erde gezogen worden wären. Ich sah keine der bunten, einladenden Farben, die ich von zu Hause gewohnt war – alles war braun und lehmverkrustet. Selbst die Eier waren mit Hühnerkot beschmiert, und an vielen Schalen klebten noch Federn.

Während ich durch die Gänge ging und mir die einheimischen Frühstücksflocken, Cracker und Kekse anschaute, legte sich eine seltsame Stille über den Laden. Mir wurde bewusst, dass die Leute mich ungeniert anstarrten. Ich war die einzige Ausländerin dort. Verunsichert stöberte ich weiter und begab mich zu den Kühlschränken weiter hinten, die mit einer stechend riechenden Auswahl einheimischer Milchprodukte bestückt waren, Käse, Joghurt, Milch und Butter. Päckchen mit Rinderhackfleisch, aus denen Blut über die Regale suppte, strömten einen solchen Gestank aus, dass es einem den Atem verschlug. An der Rückwand des Ladens stand ein staubiger Stapel Coca-Cola-Kisten. Ich war sprachlos, als ich sah, dass die Dosen noch den altmodischen Ring-Pull-Verschluss hatten. Im nächsten Gang gab es ein kärgliches Sortiment von Windeln, alle Größen wild durcheinander. Sie waren vollkommen überteuert. Neben den Windeln kamen Dosen und Gläser mit Babynahrung. Ich griff mir ein Gläschen von Gerber und betrachtete es. Das Haltbarkeitsdatum war seit Monaten abgelaufen.

Als ich wieder im Jaragua eintraf, erfuhr ich, dass der nächste Strand vierzig Minuten entfernt war. Diese Gegend war wohl kaum ein Touristenmagnet. Der Rezeptionist erklärte, das Hotel werde von Geschäftsreisenden gebucht, und Touristen kämen in diesen Teil der Insel nur deshalb, um die historischen Gebäude der Kolonialzone zu besuchen. Frustriert fragte ich ihn, ob er mir behilflich sein könnte, eine Wohnung zu finden.

Der Rezeptionist traf für die Woche darauf eine Verabredung mit einem „Englisch sprechenden" Immobilienmakler. Der Makler kam eine Stunde zu spät, ohne sich zu entschuldigen, und sprach kein Wort Englisch. Wir trafen eine neue Verabredung mit einem Übersetzer für den nächsten Tag. Zum verabredeten Termin tauchte der Übersetzer nicht auf. Ich äußerte gegenüber dem Rezeptionisten mein Unverständnis, und der meinte, wir sollten es *mañana* noch einmal versuchen. Aber niemand erschien *mañana*, und das *mañana* danach auch nicht. Das war meine Einführung in die unbegreiflichen geschäftlichen Gepflogenheiten in der Dominikanischen Republik.

Zwei Wochen später waren wir dem Ziel, eine eigene Wohnung zu haben, noch nicht näher gekommen. Ich sehnte mich danach, in meiner eigenen Küche zu kochen und ein eigenes Zimmer für Justine zu haben. Ich beklagte mich bei Tony, aber der hatte im Büro zu viel um die Ohren, um sich mit der Wohnungssuche zu befassen. Ich wollte so dringend aus diesem Hotel hinaus, dass ich gegen mein instinktives Widerstreben Gustavo anrief, der mir zweimal absagte.

Tony guckte grimmig, als ich eines Abends meiner Empörung Luft machte. „Das ist das Problem mit diesem Land", schimpfte er. „Alle versprechen einem, dies und das *mañana* zu machen, aber *mañana* kommt nie."

✳

DAS ATLÁNTICO WAR die heißeste Adresse auf der Insel. Laut meinem Vater besaßen fünf Prozent der dominikanischen Bevölkerung fünfundneunzig Prozent des Reichtums im Lande. Als wir auf den Parkplatz des Atlántico fuhren – vollgeparkt mit brandneuen Jeep Cherokees, Porsche Carreras, BMWs und Mercedes-Benz in rauen Mengen –, sprang mir sofort ins Auge, dass dies einer der Orte war, wo die fünf Prozent ihre Freizeit verbrachten.

Der Fahrer ließ Tony und mich vor einem verschnörkelten schmiedeeisernen Tor hinaus. Die Türsteher musterten uns, bevor sie uns eintreten ließen. Ich freute mich wahnsinnig, Tony den Abend für mich zu haben. Wir schlenderten Hand in Hand auf einem gewundenen Pfad zum Haupteingang, vorbei an einer exotischen Gartenbar inmitten bunter tropischer Blumen.

Eine breite Marmortreppe führte hinauf zu einer imposanten zweiflügeligen Eichentür. Ein livrierter Pförtner öffnete sie, und wir traten in einen großen, sehr angenehm klimatisierten Saal, in dem Hochbetrieb herrschte. Hinter der langen, wohlsortierten Bar führte eine geschwungene Treppe auf eine brechend volle Tanzfläche hinunter. Unter den glitzernden Lichtern bewegte sich eine Menschenmenge zu den Rhythmen amerikanischer Popmusik. Auf der anderen Seite einer verglasten DJ-Kanzel führte eine dritte Treppe in den Restaurantbereich. Ein Fischteich mit ornamentalen Springbrunnen zog sich an der gesamten Rückwand entlang. Alles war opulent, wunderschön und völlig überkandidelt.

Mir fiel auf, dass die Gäste des Atlántico mehrheitlich hellhäutig waren. Es waren schicke, mondäne junge Leute, und sie gaben reichlich Geld aus. Dunkelhäutige Kellner umsorgten sie, füllten Wassergläser nach, nahmen Bestellungen entgegen. Der Klassenunterschied, der die Insel wie ein tiefer Graben durchzog, wurde unverhohlen zur Schau gestellt. Es war kein Touristenlokal – soweit ich sehen konnte, waren wir die einzigen anwesenden Ausländer. Eine umwerfend gut aussehende Hostess führte uns an einen Tisch.

Tony und ich waren seit Monaten nicht mehr allein aus gewesen. „Fühlt sich an wie in alten Zeiten", sagte ich und drückte seine Hand. Tony blickte mir tief in die Augen und lächelte. „Es ist nicht L.A. Aber so weit ganz okay." Als der Kellner kam, bestellte er ein Bier und eine Flasche Wasser. „Und sagen Sie dem DJ, er soll was von James Brown spielen."

Kurz darauf kehrte der Kellner kopfschüttelnd zurück. Verärgert zog Tony einen Fünfhundert-Peso-Schein aus der Brieftasche und drückte ihn dem Mann in die Hand. Dieser riss ungläubig die Augen auf. „James Brown, *por favor!*", wiederholte Tony.

Ich schalt Tony gerade dafür, dass er so leichtfertig mit seinem Geld umging, als ein großer, freundlich blickender junger Mann an unseren Tisch trat. Ich konnte damals nicht ahnen, was für eine zentrale Rolle er in den kommenden Jahren in unser aller Leben spielen sollte. Mit seinen traurigen grauen Augen und seinem welligen braunen Haar hätte er für einen der reichen, hellhäutigen Einheimischen durchgehen können – bis er den Mund aufmachte.

„Ich heiße Remo", sagte er mit breitem New-Jersey-Akzent. „Ich bin der Geschäftsführer des Atlántico. Herzlich willkommen!" Tony und Remo gaben sich die Hand, während ein James-Brown-Stück aus den Lautsprechern zu dröhnen begann.

Tony und Remo verstanden sich auf Anhieb. Remo erzählte einige seiner ungewöhnlicheren Erlebnisse als Leiter eines der exklusivsten Clubs auf der Insel, und Tony parierte jede Geschichte mit Erinnerungen aus der Zeit, als er noch in den heißesten Clubs von L.A. wild Party gemacht hatte. Keiner von beiden reagierte, als ich ein Gähnen unterdrückte und mich zur Toilette begab. Als die einzige blonde, blauäugige Frau im Club fing ich auf dem Gang dorthin reichlich anerkennende Blicke von anderen männlichen Gästen des Atlántico auf.

Auf der Toilette betrachtete ich mich im Spiegel. Ich strich das kleine schwarze Betsy-Johnson-Kleid glatt, das ich mir in Erwartung eines romantischen Abends ausgesucht hatte. Es umschmeichelte meine Kurven und brachte meinen flachen Bauch vorteilhaft zur Geltung. Niemand hätte vermutet, dass ich erst vier Monate vorher Mutter geworden war. Ich plusterte mir die Haare auf, richtete mein Make-up, und mit dem festen Entschluss, die Aufmerksamkeit meines Mannes wiederzugewinnen, stolzierte ich zum Tisch zurück.

Tonys Gesicht leuchtete auf, als er mich sah. „Babe!", rief er wie ein aufgeregtes Kind. „Remo kann mir amerikanische Milch besorgen!"

Die trank Tony gewöhnlich literweise, aber er tat sich schwer mit dominikanischer Milch und beklagte sich in einem fort über die einheimischen Marken. Er hatte Schaf- und Ziegenmilch probiert, hatte sogar eine Kuh gekauft und sich zwei Wochen lang frische Milch liefern lassen, aber an amerikanische Milch reichte sie nicht im Entferntesten heran.

„Wie das?", fragte ich skeptisch. Leere Versprechungen schienen mir kennzeichnend für das Land zu sein.

„Sag's ihr!" Tony grinste breit.

„American Airlines serviert auf dem Flug von New York nach Santo Domingo Milch in Viertelliterpackungen zum Frühstück", erklärte Remo. „Ich kann mir an zwei Tagen die Woche die unbenutzten Packungen bringen lassen."

„Na, großartig!", sagte ich mit der Gewissheit, dass es niemals dazu kommen würde.

Dann erinnerte ich Tony daran, dass Justine bald gestillt werden musste. Ich hoffte, ihn damit zurück ins Hotel zu locken, doch er meinte, ich solle schon mal vorfahren. Er wolle noch ein Weilchen mit seinem neuen Freund Remo zusammensitzen.

„Tony, du musst morgen in aller Frühe einen Flug kriegen, schon vergessen?"

„Ich bin in einer Stunde da. Keine Sorge."

Gegen zwei Uhr nachts trudelte Tony sturzbetrunken ein. Er plumpste ins Bett und versuchte – ohne Erfolg –, mir den „romantischen Abend" zu verschaffen, den er zuvor versprochen hatte. Am nächsten Morgen verschlief er den Wecker und ignorierte mein Puffen und Knuffen. Schließlich bekam ich ihn wachgerüttelt. Ich hielt ihm so lange vor, er müsse nach Las Vegas fliegen und werde seinen Gerichtstermin verpassen, wenn er sich nicht beeile, bis er endlich aufstand und unter die Dusche wankte. Zwanzig Minuten später wankte er wieder heraus, immer noch unrasiert und schrecklich verkatert. „Bis heute Abend, Babe", murmelte er und legte mir einen Fünfhundert-Peso-Schein auf die Frisierkommode.

Ich ärgerte mich und nahm mir vor, ihm die Meinung zu sagen, wenn er später am Abend zurückkam. Aber er kam nicht zurück.

Als er auch am nächsten Morgen nicht kam, wurde ich ganz krank vor Sorge. Wo war er? Warum hatte ich nichts von ihm gehört? Der Gerichtstermin in Las Vegas war eine reine Formalität. Harold Fisher hatte uns erzählt, die Anklage gegen Tony und Ron in Vegas werde wegen des Verbots der Doppelbestrafung mit Sicherheit fallengelassen. Tony hatte sich bereits schuldig bekannt und war in Los Angeles verurteilt worden, deshalb könne er nach dem Gesetz nicht für ein und dasselbe Verbrechen zweimal bestraft werden. Harold hatte uns versichert, dem

Richter werde gar nichts übrig bleiben, als die Anklage abzuweisen.

Ich rief im Büro an. Niemand schien Genaueres zu wissen, aber Mathew erzählt mir etwas, bei dem sich mir der Magen umdrehte. Laut Gerüchten, die an der Westküste kursierten, waren Tony und Ron nach der Verhandlung direkt ins Gefängnis gebracht worden.

Nach Mitternacht klingelte endlich das Telefon. Ich machte mich auf alles gefasst, als ich am anderen Ende Joannas Stimme hörte. „Was ist passiert?"

Joanna klang erschöpft. „Es sieht schlecht aus, Marisa. Der Richter war der Meinung, dass die gesonderte Strafverfolgung nach irgendeiner Theorie der geteilten Hoheitsgewalt doch zulässig ist. Harold hat versucht, es mir zu erklären, aber diese juristischen Schliche verstehe ich einfach nicht."

„Aber was bedeutet das für *uns*?"

„Tony muss sechs Monate sitzen."

Ich saß da wie vom Donner gerührt und hielt den Hörer umklammert. Ich machte den Mund auf, doch kein Laut kam heraus. *Sechs Monate?*

Ich hatte Tony nicht einmal einen Abschiedskuss gegeben. Was sollte ich ohne ihn hier tun? In mir setzte sich ein Gedankenkarussell in Gang, als ich versuchte, mir ein Leben auf der Insel ohne Tony vorzustellen.

Ich atmete tief durch. „Und Ron?"

„Er hat ein Jahr gekriegt", sagte Joanna niedergeschlagen. „Wir müssen einfach klarkommen, bis sie wieder draußen sind. Harold will Einspruch einlegen, aber wir müssen uns auf das Schlimmste gefasst machen. Einstweilen übernehme ich an Rons Stelle das Auszahlen und Einziehen der Gelder. Mathew wird die Geschäfte in der DomRep führen, bis Tony rauskommt."

Solange Tony fort war, würde ich sein Gehalt beziehen. Joanna versicherte mir, ich müsse mir keine finanziellen Sorgen machen. „Und, wirst du nach Hause fahren?", fragte sie sanft. „Bis Tony wieder draußen ist?"

„Ich ..." Ich hielt den Atem an und versuchte, mich zu sammeln.

Ich wusste nicht mehr, wo ich zu Hause war. Es gab für mich keinen Grund, nach Kanada zurückzukehren. Mein Vater war soeben nach Thailand gezogen, wo er mehrere Jahre tätig sein wollte. Meine Mutter war immer noch in Westchester, aber dorthin konnte ich nicht zurück – nicht unter diesen Umständen. Und dass ich nach Red Bluff zurückging, kam überhaupt nicht in Frage.

„Ich bleibe hier", erklärte ich Joanna entschlossen. Ich wollte dafür sorgen, dass Tony ein richtiges Zuhause hatte, in das er heimkommen konnte. Und dieses Zuhause war jetzt wohl oder übel hier.

13

Als Tonys Haftstrafe amtlich bestätigt wurde, stürzte die Moral im Büro steil ab. Mathew traf es am härtesten. Er sah sich auf einen Posten befördert, den er nicht haben wollte und für den er nicht der Richtige war. Einen ersten Eindruck von Mathews Hilflosigkeit bekam ich, als ich ein paar Tage nach Tonys Verhaftung im Büro auftauchte. „Jetzt nehmt doch die scheiß Telefone ab!", flehte er, aber die Mitarbeiter, vor allem die neuen, reagierten kaum. Es war, als stände ein willensschwacher Vertretungslehrer vor einer aufmüpfigen Schulklasse. Niemand hatte den geringsten Respekt vor ihm.

Die schlechte Stimmung im Büro war mit Händen zu greifen. Die Leute hatten sich von Rons märchenhaften Versprechungen einer hochbezahlten Tätigkeit auf einer wunderschönen tropischen Insel ohne alle Polizeischikanen ködern lassen. Die Wirklichkeit entsprach den Anpreisungen in keiner Weise. Sie waren in einer zerfallenden, chaotischen Stadt gestrandet, Meilen von jedem Strand entfernt. Sie hatten Heimweh und waren überlastet, mussten unbekannte Sachen essen, wurden bei lebendigem Leib von Insekten aufgefressen und telefonierten acht Stunden am Tag in einem heißen, muffigen Büro, wo niemand einen

Durchblick zu haben schien. Tony hatte den Laden schlicht durch seine persönliche Ausstrahlung zusammengehalten. Jetzt, wo er fort war, wurde die Atmosphäre rasch rebellisch. Selbst die Kollegen, die ich noch aus L.A. kannte, murmelten mir kaum noch hallo zu.

Eines Tages nahm ich Mathew beiseite und schimpfte mit ihm, als wir außer Hörweite der anderen waren. „Du musst die Zügel in die Hand nehmen! Und du musst jemand zum Saubermachen anstellen! Das ist hier der reinste Saustall!"

Die allgemeine Unordnung und der Schmutz im Büro verstärkten die Auflösungstendenzen noch. Mathew warf mir einen derart feindseligen Blick zu, dass ich erschrak. Die Maske des freundlichen Riesen war gefallen, und er machte mir Angst. Ohne ein weiteres Wort stürmte er davon.

Ich steckte den Kopf ins Small Office hinein, um zu schauen, wie es dort lief, und wurde ebenfalls von düsteren Mienen begrüßt. Wenigstens hielt sich der Schmutz in Grenzen. Roger – den ich seinerzeit im Dan Tana's kennengelernt hatte – leitete sein Büro mit deutlich mehr Erfolg als Mathew. Er sah richtig schick aus, als er aufstand, um mich zu umarmen.

„Wie kommst du über die Runden, Herzchen?", fragte er mit Sorgenfalten im Gesicht.

„So gut es geht."

Justine zappelte in meinen Armen, und Rogers Gesicht zerfloss. „Kann ich sie mal kurz halten?"

Während Roger mit Justine herumalberte, nutzte ich die Gelegenheit, um mit einem Müllsack durch das Big Office zu fegen und sämtliche Bonbonpapiere, Bierflaschen und Zigarettenstummel hineinzuwerfen, die mir unterkamen. Bald kam der Anruf, auf den ich wartete. „T-bone auf vier!" Solange Tony im Gefängnis war, konnte ich mit ihm ironischerweise nur über den 1-800er-Anschluss im Büro sprechen.

„Vorsicht mit dem, was du sagst!", warnte Carmine. „Der Anruf wird überwacht."

„Verzeih mir", sagte Tony, sobald ich am Apparat war.

Allein seine Stimme zu hören, trieb mir die Tränen in die Augen. „Uns geht's gut", versicherte ich ihm. „Mach dir um uns keine Sorgen. Um dich musst du dir mehr Sorgen machen."

Tony beteuerte, bei ihm sei alles in Ordnung, und erkundigte sich nach Justine. Über etwas anderes konnten wir uns schwerlich unterhalten. An meinem Ende hörten die Kollegen mit und an seinem auch irgendjemand. Selbst „Ich liebe dich" zu sagen, war ein komisches Gefühl.

Ein paar Tage später kehrte ich zur nächsten Telefonverabredung mit Tony ins Büro zurück. Trotz Mathews verärgerter Reaktion hatten meine aufrüttelnden Worte offenbar die erwünschte Wirkung erzielt. Das Büro war makellos sauber. Die junge Dominikanerin, der diese Veränderung zu verdanken war, wischte gerade im Flur den Fußboden. Sie strahlte, als sie Justine erblickte. Schüchtern streckte sie die Arme nach ihr aus.

„Justine", sagte ich und legte ihr meine Tochter in die Arme. „*Soy Marisa.*"

„*Soy Rosa*", erwiderte sie mein Lächeln.

x

Als ich ins Hotel zurückkam, wartete zu meiner Überraschung am Empfang ein Kühlbehälter auf mich, adressiert an Mr. Santino. Der Page brachte ihn mir aufs Zimmer, und neugierig nahm ich den Deckel ab.

„Das gibt's nicht", lachte ich. Der Behälter enthielt, in Eis eingebettet, zwanzig kleine Kartons mit amerikanischer Milch, dazu Remos Visitenkarte.

„Tony ist geschäftlich verhindert", erzählte ich Remo mit möglichst neutraler Stimme, als ich ihn anrief, um mich zu bedanken. Es rührte mich, wie enttäuscht er klang, und so nutzte ich den Moment, um ihn meinerseits um einen Gefallen zu bitten. „Könntest du uns vielleicht behilflich sein, eine Wohnung zu finden?" Ich wusste, dass Remo fließend Spanisch sprach und sich mit der Insel und ihren Sitten und Gebräuchen auskannte. Er kam mir auch wie der einzige Mensch auf der Insel vor, der irgendetwas auf die Beine gestellt bekam.

„Okay", sagte er. „Ich schau mal, was sich machen lässt."

x

Eine Woche später nahm ich ein Taxi und ließ mich, wie vereinbart, zu Remos Atelierwohnung fahren. Als er die Tür aufmachte, hielt er einen Ordner mit Zeitungsausschnitten in der Hand. Draußen im hellen Sonnenschein und leger gekleidet erschien mir Remo viel jünger, als ich anfangs vermutet hatte. Ich schätzte ihn auf Anfang zwanzig. Er wirkte schüchtern, sogar ein wenig verlegen, ganz anders als der selbstbewusste, witzige Mann, den ich im Atlántico kennengelernt hatte. Nur die Augen waren genau, wie ich sie in Erinnerung behalten hatte: gefühlvoll, fast melancholisch, als gehörten sie einem Jahrzehnte älteren Mann.

Remo nannte dem Fahrer eine Adresse, und der brachte uns nach Mirador Norte, einem bürgerlichen Viertel. Wir bogen von der Hauptstraße ab und hielten vor einer blassrosa Wohnanlage. Der Wächter davor war mit einem Gewehr bewaffnet. Remo erklärte mir, das sei gängig. Wachposten waren billige Arbeitskräfte, und im Fall eines Einbruchs wurden sie verantwortlich gemacht.

Wir stiegen zu einer Wohnung im zweiten Stock hinauf und wurden vom Vermieter herumgeführt. Die Wohnung war hell und sauber und die Küche ausreichend. Doch in dem trostlosen, fensterlosen Zimmer dahinter befanden sich auf engstem Raum zwei Betten und eine Toilette. Ich war schockiert, als Remo es mir als Dienstbotenzimmer bezeichnete. Dann sah er die Papiere durch, die der Vermieter vorbereitet hatte. Er runzelte die Stirn. Nach einem angespannten Wortwechsel auf Spanisch wandte er sich mir zu.

„Gehen wir", sagte er.

„Warum so plötzlich?", fragte ich, während ich hinter ihm her eilte.

„Das sage ich dir im Wagen."

Auf der Fahrt zu unserem nächsten Termin erzählte mir Remo, dass der Vermieter – der die Wohnung für dreitausendzweihundert Peso im Monat inseriert hatte – jetzt sechshundert US-Dollar im Monat dafür haben wollte. Das waren achtzehnhundert Peso mehr als die ursprüngliche Miete. „Das wird ein Problem für dich werden", sagte er. „Die meisten Vermieter schauen dich einmal an und halten dich einfach für eine reiche *Gringa*, die sie ausnutzen können."

Das war die erste von vielen Fahrten auf der Suche nach einer Wohnung, die Remo und ich gemeinsam unternahmen. Beim dritten Mal war ich nicht mehr skeptisch, wenn er Wohnungen ablehnte, die mir völlig akzeptabel erschienen. Er wusste, welche Fragen zu stellen waren, und hatte zweifellos meine Interessen im Auge. Im Laufe der Suche verstand ich immer besser, warum Tony einen solchen Narren an ihm gefressen hatte. Er war intelligent und umgänglich und hatte einen trockenen Humor. Obendrein war er als ortskundiger Führer in Santo Domingo unschlagbar, und jedes Mal, wenn wir uns trafen, erfuhr ich etwas Neues über die Stadt.

Eines Tages hielten wir vor einem weißen Wohnblock, der an einen üppig bewachsenen Hof grenzte. Ein distinguierter grauhaariger Herr trat auf uns zu, und Remo entschuldigte sich auf Spanisch für unsere Verspätung. Señor Torres stellte sich in tadellosem Englisch vor. Wir folgten ihm zur Wohnung im obersten Stock. Als ich eintrat, war ich sofort in sie verliebt. Sie war hell und modern, hatte Dachfenster und blitzblanke Marmorfußböden. Die Küche war brandneu, und Wohn- wie Essbereich waren großzügig bemessen. Ein großer überdachter Balkon überblickte den Hof unten. Das gut durchlüftete Elternschlafzimmer hatte ein eigenes Bad, hinzu kamen zwei weitere Zimmer und ein Gästebad, wo die Dusche nach oben zum Himmel offen war.

„Sehr schön", sagte ich, während ich überwältigt von Zimmer zu Zimmer wanderte. „Perfekt."

Als Señor Torres sich nach der Tätigkeit meines Mannes erkundigte, hielt ich mich an die bewährte Version, wonach Tony sensible Informationen zu hochriskanten Anlagen verkaufte. Remo sah die Papiere durch und ließ mich wissen, der Preis sei fair. Endlich bekamen wir unsere eigene Wohnung. Ich wusste, es würde Tony begeistern, hierher nach Hause zu kommen.

Als wir schließlich wieder im Taxi saßen, strahlte ich wie ein Honigkuchenpferd. „Du musst den Vertrag von einem Anwalt notariell beglaubigen lassen", bemerkte Remo im Wagen. „Ich kann dir einen empfehlen."

„Ich habe schon einen Anwalt", sagte ich. Ich zeigte ihm Gustavos Karte.

Remo betrachtete sie stirnrunzelnd. „Nie von gehört."

„Angeblich hat er sehr gute Verbindungen."

Remo schüttelte den Kopf. „Nein, hat er nicht. Marisa, wenn er gute Verbindungen hätte, würde ich ihn kennen. Wie sieht er aus?"

„Klein, dick, schwarz."

Remo lachte. „Wie schwarz?"

Das verwirrte mich. „Keine Ahnung. Schwarz halt."

„Einfach ,schwarz halt' gibt's hier nicht. Die Hautfarbe spielt eine große Rolle. Kennst du den Spruch, dass die Eskimos achtundzwanzig Wörter für Schnee haben? Nun, die Dominikaner haben fast genauso viele zur Bezeichnung der Hautfarbe. Das betrifft nicht nur die Haut – es betrifft die soziale Klasse. Den Status. Schwarz, richtig schwarz, bedeutet unterste Unterschicht. Haitianer sind schwarz, und sagen wir mal so, die Dominikaner behandeln sie nicht sehr gut. Sie werden als billige Arbeitskräfte ausgebeutet: Straßen- und Wohnungsbau, Zuckerfabriken, Bordelle. Wenn du einen Haitianer schwarz nennst, schert ihn das einen Dreck. Aber wenn du einen Dominikaner schwarz nennst, ist das eine Beleidigung."

In Augenblicken wie diesem begriff ich, wie weit ich von zu Hause entfernt war. „Das ist ziemlich ungerecht."

„Stimmt. Ich spreche das nur deshalb an, weil Anwälte hier selten schwarz sind. Also, wie schwarz ist dein Anwalt?"

„Äh ... mulattenschwarz?"

„Hm. Was für ein Auto fährt er?"

Die Frage fand ich ziemlich seltsam, aber ich spielte mit. „Einen Pinto. Einen zweiundsiebziger Pinto."

Remo lachte schallend. „Du willst mich veräppeln."

„Nein. Was ist daran so lustig?"

„Glaub mir, Marisa, wenn dein Anwalt so eine Schrottkiste fährt, dann kann ich dir unbesehen sagen, dass der Mann nicht die Strippen zieht, die du glaubst. Falls ihr ernsthaft ein Unternehmen auf dieser Insel aufziehen wollt, müsst ihr euch jemand Besseren suchen, und zwar schnell. Euer Mann hat vielleicht einen Bruder oder Cousin in der Armee, aber unterm Strich ist er ein Niemand. Ganz ehrlich, im Atlántico würde er nicht mal durch die Tür kommen."

„Das ist hart, Remo."

„Ich weiß. Aber glaub mir", Remo kicherte, „einflussreiche Anwälte mit guten Beziehungen fahren in diesem Land keine zweiundsiebziger Pintos."

Als das Taxi an einer Kreuzung halten musste, wurden die wartenden Autos von den üblichen Bettler- und Hausiererhorden umschwärmt. Remo ließ sein Fenster herunter und gab einem einarmigen, einbeinigen Mann, der ihn namentlich begrüßte, die Hand. Sie plauderten eine Weile auf Spanisch, und währenddessen erkannte ein anderer Hausierer Remo und kam an, um hallo zu sagen. Ich staunte. „Die sind dich ja nicht mal um Geld angegangen!"

„Die Leutchen haben schon vor Jahren aufgehört, mich anzubetteln. Sie wissen, dass ich selber zu strampeln habe."

Es beeindruckte mich, wie anders Remo sich zu den Obdachlosen verhielt als Gustavo. Remo behandelte sie als Menschen. Gustavo dagegen behandelte sie als Abschaum. In dem Moment traf ich spontan die Entscheidung, mich nicht mehr mit Gustavo abzugeben, wenn es sich vermeiden ließ.

Ich bat Remo um die Telefonnummer des Anwalts, den er empfohlen hatte. Als er aus dem Taxi stieg, dankte ich ihm abermals für seine Hilfe. „Ich bin dir einen Drink schuldig", sagte ich.

„Bedaure." Er grinste. „Ich trinke nicht."

„Ich auch nicht. Dann vielleicht eine Einladung zum Essen?"

„Wenn dein Mann wieder da ist, komm mal im Atlántico vorbei." Die Art, wie er das sagte, machte deutlich, dass er nicht die Absicht hatte, ohne Tonys Beisein mit mir auszugehen. Seine Zurückhaltung hatte etwas leicht Altmodisches, etwas Charmantes. Vermutlich dachte er, Tony hätte etwas dagegen. Andererseits gab es überhaupt keine romantische Anziehung zwischen uns, und ich hätte sehr gern einen Freund auf der Insel gehabt. Unsere regelmäßigen Wohnungssuchaktionen würden mir fehlen. Während ich Remo hinterherblickte, ahnte ich, dass bei ihm unter der Oberfläche eine tiefe Traurigkeit lag. Er hatte sich in der Dominikanischen Republik vollkommen integriert, doch es war offensichtlich, wie sehr er Amerika vermisste.

Am nächsten Morgen zog ich los und kaufte einen Kühlschrank, einen Herd, Propantanks und zehn Meter Kupferrohre, um sie anzuschließen. Ich kaufte die größte Matratze, die ich finden konnte, und bestellte Möbel aus einer Fabrik, die Remo empfohlen hatte. Ich schleppte Wasserflaschen, Lebensmittel, Spielsachen und Koffer die Treppen hinauf, bis mir die Beine weh taten.

Um sieben Uhr abends fiel in der neuen Wohnung das Licht aus – und die Wasserversorgung dazu. Um acht brachte ich Justine ins Bett. Allein saß ich draußen auf dem Balkon. Es war ein stockfinsterer, windstiller Abend. Während ich darauf wartete, dass die Elektrizität zurückkam, erlebte ich die tiefe Stille eines Stromausfalls. Ich hörte unten im Hof die Blätter an den Bäumen rascheln. Irgendwo huschte ein Tier durchs Gebüsch. In der Ferne hörte ich das leise Brummen herannahender Autos.

Am nächsten Morgen weckte mich das Krähen eines Hahns. Ich klebte vor Schweiß und stellte fest, dass ich am ganzen Körper rot entzündete, heftig juckende Schwielen hatte. Justine ging es ähnlich. Wir hatten immer noch keinen Strom und kein Wasser zum Duschen. Ich rief mir ein Taxi, um Moskitonetze und Gaslampen kaufen zu fahren. Im Nu steckten wir in einem schier endlosen Stau fest. Der Strom war überall ausgefallen.

Plötzlich hörten wir Metall gegen Metall krachen. Der Verkehr um uns herum kam völlig zum Stillstand. Unser Fahrer fluchte und warf entnervt die Hände in die Höhe. Wir saßen bis auf weiteres fest. Kurz darauf hörte ich den unverkennbaren Knall eines Schusses. Es folgte eine unheimliche Stille.

Als der Verkehr sich wieder zentimeterweise voranbewegte, gab es kein Hupen, keine wütenden Schreie. Am Unfallort erblickte ich einen hellhäutigen Mann im Straßenanzug, an die Motorhaube seines leicht beschädigten Mercedes gelehnt. In der Hand hatte er eine Pistole, die er nicht zu verbergen suchte.

Hinter ihm stand ein Fahrzeug, das aussah, als wäre es aus Einzelteilen von zehn verschiedenen Autos zusammengeschweißt worden. Die Windschutzscheibe war mit Blut bespritzt. Entsetzt fiel mein Blick auf den Fahrer, einen Haitianer. Er hing über dem Lenkrad, das Gesicht blutüberströmt. Schaudernd wandte ich mich ab.

Während wir an der makaberen Szene vorbeikrochen, lehnte der Schütze einfach an seinem Mercedes. Ihm war keinerlei Reue anzumerken. Er sah aus, als wäre er leicht verärgert, weil er zu spät zu einer Verabredung kam. Er und alle um ihn her wussten, dass die Tötung eines Haitianers für ihn keinerlei Konsequenzen haben würde.

14

AM 7. NOVEMBER TEILTE JOANNA mir mit, was ich befürchtet hatte. Tonys Berufung war abgewiesen worden. Er würde bis Mai im Gefängnis bleiben.

Auf die Mitteilung hin lief eine Schockwelle durch Information Unlimited. Die Firma hatte unter Mathews Leitung ohnehin schon zu kämpfen. Als die Mitarbeiter hörten, dass Tony nicht zurückkommen würde, kündigten drei auf der Stelle. Der Hitze, der Stromausfälle, des ständigen Chaos im Büro und der häufigen Lebensmittelvergiftungen überdrüssig, flohen sie noch am selben Abend von der Insel. In der folgenden Woche zogen andere nach. Die Arbeitsmoral sank auf einen absoluten Tiefpunkt.

Auch ich hatte zu kämpfen. Ich verbrachte lange Tage allein mit Justine. Mir fehlte dringend jemand, mit dem ich reden konnte. Die Nächte waren noch schlimmer. Nach einem besonders langen Abend ohne Strom und fließendes Wasser entschloss ich mich, wieder arbeiten zu gehen. Am folgenden Morgen transportierte ich Justines Laufstall und Spielsachen ins Büro und fing wieder an, Wetten anzunehmen.

Rosa, die junge Dominikanerin, die das Büro sauber hielt, kümmerte sich um Justine, während ich arbeitete. Dank ihr konnte ich Vollzeit tätig sein. Das verhinderte nicht nur, dass ich durchdrehte, sondern reduzierte auch den Druck ein wenig, der durch den Personalmangel im Big Office entstanden war.

Im Unterschied zu meinen Kollegen genoss ich das Leben in der Dominikanischen Republik. Vor meiner Zeit hier hatte ich schon in Italien und Kanada gelebt und war viel gereist, so dass es mich nicht verunsicherte, im Ausland zu sein. Ich erlebte die Einheimischen als extrem freundlich, mochte ihre Küche gern und fand ihren Kaffee den besten, den ich je getrunken hatte. Ein Luxushotel, El Embajador, lag in Laufdistanz von meiner Wohnung, und Justine und ich durften dort jederzeit den Pool benutzen. Die Insel strotzte nur so von bunten tropischen Blumen, und die Sonnenuntergänge waren herrlich.

Natürlich gab es auch Schattenseiten. Als ich eines Abends Justines Kinderwagen durch einen nahen Park schob, spürte ich, wie ein Insekt mich ins Bein biss. Ich vermutete einen Bienenstich, aber nach vierundzwanzig Stunden war mein Bein dermaßen angeschwollen, dass mir das Gehen Schmerzen bereitete. Als ich zur Arbeit kam, spuckte Carmine beinahe seinen Kaffee über den Schreibtisch.

„Um Himmels willen, Marisa, was ist mit deinem Gesicht passiert?"

Ich hatte keine Ahnung, was er meinte. Ich humpelte ins Bad, um in den Spiegel zu schauen, und stieß einen Schreckenslaut aus. Mein Gesicht war grotesk angeschwollen. Carmine rief sofort ein Taxi, das mich zu einem Arzt brachte. Als ich in dem maroden städtischen Krankenhaus eintraf, hatte ich schon Atembeschwerden.

Ein Arzt kam, untersuchte mein Bein und forderte Hilfe an. Er erklärte mir, die Einstiche deuteten auf den Biss einer Vogelspinne von der einheimischen Art *Phormictopus cancerides* hin. Da sie zu groß war, um ein Nest zu weben, lebte sie zwischen Sträuchern und Bäumen. In der Abenddämmerung machte sie Jagd auf Käfer, Nachtfalter, Küchenschaben, Mäuse ... und hin und wieder auch Menschen. Ihr Biss war für Menschen nicht gefährlich, aber leider war ich gegen ihr Gift allergisch.

Zwei Männer kamen und hielten mein Bein fest. Der Arzt griff sich ein Skalpell und stieß es mir ohne Betäubung hinein. Ohne sich um mein Schreien zu kümmern, führte er um die Bissstelle herum einen kreisrunden Schnitt aus. Dann hob er den pennygroßen Hautlappen ab und warf ihn auf den Fußboden. Ich heulte vor Schmerz, während er mit den bloßen Händen die offene Wunde zusammendrückte, vermutlich um das Gift auszuquetschen. Als er fertig war, rollte er ein Stück Mull zusammen und stopfte es wie einen Korken in die Wunde. Er verabschiedete sich mit einem schiefen Lächeln und dem Understatement des Jahres: „Es wird wohl etwas dauern, bis die Wunde verheilt ist."

Die Wunde nässte wochenlang und hinterließ in meinem Bein eine hässliche tiefe Delle, die mich jahrelang davon abhielt, Röcke zu tragen.

In Los Angeles waren neue Mitarbeiter gewöhnlich deshalb eingestellt worden, weil Kollegen oder Vermittler sie empfahlen oder sich für sie verbürgten. Da das Gros unseres alten Mitarbeiterstamms die Insel verlassen hatte, konnten wir uns diesen Luxus nicht mehr leisten. Deshalb hielten wir es für einen Glücksfall, als sich ein Mann mittleren Alters meldete, der sich Crunch nannte. Crunch war ruhig, zuverlässig und lernte schnell. Bei seiner vertrauenswürdigen Erscheinung lag es nahe, ihn nach Miami zu schicken, damit er Einkäufe fürs Büro tätigte und die Gehälter inklusive der Weihnachtszulagen abholte. Aber Crunch tauchte nie wieder auf. Er ließ sich von Joanna zweihundertfünfzigtausend Dollar in bar geben und verschwand damit spurlos.

Sein Treuebruch kam zur allgemeinen Unzufriedenheit im Büro noch dazu. Im Januar, drei Monate nach unserer Ankunft auf der Insel, äußerte Joanna den Verdacht, dass Mathew sie betrog. Die Befürchtung war geweckt worden, als Mathew ihr einen zweiten Generator für das Büro in Rechnung stellte, den es gar nicht gab. Anfangs konnte ich es einfach nicht glauben: Mathew, der sanfte Riese, der langjährige Mitarbeiter? Es war unvorstellbar. Als wir zwei jedoch weitere Nachforschungen anstellten, entdeckten wir, dass Mathew in der Tat Gelder veruntreute. Er kassierte weiterhin Gehälter und Zulagen für Angestellte, die das Unternehmen Monate zuvor verlassen hatten. Ich war am Boden zerstört. Mathew hatte kürzlich angeboten, nach Miami zu fliegen, um Einkäufe zu tätigen und die nächsten zweihunderttausend Dollar für das Büro abzuholen. Joanna befürchtete, er würde sich genau wie Crunch damit aus dem Staub machen.

Gleichzeitig schoss unsere Telefonrechnung um zwanzigtausend Dollar in die Höhe. Joanna bat mich, mit Edwin Walker zu reden, unserem Kontaktmann bei Codetel, und herauszufinden, wie das sein konnte. Ich traf mich mit ihm in seinem komfortablen, klimatisierten Büro. Mit seinem singenden Südstaatenakzent erklärte mir Walker, die Abrechnung für unsere 1-800er-Nummern sei vom Fünfzehn- auf den Dreißig-Sekunden-Takt umgestellt worden, dadurch sei es zu dem drastischen Preisanstieg gekommen. Walker musste gedacht haben, ich würde das einfach hinnehmen. Genau wie Crunch und Mathew wollte er Tonys Abwesenheit nutzen, um in die eigene Tasche zu wirtschaften.

Wie war der Mann einzuschätzen? Walker wusste, dass uns keine andere Telefongesellschaft in Lateinamerika den Service bieten konnte, den wir benötigten. Ich meinerseits wusste, dass Information Unlimited der größte Kunde war, den Codetel hatte. Sie verdienten an uns mehr Geld als an American Airlines. Walker brauchte uns genauso wie wir ihn.

Ich sah ihm direkt in die stahlgrauen Augen und teilte ihm mit, wir würden die Rechnung nicht bezahlen, bevor er wieder auf den alten Abrechnungstakt umstellte. Er feixte, stützte das Kinn auf die Finger und schnurrte: „Da ist leider nichts zu machen."

„Ich glaube doch." Ein langes Schweigen schloss sich an, in dem wir uns gegenseitig kühl musterten.

„Wie wär's, wenn wir heute Abend zusammen essen gingen. Vielleicht könnten Sie mich ja mit etwas mehr ... persönlichem Einsatz überzeugen."

Ich warf ihm einen vernichtenden Blick zu und stand auf. „Wie wär's, Sie erörtern das mit meinem Mann, wenn er wieder aus dem Gefängnis kommt?"

Aus Walkers Gesicht wich die Farbe. „Aber ... aber Ihr Nachname ist doch Lankester! Ich hatte ja keine Ahnung! Entschuldigen Sie!"

Wutschäumend stürmte ich aus dem Büro. Niemand hätte die Unverfrorenheit besessen und versucht, Information Unlimited über den Tisch zu ziehen, wenn Tony dagewesen wäre. Er wurde geachtet, ja gefürchtet. Edwin Walker kam mir hinterher und versprach, die Rechnung zu korrigieren und neu zu stellen.

Joanna feuerte Mathew und beförderte mich de facto zur kaufmännischen Geschäftsführerin. Ich begab mich nach Miami, um die zweihunderttausend Dollar zu holen, die ich unter weiten Kleidungsstücken sorgfältig am Körper versteckte. Ich hatte mit Remo verabredet, dass er mich mit einem Offizier, dem er vorbehaltlos vertraute, am Flughafen abholte. Obwohl mir die Zollkontrolle und die Einreiseformalitäten erspart bleiben würden, war es doch eine zermürbende Erfahrung, einen solchen Geldbetrag ins Land zu schmuggeln. Als wir ausstiegen, wurden die Touristen wieder von der Merenguetruppe mit Cuba Libre auf der Insel empfangen. Ich ließ sie stehen und ging schnurstracks auf Remo zu.

Remos Miene drückte weniger Freude, mich zu sehen, als Anspannung aus. Er stellte mir einen hochgewachsenen Mann in Uniform als Hauptmann Miguel García vor. Wir folgten dem Hauptmann durch die Abfertigungshalle nach draußen, wo sein klappriges Auto stand. Ich musste auf dem Rücksitz die Füße neben ein rostiges Loch im Boden setzen. Als wir endlich fuhren, wandte ich mich an Remo. „Was ist los?", fragte ich.

„Ich habe Miguel gebeten, deinen Anwalt ein bisschen unter die Lupe zu nehmen."

„Und?"

„Es gibt, glaube ich, ein paar Sachen, die du über Gustavo Flores wissen solltest."

15

Las Vegas, Mai, 1989

NACH SECHS LANGEN MONATEN wurde Tony endlich aus dem Gefängnis entlassen. Ich flog nach Vegas, nahm mir ein Zimmer im Caesar's Palace und wartete darauf, dass er kam.

„Wo ist Daddy?", fragte ich fröhlich Justine, die umringt von neuen Spielsachen auf dem Boden saß. Ich blickte auf die Uhr. Ja, wo war er? Er hatte eine Stunde Verspätung. Ich betrachtete mich im Badezimmerspiegel. Haare und Make-up waren tadellos. Ich trug enge Jeans und ein hellblaues Hemd, das zu meinen Augen passte. Darunter hatte ich schwarze Samtunterwäsche mit Spitze an, eigens für den Anlass gekauft. Ich wollte heute perfekt sein. Romantisch. Jetzt fehlte nur noch Tony.

Plötzlich riss mich ein nachdrückliches Klopfen an der Tür aus meinen Gedanken. Mit einem Jubelruf riss ich sie auf. *Endlich!*

Mir blieb kaum Zeit, wahrzunehmen, wie sehr sich Tony verändert hatte, da knallten schon seine Lippen auf meine. Er zog mich in eine Umarmung, die der reinste Klammergriff war. Aber was mich konsternierte, war weniger das Ungestüm, mit dem er mich packte, als die dramatische Verwandlung, die mit ihm vorgegangen war. Ich erkannte in ihm den Mann kaum wieder, der sechs Monate zuvor zu einer Haftstrafe verurteilt worden war.

Er ließ mich los, und ich nahm ihn in Augenschein. Seine Haare waren ungekämmt, und er hatte einen ungepflegten Vollbart, der mich im Gesicht kitzelte. Er hatte stark zugenommen. Als er mich abermals küsste, fühlte ich einen beträchtlichen Bauch gegen mich drücken. Mit einer flinken Bewegung trat er die Tür hinter sich zu und begann, an meinen Sachen zu zerren.

„He. He, Tony!"

Verwirrt hielt er inne. Sein Blick fiel auf Justine. Sie saß immer noch am Fußboden und schaute mit großen Augen zu diesem Bären von einem Mann auf. Sie wusste ganz offenbar nicht, ob sie lachen oder weinen sollte. „Schau, Justine", sagte ich. „Daddy ist wieder da!"

Ohne seine Tochter mit mehr als einem Knurren zur Kenntnis zu nehmen, schleifte Tony mich ins Bad und schloss die Tür hinter uns ab. Er zog mir die Jeans aus, und bevor ich wusste, was geschah, hob er mich aufs Waschbecken und spreizte mir die Beine. Dies glich in keiner Weise der romantischen Vereinigung, von der ich seit Monaten träumte. Es war hart, triebhaft und animalisch. Tony war ausschließlich auf seine eigene Befriedigung bedacht, und im Nu war es geschehen. Schwer schnaufend sackte er auf mir zusammen.

„Du hast ja keine Ahnung", keuchte er, „wie sehr mir das gefehlt hat."

※

INS ZIMMER ZURÜCKGEKEHRT nahm Tony Justine auf den Arm. Sie hatte nicht viel Ähnlichkeit mit dem Säugling, den er sechs Monate zuvor zum letzten Mal gesehen hatte, doch aus seinem Gesicht sprach schmerzliche Sehnsucht. Justine wimmerte und sträubte sich gegen ihn. Sie streckte ängstlich die Arme nach mir aus. Tony guckte gekränkt, als er sie an mich abgab. Ich versicherte ihm, sie brauche nur etwas Zeit, um sich wieder an ihn zu gewöhnen. Er sah, wie Justine nach meiner Brust grabschte, und sagte unwirsch: „Herrje, stillst du sie etwa noch?"

„Ich wollte sie eigentlich abstillen, aber vor ein paar Monaten war auf der Insel eine Typhusepidemie, und ... na ja, so ist es einfach sicherer."

Er entspannte sich ein wenig und lächelte, und der alte Tony kam ein wenig zum Vorschein. Er legte die Arme um uns beide. „Entschuldige", sagte er. „Ich hatte nicht gedacht, dass ich diese beiden Süßen immer noch mit jemand teilen muss."

Als Nächstes wollte Tony etwas essen. Er hatte eine ganze Liste von Leibgerichten, nach denen er lechzte. Das Gefängnisessen sei grauenhaft, sagte er, fett- und kohlenhydratlastig. Das sieht man, ging es mir beim Blick auf seinen aufgedunsenen Körper durch den Kopf. Ich schämte mich sofort für den Gedanken.

Tony schien fünfzehn Kilo zugenommen zu haben. Sein Gesicht war voller geworden, und der Eindruck wurde noch durch den Rauschebart verstärkt, den er sich stehen gelassen hatte. Die Knöpfe an Hemd und Hose spannten über seinem Bauch. Seine Haut war käsig. Eine große Traurigkeit überkam mich, als ich sah, wie er sich zum Ausgehen fertigmachte. Er hatte sich wirklich gehen lassen. Schlimmer noch, etwas an ihm war gründlich anders. Ich vermutete, das Eingesperrtsein hatte tiefe Spuren in ihm hinterlassen.

Tony schien sich der Veränderung gar nicht bewusst zu sein. Ja, er war beinahe euphorisch vor Glück. Er hüpfte im Zimmer herum wie ein Kind, schaute aus dem Fenster und redete aufgeregt darüber, wie erlösend es sei, nach Lust und Laune überall hingehen zu können.

Später am Tag luden wir unsere Sachen in einen Mietwagen und brachen nach Los Angeles auf. Auf der langen Fahrt unterhielt er mich mit Gefängnisgeschichten und beschrieb ein paar von den Typen, die er dort kennengelernt hatte. Ich bemühte mich, ihm ein Bild vom Leben in der Dominikanischen Republik zu vermitteln. Ich erzählte ihm von den Zucker-, Benzin- und Brotengpässen, unter denen das Land in den letzten Monaten zu leiden gehabt hatte, vom Bombenanschlag auf das American Institute und den von der galoppierenden Inflation ausgelösten Studentenunruhen.

„Die zwei wichtigsten Stromerzeuger der Insel liegen darnieder, deshalb haben wir nur zwei Stunden am Tag Strom", teilte ich ihm mit.

„Ein elender Mist", sagte er kopfschüttelnd. „Aus dem einen Gefängnis raus und geradewegs ins nächste rein."

„So schlimm ist es auch wieder nicht, Tony. Es ist ein ziemlich tolles Land. Wenn du dich erst mal eingelebt hast, wirst du dich bestimmt darin verlieben."

„Bezweifle ich", seufzte er. „Es wundert mich, dass Carmine noch da ist. Ich hätte gedacht, er wäre schon vor Monaten auf und davon."

Ich lachte. „Carmine hat eine dreiundzwanzigjährige Freundin. Er wird den Teufel tun und weggehen. Viele der Angestellten haben jetzt Freundinnen."

Unsere Mitarbeiter wurden heftig umschwärmt von jungen, hübschen einheimischen Frauen. Für sie bedeutete ein amerikanischer Freund einen Statusgewinn und einen möglichen Absprung von der Insel.

„Kein Wunder, dass der Umsatz im Keller ist."

„Wir haben am Anfang eine Menge Leute verloren. Das Komische ist, je stabiler sie aussahen, umso schneller ergriffen sie die Flucht."

Die Außenseiter und die Sonderlinge waren geblieben. Sie waren es, die mit einer Rückkehr nichts zu gewinnen hatten. In der DomRep waren sie so begehrt, wie es ihnen in den USA niemals passieren konnte.

„Ich fasse es nicht, dass Mathew uns abgezockt hat. Hätte ich nicht gedacht", sagte Tony.

Ich hatte nicht vorgehabt, die Sache mit Gustavo anzusprechen, bevor wir wieder in der Dominikanischen Republik waren. Jetzt jedoch schien ein guter Zeitpunkt zu sein. Justine schlief tief und fest auf dem Rücksitz. „Mathew ist nicht der Einzige, der uns abgezockt hat. Gustavo genauso."

Tonys Augenbrauen schossen nach oben. „Uns abgezockt? Was soll das heißen? Er hatte doch in meiner Abwesenheit gar nichts zu tun. Wie hätte er uns abzocken können?"

„Mir ist eine große Diskrepanz im Mietpreis aufgefallen zwischen den Wohnungen, die Gustavo den Mitarbeitern besorgt hat, und der Wohnung, die ich für uns gefunden habe. Richtig satt, Tony. Wir bezahlen viel weniger für eine viel schönere Wohnung."

„Na, wenn schon? Du hast Glück gehabt."

„Ich habe mir eine ganze Menge Objekte vor unserem angeschaut. Irgendwas ist faul an den Mieten, die unsere Mitarbeiter zahlen. Oder wir fürs Büro! Achtzehnhundert Dollar im Monat für zwei kleine Zimmer, einen Flur und ein Bad? In Santo Domingo? Das ist viel zu viel." Tony wollte mich unterbrechen, deshalb redete ich hastig weiter. „Außerdem: Wusstest du, dass alle Mietverträge auf US-Dollar lauten? Nach dominikanischem Recht ist das illegal. Gustavo muss das gewusst haben. Er ist schließlich Anwalt."

„Ich habe Gustavo gleich gesagt, dass es mir egal ist, ob ich in Dollar bezahle."

„Das verstehe ich – solange der Preis fair ist. Ich habe ihn um ein Exemplar des Mietvertrages fürs Büro gebeten. Er hat es rundheraus abgelehnt."

„Das heißt?"

„Das heißt, er hat etwas zu verbergen."

Tony lachte auf eine unangenehm herablassende Art. „Wir zahlen mehr wegen des Bebauungsplans. Uns bleibt nichts anderes übrig, wir können uns nur in dem Bezirk niederlassen. Gustavo hat mir das alles längst erklärt."

„Es gibt in der Dominikanischen Republik keine Bebauungspläne. Ich habe nachgeforscht. Hör zu. Gustavo hat unser Büro für neunzehnhundert Peso im Monat gemietet. Dann hat er es an uns für achtzehnhundert Dollar im Monat weitervermietet. Die Differenz steckt er sich in die Tasche." Tonys Gesicht wurde dunkel, er spannte die Kiefermuskeln an. Ich ließ nicht locker. „Ich kann es beweisen, Tony. Ich habe ein Exemplar des ursprünglichen Mietvertrags zu Hause."

„Marisa ..."

„Außerdem hat Remo mich an einen anderen Anwalt vermittelt. Jemand Vertrauenswürdigen –"

„Halt endlich die Klappe und hör zu!", zischte Tony. „Einen Scheiß können wir machen, klar? Information Unlimited ist auf Gustavos Namen registriert. Wir mussten das Unternehmen auf einen Dominikaner registrieren lassen. Gustavo war zu dem Zeitpunkt unsere einzige Wahl. Walker hatte ihn empfohlen, und das tut's für mich. Gustavo hat gute Verbindungen, und sowieso haben wir gar keine Alternative."

Ich dachte an Walkers Versuche, in Tonys Abwesenheit Information Unlimited abzuzocken. Ich wollte gerade etwas dazu sagen, aber als ich Tonys Blick sah, ließ ich es.

„Was spielen Gustavos Verbindungen für eine Rolle, wenn alles legal und sauber ist?"

Im Wagen trat ein langes Schweigen ein. Als Tony es schließlich brach, klang seine Stimme leise und gefährlich. „Hör auf, mich zu pestern, verdammt noch mal! Ich bin gerade aus dem Gefängnis raus. Ich kann diesen Scheißdreck jetzt nicht gebrauchen. Morgen werde ich wieder im Büro sein. Wie wär's, du bemühst dich lieber wieder, meine Frau zu sein. Und eine Mutter."

Es kostete mich meine ganze Selbstbeherrschung, mir eine scharfe

Antwort zu verkneifen. Es stimmte ja, er war gerade aus dem Gefängnis gekommen. Es würde dauern, bis wieder Normalität einkehrte. Zanken und streiten würde alles nur schlimmer machen.

Nachdem er sich beruhigt hatte, sagte Tony: „Wir haben im Moment dringendere Probleme. Sie haben noch mal zwei Jahre auf meine Bewährung draufgepackt. Morgen früh muss ich bei Ruth Gordon erscheinen. Wenn wir da fertig sind, können wir Einkäufe machen. Dann nehmen wir den Nachtflug nach Santo Domingo."

Ich rang mir ein Lächeln ab. „Klingt großartig."

Meile um Meile rauschte die kahle Wüste an uns vorbei. Früher hatte ich die Gegend geliebt, jetzt aber fand ich sie öde und unwirtlich – wie die Oberfläche des Mondes.

※

BEIM BEWÄHRUNGSTERMIN LIEF alles glatt und unproblematisch. Anschließend trafen wir uns mit Joanna zum Essen. Sie küsste Tony auf die Wange, dann schob sie ihn auf Armeslänge von sich und musterte ihn prüfend.

„Mein Lieber", sagte sie, „du brauchst dringend einen Haarschnitt und eine Rasur." Sie wandte sich mir zu und reichte mir einen Beutel. „Eine Kleinigkeit zum Dank für die viele harte Arbeit, die du in Tonys Abwesenheit geleistet hast."

Ich machte die schön verpackte Schachtel auf. Darin befand sich eine braungraue Lederhandtasche von Chanel, und in dieser wiederum steckte ein Paar Diamantohrringe. Ich war sprachlos.

Sie drückte mich fest an sich. „Ich weiß nicht, was wir ohne dich gemacht hätten."

Nach dem Essen ging Tony mit mir über die Straße zu einem Juwelier. Joanna folgte mit Justine auf dem Arm. „Es hat mich immer gewurmt, dass ich es mir bei unserer Hochzeit nicht leisten konnte, dir einen schönen Ring zu kaufen", sagte er. „In der Zeit, wo ich weg war, habe ich viel daran denken müssen. Aber jetzt kann ich." Er sah die Verwirrung in meinem Gesicht und schmunzelte. „Such dir einen aus, der dir gefällt. Einen richtig schönen, okay?"

Ein wenig überrumpelt blickte ich mich in dem Geschäft um. Ich begriff, dass Tony und Joanna das schon eine ganze Weile geplant haben mussten. Ich war tief gerührt.

„Das muss doch nicht sein", flüsterte ich. Ich war völlig zufrieden mit dem schlichten goldenen Trauring, den Tony mir in Red Bluff geschenkt hatte.

„Nein, such dir einen schönen aus. Sechs Monate in so einem Loch reichen aus, um einen zum Wahnsinn zu treiben. Das Einzige, woran ich mich festhalten konnte, war der Gedanke, dass du draußen auf mich wartest. Dieser Ring ist ein Dankeschön, okay? Dafür, dass du meine Frau bist. Dafür, dass du mir treu warst." Er beugte sich vor und küsste mich.

Ein Dankeschön dafür, dass ich treu gewesen war? Er hätte mir dafür danken können, dass ich durchgehalten und für die Sicherheit und Gesundheit seiner Tochter gesorgt hatte. Er hätte mir dafür danken können, dass ich wieder arbeiten gegangen war und das Büro gemanagt hatte. Stattdessen dankte er mir für etwas, das mir so selbstverständlich gewesen war wie das Atmen.

Der Juwelier legte ein Vorlagebrett mit Ringen auf den Tresen. Wir begutachteten sie eingehend. Sie waren wunderschön – ein ganzes Sortiment funkelnder Steine in eleganten Fassungen. „Ich ... ich kann so was unmöglich auf der Insel tragen", flüsterte ich. „Das wäre wie eine Einladung zum Diebstahl."

Joanna gab Justine an Tony ab. „Komm mal mit!", sagte sie und zog mich am Arm zu einer zweiten Schmucklade. „Da sind noch mehr, die du dir anschauen solltest."

Als wir außer Hörweite waren, flüsterte sie eindringlich: „Herzchen, hör auf meinen Rat! Such dir einen großen, dicken Diamanten aus, und falls du je in Schwierigkeiten gerätst, kannst du ihn verkaufen." Sie zwinkerte mir zu.

Ich wusste, ich würde niemals etwas derart Extravagantes tragen, ob auf der Insel oder sonst wo, aber der Ton in Joannas Stimme sagte mir, dass sie das für einen lebensklugen Schritt hielt. Nach dem, was ich bis dahin von dem neuen Tony gesehen hatte, beschloss ich, ihrem Rat zu folgen.

16

Tony bekam Gustavo nicht an den Apparat, deshalb flogen wir an dem Abend doch noch nicht in die Dominikanische Republik zurück. Es war zu riskant. Tony und ich hatten vor, mit dreihunderttausend Dollar in bar einzureisen. Dazu brauchten wir bewaffneten Geleitschutz. Falls wir Gustavo bis zum Morgen nicht erreichten, verpassten wir auch den nächsten Flug, deshalb schlug ich Tony vor, Remo anzurufen. Sein Freund Miguel García hatte mich jedes Mal abgeholt, wenn ich mit den Gehältern nach Santo Domingo zurückkam.

Tony rief im Atlántico an. Ich hörte, wie Remo am anderen Ende versprach, sich um alles zu kümmern. Dann hielt Tony die Muschel zu und fragte mich, wie viele Personen im Augenblick für uns arbeiten. Dreiundzwanzig, antwortete ich. „He, Remo", sagte Tony. „Mach eine Reservierung für mich für morgen Abend. Vierundzwanzig Leute zum Essen, um neun Uhr." Er legte auf, und mir graute, wenn ich mir vorstellte, dass die Jungs aus dem Büro in einer feinen Umgebung wie dem Atlántico auftauchten. Mit Ausnahme von Roger und Tony waren unsere Mitarbeiter grottenschlecht gekleidet. Ich hätte gewettet, dass die meisten von ihnen nicht einmal eine Bügelfaltenhose besaßen.

Am nächsten Tag wurden wir von Miguel García am Flughafen von Santo Domingo in Empfang genommen. Er lotste uns problemlos durch den Zoll und die Passkontrolle. Da ich immer erpicht war, mein bisschen Spanisch anzuwenden, stellte ich ihm beim Gang nach draußen ein paar Fragen. Tony wunderte sich, dass ich mir die Mühe machte, die Sprache zu lernen. Für ihn war Santo Domingo nicht mehr als ein kurzer Zwischenstopp, also wozu?

Miguel hielt im Hof und half uns, die Sachen nach oben tragen. Tony machte eine schnelle Runde durch unser neues Zuhause, und ich stellte ihm Rosa vor, die inzwischen als Justines Kindermädchen mit bei uns wohnte. Tony hatte kaum Zeit, zu duschen und sich umzuziehen, ehe er zum Atlántico aufbrach. Ich packte aus und versteckte den Diamantring und die Diamantohrringe im obersten Fach des Kleiderschrankes, bestimmt auf Jahre, stellte ich mir vor. Erschöpft nach dem vielen Herumreisen und dem Gefühlsaufruhr der letzten Tage fiel ich ins Bett und sank in einen tiefen Schlaf.

Rums!

Blinzelnd wachte ich auf und war völlig desorientiert. Ich schaute auf die Nachttischuhr: drei Uhr morgens. Ich langte zur anderen Betthälfte hinüber, doch sie war leer. Die Schlafzimmertür flog auf, und Tony kam hereingewankt. Er warf seinen Aktenkoffer auf die Kommode und knallte hinter sich die Tür zu. Im Nu war er nackt und lag auf mir drauf. Er zog mir das Nachthemd hoch und nuschelte: „Ich liebe dich, Babe ..." Ich sagte mir, dass er sechs lange Monate fort gewesen war und jetzt Versäumtes nachholen wollte.

Am nächsten Morgen stahl ich mich aus dem Bett und schloss leise die Tür hinter mir. Justine war dabei, gehen zu lernen, und sie wackelte an meiner Hand durch die Wohnung. Um zehn tauchte endlich Tony auf, verkatert und schlecht gelaunt. „Wo ist mein Aktenkoffer?", herrschte er mich an.

„Liegt er nicht auf der Kommode?"

Ich folgte Tony ins Schlafzimmer. Der Aktenkoffer war fort. Fieberhaft durchsuchte er die Wohnung, bevor er auf der Couch zusammensackte. Er hielt sich den schmerzenden Kopf. „Das hat mir noch gefehlt", stöhnte er. „Eine elende Schweinerei. Dieses *Mädchen* muss ihn gestohlen haben ..."

Im ersten Moment verstand ich nicht, wen er damit meinte. „Sprichst du etwa von Rosa? Ausgeschlossen, Tony. Du irrst dich."

„Ach ja? Na, der Koffer ist jedenfalls weg. Ich bezweifle, dass du oder Justine ihn genommen haben, damit bleibt nur eine Person übrig."

Tony ging nach oben, um Rosas Zimmer zu durchsuchen. Sie brach in Tränen aus, als sie begriff, dass sie des Diebstahls bezichtigt wurde. Er stürmte wieder nach unten.

„Ruf Remo an", fauchte er, „und sag ihm, er soll herkommen!" Er schwankte ins Schlafzimmer. Gleich darauf hörte ich ihn brüllen: „Wieso gibt's hier kein Wasser?"

Während er schimpfte und tobte, wurde mir klar, dass es ihm schwerer fallen würde als gedacht, sich an das Leben in der Dominikanischen Republik zu gewöhnen. Als Häftling in den USA hatte er weiterhin ganz selbstverständlich Wasser und Strom zur Verfügung gehabt. Diesen Luxus konnte der Staat in der DomRep der breiten Bevölkerung nach wie vor nicht bieten.

Schon bald klopfte es an der Tür. Immer noch ohne Hemd und unrasiert ließ Tony Remo ein.

„Was ist los?", fragte Remo. „Wieso die Eile?"

„Das Mädchen hat meinen Aktenkoffer gestohlen."

„Ach, Blödsinn, Tony!", schrie ich. Ich hätte gewettet, dass Rosa im ganzen Leben noch nichts gestohlen hatte.

„Sie muss sich in unser Schlafzimmer geschlichen, ihn genommen und vom Balkon ihrem Freund oder sonst jemand zugeworfen haben", spekulierte Tony, und dabei tigerte er erregt durchs Zimmer. „Rein oder raus kommt man nur durch diese Tür, und die hatte ich abgeschlossen."

„Bist du sicher, dass du deinen Aktenkoffer vom Atlántico mit nach Hause gebracht hast?"

„Allerdings. Ich habe ihn auf die Kommode gelegt. Ich habe hier alles auf den Kopf gestellt, Mann. Er ist weg, und sonst kann ihn niemand genommen haben. Hör zu, Remo, sprich mit dem Mädchen! Sag ihr, ihr passiert nichts, wenn ich nur den Koffer wiederkriege!"

Remo nickte und ging nach oben. Ich kochte ärgerlich die nächste Kanne Kaffee. Ich wusste zwar nicht, was mit dem Aktenkoffer geschehen war, aber einer Sache war ich mir sicher: Wenn Tony nicht betrunken gewesen wäre, wäre das alles nicht passiert.

Nach zehn Minuten angespannten Wartens kehrte Remo zurück. „Sie hat ihn nicht genommen."

„Verdammter Quatsch! Sie lügt!", sagte Tony.

Remo seufzte und nahm den Kaffee, den ich ihm anbot. „Sie hätte keinen Grund gehabt, ihn zu nehmen. Dank deiner Frau hat Rosa alles, was sie nur brauchen könnte. Sie hat ein großes Zimmer, ein eigenes Bad, neue Möbel, frische Bettwäsche, Toilettenartikel."

„Na und?"

„Tony, bei sich zu Hause teilt sich dieses Mädchen wahrscheinlich die Matratze mit ihren Schwestern oder einer Großmutter und die Toilette mit dem halben Dorf. Fazit? Sie hat es noch nie so gut gehabt wie hier. Marisa, wie viel zahlst du ihr?"

„Fünfhundert Peso im Monat."

Remo nickte. „Freie Tage?"

„Sonntag und Montag."

Remo grinste. „Das ist fast doppelt so viel wie üblich, und dann kommt noch ein freier Tag extra dazu. Das Mädchen hat hier einem Traumjob. Den würde sie unter gar keinen Umständen gefährden." Remo stellte die Kaffeetasse ab und blickte Tony offen an. „Rosa hat deinen Aktenkoffer nicht gestohlen."

Tonys Wut verrauchte schließlich. Remo schlug vor, mit dem Wächter zu sprechen oder die Polizei zu rufen, aber der Blick, den Tony ihm zuwarf, ließ keinen Zweifel daran, dass es überhaupt nicht in Frage kam, die Behörden einzuschalten. Tony trottete zerknirscht ins Schlafzimmer zurück. Da hörten wir ihn rufen: „Verdammte Scheiße! Seht euch das an!"

Tony spähte zum Fenster hinaus, die Ellbogen an die Scheibe gestützt. „Seht nur!" Auf der schmalen Fensterbank erblickten wir mehrere schmutzige Fußabdrücke. Nach unten war es ein tiefer Fall. Jemand hatte sein Leben riskiert, um Tonys Aktenkoffer zu stehlen. Im ersten Moment fühlte ich mich bestätigt. Dann ging mir auf, was das bedeutete: Jemand war gestern Nacht, während wir schliefen, in unserem Zimmer gewesen. Er hätte uns im Bett ermorden können. Er hätte ohne weiteres in Justines Zimmer gehen können.

Mir gefror das Blut in den Adern. Ich ging Rosa holen, während Tony und Remo darüber diskutierten, auf welche Weise der Eindringling hineingekommen sein könnte. Ich klopfte an Rosas Tür und entschuldigte mich in stockendem Spanisch. Dann nahm ich sie mit nach unten und zeigte ihr die Fußabdrücke.

„Tony, das ist ein armes Land hier", sagte Remo gerade. „Hier wohnen viele verzweifelte Menschen. Es ist eine kleine Insel. Es fällt auf, wenn jemand mit Geld um sich wirft."

Rosa beugte sich vor. Ihre Augen wurden weit, als sie die Fußspuren sah.

„Du musst vorsichtiger sein", fuhr Remo fort. „Du hast gestern Abend allein für Dom Pérignon dreizehntausend Peso ausgegeben. Das ist mehr Geld, als die meisten Leute hier in einem Jahr verdienen."

Ich blickte Tony stirnrunzelnd an, und er zappelte unbehaglich. „Es war ein besonderer Anlass", versuchte er sich herauszureden.

„Besonderer Anlass oder nicht, die Leute haben dich angegafft", sagte Remo. „Mein Boss hat mir einen Anschiss verpasst, weil deine Runde so laut und so nachlässig gekleidet war. Ihr wart völlig zugedröhnt, als ihr gegangen seid, du hättest es gar nicht gemerkt, wenn dir jemand nach Hause gefolgt wäre."

Ich hoffte, Tony nahm sich das zu Herzen. Vielleicht hatte es eher eine Wirkung, wenn es von Remo kam.

Tony versank in tiefes Nachdenken. „Kannst du mir zwei Handfeuerwaffen besorgen?"

Remo war von diesem plötzlichen Umschwung augenscheinlich genauso konsterniert wie ich. „Die sind teuer. Schwer zu beschaffen."

Tony schnaubte höhnisch. „Na klar. Willst du mir erzählen, diese feinen Pinkel im Atlántico gestern Abend hätten keine Knarre einstecken gehabt?"

„Die meisten unserer Gäste sind bewaffnet", räumte Remo ein. „Reiche Leute hier tragen in der Regel eine Waffe."

„Also kannst du jetzt welche besorgen, ja oder nein?"

Remo blickte betreten. „Ich nehme an, Geld ist kein Problem?"

„Was glaubst du?"

„Seid ihr noch mit Touristenvisa hier?"

„M-hm. Ich bin dabei, uns eine Aufenthaltserlaubnis zu beschaffen."

Remo nickte nachdenklich. „Tja, rein formal darf man keine Waffe mit sich führen, solange man keine permanente Aufenthaltserlaubnis hat ... aber das heißt nicht, dass es sich nicht bewerkstelligen lässt."

„Gut." Tony klopfte Remo auf den Rücken. „Eine für mich und eine für mein Frauchen."

DANACH TRAF TONY besondere Vorsichtsmaßregeln, um seine Familie zu schützen und unsere Lebensqualität zu verbessern. Er stockte das Gehalt des Sicherheitsmannes auf, um ihn zu vermehrter Wachsamkeit anzuspornen. Er baute im begehbaren Kleiderschrank einen Safe ein, wo er meinen Schmuck, unsere Dokumente und etliche hunderttausend Dollar in bar verstaute. Er kaufte für sich einen Mitsubishi-Pickup und für mich einen kleinen blauen Daihatsu. Er ließ auf dem Dach unserer Wohnung einen großen Wassertank aufstellen und kaufte einen kleinen Generator. Theoretisch war damit unsere Wasser- und Stromversorgung unter allen Umständen gewährleistet.

Drei Monate nach Tonys Rückkehr zog die Firma in eine Villa in der Calle Salvador Sturla um, die in einer ruhigen Wohngegend namens Naco lag. Remo hatte das Haus für uns gefunden. Es war nicht so teuer wie das alte Büro und dreimal so groß. Das Big Office wurde im Speisezimmer untergebracht, das Small Office im Wohnzimmer und das Baby Office in einem umgenutzten Schlafzimmer. Ein zweites Schlafzimmer war den Pferdewetten vorbehalten, und aus dem letzten Schlafzimmer wurde Tonys Büro, ausgestattet unter anderem mit einem kühlschrankgroßen Safe.

Tony beförderte Gustavo zum „Firmenanwalt". Zunächst erboste mich das, doch dann kriegte ich mit, dass Tony Gustavo im Dienstbotenbereich am Ende des Anwesens einquartiert hatte.

„Dort kann ich ihn im Auge behalten", sagte Tony mit einem stählernen Glitzern im Auge. „Der krumme Hund wird nie wieder vergessen, wer der Boss ist."

Die neuen Büroräume verfügten auch über modernste Technik. Tony ließ aus den USA einen Satelliten herbeischaffen, und Edwin Walker stattete ihn – über Codetel – mit einem der ersten Mobiltelefone im Lande aus. Auf Tonys Drängen hin investierte Sacco in einen kleinen Firmenbus, womit für die Mitarbeiter die Notwendigkeit wegfiel, mit dem Taxi zur Arbeit zu fahren. Mit Tonys Rückkehr verloren die Spieler den Vorteil wieder, den sie in der Zwischenzeit gewonnen hatten, und bald schon scheffelte das Büro mehr Geld als je zuvor. Tonys nächster Termin mit seiner Bewährungshelferin in L.A. war ein Klacks, und die Zukunftsaussichten der Firma hellten sich merklich auf.

Dieser ganze Arbeitseifer hatte jedoch auch einen Nachteil. Kurz bevor er das Büro verließ, rief Tony immer an und erkundigte sich nach dem

Strom. Unser Generator zu Hause war nicht stark genug, um den Fernseher zu betreiben, und am Ende des Tages zappte sich Tony zur Entspannung gern mit einem kalten Bier durch die Kanäle. Wenn es keinen Strom gab, zog er es in der Regel vor, gemeinsam mit den Angestellten ein langes spätes Abendessen einzunehmen, statt nach Hause zu kommen. Es war für mich immer wie eine Ohrfeige, wenn er ausging, als ob Fernsehen ihm wichtiger wäre, als mit uns zusammenzusein.

Dieses häufige abendliche Fernbleiben gab den Anstoß für meine Rückkehr ins Büro. Wenn wir unter demselben Dach arbeiteten, rechnete ich mir aus, dann sah ich meinen Mann wenigstens ein paar Stunden am Tag. Justine machte immer noch lange Mittagsschlaf, und es ging mir gegen den Strich, untätig in der Wohnung herumzusitzen. Eines Tages erschien ich einfach im Büro, nahm in einer leeren Box Platz und bat Carmine, mir die Quote anzusagen.

Am 11. Juni machte Tony ausnahmsweise einmal frei, und wir fuhren zu dritt an den Strand, um Justines ersten Geburtstag zu feiern. Remo hatte Boca Chica mit seinem weißen Sand und seinem klaren flachen Wasser empfohlen, außerdem die hervorragende Küche des Club St. Tropez. Dort angekommen, wurden wir vom Besitzer begrüßt, einem hageren, sonnengebräunten, hemdlosen Franzosen, der Jean-Michel hieß und uns wie alte Freunde behandelte, als wir Remos Namen erwähnten. Wir wurden mit Clubsesseln, Sonnenschirmen und Café con leche versorgt. Es war ein Tag wie im Bilderbuch. Justine spielte im Sand und quietschte vor Vergnügen, wenn das Wasser ihr die Füße nass spritzte. Es war wunderbar, als Familie zusammen ein bisschen Zeit zu verbringen. Ich hoffte auf mehr solche Tage wie diesen, wenn das Geschäft erst einmal auf festen Füßen stand.

Gegen Mittag war der Strand regelrecht überlaufen. Braungebrannte Touristen spazierten mit tropischen Drinks am Ufer entlang oder tollten im türkisblauen Wasser herum. Einheimische Verkäufer rückten in Scharen an und hielten Schlauchboote, Bälle und Schwimmgürtel feil. Andere verkauften Badesachen oder haitianische Kunst – Holzplastiken, Bernsteinbrocken oder Korallenschmuck. Junge dominikanische Mädchen boten Maniküre und Massagen an, Kinder bettelten um Pesos, spärlich bekleidete Prostituierte fischten nach Kunden, und haitianische Frauen in leuchtenden Kostümen redeten auf die Leute ein, sich die Haare flechten zu lassen.

Während ich mit Justine im Sand spielte, blieb Tony unterm Sonnenschirm. Den Nachmittag über bewegte er sich kaum vom Fleck und begnügte sich damit, ein Bier nach dem anderen zu kippen. Kaum hatte er eines geleert, kam schon eine Kellnerin mit dem nächsten. Er hatte sein Trinkverhalten in letzter Zeit immer weniger im Griff. Da ich keinen Streit vom Zaun brechen wollte, versuchte ich es auf die diplomatische Art. „Ich bestelle ein Wasser. Willst du auch eines?"

„Babe", erwiderte er mit einem gereizten Unterton, „warum lässt du mich nicht einfach meinen ersten freien Tag nach sieben Wochen genießen, hä?"

Ich ließ es gut sein. Jean-Michel rief uns zum Essen, und wir speisten neben europäischen Touristen und einheimischen Geschäftsleuten im relativ kühlen Schutz eines Sonnensegels. Alle bekamen den gleichen hervorragend zubereiteten Fisch vorgesetzt, frisch gefangen und serviert in einer feinen Sahnesauce mit gegrilltem Gemüse. So gut hatte ich in meiner ganzen Zeit auf der Insel noch nicht gegessen, und das sagte ich Jean-Michel auch. Mit einem leichten Achselzucken erwiderte er: „Ich weiß."

„Und woher kennen Sie meinen guten Freund Remo?", erkundigte er sich, während er sich neben uns setzte.

„Aus dem Atlántico."

„Ah ja", seufzte Jean-Michel. „Er ist dort Geschäftsführer, nicht? Traurig, erleben zu müssen, wie so ein Naturtalent vor die Hunde geht. Er hätte ein Weltklassekoch werden können wie ich", sagte er mit typisch gallischer Bescheidenheit.

„Remo kann kochen?", fragte ich. Diese Nachricht erstaunte mich.

Jean-Michel schnaubte. „Vor Jahren stellte ich Remo an, nachdem meine Frau mich verlassen hatte und nach Frankreich zurückgekehrt war. Ich brachte ihm alles bei, was ich kann. Es ist tragisch, dass er sein gottgegebenes Talent nicht nutzt."

„Warum ist er gegangen?" Es war mir unvorstellbar, dass jemand eine Stelle an so einem herrlichen Fleck freiwillig aufgab, um in der Stadt zu arbeiten.

Jean-Michel beugte sich vor und deutete auf ein großes, modernes Hotel am anderen Ende des Strandes. „Ich will Ihnen sagen, warum. Die Besitzer von diesem monströsen Kasten dort drüben waren entschlossen, an diesem Strand Tabula rasa zu machen. Sie bestachen die Polizei, damit die alle kleinen Restaurants und Geschäfte vertreibt. Wir wurden terrorisiert. Bekamen erklärt, wir bräuchten Lizenzen, die es gar nicht gibt. Der Strom wurde uns abgedreht. Unsere Männer wurden geschlagen, unsere Frauen vergewaltigt. Sie erschossen sogar meine Hunde." Jean-Michel brach die Stimme. Eine Weile sah er aufs Meer hinaus, wie in Gedanken verloren. „Diese Schweine. Sie sprengten sogar einen Teil des Korallenriffs mit Dynamit. Sie zerstören die Natur ... nur damit sie den Strand vor ihrem hässlichen Hotel verbreitern können!"

Jean-Michel lehnte sich zurück und seufzte. „Remo ist keine Kämpfernatur. Dieser Krieg, das war zu viel für ihn. Also ging er. Ließ mich sitzen und brach die Herzen der Mädchen von Boca Chica."

Ich lachte darüber. Ich hatte Remo nie als Frauenheld wahrgenommen.

„Was ist daran so lustig?", fragte Tony. „Remo ist ein gut aussehender Kerl. Warum sollte er keine Mädchen haben?"

Ich zuckte die Achseln. „Keine Ahnung. Ich denke mal ... ich habe nie erlebt, dass er an Frauen das geringste Interesse zeigt." Ich errötete, als Tony und Jean-Michel beide vor Lachen brüllten.

Mein Eindruck rührte daher, dass Remo mich niemals wie eine Frau angesehen hatte. Ihr Gelächter deutete darauf hin, dass der Eindruck, den ich von Remo hatte, von der Wirklichkeit weit entfernt war.

Tony feixte. „Eines weißt du nicht von Remo: Er mag sein Fleisch lieber dunkel."

„Ah, *oui*", sagte Jean-Michel, „der süße Saft der dunklen Beeren", und legte dann eine perfekte Imitation von Remos Ostküstenakzent hin: „*The darker the berry, the sweeter the juice.*"

17

NACHDEM JEAN-MICHEL UNS ÜBER Remos Kochkünste in Kenntnis gesetzt hatte, wollte Tony ihn unbedingt überzeugen, für Information Unlimited zu arbeiten. Zunächst wehrte Remo ab. Er war nicht bereit, seine Rolle als Geschäftsführer des Atlántico aufzugeben, um bei uns Kantinenkoch zu werden. Aber Tony war so charmant, beharrlich und überzeugend wie immer, und bald einigte man sich auf einen Kompromiss. Remo sollte dafür zuständig sein, die über dreißig Mitarbeiter von dreizehn bis siebzehn Uhr zu verköstigen, so dass er ohne jeden Zeitdruck bis neunzehn Uhr bequem im Club sein konnte. Er erhielt freie Hand, um die Küche zu renovieren, und die Zusicherung, für amerikanische Mahlzeiten amerikanische Preise verlangen zu dürfen. Letzten Endes war die Verlockung, wieder in der Küche zu stehen, zu groß für ihn.

Dank Remo ging die Stimmung unter den Mitarbeitern durch die Decke. Alle waren begeistert, frisch gekochte Gerichte essen zu können. Fünf Tage die Woche bot Remo alles auf von gegrilltem Käsesandwich bis Hähnchen Cordon bleu.

Ein paar Wochen nach der Eröffnung der Kantine saßen wir draußen auf der Terrasse beim Mittagessen. Tony verputzte gerade ein Steak

„Café de Paris" medium rare.

„Das ist großartig, Remo."

„Danke."

Tony nahm einen langen Schluck Bier. „Na, was ist?", fragte er. „Du siehst aus, als hättest du was auf dem Herzen."

„Es ist der Generalstreik", erwiderte Remo düster. „Ich mache mir Sorgen."

Das Land stand unmittelbar vor einem dreitägigen Generalstreik gegen die Unfähigkeit der Regierung, auch nur die elementarsten Bedürfnisse der Bürger zu decken. Die Unzufriedenheit köchelte schon lange vor sich hin, und man rechnete damit, dass der Ausstand das Land lahmlegte.

„Ich erlebe so was hier nicht zum ersten Mal", fügte Remo hinzu. „Es wird zu Gewalttätigkeiten kommen, gar keine Frage. Es wird gefährlich werden."

„Wir bleiben geöffnet", nahm Tony ihm kühl den Wind aus den Segeln. „Ich bin meinen Kunden verpflichtet."

„Lieber Gott, Tony, alles wird schließen. Restaurants, Unternehmen, Geschäfte – alles. Wer sich über den Streik hinwegsetzen will und geöffnet bleibt, wird zur Zielscheibe. Es wird Unruhen geben. Während eines solchen Streiks ist man nur zu Hause sicher und sonst nirgends."

Ich wusste, dass Remo recht hatte, und ärgerte mich über Tonys Borniertheit. „Du solltest auf Remo hören", sagte ich zu ihm. „Ich glaube, aus Sicherheitsgründen sollten wir –"

„Das Büro befindet sich in einem Wohngebiet." Tony redete weiter mit Remo, als ob es mich gar nicht gäbe. „Uns wird nichts passieren."

„Tony, es spielt keine Rolle, wo sich die Firma befindet", erwiderte Remo. „Du musst trotzdem irgendwie hinkommen. Das wird zu gefährlich werden – selbst für dich."

„He, Domingo!", brüllte Tony. Unser Firmenchauffeur döste im Schatten eines Sonnenschirms. Er schüttelte den Schlummer ab und kam angeschwankt.

„Du fährst ... wenn Streik ist?"

Domingo grinste fröhlich. „Streik fahren, kein Problem!" Er schlenderte an seinen Platz zurück.

Ich zog ein finsteres Gesicht. „Was hast du denn erwartet? Du hast ihm bereits fünfhundert Peso extra am Tag versprochen, wenn er während des Streiks arbeitet. Natürlich sagt er ja."

„Wir bleiben geöffnet. Der Streik ist mir scheißegal. Ich bin dafür zuständig, diesen Laden am Laufen zu halten. Remo, das bedeutet auch, dass ich dich hier brauche. Meine Leute müssen was essen. Sieh zu, dass du vorher Vorräte ankarrst, und lass es meine Sorge sein, wie du herkommst. Und, Babe?"

„Hmm?"

„Ich sage dir nicht, wie du das Haus zu führen hast. Sag du mir nicht, wie ich meine Arbeit zu machen habe."

Mir brannten die Wangen. Ich stand auf und bedankte mich steif bei Remo für das Essen. Ich riss die Terrassentür auf und stampfte an meinen Platz zurück. Seit Tony aus dem Gefängnis zurück war, hatte sich unsere Beziehung verschlechtert. Ich hatte gehofft, wenn ich wieder mitarbeitete, könnte uns das näher zusammenbringen, da ich ihn sonst kaum mehr zu Gesicht bekam; aber ich hatte mich verrechnet. Er verhielt sich mir gegenüber weiterhin distanziert und abweisend, und obendrein bekam ich auch noch mit, wie viel er den Tag über trank. Der große Gewerbekühlschrank auf der Terrasse war mit eiskaltem Presidente-Bier bestückt. Meistens hatte er eines in der Hand. Er war am Arbeitsplatz niemals alkoholisiert. Seine Entscheidungen hatten Hand und Fuß. Aber wenn er dann zu Hause eintraf, war er häufig betrunken. Ich hatte versucht, mit ihm über sein Trinkverhalten zu sprechen, aber ohne Erfolg. Er reagierte immer abwehrend.

„Kannst du dir vorstellen, unter was für einem Druck ich stehe? Ich trinke zwei Bierchen, um runterzukommen, und schon machst du mir eine Szene – jedes Mal."

„Remo macht zwei Jobs. Er trinkt nicht."

Tony blickte finster. „Du denkst, Remo ist ein Heiliger. Du solltest dankbar sein, dass ich nicht dieselbe Sucht habe wie er. Denn wenn, wäre es aus mit unserer Ehe."

„Was für eine Sucht?" Remos Gesicht waren ganz gewiss keine heimlichen Laster anzusehen. Aber Tony würdigte mich keiner Antwort mehr.

Nach unserer Auseinandersetzung auf der Terrasse sprach ich Danny an, der in der Box neben mir saß. „He, Danny", flüsterte ich. „Wenn Remo eine Sucht hätte, was wäre das dann?"

Danny zog die Augenbrauen hoch und lächelte. „Tja … Freudenhäuser ganz offensichtlich." Mein schockierter Gesichtsausdruck veranlasste ihn, besonders genüsslich fortzufahren. „Und glaub mir, süchtig ist gar kein Ausdruck. Der Junge ist ganz verrückt nach schwarzen Mösen, und es macht ihm nichts aus, dafür zu bezahlen."

„Im Ernst?" Jean-Michels Bemerkungen über die einheimischen Mädchen fielen mir ein. Offenbar kannte ich Remo doch nicht so gut, wie ich gedacht hatte.

⚒

ZWEI TAGE SPÄTER wollte ich mich für den Streik mit Vorräten eindecken. Unser Supermarkt sah aus, als wäre er geplündert worden. Panik lag in der Luft, während Kunden mit ihren Hamstereinkäufen stundenlang vor den Kassen Schlange standen. Ich versuchte es noch in zwei anderen Läden, aber bekam weder Brot noch Trinkwasser. Resigniert fuhr ich zu einer Tankstelle, um einen Kanister für den Generator zu füllen. Die Warteschlange auf der Straße war eine Meile lang. Frustriert kehrte ich mit leeren Händen nach Hause zurück. Unterwegs bemerkte ich, dass manche Läden schon geschlossen hatten. Rollläden waren heruntergelassen und Türen mit Vorhängeschlössern gesichert. Mein Unbehagen darüber, dass Tony den Streik auf die leichte Schulter nahm, wuchs.

Domingo sollte die Mitarbeiter an den Streiktagen früh am Morgen abholen. Er hoffte, Scherereien dadurch aus dem Weg zu gehen, dass er sie zur ruhigsten Tageszeit beförderte. Am ersten Tag ging gerade die Sonne auf, als Tony sich seine Pistole in den Gürtel steckte und mir einen Abschiedskuss gab. Ihm machte dieses Räuber-und-Gendarm-Spiel offensichtlich Spaß. Er war noch nicht lange im Lande und verstand nicht, wie ernst die Situation war. Ich beobachtete ihn vom Balkon aus, wie er das schwere Metalltor aufzog, hinausschlüpfte und es hinter sich schloss. Eine unheimliche Stille lag über der Wohnanlage. Pino, der Sicherheitsmann, war am Abend vor dem Streik nach Hause gegangen – genau wie Rosa. Die beiden wollten erst wiederkommen, wenn er vorbei war. Alles war wie ausgestorben. Es fuhren keine Autos, und man sah keine Menschenseele. Die meisten Nachbarn waren aufs Land gefahren, wo sie sich für die Dauer des Streiks sicherer fühlten.

Ich hatte mich auf drei lange, stille Tage allein in der Wohnung mit Justine eingestellt. Doch keine zwei Stunden nach Tonys Aufbruch hörte ich, wie ein Fahrzeug unter wildem Gehupe angerast kam. Ich stürzte auf den Balkon. Mit quietschenden Bremsen hielt der rote Firmenbus draußen vor dem Tor. Danny streckte panisch den Kopf zum Fenster hinaus und schrie mir zu, ich solle sie reinlassen.

Während ich hinunterlief, hoben er und Domingo Remos schlaffen Körper aus dem Bus. Ich sah auf den ersten Blick, dass sein Gesicht blutüberströmt war. Der notdürftige Verband um seinen Kopf war knallrot. Entsetzen kämpfte in mir mit Zorn. Das war Tonys Schuld!

Ich riss das Tor auf. „Ist er bei Bewusstsein?"

„Mal gerade so", sagte Danny. Remo stöhnte, während wir ihn mühsam die Treppe zur Wohnung hinaufschafften.

„Hebt ihn auf den Küchentresen", keuchte ich. Als er lag, wickelte ich ihm vorsichtig den blutigen Verband vom Kopf. Er hatte über dem Ohr eine tiefe, hässliche Platzwunde.

„Du lieber Himmel", sagte Danny, als er sie sah. „Sieht übel aus. Dr. Badillo ist auf dem Weg hierher."

Ich ließ den blutdurchtränkten Verband auf den Marmorfußboden fallen, und es gab einen feuchten Platsch. „Gib mir ein Handtuch!" Ich übte Druck auf die Wunde aus, um die Blutung zu stillen. Da ich Remo beruhigen wollte, sagte ich ihm, dass Kopfwunden immer schlimmer aussahen, als sie waren. „Was ist passiert?"

„Die Straßen waren menschenleer, bis wir auf die Avenida Máximo Gómez kamen", sagte Danny. „Als wir den Rauch sahen, war es schon zu spät. Die ganze Straße brannte, und wir wurden mit Steinen beworfen. Domingo fuhr auf dem Bürgersteig, um davonzukommen, aber die Steine trafen uns weiter. Sie zerschmetterten zwei Scheiben, und dann bekam Remo einen seitlich an den Kopf."

Ich wandte mich wieder Remo zu. Er stöhnte vor Schmerz, was ich für ein gutes Zeichen hielt. Wenigstens war er nicht ohnmächtig. Wir legten ihn auf die Couch um, damit er es dort bequemer hatte. „Bleib wach, Remo, schlaf nicht ein!", beschwor ich ihn.

Zehn Minuten später traf Dr. Badillo ein. Er war der Firmenarzt, ein übergewichtiger Mann mit schütter werdenden grauen Haaren. Als er oben in der Wohnung ankam, war er völlig außer Atem. Er warf einen flüchtigen Blick auf Remos hässliche Kopfverletzung und verkündete, sie müsse genäht werden. Als er seine große schwarze Tasche aufmachte, verabschiedeten sich die anderen.

„Wo wollt ihr hin?"

„Zur Arbeit." Danny zuckte die Achseln. „Tony meinte, wir sollten Remo abliefern und wieder ins Büro kommen, sobald Badillo da ist."

Ich verfluchte Tony im Stillen, während ich Remo um die Wunde herum die Haare abschnitt. Badillo zog eine Spritze mit einem örtlichen Betäubungsmittel auf. Wieso riskierte Tony, dass noch andere verletzt wurden? Der Arzt schob die Nadel in Remos Kopf, und dieser schrie auf. Dann begann Badillo mit der grausigen Arbeit, die dicken Lappen von Remos aufgerissener Kopfhaut wieder zusammenzunähen.

Als Badillo fertig war, gab er Remo eine Tetanusspritze in den Arm, eine Spritze mit Antibiotikum in den Po und noch eine dritte gegen die Schmerzen. Remo sah völlig fertig aus, und ich litt mit ihm. Der Arzt begutachtete seine Pupillen und war zufrieden mit seinem Zustand. „Das Medikament wird ihn schläfrig machen", sagte Badillo mit seinem starken Akzent. „Er braucht Ruhe."

꠸

AM NACHMITTAG WURDEN um uns herum Schüsse laut. Auf der Straße am Ende unseres Häuserblocks brannten Reifen, die dicke schwarze Rauchwolken in die Luft spien. Demonstranten liefen zwischen den Haufen aus brennendem Gummi hindurch und warfen Steine auf die Soldaten. Die Soldaten feuerten daraufhin wahllos in die Menge. Das Land versank in einen Zustand zügelloser Anarchie.

Als ich Justine zu Bett brachte, war die Wohnung in Schatten gehüllt und vom Lärm auf der Straße waren nur noch sporadische Gewehrsalven zu hören. Einige Feuer brannten noch, aber die Soldaten hatten die Demonstranten zurückgeschlagen. Auf schwer gepanzerten Militärfahrzeugen sitzend patrouillierten sie die Straßen und schossen auf alles, was sich regte. Eine beklemmende Stille hatte sich breitgemacht.

Gegen zehn kam Remo auf wackligen Beinen aus dem Schlafzimmer gewankt. „Was denkst du dir, schon aufzustehen?", schalt ich ihn.

„Was ist los?"

„Es ist die erste Streiknacht. Draußen beruhigt es sich langsam."

„Wo ist Tony?"

„Er hat alle im Plaza Naco untergebracht. Sie werden dort schlafen, bis der Streik vorbei ist."

Remo nickte, dann verzog er das Gesicht. „Es tut weh", stöhnte er.

„Ich habe Codein."

Ich führte ihn in mein Zimmer, wo die Medikamente lagen, die Dr. Badillo dagelassen hatte. Das Codein war in einer Ampulle und musste gespritzt werden. Mit wachsender Beklemmung sah Remo zu, wie ich die Flüssigkeit aufzog und gegen die Nadel schnippte, um Luftblasen zu entfernen.

„Ähm, Marisa? Was zum Teufel ist das?"

„Ach, komm." Ich grinste. „Hab dich nicht so! Hose runter! Befehl der Frau Doktor." Remo sträubte sich zunächst, aber schließlich kriegte ich ihn dazu, die Jeans aufzuknöpfen, die Unterhose schamhaft ein wenig hinunterzuziehen und die linke Hinterbacke ein Stück weit zu entblößen.

Ich betupfte die Stelle mit Alkohol, zählte von drei bis null und rammte ihm dann die Nadel ins Fleisch. Er zischte, während ich ihm das Codein verabreichte. Das war das erste Mal überhaupt, dass ich jemandem eine Spritze gab. Ich rieb gerade den Einstich mit Alkohol ein, als wir die Haustür aufgehen hörten. Tonys Silhouette erschien im Flur, Pistole in der Hand. Ich musste über die Hast lachen, mit der Remo sich wieder bedeckte. Jetzt musste er auch noch einem waffenschwingenden Tony erklären, warum er vor dessen Frau im ehelichen Schlafzimmer die Hose heruntergelassen hatte.

Im selben Moment ging zu unserem Entsetzen eine ohrenbetäubende Gewehrsalve los, die sich anhörte, als käme sie aus der Wohnung selbst. Krachend ging das Dachfenster im Flur zu Bruch, und Tony hechtete ins Zimmer, um nicht von herabstürzenden Splittern getroffen zu werden. Starr vor Schreck standen wir da, während die Scherben herabregneten.

„Alles okay mit dir, *buddy*?", fragte Tony und eilte an Remos Seite.

„Ich guck mal nach oben", sagte ich und schoss aus dem Zimmer.

„Komm zurück!"

Früher einmal hätte ich Tony fraglos gehorcht. Jetzt nicht mehr. Mein Vertrauen in seine Autorität war in den letzten Tagen stark erschüttert worden.

Ich lief in Rosas stockfinsteres Zimmer, schlich zum Fenster und spähte durch die Jalousie. Im nächsten Moment kauerte sich Tony neben mich.

„Verfluchte Scheiße", hauchte er. Auf dem Dach des Nachbarhauses griffen sich Soldaten etliche Männer, die sie mit Steinen beworfen hatten. Wir waren nahe genug, dass ich die entsetzten Gesichter der Festgenommenen erkennen konnte.

„Bloß weg hier!", sagte Tony. „Ich will nicht riskieren, dass einer uns sieht."

Bei Sonnenaufgang ging Tony wieder. Ich versuchte ihn aufzuhalten, doch er beteuerte, die Seitenstraßen seien völlig sicher. Matt und zerschlagen quälte sich Remo aus dem Bett. „Wie um alles in der Welt hast du es geschafft, in diesem ganzen Chaos einen Arzt zu einem Hausbesuch zu bewegen?", fragte er.

Ich zuckte die Achseln. „Geld. Womit sonst? Tony hat einen Firmenarzt eingestellt, als er gesehen hat, wie sie hier Spinnenbisse behandeln." Remo blickte verwirrt, deshalb zeigte ich ihm die hässliche Narbe an meinem Bein.

„Aber komisch ..." Ich starrte zu dem zerstörten Dachfenster hinauf. „Trotz allem gefällt es mir hier wirklich. Ich kann mir nicht vorstellen, irgendwo anders zu leben."

Remo war in Gedanken verloren. „Ich vermisse den Schnee", sagte er leise. „Ich denke jeden Tag daran."

„Wann warst du zum letzten Mal zu Hause?"

„Zu Hause?" Die Vorstellung schien Remo zu amüsieren. „Ich habe kein Zuhause, in das ich zurückkehren könnte."

Remo erzählte mir, dass er in einer Sozialbausiedlung in New Jersey aufgewachsen war. Seine Mutter war Alkoholikerin. Er wusste nicht, wer sein Vater war. Zum ersten Mal bekam ich eine leise Ahnung, warum immer so viel Melancholie in seinen Augen zu liegen schien.

„Wie hat es dich hierher verschlagen?", fragte ich.

„Als ich klein war, hatte ich immer viele Onkel. Keine richtigen Onkel, einfach Männer, die zeitweise mit meiner Mutter was laufen hatten. Einer von ihnen zog irgendwann nach Cabarete, einer Ortschaft an der Nordküste der Insel. Er machte eine kleine Kneipe auf. Ich habe ihn mal besucht ... und schließlich bin ich einfach geblieben."

„Und dann hast du für Jean-Michel gearbeitet?"

Remo schaute, als wollte er etwas anderes sagen, besann sich aber. „Genau. Jean-Michel hat mir das Kochen beigebracht. Er war am Anfang ein richtiger Lehrer für mich."

„Und wie bist du im Atlántico gelandet? Das ist ein ziemlich großer

Sprung, oder? Von einem kleinen Lokal wie dem Jean-Michels zum gehobensten Club auf der Insel?"

Remo lächelte, dann zuckte er vor Schmerz zusammen. „Du hättest es mal sehen sollen, als ich anfing", sagte er. „Da war es alles andere als gehoben."

Remo spulte die lange Liste der Neuerungen herunter, die er eingeführt hatte.

„Na, jedenfalls ist Tony sehr gern dort, das weiß ich." Als ich das aussprach, sah ich ein Flackern in Remos Augen.

„Remo – er ist doch die meisten Abende dort, oder?"

„Nicht mehr so häufig wie früher", bemerkte er. „Wegen der Kleiderordnung und so, nicht wahr?"

„Und wo geht er dann mit den andern hin?"

Remo wand sich, als er merkte, dass ich nicht locker lassen wollte. „Na ja ... ins Jaragua. Oder das französische Lokal."

„Das französische Lokal? Du meinst das Petit Chateau?"

Ich hatte die Mitarbeiter oft von dem tollen Essen im Petit Chateau schwärmen hören, doch als ich einmal einen Besuch vorschlug, wechselte Tony schnell das Thema. Jetzt erzählte mir Remo, dass Tony dort Stammgast war. Furchtbare Möglichkeiten jagten mir durch den Kopf. War er deswegen so distanziert? Hatte er etwas mit einer Kellnerin?

Plötzlich fiel mir die Unterhaltung wieder ein, die ich mit Danny über Remos Sucht gehabt hatte. „Remo", ich versuchte die Stimme unter Kontrolle zu behalten, „das Petit Chateau ist ein Bordell, stimmt's?"

Remos Gesichtsausdruck sagte mir alles, was ich wissen musste. Als ich aufsprang, schaltete er sofort auf Schadensbegrenzung.

„Nein, hör zu! Ich will nicht, dass du den falschen Eindruck kriegst, okay? Es ist wirklich ein Restaurant. Das Essen dort ist hervorragend. Es ist eher so was wie ... ein Dinner-Theater."

„Ein Dinner-Theater!", wiederholte ich sarkastisch.

„Doch, wirklich! Die Mädchen treten auf der Bühne auf. Du kannst ihnen zuschauen ... beim Essen."

„Und sie zum Nachtisch ficken?", zischte ich.

„So ist es nicht, Marisa. Ich schwöre dir – bei meinem Leben –, dass Tony noch nie, kein einziges Mal, mit einem Mädchen aufs Zimmer gegangen ist. Die andern machen das, aber Tony nicht. Es ist nichts weiter als blöde, harmlose Unterhaltung – ich schwöre es. Bei meinem Leben,

Tony hat dich noch nie betrogen. Das würde ich auch nicht zulassen."

Alle Welt wusste also, dass mein Mann ein Stammgast im Bordell war – nur ich nicht. Ich war fuchsteufelswild. Ich war nicht nur von Tony hintergangen worden, sondern vom ganzen Büro. Von Leuten, die ich für Freunde hielt, Kollegen. Selbst von Remo.

„Weißt du was?", sagte ich. „Ich wache jeden gottverdammten Morgen um sieben Uhr mit Justine auf. Ich arbeite am Nachmittag, komme nach Hause, esse mit meiner Tochter, bade sie, lese ihr Geschichten vor, bringe sie zu Bett und warte dann – warte darauf, dass mein Mann nach Hause kommt. Aber er kommt nicht. Er muss unbedingt ins Bordell gehen, um nackte Mädchen auf der Bühne tanzen zu sehen. Was meinst du, was das für ein Gefühl ist?"

Remos Stimme sank zu einem rauen Flüstern ab. „Er hat dich nie betrogen", wiederholte er.

Ich dachte daran, dass Tony immer über mich herfiel, wenn er angewankt kam, egal, wie spät es war. Vielleicht sagte Remo ja die Wahrheit. Besser ging es mir deswegen nicht.

„Versuch doch mal einen Moment, es aus Tonys Blickwinkel zu sehen", fuhr er fort. „Tony reißt sich für euch und für seine Familie in den Staaten den Arsch auf. Er ist unglücklich hier. Er zieht das nur deshalb durch, weil er genug Geld verdienen will, damit ihr in den Staaten noch einmal neu anfangen könnt. Er will dir das Leben ermöglichen, das du verdient hast."

„Ach, hör doch auf! Wieso ist er denn hier so unglücklich?"

Remo seufzte. „Womit soll ich anfangen? Die Hitze. Die Luftfeuchtigkeit –"

„In Kalifornien ist es auch heiß. Als wir dort lebten, musste er nicht zur Abkühlung ins Bordell gehen."

„Aber er hatte Klimaanlagen. Er hatte seine Familie. Er konnte ins Kino gehen oder in einen Club. Ihm fehlt die heimische Umgebung, Marisa. Ihm fehlt es, jagen zu gehen, angeln zu gehen, alltägliche Sachen. Ihm schmeckt das Essen hier nicht. Er versteht die Sprache nicht."

„Es interessiert ihn auch nicht die Bohne! Ich lerne die Sprache, wieso kann er das nicht?"

„Tony fehlen seine Lieblingssendungen im Fernsehen. Ihm fehlt es, Strom zu haben, Herrgott noch mal! Was soll ich noch sagen? Er fühlt sich nicht wohl hier. Das dürfte dich eigentlich nicht überraschen. Er versucht, das Beste daraus zu machen, aber er kann es nicht erwarten, wieder nach Hause zu kommen."

So wütend ich war, Remo hatte recht. Er sagte mir nichts, was ich nicht schon wusste. Tony beklagte sich ständig über das Leben in der Dominikanischen Republik.

„Schau, ich weiß, dass es zwischen euch beiden im Moment knirscht. Aber Tony liebt dich. Er weiß, wie sehr du das Trinken verabscheust, und es ärgert ihn, dass er sich in deinem Beisein nicht mal mit einem Bierchen entspannen kann, ohne dass es Krach gibt. Deshalb geht er aus. Er will sich einfach amüsieren. Abschalten. Mit den Jungs zusammensitzen. Ich versichere dir, es ist bloß harmlose Unterhaltung."

„Daran ist gar nichts harmlos, Remo. Und es betrifft nicht nur mich. Die anderen Mitarbeiter haben auch Freundinnen. Denen gegenüber ist es auch nicht fair."

Remo verdrehte die Augen. „Gott, Marisa, du bist wirklich lieb und überhaupt ... aber schau mal, hast du je darüber nachgedacht, wie es kommt, dass die Jungs Freundinnen haben? Sie sind schließlich nicht gerade GQ-titelbildtauglich, nicht wahr? Aber alle haben sie diese hübschen jungen Mädchen am Arm. Und warum? Weil sie Amerikaner sind. Für eine Dominikanerin sind sie eine Möglichkeit, von dieser Insel den Absprung zu machen. Diese Mädchen prostituieren sich ganz genauso wie die Mädchen auf der Bühne im Petit Chateau."

Während ich das zu verdauen versuchte, versanken wir in ein nachdenkliches Schweigen. Schließlich murmelte Remo bitter: „Bei einer Hure weißt du wenigstens, woran du bist."

„Gehst du deshalb hin? In Bordelle, meine ich?"

Remo rutschte unbehaglich hin und her. „Na ja, in der ersten Zeit hier waren viele hellhäutige Mädchen auf mich scharf, nicht wahr? Sie verloren das Interesse, sobald sie herausfanden, dass ich kein Geld hatte. Die hellhäutigen Mädchen hier – sie haben so eine hochmütige Art. Sie wissen, dass sie höher im Kurs stehen als dunkelhäutige Mädchen, und deswegen sind sie der Meinung, dass ihnen ein besseres Leben zusteht. Dunkelhäutige Mädchen haben weniger Erwartungen, verstehst du? Und Huren haben überhaupt keine. Auch wenn ich ihnen gar nichts zu bieten habe, sind sie trotzdem nett zu mir."

Eine tiefe Trauer um Remo ergriff mich, und er musste das Mitleid in meinen Augen bemerken. „Schon gut." Er rang sich ein Lächeln ab.

„Bis jetzt hat mir keine das Herz gebrochen. Aber ich fände es wirklich furchtbar, wenn das einen Keil zwischen dich und Tony treiben würde. Ich bin die meiste Zeit mit ihm zusammen, und ich versichere dir, ich würde niemals untätig zusehen, wie er etwas tut, was ich für falsch halte. Dafür mag ich ihn viel zu gern. Euch beide. Ich habe so lange schon keine Familie mehr gehabt."

Er hatte Tränen in den Augen. Ich war gerührt. Ich hatte nicht gewusst, dass er so an uns hing. Ich drückte ihm freundschaftlich den Arm.

„Versprich mir eines, Remo. Schick ihn hin und wieder mal nach Hause. Denn er fehlt mir. Kann sein, dass er mich nicht betrügt, aber ich kriege ihn überhaupt nicht mehr zu sehen, und das tut einer Ehe nicht gut."

18

DER GENERALSTREIK ENDETE, Remos Wunde verheilte, und das Leben schien in halbwegs normale Bahnen zurückzukehren, wenigstens fürs Erste. Dieser heikle Friede wurde eines Nachmittags gestört, als ich gerade bei Information Unlimited war. Die Terrassentür ging auf, und ein kleiner, breit gebauter junger Dominikaner kam herein. Ich sprang vom Stuhl auf, empört, dass jemand die Dreistigkeit besaß, ungebeten in unsere Villa zu spazieren.

„Entschuldigung? Das ist ein Privathaus hier."

Ich war verunsichert, vor allem aber erbost. Die Art dieses Kerls passte mir ganz und gar nicht. Er benahm sich, als ob das Haus ihm gehörte. Und wie um alles in der Welt war er am Wachmann vorbeigekommen?

„Ich suche nach Tony Santino", sagte der Mann. Er lächelte mich kühl an und bleckte dabei eine Reihe kleiner, stumpfer Zähne mit einer auffälligen Lücke in der Mitte. Er war hässlich und hatte etwas von einem Reptil oder einer Kröte.

„Bitte warten Sie draußen. Ich will sehen, ob er zu sprechen ist." Ich durchbohrte den kleinen Mann mit meinem Blick.

Er rührte sich nicht von der Stelle. „Ich warte hier", erwiderte er und warf sich dabei in die Brust. „Melden Sie ihm bitte Horacio Vargas."

Während des ganzen Wortwechsels war ich mir der unablässig klingelnden Telefone mit den eingehenden Wetten deutlich bewusst. Ich hatte keine Zeit für diesen Hickhack. Vargas' Augen huschten im Zimmer hin und her und nahmen alles wahr, was mein Unbehagen noch verstärkte. Mein Bauchgefühl sagte mir, dass dieser Horacio Vargas, wer er auch sein mochte, nichts Gutes bedeutete.

„Ich will sehen, ob Mr. Santino zu sprechen ist", zischte ich. Vargas lächelte mich an, die Augen zu Schlitzen verengt.

§

„WER IST DAS?", wollte ich wissen, als ich Tony den Flur hinunter folgte. Ich konnte mich nicht entsinnen, schon einmal eine solche Abneigung auf den ersten Blick gegen jemanden empfunden zu haben. Mir schauderte vor dem Mann.

Tony antwortete mir in seiner typischen lapidaren Art. „Niemand Besonderes. Ich habe unsere Haushaltsgeräte bei ihm gekauft."

Horacio begrüßte Tony wie einen alten Freund. Ich beobachtete sie einen Moment, bevor ich an meinen Schreibtisch zurück musste. Während ich weiter Wetten annahm, schaute ich hin und wieder über die Schulter und sah die beiden Männer im Schatten der Markise lachen und plaudern. Worüber konnten sie sich so lange unterhalten?

Da merkte ich, dass Remo mir aus der Küche winkte. Ich nickte ihm zu. Sobald die Anrufe nachließen, begab ich mich zu ihm. Remo deutete auf das Fenster, wo er Tony und Horacio gut im Blick hatte. Sie saßen am Tisch und kippten ein Bier nach dem anderen. „Was zum Teufel macht der hier?", fragte er.

„Keine Ahnung. Ich weiß nicht mal, wer das ist."

„Horacio Vargas. Seine Familie besitzt das Geschäft, wo wir meine ganze Küchenausstattung gekauft haben. Er ist ein Blutsauger. Ich habe Tony ausdrücklich gebeten, nicht im Voraus alles zu zahlen. Horacio weiß, dass ich kreditwürdig bin. Aber du weißt ja, wie Tony ist ..."

Das wusste ich allerdings. Ich konnte mir gut vorstellen, wie er ein dickes Bündel Tausend-Peso-Scheine gezückt hatte. Niemand warf so mit Geld um sich wie Tony, zumal hier, wo die einheimische Währung in seinen Augen nicht mehr Kaufkraft hatte als Monopoly-Geld. So also lief der Hase. Tony hatte mal wieder mit seinem Geld herumgewedelt, und jetzt war Horacio hier, um ihm mehr aus der Tasche zu ziehen.

Horacio erhob sich, und er und Tony gaben sich die Hand. Ich eilte an meinen Schreibtisch zurück und saß gerade wieder an meinem Platz, als Tony hereinkam. Ich folgte ihm in sein Büro und schloss hinter uns die Tür.

„Was wollte er?"

Tony zuckte lässig die Achseln. „Er wollte sich nur vergewissern, dass alles gut funktioniert."

„Sonst nichts?"

„Nein. Ach, und er hat uns zu einem traditionellen dominikanischen Sonntagsessen zu sich nach Hause eingeladen."

Ich machte ein langes Gesicht. „Und?"

„Und ich habe gesagt, wir kommen."

▘

BIS ZUM SONNTAG hatte ich mich mit der Verabredung abgefunden. Ich hoffte, dass mein erster Eindruck von Horacio getrogen hatte. Immerhin war es das erste Mal, dass wir von einer dominikanischen Familie nach Hause zum Essen eingeladen wurden, und ich war neugierig.

Als Horacio die Tür seines bescheidenen Heims öffnete, wusste ich sofort, dass ich mit meiner instinktiven Abwehrreaktion richtig gelegen hatte. Die ganze Vargas-Sippe war in dem kleinen Haus versammelt, und jedes einzelne Familienmitglied war angewiesen, Tony zu umschmeicheln. Sie behandelten meinen Mann wie einen verschollenen Sohn, einen hohen Würdenträger, einen Prinzen. Während Justine und ich weitgehend ignoriert wurden, bekam Tony den Ehrenplatz am Kopfende des Tisches, als Erster aufgetan und die größten Portionen, und bei jeder Äußerung von ihm – einerlei wie banal und belanglos – wurde getan, als wäre sie sonst wie geistreich und tiefsinnig.

Horacio war der Einzige in der Familie, der Englisch sprach, was die Absurdität des ganzen Spektakels noch verstärkte. Tonys Witze und Bemerkungen wurden von Horacio übersetzt, und dann brach die ganze Familie lauthals in künstliches Gelächter aus. Sobald Tony ausgetrunken hatte, bekam er schon das nächste eiskalte Bier in die Hand gedrückt. Bald hatte er eine ordentliche Schlagseite, während ich vor Langeweile und Ärger verging und mich bemühte, Justine zu beruhigen, die müde war und auf meinem Schoß zappelte.

Die Stunden zogen sich hin, und Justines Schlafenszeit war längst vorbei. Aber Tony hatte es nicht eilig zu gehen – nicht, solange ein Bier aufs andere folgte und seine Witze so großartig ankamen. Ich spielte mit der Idee, ein Taxi zu rufen, aber ich traute mich nicht, Tony allein zu lassen. Betrunken, wie er war, konnte es ihm einfallen, selbst nach Hause zu fahren. Ich versuchte gerade, seine Aufmerksamkeit zu erhaschen, als Horacio den Blick auf mich richtete. Justine grapschte eifrig nach einem meiner großen Ohrringe.

„Sie ist sehr müde", sagte ich kühl. „Sie müsste längst im Bett liegen."

Horacio nickte. „Wie wär's, Sie nehmen Ihre Tochter und setzen sich auf die Couch?"

„Ja, Babe", nuschelte Tony. „Leg sie auf die Couch. Da schläft sie wahrscheinlich ein."

Ich biss die Zähne zusammen und ließ mich auf die Couch fallen, um das Theater von dort zu beobachten. Tony suhlte sich in der Aufmerksamkeit und kriegte überhaupt nichts mit. Es kam ihm gar nicht in den Sinn, dass dies alles inszeniert war. Normalerweise hatte Tony ein sehr scharfes Auge für Menschen, aber auf diese Farce fiel er herein.

Er fing an, mit Information Unlimited zu prahlen. Zu meinem Entsetzen erging er sich in Einzelheiten über das Unternehmen. Wir hatten alle genaue Anweisungen erhalten, was wir über die Firma sagen konnten und was nicht, aber das Bier hatte Tony die Zunge gelöst, und er schwadronierte ohne Punkt und Komma.

Während Horacio begann, Tony geschäftliche Ratschläge zu geben, brachte seine Mutter Biernachschub aus der Küche. Er pries Tony eine Druckerei in der Stadt und einen neuen Anwalt an, und als Horacios Mutter auf Spanisch fragte, ob wir eine vertrauenswürdige Reinigungskraft für das Haus hätten, rutschte mir ein „*Sí!*" heraus, bevor Horacio übersetzen konnte. Der Mann war ganz offensichtlich entschlossen, sich in unser Leben hineinzudrängen. Letztlich machte mir dieses qualvolle Abendessen nachdrücklich klar, wie weit Tony und ich uns in den letzten paar Monaten auseinandergelebt hatten.

Wie alle dominikanischen Unternehmen hatte auch Comerciales Vargas während der Siesta geschlossen und Horacio damit eine Ausrede, um regelmäßig bei Information Unlimited zu ein paar Bierchen mit seinem neuen guten Freund aufzutauchen. Wir wurden abermals zum Essen eingeladen, und ich quälte mich durch den nächsten endlosen Abend mit der Vargas-Sippe – meinen letzten, wie ich mir schwor. Bei der nächsten Einladung gab ich an, mich nicht wohl zu fühlen. Zu meinem Leidwesen ging Tony ohne mich hin.

Ein paar Wochen später bat Tony mich beiläufig um meine Fahrzeugpapiere. „Wozu?", wollte ich wissen.

„Ich will das Auto auf Horacios Namen zulassen."

Sofort schrilllten bei mir die Alarmglocken. „Wieso denn das?"

Tony blickte mich mürrisch an. „Du warst es doch, die mir erklärt hat, ich soll Gustavo nicht vertrauen. Also lasse ich sämtliche Zulassungen von seinem Namen auf Horacios umschreiben. Ist dir das jetzt auch wieder nicht recht?"

Solange wir unsere Aufenthaltsgenehmigungen noch nicht hatten, konnten wir auch die Fahrzeuge nicht auf unseren Namen anmelden, das wusste ich. Aber so wenig ich Gustavo vertraute, von den beiden war er eindeutig das kleinere Übel.

⊠

EIN PAAR NÄCHTE später erwachte ich aus dem Tiefschlaf, als Tony mal wieder über mich herfiel. Er war mit Horacio aus gewesen. Angeblich hatten sich die beiden mit dem Baseballer José Rijo treffen wollen, einem Weltklasse-Pitcher, der für die Cincinnati Reds spielte.

„Hör auf!", fuhr ich Tony an, doch er beachtete mich gar nicht und riss mit besinnungsloser Sturheit an meinem Nachthemd. Es gelang mir, mich aus dem Bett zu wälzen, aber er kam hinter mir her und versperrte mir den Weg.

„Nimm die Finger weg!", fauchte ich. „Es ist vier Uhr morgens, und du bist betrunken ... mal wieder."

Er fixierte mich mit trüben Augen. Dann bekam er einen Blick von solch abgrundtiefer Bosheit, dass ich zurückwich.

„Fick dich!", brüllte er. Zentimeter neben meinem Kopf schlug er mit der Faust auf die Betonwand.

Als er am Morgen erwachte, waren Justine und ich fort.

Remo machte uns am nächsten Tag ausfindig. Ich sah, wie er über das üppig bewachsene Gelände des Hotels El Embajador auf uns zukam.

„Ich dachte, Tony hätte dich geschlagen", sagte er, „aber dieser Bikini ist nicht groß genug, um blaue Flecken zu verbergen."

„Er hat gegen die Wand geschlagen. Könnte sein, dass er sich die Hand gebrochen hat."

Remo griff sich einen Liegestuhl und setzte sich neben mich. „Was ist passiert?"

„Dieselbe idiotische Scheiße wie immer", sagte ich, bemüht, die Tränen zurückzuhalten. Justine, die einen Ball durch die Gegend getreten hatte, kam angelaufen, als sie Remo bemerkte, und sprang ihm auf den Schoß. Remo kitzelte sie, und ich lächelte traurig.

„Zu ihrem eigenen Vater ist Justine nicht so zutraulich", sagte ich. „Er ist für sie ein Fremder."

„Tony arbeitet hart." Remo hatte immer die gleichen alten Entschuldigungen für ihn.

„Na und?", schnaubte ich. „Du arbeitest hart. Ich arbeite hart. Wir müssen uns nicht jeden Abend die Hucke volllaufen lassen. Ich hab die Nase voll. Er hat es zu weit getrieben. Ich hatte Angst, er würde mich schlagen."

Remos Miene war ernst. „Was willst du tun?"

„Ich weiß es nicht. Ich weiß es wirklich nicht."

Mir war klar, dass Remo in Tonys Auftrag ein Friedensabkommen aushandeln sollte. Wie wohl der Vormittag in der Wohnung gelaufen war? War Tony überhaupt bewusst geworden, was er getan hatte? Hatte er sich elend und verkatert aus dem Bett gequält, seine blutigen Knöchel und das Fehlen seiner Familie bemerkt und begriffen, dass er uns in die Flucht getrieben hatte? Ich stellte mir vor, wie er völlig außer sich im Büro aufgetaucht und in die Küche gestürmt war, wo er Remo zweifellos einen Packen Hundert-Peso-Scheine in die Hand gedrückt und ihn beauftragt hatte, uns zu finden.

„Marisa ... Tony geht es schrecklich. Ich habe ihn noch nie so von der Rolle erlebt. Er ist praktisch selbstmordgefährdet."

Ich verdrehte die Augen. „Verkatert, wolltest du wohl sagen."

Remo setzte an, Tony weiter zu verteidigen, doch da nahm ich die Sonnenbrille ab und sah ihm direkt in die Augen. „Ich brauche ein paar Tage für mich, Remo. Ich wäre dir wirklich sehr verbunden, wenn du ihm nicht sagst, wo ich bin."

Remo erzählte mir, dass Hauptmann García für Tony bei der Einreisebehörde nachgeforscht hatte, er wusste also, dass ich die Insel nicht verlassen hatte. Diese Mitteilung verblüffte mich. Nach der Art, wie Tony mich in den letzten Monaten behandelt hatte, fand ich es frappierend, dass er einen solchen Aufwand trieb.

„Tony liebt dich", sagte Remo. „Er weiß, dass er Scheiße gebaut hat. Glaub mir, er leidet."

VIER TAGE SPÄTER stand ich vor der Wohnung und ging noch einmal die Strafpredigt durch, die ich meinem nichtsnutzigen Gatten zu halten gedachte. Er mochte als Kind und Heranwachsender miterlebt haben, wie Sophia seinen Vater ein ums andere Mal wieder aufnahm, aber ich dachte gar nicht daran, dieses kranke Verhaltensmuster nachzuahmen. Tony hatte eine sechzehn Monate alte Tochter, und er musste anfangen, sich wie ein Ehemann und Vater zu benehmen.

Kaum hatte ich die Tür aufgeschlossen, da kam Tony schon aus dem Schlafzimmer geflogen. Er war frisch rasiert, nüchtern und wach. Wir musterten uns gegenseitig kritisch.

„Hätte gar nicht gedacht, dass du so früh schon auf bist", sagte ich zögernd.

„Ich habe aufgehört zu trinken", stieß er hervor, bevor ich weiterreden konnte. „Seit du weg bist, habe ich nicht mehr getrunken."

Ich sah keine Spur der aufgedunsenen, triefäugigen Verlotterung, mit der ich so früh am Tag bei ihm gerechnet hatte. Diese Mitteilung veränderte in der Tat so manches. Der Alkohol war die Wurzel aller Probleme, die Tony und ich miteinander hatten.

„Marisa ... es tut mir sehr, sehr leid."

Seine Stimme zitterte, und aus seinen braunen Augen sprach Traurigkeit. Zum ersten Mal seit langer, langer Zeit sah ich den alten Tony wieder vor mir stehen. Ich zweifelte nicht daran, dass seine Reue echt war. Ich umarmte ihn. Ich wollte ihm so gern glauben. Ich wollte, dass wir wieder eine richtige Familie waren.

19

DIE REGENZEIT KAM. Der klare blaue Himmel überzog sich mit einer schweren grauen Wolkendecke. Die Atmosphäre im Büro wurde genauso drückend. Tony hielt Wort. Er trank nicht mehr während der Arbeitszeit. Am Abend kam er umgehend nach Hause, um mit Justine und mir zusammen zu sein. Doch diese neue Nüchternheit hatte ihren Preis. Er war jähzornig und aufbrausend. Ich spürte, dass er mir grollte. Mir wurde die Rolle der kastrierenden Mutter zugewiesen. Wenn er mich anfuhr, biss ich mir auf die Zunge. Ich sagte mir, dass seine Gereiztheit durch den Alkoholentzug nur vorübergehend war. Bestimmt war er bald wieder wie früher.

Je näher Weihnachten rückte, umso unruhiger wurden die Mitarbeiter. Niemand wollte die Feiertage so fern von zu Hause verbringen. Einige kündigten, andere verlangten Urlaub. Die Zeit der Bowl-Spiele im Football nahte, und wir brauchten unbedingt personelle Verstärkung. Eines Tages verkündete Tony mit einem seltenen Strahlen im Gesicht, er habe soeben einen erfahrenen Wettannehmer eingestellt. Der Mann heiße Paulie und werde seine Freundin mitbringen. Ich fand es eine erfreuliche Aussicht, eine Kollegin zu bekommen. Vielleicht, hoffte ich, würden wir uns ja anfreunden.

Als Paulie und Leslie sich im Büro einfanden, musste ich mich zusammenreißen, um nicht laut loszulachen. Paulies Erscheinung war *Miami Vice* pur. Die dunklen Haare waren zurückgekämmt und an den Schädel geklatscht. Er trug einen glänzenden weißen Anzug mit einem bunten Seidenhemd, das bis halb zum Nabel aufgeknöpft war. Leslies volle braune Haare waren heftig toupiert und gesprayt. Sie trug ein knallrosa Neckholder-Kleid mit einem breiten schwarzen Lackledergürtel um die Wespentaille. Sie stöckelte auf extrem hochhackigen Pumps. Auf den ersten Blick schien sie Mitte zwanzig zu sein, aber sie hatte sich so viel Make-up ins Gesicht geschmiert, dass es schwer zu sagen war. Danny beugte sich zu mir und flüsterte: „Drei Wochen."

„Zehn Tage", flüsterte ich zurück. Sobald diese Frau wegen eines Stromausfalls ihren Lockenstab nicht benutzen konnte, nahm sie das erste Flugzeug nach Hause, war mein Eindruck.

Für Paulie sprach, dass er ein erfahrener Profi war. Als Leslie sich auf den Weg zurück zu ihrer Wohnung machte, ging er sofort daran, Wetten anzunehmen. Wie sein Aussehen vermuten ließ, war er laut, schnodderig und großspurig. Anfangs unterhielt er das Büro mit Witzen und Geschichten. Er war sichtlich gewohnt, im Mittelpunkt der Aufmerksamkeit zu stehen. Doch es dauerte nicht lange, bis sein Verhalten sich änderte. Schon am dritten Tag klagte er über das Wetter, das Essen, die Einheimischen und die Arbeitsbedingungen. Seine Freundin tat mir leid. Leslie war bestimmt versprochen worden, sie werde in einem Inselparadies leben und die Tage genüsslich am Strand verbringen. Stattdessen saß sie wegen der Regenzeit in einer Wohnung fest. Ich beschloss, sie anzurufen und ihr eine Führung durch Santo Domingo anzubieten.

Zwei Tage später kam Leslie zu mir nach Hause. Sie sah völlig anders aus als bei unserer ersten Begegnung. Sie war leger gekleidet, hatte die Haare zu einem Pferdeschwanz zurückgebunden und sich mit dem Make-up zurückgehalten. Statt des schrillen Lidschattens fielen mir ihre schönen grünen Augen auf. Ich schlug vor, die Kolonialzone zu besichtigen, doch da war sie bereits gewesen. Auch alle anderen Touristenattraktionen, die ich empfahl, hatte sie schon besucht.

„Weißt du, was ich gern machen würde?", sagte Leslie. „Shoppen gehen. Ich bräuchte ein paar Sachen für die Wohnung. Gibt es hier so was wie ein Einkaufszentrum?"

Ich hatte sie völlig falsch eingeschätzt. Es imponierte mir, dass sie auf eigene Faust schon so viel unternommen hatte. Die meisten anderen Mitarbeiter hatten null Interesse daran, die Insel zu erkunden. Für Leslie war alles in Santo Domingo neu und aufregend. Da wusste ich, dass wir Freundinnen werden würden.

Während Leslie Bettlaken, Kopfkissen und Handtücher in einen Einkaufswagen packte, fragte sie mich, wie lange ich gebraucht hätte, um Spanisch zu lernen. Ich lud sie ein, zu meiner nächsten Unterrichtsstunde mitzukommen. Nach den Sachen zu urteilen, die sie einkaufte, hatte Leslie vor, eine Weile zu bleiben.

Es war spannend, die Stadt durch ihre Augen neu zu sehen. Sie hatte etwas Unbefangenes und Offenes und war überhaupt nicht abgestumpft, so dass es Spaß machte, mit ihr etwas zu unternehmen. In den nächsten zwei Wochen verbrachten wir immer mehr Zeit miteinander. Bald schon hielt sie Justine so selbstverständlich auf der Hüfte, als wäre es ihr eigenes Kind. Mit jedem Einheimischen, der ihr begegnete, übte sie Spanisch. Wohin wir auch gingen, was wir auch taten, mit ihr war es immer vergnüglich. Auf einmal hatte Justine eine neue Tante, und ich hatte meine erste Freundin seit Jahren.

Leslie war es zu verdanken, dass ich eine Statistenrolle in dem Robert-Redford-Film Havanna bekam, der auf der Insel gedreht wurde. Bei einem Besuch des Atlántico sah sie, dass per Aushang hellhäutige Statisten gesucht wurden. In ihrer typisch unbekümmerten Art überredete sie mich, mitzukommen. Leslie war überzeugt, man werde uns „entdecken", und tatsächlich wurden wir ausgewählt, zwei Edel-Callgirls darzustellen. „Wir werden Prostituierte in Havanna sein!", rief ich aus, und wir lachten, bis uns der Bauch wehtat. So lustig war das Leben schon lange nicht mehr gewesen.

Am folgenden Tag erschien Paulie nicht zur Arbeit. Als ich bei Carmine nachfragte, bestätigte er meine Befürchtungen. Paulie hatte das Handtuch geworfen. Danny hatte richtig getippt – gut drei Wochen. Je länger der Tag sich hinzog, umso trauriger wurde ich. Ich hatte Leslie kaum kennengelernt, und schon war sie wieder fort.

Ich war völlig baff, als Leslie an der Terrassentür erschien. Sie marschierte schnurstracks in Tonys Büro und zwinkerte mir im Vorbeigehen zu. Zwanzig Minuten später setzte sie sich neben mich und erzählte mir, dass sie mit Paulie Schluss gemacht hatte. Er war im

Begriff, nach Hause zu fliegen, während sie morgen als Wettannehmerin bei uns anfangen würde.

Als sie ging, pfiff Danny vor sich hin und sagte: „Darauf hätte ich nicht gewettet."

„Ich auch nicht", sagte ich. Den ganzen Tag über bekam ich das Grinsen nicht mehr aus dem Gesicht.

⚹

Tonys letzter Bewährungstermin des Jahres 1989 war für den 7. Dezember anberaumt. Diesmal sollten Justine und ich ihn nach Los Angeles begleiten. Ron war kürzlich aus dem Nevada State Prison entlassen worden, und Tony wollte ein paar Tage mit ihm verbringen, bevor wir zu dritt über die Feiertage nach Red Bluff fuhren. Es waren unsere ersten gemeinsamen Ferien als Familie. Ich hoffte, zwei Wochen Urlaub vom Büro würden uns allen gut tun.

Bevor wir aufbrachen, half Rosa mir, alle verderblichen Sachen aus dem Kühlschrank zu räumen. Als ich sah, wie sehr sie sich über die Tüten mit Lebensmittel freute, die sie mit nach Hause nehmen konnte, beschloss ich, unsere sonstigen Habseligkeiten nach Kleidungsstücken und Schuhen durchzuschauen, die wir nicht mehr trugen. Tony half uns, die Tüten nach unten zu schleppen und ins Auto zu laden. Ich hatte keine Ahnung, wo Rosa lebte, nur dass es vierzig Minuten entfernt in Flussnähe war.

Nach ihren Anweisungen fuhr ich mit ihr zur Stadt hinaus. Zu beiden Straßenseiten war nur freies Gelände, und je weiter wir fuhren, umso holpriger wurde die Straße. Sie endete an einer Betonmole, wo mehrere festgemachte Fischerboote auf dem Wasser dümpelten. Von dort führte eine winzige unbefestigte Straße zu der ärmsten Vorstadtsiedlung, die ich je gesehen hatte. Fußgänger auf dieser gewundenen Piste guckten zweimal hin, wenn sie das Auto sahen. Die Leute gafften unverhohlen den neuen Daihatsu und mein weißes Gesicht an, und Scharen barfüßiger Kinder liefen uns hinterher. Ich umkurvte die Schlaglöcher, so gut es ging, doch nach kurzer Zeit wurde die Straße ganz und gar unpassierbar. Ich parkte und ließ das Auto stehen. Den restlichen Weg gingen wir zu Fuß, begleitet von den uns umschwärmenden Kindern, die schüchtern anboten, die Tüten tragen zu helfen, die ich Rosa gegeben hatte.

Als wir in Rosas Barrio ankamen, traten die Nachbarn aus ihren Häusern. Mit großen Augen beobachteten sie die seltsame Prozession, die sich auf Rosas kleines Betonhaus zubewegte. Wir tauchten unter etlichen vollhängenden Wäscheleinen hindurch und kamen an einem Schwein vorbei, das an einen Mangobaum gebunden war. Rosa lief voraus und rief aufgeregt nach ihrer Großmutter. Eine alte Frau erschien in der Tür, das Gesicht wettergegerbt und vergreist, die grauen Haare zu einem ordentlichen Knoten zusammengebunden.

Die ärmlichen Zustände zu sehen, in denen Rosas Familie ihr Dasein fristete, tat mir in der Seele weh. Das Dach war aus Wellblech und der Fußboden die nackte Erde. Ein kleiner Schwarzweißfernseher stand auf einem wackligen Kiefernregal. Eine Holzbank und ein Holztisch nahmen den verbleibenden Platz im Zimmer ein. Ein Stromkabel steckte in einer Verlängerungsschnur, die an einer Hakenkonstruktion über die ganze Wand gezogen worden war. Sie hätten zwar kein fließendes Wasser und kein Telefon, erklärte Rosa, gelegentlich jedoch Strom, den sie wie alle anderen im Barrio illegal abzapften. Rosas Großmutter servierte dicken süßen Kaffee, den sie auf einem Gaskocher zubereitete, während die Nachbarn uns durch die Jalousien beobachteten. Später erfuhr ich, dass Remo seinerzeit recht gehabt hatte, als er Rosa gegen Tonys Diebstahlsvorwürfe verteidigte: Sie teilte sich tatsächlich das Bett mit der Großmutter und die Toilette mit dem halben Dorf.

„Weißt du", sagte ich zu Tony, als wir am Nachmittag zum Flughafen fuhren, „Rosas Familie besitzt nichts, und trotzdem machen alle einen zufriedenen Eindruck."

Tony starrte einfach durch die Windschutzscheibe auf das wilde, ungezähmte Land vor ihm und sagte nichts.

20

„WIE GEHT'S, HUMMERKOPF?"

Ron hatte einen Sonnenbrand, weil er in der Sonne eingeschlafen war. Tony brüllte vor Lachen, und Ron grinste. „Leck mich, Fettsack."

Im Unterschied zu Tony, der sich im Gefängnis drastisch verändert hatte, war die Zeit hinter Gittern an Ron spurlos vorübergegangen. Die beiden Männer besprachen geschäftliche Dinge, während Justine und ich uns bei Joanna erholten. Es war schön, wieder bei den beiden in Kalifornien zu sein.

Am Samstagmorgen brachen wir von L.A. zur langen Fahrt nach Norden auf. Ich hatte nichts gegen den Besuch in Red Bluff, ich wusste ja, dass wir nicht bleiben würden. Sophia begrüßte uns, als wir vorfuhren. Wir folgten ihr in die Küche, wo sie umgehend zwei kalte Budweiser aus dem Kühlschrank holte und Tony eines hinhielt. Tony sah mich an, dann lehnte er ab. „Nein, danke, Ma."

Sophia war beleidigt, dass ihr Sohn abends ein Bier ausschlug. „Was soll das heißen, nein, danke? Wieso kannst du nicht ein Bier mit deiner Mutter trinken?" Sie blickte finster in meine Richtung, als wollte sie sagen: Halt dich da raus!

Tony wandte sich mir zu und fing an, zu argumentieren: „Wir sind ja im Urlaub ...“

Ohne mich weiter zu beachten, zog Sophia die Lasche auf, und leise vor sich hin murmelnd schob sie ihrem Sohn das Bier über den Tresen. Tony wartete auf meine Antwort. Ich war enttäuscht, dass er nicht einmal seiner Mutter die Stirn bieten und das Versprechen halten konnte, das er mir gegeben hatte.

„Amerikanisches Bier hat viel weniger Alkohol als das Zeug in der DomRep“, sagte er.

„Mach, was du willst“, seufzte ich. Sophia triumphierte.

Später beim Essen beschwerte Tony sich endlos über das Leben in der Dominikanischen Republik. Angela und ihr Mann hatten sich dazugesellt, und jede Frage nach unserem neuen Zuhause, die sie stellten, wurde mit einem langen Gejammer über Stromausfälle, schreckliches Essen, unerträgliche Temperaturen und fehlende häusliche Bequemlichkeiten beantwortet. Wenn ich zu Wort gekommen wäre, hätte ich ihnen von der Kolonialzone mit ihren malerischen Restaurants und Kneipen vorschwärmen können oder vom tiefblauen Wasser im Höhlensystem Los Tres Ojos oder von der Galería de Arte Nader und den vielen anderen wunderbaren Kunstgalerien, die wie verborgene Schätze über ganz Santo Domingo verteilt waren. Ich hätte ihnen von der reichen Geschichte und Kultur des Landes erzählen können oder von den warmherzigen, freundlichen Einheimischen, deren Unbeugsamkeit angesichts so vieler Nöte ich ungemein bewunderte. Ich hätte vieles – aber niemand interessierte sich dafür, was ich dachte.

Tony verbrachte Zeit mit seiner Familie in Red Bluff, sah fern, machte Einkäufe in Redding, ging angeln und schlug sich den Bauch mit amerikanischem Essen voll. Unser Aufenthalt dort brachte uns zwei einander nicht näher. Er machte mir nur noch einmal klar, wie grundverschieden unser Blick auf die Welt war.

Nach Santo Domingo zurückgekehrt, zählte ich die Tage bis zu meinem Debüt als Statistin in Havanna. Ich war so aufgeregt, dass ich mir den Tag im Kalender anstrich. Tony teilte meine Begeisterung nicht. Der Super Bowl stand für den Abend des 28. Januars an, das größte Sportereignis des Jahres mit dem höchsten Wettaufkommen. Am nächsten Morgen sollte ich um sechs im Hotel Jaragua sein, um mich von dort zusammen mit den anderen Statisten mit dem Bus zum

Set fahren zu lassen. Ich bat Tony, den Sonntag freizubekommen, doch er lehnte ab: Es wäre nicht fair gegenüber den anderen Mitarbeitern. Zuletzt schlossen wir den Kompromiss, dass ich gehen durfte, sobald das Spiel losging. Diese Regelung war nicht ideal, aber wenigstens war mir so eine frühe Nachtruhe sicher.

Am Super Bowl Sunday wurde nur eine einzige Quote ausgegeben: „San Francisco minus 12, over/under 15." Kaum war die Quote draußen, gingen die Anrufe ein wie wild. Unter Hochdruck bemühten wir uns, Tausende von Wetten zu notieren. In der Sekunde, als das Spiel anfing, flog ich zur Tür hinaus.

Als ich zu Hause eintraf, hatte Jerry Rice bereits einen Zwanzig-Yard-Pass gefangen und den ersten Touchdown erzielt. Während ich meinen Haaren eine Pflegespülung verpasste, erzielten die 49ers zwei weitere Touchdowns. Als ich soweit war, mir die Nägel knallrot zu lackieren – wie vom Visagisten verlangt –, hatte Jerry Rice schon den nächsten Touchdown erzielt, womit die Partie 42:3 stand. In einem der einseitigsten Spiele in der Geschichte des Super Bowl demontierten die 49ers die Broncos mit 55:10. Kein guter Tag, um ein Broncos-Fan zu sein – aber ein sehr guter Tag für Ron Sacco und Information Unlimited.

Irgendwann mitten in der Nacht wurde ich vom hartnäckigen Klingeln des Telefons aus dem Tiefschlaf gerissen. Ich taumelte aus dem Bett und nahm den Hörer ab. Sobald ich Rons Stimme am anderen Ende hörte, war ich hellwach. „Hol Tony an den Apparat."

Aber das Bett war leer. „Er ist nicht hier. Was gibt es?"

„Ruth Gordon. Sie hat zwei Mitteilungen auf Tonys Telefon in Bimini hinterlassen und eine weitere bei Decorator's Choice. Sie hat für morgen früh ein außerplanmäßiges Treffen mit Tony angesetzt. Joanna hat ihm einen Flug nach L.A. gebucht. Sie wird ihn abholen und nach Crenshaw fahren."

„Okay, okay. Ich rufe ihn sofort an."

Ich probierte Tonys Mobiltelefon, aber es hatte keinen Empfang. Verschlafen kroch ich ins Bett zurück. Es war fast Mitternacht. Bestimmt würde er bald kommen. Er war seit Monaten nicht mehr trinken gegangen. Er würde doch nicht ausgerechnet jetzt damit anfangen!

Es wurde halb eins, dann eins. Entnervt vor mich hin schimpfend stand ich auf. Ich zog mich an und fuhr zum Jaragua in der Hoffnung, Tony mit den anderen beim Ausklang eines späten Abendessens zur

Feier des Super Bowl anzutreffen. Doch das Restaurant war geschlossen, die Bar und das Casino desgleichen. Wo war er?

In viereinhalb Stunden sollte ich mich genau an diesem Ort wieder einfinden. Dank Tony würde ich übermüdet und mit verquollenen Augen erscheinen. Seit Monaten freute ich mich auf diesen Tag. Warum ging er nicht ans Telefon?

Auch andere Lokale waren dicht. In meiner Verzweiflung fuhr ich zu Remo nach Hause. Ich weckte ihn und erklärte ihm die Situation.

„Er hat gleich morgen früh einen außerplanmäßigen Bewährungstermin in L.A. Wenn er den Flug um sechs Uhr dreißig nach Miami nicht schafft, stecken sie ihn für fünf Jahre ins Gefängnis!"

Remo wurde sofort aktiv. Während er in seine Sachen schlüpfte, fragte er mich, wo ich schon gesucht hatte. Gleich darauf saßen wir im Auto, und ich fuhr nach seinen Anweisungen Richtung Süden. „Das heißt, diese ganzen Geschäftsreisen in die Staaten ...?"

„Treffen mit seiner Bewährungshelferin", bestätigte ich.

„Heilige Scheiße", sagte Remo bewundernd. „Der hat Eier!"

Zuerst versuchten wir es in einem Lokal namens Lapsus, dann in anderen, die vielleicht am Sonntag geöffnet hatten. Nachdem wir überall vor geschlossenen Türen gestanden hatten, fuhren wir bei Horacio vorbei. Von Tonys Wagen oder Horacios keine Spur, was meine schlimmsten Befürchtungen bestätigte: Sie waren zusammen. Uns blieb nichts anderes übrig, als nach Hause zu fahren und zu warten.

Als Remo und ich die Treppe hinaufgingen, hörte ich ein Auto kommen. Wir sausten wieder hinunter. Von keiner Sorge angekränkelt stieg Tony aus. Sein Blick fiel auf Remo und mich. „Was ist denn mit euch los?", fragte er fröhlich.

„Menschenskind, Tony! Ich habe versucht, dich zu erreichen! Du musst in zweieinhalb Stunden nach Kalifornien fliegen!"

Ich roch Alkohol an ihm, doch er wirkte bemerkenswert klar. „Ruth Gordon will dich sehen", erklärte ich. „Wo warst du? Wir haben dich überall gesucht!"

„Aber in Cayacoa habt ihr nicht gesucht, was?" Tony grinste.

„Wo ist das?"

„Ein Ferienort, nicht weit von der Autopista Duarte", plapperte Tony. „Dort wird ein Achtzehn-Loch-Golfplatz angelegt. Ich habe gerade zwei Grundstücke gekauft." Irgendetwas an Tonys Benehmen war merkwürdig.

„Du warst auf einer geschäftlichen Sitzung?"

„M-hm."

„Um drei Uhr morgens?"

Tony gab mir einen übertriebenen Schmatz auf die Wange. „Nicht genau. Die Sitzung endete um eins. Dann wurde gefeiert."

21

„MR. REDFORD STELLT EINEN Glücksspieler dar, der in den Tagen unmittelbar vor der Revolution nach Kuba reist, um an einem Kartenspiel mit hohen Einsätzen teilzunehmen."

Der Regieassistent ging auf dem Zahnfleisch, und dabei war noch nicht einmal Mittag. Um uns herum waren die Dreharbeiten heftig im Gange, und überall wurden Kameras, Scheinwerfer und Kulissen in Stellung gebracht. Jemand schrie etwas im Kopfhörer, den der Ärmste aufhatte, doch er beachtete es gar nicht und erklärte weiter die Szene. „Ihr", er deutete auf mich und zwei schöne einheimische Mädchen, die neben mir standen, „seid Edelnutten, die bei dem großen Spiel anwesend sind. Ihr steht hier vor dieser Couch und unterhaltet euch mit Alan."

Alan Arkin, hochelegant in dunklem Anzug und Seidenkrawatte, hob die Hand und deutete scherzhaft auf sich. Eine der hübschen Dominikanerinnen blickte verständnislos. „¿Qué está pasando?"

Der Regieassistent fiel aus allen Wolken. „Erzählt mir jetzt bloß nicht, sie spricht kein Englisch", sagte er.

Ich schüttelte den Kopf. Es war einfach nicht sein Tag.

„Sag ihnen, sie sollen dort drüben hinschauen, wenn sie das MG-Feuer hören." Er deutete auf ein schwarzes X an der Wand. „Okay? Einen Moment lang müsst ihr erschrocken gucken. Aber wenn das Schießen aufhört, plaudert ihr mit Mr. Arkin weiter."

Ich übersetzte das, während die Visagisten uns schminkten. Jemand machte Polaroids wegen des Szenenanschlusses. Hinter der Kamera stand der Regisseur Sydney Pollack. Ein Stück weiter saß Robert Redford mit einer Handvoll anderer bekannt wirkender Schauspieler an einem Kartentisch.

Bald waren wir aufnahmebereit. Als Pollack „Bitte!" rief, grinste Alan mich an und sagte: „Jetzt könnt ihr alles sagen. Wir sind nicht im Bild."

Ich lächelte verlegen. „Ich hätte nie gedacht, dass ich eines Tages mal eine Prostituierte wäre", sagte ich.

„Wir sind alle Prostituierte, meine Liebe."

In dem Moment ging das MG-Feuer los, und wir drehten die Köpfe zu dem X hin – einem imaginären Fenster –, während die Kamera auf uns zoomte.

Im weiteren Verlauf der Szene musste ich immer wieder an die Ereignisse der Nacht denken. Je länger sich der Vormittag hinzog, umso sicherer wurde ich mir, dass Tony auf Kokain gewesen war. Er hatte so übertrieben geblinzelt, und ich erinnerte mich, das Verhalten seinerzeit in Los Angeles gesehen zu haben, als er den Stoff noch regelmäßig genommen hatte. Außerdem war er so wach und energiegeladen gewesen, obwohl er nach Alkohol stank.

„Schnitt!"

Zu ihrer großen Enttäuschung wurden die dominikanischen Mädchen nach Hause geschickt, ich hingegen sollte bleiben. Zwei Stunden später lehnte ich an einer unechten Marmorsäule unweit des Kartentisches, an dem Robert Redford spielte. Es war gerade Drehpause, und die Beleuchtung wurde für die nächste Aufnahme eingestellt. Während die Techniker alles aufbauten, verließen die großen Stars das Set. Jetzt war die Szene von Doubles bevölkert, die ganz genauso gekleidet waren wie die von ihnen vertretenen Leinwandgrößen. Ein gut aussehender, hellhäutiger Dominikaner im dunklen Anzug stand mir gegenüber; die anderen Doubles saßen munter plaudernd um den Tisch außer dem jüngeren, gut ausgeruhten Robert-Redford-Vertreter, der sich von der Gruppe fernhielt. Er saß mit verschränkten Armen zurückgelehnt auf seinem Stuhl und war anscheinend zu bedeutend, um sich unter die anderen zu mischen. Ich fragte mich, ob es unter den Doubles wohl eine Hierarchie gab. Wahrscheinlich wäre der Ersatzdarsteller eines A-Promis lieber gestorben, als zusammen mit unbedeutenden Statisten erwischt zu werden.

Während die Techniker weiter an der Beleuchtung herumdokterten, achtete ich darauf, mich nicht von meinem Standort fortzubewegen. Ich war von der langen, hektischen nächtlichen Suche nach Tony erschöpft. Ich fragte mich, ob er es zu dem wichtigen Treffen mit Ruth Gordon geschafft hatte. Die US-Behörden gingen wieder hart gegen das Sportwettenmilieu vor. Ein paar Tage zuvor hatten wir erfahren, dass Mitglieder der Computer Group verhaftet worden waren. Dies löste Schockwellen in den Buchmacherkreisen aus. Es war praktisch noch nie dagewesen, dass Zocker strafrechtlich verfolgt wurden. Gewöhnlich ging die Polizei nur gegen die Buchmacher vor. Ich fragte mich, ob jemand von der Computer Group Tony verpfiffen hatte. Wenn ja, konnte es sein, dass Tony für lange Zeit nicht mehr nach Hause kam. Ich unterdrückte ein Gähnen. Unsere Ehe hatte einen Tiefpunkt erreicht, an dem mich die Aussicht, dass er nicht zurückkam, ziemlich kalt ließ.

Das Set erwachte wieder zum Leben. Die echten Darsteller nahmen die Plätze ihrer Ersatzleute ein. Ich straffte mich und machte mich bereit zur Aufnahme. Als Robert Redford sich an den Tisch neben mir setzte, bekam ich ihn aus nächster Nähe zu sehen. Er sah nicht aus wie ein strahlender, charismatischer Star. Er wirkte ein wenig traurig und weltverdrossen.

Ein großer, schlanker Mann, der in der vorigen Szene mit Redford Karten gespielt hatte, trat zu mir. „Richard Portnow", stellte er sich vor und reichte mir die Hand.

„Marisa."

Ich wusste, dass ich diesen nicht unansehnlichen Mann mit der Halbglatze schon einmal irgendwo gesehen hatte. Plötzlich fiel es mir ein. „Sie haben in Zwei haarsträubende Rivalen mitgespielt."

Er reagierte bescheiden. „Ja. Und in *Zwillinge, Kindergarten Cop* ..." Er zuckte die Achseln und warf mir ein freundliches Lächeln zu, das mir sofort alle Befangenheit nahm.

Während Sydney Pollack mit den Schauspielern am Kartentisch die Szene durchging, beugte sich Richard näher an mich heran

GEFÄHRLICHE WETTE

und erläuterte leise unsere Rollen. „In dieser Szene bin ich aus dem Pokerspiel draußen, wechsele aber doch noch ein paar Bemerkungen mit Robert. Wir beide sollten uns unterhalten ... Ich könnte dir mit der Hand über den Arm streichen oder dir etwas ins Ohr flüstern. Die Kamera nimmt nicht auf, was wir sagen, aber es sollte den Zuschauern klar sein, dass du mich später auf mein Zimmer begleitest."

Sydney Pollack rief „Bitte!", und die Szene lief. Die anderen sprachen ihren Text während des Kartenspiels, und unterdessen flirteten Richard und ich, was das Zeug hielt. „Denk daran", sagt er trocken, während seine Hand zärtlich meinen Arm hinaufwanderte, „das ist nur gespielt." Genau aufs Stichwort drehte er sich um und sprach seinen Text zu Robert Redford, bevor er seine Aufmerksamkeit mir wieder zuwandte.

Wir wiederholten die Szene mehrmals. Er flüsterte mir unablässig ins Ohr, legte die Hand auf meine Taille und zog mich näher zu sich heran. „Das Blau deiner Augen ist unglaublich", sagte er. Ich fragte mich, ob hier der nicht mehr ganz junge Schauspieler mit der Stirnglatze sprach oder Mike MacClaney, der Zocker, den er darstellte. Nach mehreren Stunden und zahllosen Aufnahmen war es mir egal. Es machte mir einen Mordsspaß, mit Richard zu flirten. Er war liebenswürdig und amüsant. Er gab mir das Gefühl, begehrenswert zu sein, das ich schon lange nicht mehr gehabt hatte.

Zwei weitere Tage schäkerten wir an der Säule herum. Falls es Sydney Pollack auffiel, dass wir über die Grenze gingen, störte es ihn nicht. Im weiteren Verlauf der Aufnahmen drückte er mir sanfte Küsse auf den Nacken. Seine Hände wanderten um meine Taille und auf meine Hüften. Er hielt mich dazu an, meine Finger über seinen Bauch spielen zu lassen. Die Muskeln dort waren steinhart, was seinem täglichen Boxtraining zu verdanken war.

Er war nicht nur ein unglaublicher Charmeur, sondern auch geistreich und intelligent. Die Zeit verging wie im Fluge. Wir unterhielten uns über Gott und die Welt. Seine schelmischen braunen Augen schmolzen förmlich, wenn er von seinen geliebten Hunden sprach. Als der Regieassistent bekanntgab, die Szene sei im Kasten, wurde mir das Herz schwer. Die Schauspieler standen vom Tisch auf, und Techniker kamen und räumten die Gerätschaften ab. Ich stand neben Richard und wollte nicht wahrhaben, dass es vorbei war.

Unbeeindruckt von dem ganzen Durcheinander um uns herum sah

Richard mir tief in die Augen. Behutsam streifte er mir den langen weißen Handschuh vom rechten Arm. Dann drückte er mir einen sorgfältig gefalteten Zettel in die Hand.

„Ich reise morgen ab", sagte er. „Aber es wäre mir eine Freude, dich heute Nacht zu sehen."

Zu Hause duschte ich und wusch mir das Make-up vom Gesicht. Ich war im Bademantel, als das Telefon klingelte. Tony meldete, dass in Kalifornien alles gut gelaufen war und dass er am nächsten Nachmittag zurückkommen würde. Ich ließ mich aufs Bett zurückfallen und faltete den Zettel auseinander, auf dem Richards Zimmernummer im Jaragua stand. Niemand würde je davon erfahren, wenn ich diese Nacht zu ihm ging. Es erstaunte mich, wie leicht ich mir vorstellen konnte, mein Eheversprechen zu brechen. Noch schockierender war, wie sehr ich es wollte. Ich starrte das Telefon an, erinnerte mich an Richards harten, flachen Bauch, seine muskulösen Arme. Die Versuchung anzurufen war stark.

Ein derart rauschhaftes Verlangen empfand ich nach Tony schon lange nicht mehr. Wir hatten immer noch regelmäßig Sex, doch die Leidenschaft, die Zärtlichkeit – früher so allbeherrschend – waren fort. Seit seiner Entlassung aus dem Gefängnis war es zwischen uns nie mehr so wie früher gewesen. Aber trotz unserer Probleme glaubte ich weiterhin, dass Tony mir treu war.

Ich zerriss den Zettel mit der Nummer und warf ihn in den Müll. Verwirrt und aufgewühlt legte ich mich aufs Bett. Ich hätte um ein Haar etwas getan, das ich bestimmt den Rest meines Lebens bereut hätte.

Havanna war zwar eine außergewöhnliche Erfahrung gewesen, aber ich hatte gedacht, dass es für mich ein einmaliger Ausflug in die Welt des Films bleiben würde. Ende Februar jedoch rief eine der Visagistinnen des Films an und fragte, ob ich Interesse hätte, einen Werbespot zu machen. Ich stimmte zu, und eine Woche später war ich auf dem Weg nach Constanza in der gebirgigen Provinz La Vega nordwestlich von Santo Domingo. Es war eine malerische Stadt, wo Äpfel, Erdbeeren und Himbeeren in einer grünen Umgebung mit Flüssen, Wasserfällen und Urwald wuchsen. Der Spot warb für Constanza-Mentholzigaretten, und es war klar, dass ich vor der Kamera zu rauchen hatte, obwohl ich Nichtraucherin war.

Ich traf mit einem Tross von Visagisten, Friseuren, Kameraleuten und Technikern ein, dazu Pedro, einem spanischen Dressman, der den männlichen Part übernehmen sollte. Die Dreharbeiten verliefen chaotisch. Tropische Wolkenbrüche unterbrachen ständig die Aufnahmen, und dann mussten alle vor dem Regen Zuflucht suchen, hörten sich auf einem alten Transistorradio Merengue-Musik an und debattierten temperamentvoll über Politik. Wenn die Sonne wieder durchkam, liefen wir alle zum Wasser hinunter, wo Pedro und ich unser Make-up aufgefrischt bekamen, bevor wir in das weiße Boot stiegen, das im Mittelpunkt des Geschehens stand. Die Idee war denkbar schlicht: Pedro ruderte, während ich mich auf einem Lager grüner Plüschkissen räkelte und so verführerisch wie möglich eine Constanza-Zigarette rauchte.

Dieser Auftrag brachte mich mit Veronica Chavez zusammen, die die einzige Castingagentur auf der Insel leitete. Sie war eine bemerkenswert schöne Frau von undefinierbarem Alter, die jeden „*Darrrrling*" nannte. Ich unterschrieb bei ihrer Agencia de Modelos und wurde prompt an die Playa Bávaro geschickt, einen praktisch verlassenen weißen Sandstrand mit anmutigen hohen Kokospalmen und ruhigem blauen Wasser. Drei Tage lang spielte ich Tennis, schwamm und speiste in guten Restaurants, während ein Fotograf für den Prospekt des Bavaro Beach Resort Fotos von mir machte.

Ich modelte in Puerto Plata, Sosúa und Cabarete an der Nordküste und in Juan Dolio im Süden. Das Leben war idyllisch. Die Arbeit führte mich in jeden Winkel der Insel. Es war eine wunderbare Zeit in meinem Leben. Ich hatte eine prachtvolle Tochter, in Leslie eine phantastische Freundin, in Remo einen lieben Freund und ein fürsorgliches Kindermädchen, das zu Hause aushalf. So ideal, wie alles andere war, konnte ich leicht die Tatsache übersehen, dass meine Ehe mit Tony nur noch ein Scherbenhaufen war.

Leslie entpuppte sich wirklich als feiner Mensch. Fort war das aufgedonnerte New-Jersey-Girl, das sie hingelegt hatte, als sie zum ersten Mal im Büro erschien. Sie war neuerdings völlig unbeschwert, fühlte sich deutlich wohl in ihrer Haut. Ihre grünen Augen funkelten vor Glück, und Remo zufolge buhlten im Atlántico etliche Junggesellen mit durchaus ernsten Absichten um die Gunst der zierlichen Schönen. Sich von Paulie zu trennen war zweifellos die beste Entscheidung ihres Lebens gewesen.

Die Frage beschäftigte mich, wie es mir wohl ginge, wenn ich wieder alleinstehend wäre. Der Gedanke hielt sich hartnäckig, doch ich wollte ihn nicht weiterverfolgen. Tony und ich durchlebten einfach eine schwere Zeit, sagte ich mir. Wir waren jetzt seit fünf Jahren zusammen, und alle Ehen gingen durch Höhen und Tiefen.

Gesendet sah ich den Constanza-Werbespot zum ersten Mal im Büro. Ich machte gerade zusammen mit Leslie auf der Terrasse Mittagspause, als Danny hinausgestürmt kam und verkündete, ich sei im Fernsehen. Als Leslie und ich hineineilten, wurde er gleichzeitig auf allen Fernsehern im Big Office übertragen. Mich auf dem Bildschirm zu sehen war eine surreale Erfahrung. Von den Dreharbeiten erinnerte ich mich hauptsächlich an Schlamm und Wolkenbrüche, aber im fertigen Endprodukt war von alledem nichts zu sehen. Der Cutter hatte das Filmmaterial zusammengefügt, Musik darunter gemischt und gekonnt einen eindrucksvollen Werbespot geschaffen. Er lief auf allen drei einheimischen Sendern praktisch den ganzen Tag, und infolgedessen wurde ich auf der Insel ein Gesicht mit hohem Wiedererkennungswert. Anfangs machte es Spaß, so bekannt zu sein, es war etwas Neues. Doch das nutzte sich bald ab. Stattdessen musste ich mit der unangenehmen Tatsache fertigwerden, dass ich plötzlich von jedermann auf der Insel erkannt wurde.

Zu der Zeit trat die Dominikanische Republik in eine Phase dramatischer Instabilität ein. Es standen Präsidentschaftswahlen an, und Remo murmelte düster etwas von der Notwendigkeit, sich mit Lebensmitteln, Wasser und Treibstoff einzudecken, weil es zwangsläufig zu Unruhen kommen werde. Santo Domingo wurde rasch vom Wahlkampffieber befallen. In der ganzen Stadt wurden Plakatwände in grellen Farben aufgestellt, die entweder den Präsidenten Balaguer oder seinen Rivalen Juan Bosch unterstützten. Autos und Motorräder wurden mit den Fahnen des einen oder des anderen Kandidaten geschmückt. Viele einfache Dominikaner betrachteten diese Wahlen als einmalige Gelegenheit, sich endlich ihres vierundachtzigjährigen Präsidenten zu entledigen. Balaguer war seit Jahrzehnten an der Macht, und der nur wenig jüngere Bosch verkörperte für dieses tief aufgewühlte und verarmte Land die Verheißung von Veränderungen und die Hoffnung auf eine bessere Zukunft.

Doch nach den Wahlen verkündeten die einheimischen Fernseh- und Rundfunksender, Balaguer habe mit einem Vorsprung von 1,2 Prozent gewonnen. Der Aufschrei der Unterstützer von Bosch folgte auf dem Fuße. Ein Generalstreik wurde geplant, und Balaguer ließ das Militär auf den Straßen aufmarschieren, um jeden Widerstand im Keim zu ersticken. Der August war ein heißer, feuchter und brutaler Monat. Fünftausend Personen wurden bei Protesten verhaftet, und Dutzende wurden auf den Straßen wie Tiere erschossen, als die Armee eine blutige Offensive gegen das eigene Volk durchführte. Am selben Tag, an dem die Zeitungen von Plänen für weitere Proteste berichteten, gingen sieben unserer Mitarbeiter auf der Stelle, weil sie um ihre Sicherheit bangten.

Im November wurden tausend Streikende von der Polizei in Gewahrsam genommen, zweitausend weitere ins Gefängnis gesteckt und etliche während Demonstrationen gegen Balaguer erschossen. Im Dezember kündigten vier weitere Mitarbeiter und nahmen das erste Flugzeug nach Hause.

Die politische Situation wurde immer schlimmer, und das gleiche galt für meine Ehe. Die Footballsaison hatte begonnen, und Information Unlimited war dafür personell in keiner Weise ausreichend besetzt. Tony war den Tag über mit Quotenmachen und den Abend über mit dem Auswerten der Wetten beschäftigt. Ich hatte keinen Zweifel, dass er Kokain nahm, um wach zu bleiben. Ich sah ihn kaum, und wenn, war er gereizt und paranoid, die zugekokste Hülse des Mannes, den ich einmal geliebt hatte.

Mitte Dezember nahmen die Proteste ab, weil die Leute sich auf die bevorstehenden Feiertage vorbereiteten. Ich nutze die Gelegenheit, um mit der Ausrede, ich müsste Weihnachtseinkäufe machen, nach Miami zu verschwinden. In Wirklichkeit ging ich schnurstracks ins Kino. Havanna war gerade herausgekommen, und ich war gespannt auf das fertige Produkt.

Ich saß allein in einem halb leeren Kino. Meine Augen klebten an der Leinwand, sobald der Film losging. Ich lachte im Stillen, als ich Leslie erblickte. Mein Herz machte einen Sprung, als Richard Portnow zum ersten Mal ins Bild kam. Ich erinnerte mich an sein Schmunzeln, sein Lachen und seine ausdrucksstarken braunen Augen. Ich erinnerte mich daran, wie ich mich mit ihm gefühlt hatte. Dann erschien ich neben den beiden dominikanischen Mädchen, und wir reagierten auf das Einsetzen des Maschinengewehrfeuers. Gleich darauf unterhielten Richard und ich uns an der Säule. Ein rascher Schnitt, und ich verließ mit ihm den Raum. Es war irritierend zu erleben, dass drei Tage

Dreharbeiten im Film auf wenige Sekunden zusammengeschnitten worden waren.

Ich hatte Richards Angebot ausgeschlagen, im Jaragua zu ihm aufs Zimmer zu kommen, weil ich meinte, ich würde es später bereuen. Als Tony jedoch immer weiter in einem Sumpf aus Kokain und Alkohol versank, wuchs mein Bedauern, dass ich es nicht getan hatte. Eine schwere Traurigkeit überkam mich. Tony schien gar nicht daran zu denken, bei den selbstsüchtigen Vergnügungen, denen er nachjagte, irgendeine Versuchung auszulassen. Ich war standhaft geblieben und hatte auf die Gelegenheit verzichtet, mich für eine wilde Nacht als jemand Besonderes zu fühlen. Ich wusste, ich würde mich an den Film niemals richtig freuen können, weil diese wenigen Sekunden mit Richard auf der Leinwand mich immer an etwas erinnerten, das ich vielleicht nie wieder empfinden würde.

22

IN DER DOMINIKANISCHEN REPUBLIK etwas rasch zu erledigen war so gut wie unmöglich. Es war ein armes Land mit kaum einer Infrastruktur, das in Korruption und Bürokratie versumpfte. Seltsamerweise jedoch war es ganz einfach, eine Scheidung einzureichen. Eine Gesetzesänderung in den 1970er Jahren ermöglichte es Ausländern, sich auf legalem Wege einvernehmlich scheiden zu lassen, ohne die ganzen Schikanen und Kosten, die man zu Hause gehabt hätte. Infolgedessen wurde die Insel ein Scheidungsparadies.

Dr. Manuel G. Espinoza war der König der dominikanischen Blitzscheidung. Er stieg in die höchsten Etagen auf, als sich Barbara Streisand und Elliott Gould seiner Hilfe bedienten, um getrennte Wege zu gehen. Bald kamen berühmte Paare aus den ganzen Vereinigten Staaten auf die Insel, um ihre Ehen auflösen zu lassen. Der holzgetäfelte Warteraum vor seinem Büro im El Embajador hing voll von gerahmten Zeitungsausschnitten mit Berichten über die Promi-Ehen, an deren Demontage er beteiligt gewesen war. Während ich darauf wartete, vorgelassen zu werden, saß ich einem Bild von Mike Tysons kürzlich erfolgter Valentinstagsscheidung gegenüber. Ich war nervös, aber entschlossen. Meine Ehe mit Tony war aus und vorbei.

Nach kalifornischen Recht hätte mir die Hälfte von allem, was Tony besaß, zugestanden, doch ich hatte nicht die Absicht, die Sache noch länger hinauszuzögern als unbedingt nötig. Espinoza hatte mir versichert, ich könne in vierundzwanzig Stunden geschieden sein, wenn ich die Kriterien erfüllte, und nach allem, was Justine und ich mit Tony durchgemacht hatten, erschien mir ein Tag als Frist lang genug.

Espinoza bat mich in sein Büro und kam ohne alle Formalitäten zur Sache. Er fragte mich, ob ich Unterhaltsansprüche geltend machte, und ich verneinte. Ich hatte bereits mit Ron über meine Absicht gesprochen, mich von Tony scheiden zu lassen. Er versicherte mir, ich könne bei Information Unlimited weiterarbeiten, solange ich wolle. Ich wusste, dass ich für mich selbst sorgen konnte. Ich wollte und brauchte Tonys Geld nicht. Der einzige Grundbesitz, den es zu teilen gegeben hätte, waren die Stücke von diesem Golfplatz, die Tony gekauft hatte, und die konnte er gerne haben. Der einzige Knackpunkt war das Sorgerecht für das Kind. Espinoza erklärte, bei einer einvernehmlichen Scheidung hätten die Eltern in der Regel das gemeinsame Sorgerecht. Doch ich wusste, dass die Sorge für Justine de facto bei mir liegen würde. So war es jetzt schon. Wieso sollte sich mit der Scheidung daran etwas ändern?

Espinoza gab mir eine Liste der Dokumente, die er für die Durchführung brauchte, und ich sauste nach Hause, um sie zu besorgen. Als ich ins Schlafzimmer trat, rümpfte ich die Nase über den widerlichen Geruch nach Schweiß und schalem Alkohol. Tony lag voll bekleidet auf der Bettdecke und schlief. Ich ging zum Kleiderschrank, öffnete den Safe, klaubte die Papiere zusammen und nahm die achtzehnhundert Dollar Scheidungsgebühren von meinen Ersparnissen.

Ich zog die Rollläden auf und starrte diesen verkommenen, aufgedunsenen Körper voll Ekel an. Er hatte noch die Schuhe an. Sein Hosenschlitz stand offen. Sein Hemd war mit Blut besudelt und seine Nase mit weißem Pulver verkrustet.

„Wach auf!" Ich rüttelte ihn unsanft. Seine blutunterlaufenen Augen gingen einen Spaltbreit auf. Er stöhnte und schirmte die Augen vor der Sonne ab, die zu den Fenstern hereinfiel.

„Unterschreib das!" Ich schob ihm die Papiere hin.

„Hä?"

„Unterschreib das! Ich reiche die Scheidung ein, Tony. Du musst das unterschreiben."

Er kam langsam zu sich. Ein schmerzlicher Ausdruck trat in sein Gesicht. „Hä? Babe ... was? Warum?"

„Warum?" Ich lachte bitter. „Ich will dir sagen, warum. Weil deine Tochter sich vor dir fürchtet. Weil sie nicht nach Hause kommen will, solange du da bist."

Er setzte sich mühsam auf, dann erhob er sich schwankend und humpelte ins Bad.

Ich folgte ihm und stieß ihm die Papiere unter die Nase. „Unterschreib!"

Im Bad fiel sein Blick in den Spiegel. Er starrte verwirrt auf den Dreitagebart, die verquollenen Augen und das blutbefleckte Hemd. „Was ist passiert, verdammte Scheiße?", stöhnte er.

„Weißt du überhaupt, welcher Tag heute ist?"

Er strich sich mit zitternden Fingern durch die Haare. „Mittwoch?"

„Es ist Freitag. Du warst drei Tage fort. Das halbe Büro hat nach dir gesucht. Ich hatte keine Ahnung, ob du tot oder am Leben bist. Dein Auto steht mit eingedellter Schnauze draußen in Boca Chica."

„Babe ..."

„Als Justine heute Morgen aufgewacht ist, war der fremde Mann, den du mitgebracht hattest, in ihrem Zimmer. Er hat sich auf ihrem Teppich erbrochen. Ich bin davon wach geworden, dass er in unser Schlafzimmer kam. Du hast es nicht einmal gemerkt. Du warst zu beschäftigt damit, die Küche zu durchwühlen, um noch mehr zu trinken zu finden. Um sieben Uhr morgens."

Tony war von alledem völlig geplättet. Er hatte offensichtlich keinerlei Erinnerung mehr daran.

„Willst du wissen, was als Nächstes passiert ist?"

Justine hatte entsetzt mit ansehen müssen, wie ihr blutiger, derangierter Vater mich mit wutverzerrtem Gesicht an die Wand stieß und mich anschrie. In panischer Angst war sie aus dem Zimmer gerannt.

Ich betrachtete Tony mit einer Mischung aus Zorn und Mitleid. Er war ein erbärmlicher Schatten des Mannes, den ich einmal geliebt hatte. Er schüttelte den Kopf, verzog das Gesicht. „Ich kann mich nicht erinnern ... an gar nichts", sagte er.

Ich drückte ihm das Papier und einen Kugelschreiber in die Hand. „Unterschreib das!", sagte ich. „Und dann ... verschwinde!"

Dr. Espinoza hielt Wort. Am Montag darauf waren Tony und ich offiziell geschieden. Als ich in die Wohnung zurückkehrte, war Tony fort. Seine Schubladen waren leer, alles von ihm war bis auf den letzten Rest entfernt worden. Erst da stieß ich einen Seufzer der Erleichterung aus. Erst da gestattete ich mir, um das Ende meiner Ehe zu trauern.

⋈

DIE SCHEIDUNGSURKUNDE KAM vierundzwanzig Stunden später per Kurier. Noch am selben Nachmittag legte ich Tony ein Exemplar auf den Schreibtisch. Er schnaubte, als er den dicken braunen Umschlag sah. Seine Reaktion auf die Scheidung war Augenverschließen. Er schmollte einfach und wollte nicht wahrhaben, was geschehen war. „Ich kann mir nicht vorstellen, dass du immer noch sauer auf mich bist wegen irgendwas, woran ich mich nicht mal erinnern kann", sagte er.

Die Scheidung machte mich im Büro zum Paria. Tony hatte ständig schlechte Laune, und er ließ sie an den Mitarbeitern aus, die ihrerseits mir die Schuld an ihrem Unglück gaben. Remo nahm die Trennung persönlich. Er hatte zwei Jahre lang Weihnachten und Ostern mit uns gefeiert, dazu diverse Geburtstage. Justine nannte ihn „Onkel Remo". Er verhielt sich, als ob sich seine eigenen Eltern gerade scheiden gelassen hätten.

„Marisa –", fing er an.

„Ich weiß, was du sagen willst. Tony liebt mich. Darum geht es nicht. Er hat sich überhaupt nicht mehr in der Hand."

„Er hat dich nie betrogen."

Es regte mich auf, immer wieder dieselben alten Entschuldigungen hören zu müssen. Warum verteidigten ihn immer alle?

„Es gibt Schlimmeres", versetzte ich bissig. „Du hast keine Ahnung, wie es ist, Nacht für Nacht wachzuliegen und dich zu fragen, welcher Tony wohl nach Hause kommen wird: der betrunkene Tony, der geile Tony oder der Tony, dem dein Nein völlig egal ist. Alle glauben, er wäre so ein toller Typ, weil sie nur die Seite von ihm sehen, die er ihnen zeigt. Du hast keine Ahnung, wie brutal er sein kann. Er übrigens auch nicht, weil er dabei völlig wegtritt. Er wacht auf, kann sich an nichts erinnern und tut dann so, als wäre ich das Arschloch, weil ich nicht mit ihm rede. Er verwandelt sich in ein Monster und glaubt, er muss dafür keine Verantwortung übernehmen. Meinst du, ich hätte das verdient?"

Remo blickte betreten und wich der Frage aus. „Er steht unter großem Druck."

„Na, so was. Ich auch. Ich denke an Justines Zukunft, und ehrlich gesagt glaube ich nicht, dass Tony darin vorkommen sollte. Nicht, solange ihm trinken und high sein wichtiger ist als wir!"

Dieser letzte Satz hatte zur Folge, dass sich Remos Verhalten vollkommen veränderte. „Was meinst du mit high sein?"

„Er nimmt Kokain."

Remo erbleichte. „Um Gottes willen. Du kommst in der DomRep mit ziemlich viel Scheißdreck durch, aber nicht mit Drogen. Aus so einem Schlamassel kannst du dich auch nicht mehr freikaufen. Wenn Tony mit Koks erwischt wird, kann er sich einsargen lassen."

„Tja, vielleicht sollte ihm das mal jemand klarmachen."

Die Vorstellung, Tony könnte wegen Drogen belangt werden, entsetzte Remo. „Die sperren ihn ein und werfen den Schlüssel weg. Tonys Geld wird da gar nichts ausrichten können. Weißt du, wo er das Zeug herbekommt?"

Ich hatte einen Verdacht. „Horacio. Von wem sonst?"

„Nein. Das würde der nie riskieren, nicht einmal für Tony. Aber er hat ihn wahrscheinlich mit jemandem zusammengebracht. Marisa, du musst mit Tony reden. Ich weiß, du bist im Moment stocksauer auf ihn, aber wenn du nicht willst, dass er zwanzig Jahre bekommt –"

„Ich habe genug geredet. Er hört sowieso nicht auf mich."

„Dann lass es mich versuchen."

⌗

WAS FOLGTE, war ein Zermürbungsfeldzug, den Tony gegen mich führte, um mich dafür zu bestrafen, dass ich ihn verlassen hatte. Er strich mir sämtliche Vergünstigungen, die ich bis dahin als Frau des Bosses genossen hatte. Ich bekam einen festen Stundenplan genau wie alle anderen und musste für die Hälfte der Miete selbst aufkommen, da das Wohngeld, das einem Mitarbeiter zustand, nicht mehr abdeckte. Ich akzeptierte diese Bedingungen ohne Murren. Was mich betraf, so waren sie ein geringer Preis für meine neue Freiheit.

Tony fiel es schwer, sich an das Alleinleben zu gewöhnen. Ich sah seinen Wagen öfter zu später Stunde vor dem Haus stehen – vermutlich

wollte er sich vergewissern, dass ich zu Hause war. Dann ging es mit
den spätnächtlichen Anrufen los. Ich wusste, dass Tony am Apparat
war, auch wenn er auflegte, sobald ich abnahm. Tony, der mir nie
nachspioniert hatte, als wir noch verheiratet waren, der sich nie dafür
interessiert hatte, wo ich steckte, solange ich ihn nicht bei seinen
Exzessen störte, spielte jetzt den eifersüchtigen Liebhaber.

Leslie forderte mich auf, mit ihr auszugehen, doch ich lehnte
ab. Ich wollte die Situation nicht noch künstlich anheizen. Doch als
Tony zu einem routinemäßigen Bewährungstermin nach Kalifornien
musste, hatte ich keine Ausrede mehr. Leslie verdrehte mir den Arm,
und widerwillig erklärte ich mich einverstanden, sie ins Atlántico
zu begleiten. Ich war immer noch auf der Höhe meines Ruhms als
„Constanza Girl" und merkte, dass alle Blicke sich mir zuwandten,
als ich den Club betrat. Auf einmal widerstrebte es mir, wieder in die
Single-Welt einzutauchen. Mehrere Männer machten sich sofort an uns
heran. Sie plauderten in perfektem Englisch mit Leslie, während ich
mich unsicher in dem Gedränge umsah.

Ein Mann trat auf mich zu. Zu meiner Erleichterung war es Remo.

„Ich muss ein Wort mit dir reden", sagte er.

„Nur zu."

„Nicht hier." Er nahm mich am Arm und führte mich nach draußen,
wo es relativ still war. „Geh bitte nicht wieder dort hinein", sagte er ernst.

Ich war verdattert. „Warum?"

„Allein hierherzukommen ist ein sehr ungutes Signal, Marisa."

„Ich bin nicht allein", lachte ich. „Ich bin mit Leslie hier."

„Noch schlimmer. Leslie ist ... freundlich. Wenn du mit ihr
zusammen bist, werden alle automatisch davon ausgehen, dass du
auch freundlich bist."

Ich wusste nicht, ob ich schimpfen oder lachen sollte. „Was wird hier
gespielt, die fünfziger Jahre? Das ist doch absurd."

„Marisa, bitte. Ich weiß, wovon ich rede. Die Männer dort drin wollen
nichts anderes, als das Constanza Girl, äh ... ficken. Klar? Sie wollen
dich flachlegen, damit sie vor ihren Freunden damit angeben können."

Völlig fassungslos starrte ich Remo an.

Leslie kam heraus und erspähte uns. „Was ist los?"

„Nichts!", blaffte Remo.

„Tony hat dich dazu angestiftet, nicht wahr?", sagte Leslie. Remo griff nach meinem Arm, doch ich schüttelte ihn ab.

„Niemand dort drinnen wird dich jemals so lieben, wie Tony dich liebt!", sagte er.

„Werde erwachsen, Remo!", lachte Leslie. „Sie ist nicht auf die große Liebe aus. Sie ist einfach hier, um zu tanzen und sich zu amüsieren."

„Marisa, bitte!"

Auch wenn ich auf Remo wütend war, wusste ich doch, dass ihm mein Wohl am Herzen lag.

„Komm mit!", drängte Leslie. Meine beste Freundin war in Sorge, ich könnte mich nach der Trennung vor der Welt verkriechen. Sie wollte nur, dass ich mal wieder Spaß hatte. „Demetrio ist da drinnen. Ich möchte, dass du ihn kennenlernst."

Remo wurde bissig. „Leslie, Demetrio ist verheiratet!"

Plötzlich erblickte ich ein vage bekanntes Gesicht. Der Mann stand hinter Leslie und unterhielt sich mit zwei schönen jungen Frauen. Als spürte er meinen Blick, hob er den Kopf, und wir sahen uns direkt in die Augen.

Blitzartig erinnerte ich mich, wer er war. Ich hatte ihn gesehen, wie er an seinem Mercedes lehnte und eine Pistole in der Hand hielt. Es war der Mann, der einen Haitianer kaltblütig erschossen hatte, weil dieser eine Delle in sein kostbares Auto gefahren hatte. Alles um mich herum kam zum Stillstand, alle Geräusche erstarben, und ich wurde von der gleichen unheimlichen Stille wie seinerzeit nach dem Mord umhüllt.

Leslie packte mich am Arm, um mich in die Gegenwart zurückzuziehen. Auf einmal war mir die Lust an dem Abend vergangen. Die Vorstellung, irgendeinen geschiedenen Mann auf Brautschau kennenzulernen, erschien mir abgeschmackt und billig. Und dass ich nur einen Steinwurf von einem Mörder entfernt stand, stabilisierte meinen wackligen Gemütszustand nicht sonderlich.

„Lass uns woanders hingehen", sagte ich.

※

In den Wochen danach versuchte Tony alles, um mich zu einer Versöhnung zu bewegen, doch ich stellte mich quer. Als er merkte, dass ich nicht nachgab, probierte er es auf eine andere Tour – er konzentrierte sich auf Justine. Er begann, langsam eine Beziehung zu ihr aufzubauen. Er gewöhnte sich an, in der Wohnung vorbeizukommen und ihr eine Gutenachtgeschichte vorzulesen oder mit ihr zum Dreiradfahren hinunter in den Hof zu gehen. Schon bald freute sie sich auf seine Besuche, und er verbrachte ganze Tage mit ihr. Ich war froh, dass Justine endlich gern mit ihrem Vater zusammen war, aber diese Wende betrübte mich auch. Warum musste es erst zu einer Krise kommen, bis Tony auf die Idee kam, seine Tochter kennenzulernen?

Für mich war es keine leichte Zeit. Ich durchlief ein Wechselbad der Gefühle. An manchen Tagen war ich stark, an anderen war es ein harter Kampf. Dass meine Ehe vorbei war, brach mir das Herz. Tony hielt den Druck aufrecht, doch ich wollte ihm keine zweite Chance geben, ehe er zugab, Kokain zu nehmen. Er stellte auf stur und leugnete es, und damit hatten wir eine Pattsituation.

Er stritt es so hartnäckig ab, dass ich schon anfing zu bezweifeln, was ich mit eigenen Augen gesehen hatte. Waren das wirklich Spuren von weißen Pulver an seiner Nase gewesen? War sein manisches Blinzeln und seine allgemeine Aufgedrehtheit wirklich die Folge von Kokainkonsum, oder zog ich vorschnelle Schlüsse? Mir graute davor, irgendwann wie Tonys Mutter zu werden, die ihrem Mann ein ums andere Mal vergeben und ihn immer wieder aufgenommen hatte, er mochte getan haben, was er wollte. Jetzt aber, wo Tony sein Trinkverhalten wieder im Griff hatte, geriet ich in einen inneren Zwiespalt. Einerseits glaubte ich, nie wieder jemanden so lieben zu können, wie ich ihn geliebt hatte. Andererseits erinnerte ich mich an seine betrunkenen Tobsuchtsanfälle und an die langen, sorgengepeinigten Nächte, in denen er nicht nach Hause gekommen war.

Die Situation spitzte sich zu, als meine Schwester anrief und mitteilte, sie wolle uns besuchen kommen. Die politische Lage hatte sich stabilisiert, und Heather war entschlossen, die relative Ruhe für einen Besuch auszunutzen. Sie und ihr Freund Joel wollten im August kommen.

Damit hatte ich ein Problem. Niemand in meiner Familie wusste, dass Tony und ich geschieden waren. Ich hatte drei Jahre gebraucht, um sie davon zu überzeugen, dass ich in der Dominikanischen Republik glücklich und wohlauf war. Wenn meine Familie jetzt erfuhr, dass Tony und ich nicht mehr zusammen waren, würde es einen gnadenlosen Druck auf mich geben, die Insel zu verlassen.

Während Heather weiterredete, dachte ich verzweifelt darüber nach, wie ich aus dieser Zwickmühle herauskam. Sollte ich lügen und behaupten, Tony sei außer Landes? Oder die Wahrheit beichten und Heather Verschwiegenheit geloben lassen? Das wäre ihr gegenüber nicht fair. Ich notierte mir die Daten und legte auf.

Am Tag, bevor Heather und Joel eintrafen, zog Tony in die Wohnung zurück. Die Abmachung lautete, dass er nur für die Woche blieb. Sobald meine Schwester abreiste, sollte er wieder ausziehen. Ich machte deutlich, dass es keinen Sex geben würde, und er stimmte zu – allerdings mit einem frechen Grinsen. Heathers Besuch gab Tony eine unerwartete zweite Chance. Er nahm sich vor, sie nach Kräften zu nutzen.

Tony überraschte uns alle damit, dass er eine wunderschöne Villa in Casa de Campo anmietete, der luxuriösesten Ferienanlage in der Dominikanischen Republik. Wir verbrachten dort fünf herrliche Tage mit Segeln, Wasserski und dem Besuch von Altos de Chavón, dem schönen Nachbau eines europäischen Dorfes aus dem sechzehnten Jahrhundert. Wir speisten im Freien und schlenderten Hand in Hand über das Kopfsteinpflaster. Vormittags spielten Tony und Joel Golf, während Heather und ich mit Justine an den Strand gingen.

„Du hast wirklich Glück", sagte mir Heather eines Morgens. „Man sieht, wie sehr dich Tony nach all den Jahren, die ihr zusammen seid, immer noch liebt."

Anfangs war unser Zusammensein das reine Theater, doch nach ein paar Tagen ließ ich mich von der Atmosphäre anstecken. Die Gesellschaft von Heather und Joel, die noch in der heißen Phase der Frischverliebtheit waren, trug gewiss dazu bei. Außerdem rückte die idyllische Umgebung den Stress unseres wirklichen Lebens in weite Ferne. Warum auch immer, ich gab meine Abwehr schließlich auf. Mein Leben war vor diesem Besuch so traurig und angespannt gewesen. Unter den Umständen hatte ein Sexverbot keinen Sinn. Als wir eines Nachts ineinander verschlungen dalagen und der klare Vollmond zum Schlafzimmerfenster hineinschien, fragte ich mich, warum unsere Beziehung nicht immer so sein konnte. Als könnte er meine Gedanken lesen, küsste mich Tony und sagte: „Ich hätte gern, dass es so bleibt, Marisa. So sollte es sein zwischen uns."

Als Heather und Joel nach Kanada zurückkehrten, blieb Tony bei uns wohnen. Ich begann zu glauben, dass uns nichts Besseres hätte passieren können als die Scheidung. Sie verhinderte, dass wir in Gewohnheiten zurückfielen. Wir lernten, die Beziehung nicht selbstverständlich zu nehmen. Es sah so aus, als hätte unsere Liebe gerade den nächsten großen Sturm überstanden.

Aber jedes Mal, wenn ich auf eine Wende zum Besseren hoffte, stand schon das nächste schlimme Ereignis vor der Tür. Diesmal kündigte es sich mit heftigem Klingeln an der Vordertür des Büros an.

※

NIEMAND KAM BEI Information Unlimited je zur Vordertür herein. Ich trat zu Roger und spähte durch das Guckloch. Eine blonde Frau mittleren Alters stand draußen neben unserem Wächter. Sie schien zu weinen.

„Kann ich Ihnen irgendwie behilflich sein?"

Als ich hinaustrat, konnte ich sie genauer in Augenschein nehmen. Ihre Augen waren verquollen und ihre Wangen nass. In den zitternden Händen knetete sie ein Kleenex. „Ich muss mit Tony Santino sprechen", schluchzte sie. „Ich bin Isabel Walker. Edwins Frau."

Während ich sie um das Haus herum führte, redete sie in einem fort davon, Edwin sei seit Tagen nicht mehr nach Hause gekommen und niemand habe die geringste Ahnung, wo er stecke. Sie habe die Krankenhäuser und Leichenhallen der Stadt abgeklappert, ohne Ergebnis. Selbst sein Auto sei verschwunden. Ich ließ die Frau nervös auf der Terrasse hin und her gehen und ging Tony holen. Kaum dass sie ihn sah, brach sie in Tränen aus.

„Ich weiß nicht, an wen ich mich sonst wenden soll", jammerte sie. „Codetel will mir nicht helfen!"

Tony nickte mitfühlend und beauftragte Remo, Hauptmann García zu rufen. Er bemühte sich nach Kräften, Ms. Walker zu trösten, und versprach, alles zu tun, was in seiner Macht stand, um ihren Mann zu finden. Als ich sie zu ihrem Chauffeur zurückbrachte, hatte ich das Gefühl, dass irgendetwas nicht stimmte. An der Art, wie Tony auf die Meldung reagiert hatte, spürte ich, dass er etwas wusste.

Als ich zu Tony zurückkehrte, tigerte er aufgebracht durchs Zimmer. „Dieser Schweinepriester!", schimpfte er.

Ich schloss hinter mir die Tür. „Was?"

Tony holte tief Luft. „Walker. Ich habe diesem Wichser am Montagmorgen über einhundertachtzigtausend Dollar für die Telefonrechnung gegeben. Und jetzt ist er fort. Hat sich in Luft aufgelöst."

„Du willst doch nicht sagen ...?"

„Ganz gewiss will ich das. Er ist mit unserem Geld abgehauen."

Ich erklärte ihm, das sei Quatsch. „Walker verdient bei Codetel wahrscheinlich doppelt so viel", argumentierte ich, aber was ich auch sagte, ich konnte ihn nicht beruhigen. Erst am folgenden Nachmittag fand Hauptmann García heraus, was mit Edwin Walker geschehen war. Er war festgenommen worden, als er bei einem Polizeispitzel auf dem Schwarzmarkt Dollars umtauschte.

Dollars auf der Straße umzutauschen war zwar illegal, aber gang und gäbe, weil die Wechselkurse auf dem Schwarzmarkt besser waren als auf der Bank. Walker wechselte gewohnheitsmäßig das Geld, das er von Information Unlimited bekam, auf dem Schwarzmarkt und behielt die Differenz für sich. Diesmal war er der Polizei in die Falle gegangen. Er wurde auf einem Polizeirevier in Sabana Perdida festgehalten, einem armen Barrio vierzig Minuten außerhalb der Stadt. Laut García war das der ideale Ort, um jemanden „verschwinden" zu lassen. Bis jetzt war das Ersuchen des Hauptmanns, Walker zu sehen, abgelehnt worden. Tony fürchtete, die Polizei könnte Walker umbringen, sich sein Auto nehmen und das Geld behalten.

Drei Tage später tauchte Walker bei uns im Büro auf. Er war blass und unrasiert und sah zehn Jahre älter aus. Die Polizei hatte das Geld konfisziert, ebenso seinen Firmenwagen. Da das Geld bei der Einfuhr ins Land nicht deklariert worden war, konnte Gustavo es nicht wieder eintreiben. Er riet Tony, sich mit dem Verlust abzufinden, wenn er nicht riskieren wollte, dass die Polizei ihre Ermittlungen ausweitete. Niemand wollte, dass die Behörden sich mit den finanziellen Transaktionen in unserem Büro beschäftigten. Kein Wunder, dass Tony Gift und Galle spuckte.

„Du nichtsnutziger Arsch! Du hast mich abgezockt, mein Geld verloren und die Polizei auf mich aufmerksam gemacht!"

Alle im Büro hörten den gnadenlosen Anschiss, den Tony Walker verpasste. Als er das Büro verließ, war er ein gebrochener Mann. Er wurde unverzüglich von Codetel entlassen, was für Information Unlimited ein schwerer Schlag war. Trotz seiner Schwarzmarktdeals war Edwin ein wichtiger Akteur gewesen. Als Tony an dem Abend aus dem Büro stürmte, kam er nicht nach Hause.

In den nächsten zwei Tagen herrschte bei Information Unlimited eine Atmosphäre stiller Niedergeschlagenheit. Die Kollegen waren alle betont nett zu mir, denn sie machten sich mit mir Sorgen, wo Tony steckte. Zwei Tage später tauchte er wieder auf. Er sagte kein Wort dazu. Er marschierte schnurstracks in sein Büro und blieb dort. Als ich am Abend nach Hause kam, sah ich, dass er schon dagewesen war und seine Sachen ausgeräumt hatte. Ich hatte ihm vorher erklärt, falls er je wieder zu einem seiner Exzesse verschwand, sei damit unsere Friedensvereinbarung hinfällig. Diesmal versuchte er gar nicht erst, sein Handeln zu rechtfertigen. Ich hatte ihm mein Herz geöffnet, und wieder waren ihm Drogen und Alkohol wichtiger gewesen als seine Familie.

Am Boden zerstört nahm ich mir von der Arbeit frei, um in dem ganzen Festtagstrubel nicht allein dazusitzen. Leslie wollte mich überreden, zusammen mit den anderen in das neue Jahr 1992 hineinzufeiern, doch ich blieb zu Hause. Ich verbrachte einen ruhigen Silvesterabend in nüchterner Selbstbetrachtung. Bald wurde ich dreißig Jahre alt. Ich musste mein Leben in die Hand nehmen. Ich musste anfangen, meine Zukunft zu planen.

Auch wenn Tony mich enttäuscht hatte, hörte er nicht auf, sich um Justine zu kümmern, das musste ich ihm zugute halten. Am Morgen des 8. Januars traf er in der Wohnung ein, als ich gerade im Gehen war. Von beiden Seiten herrschte jetzt keine Feindseligkeit mehr. Mit dem endgültigen Zerfall unserer Ehe waren uns beiden alle Bitterkeit und aller Zorn aufeinander vergangen. Uns verband in dieser Zeit nur noch eine resignierte Traurigkeit. Er fragte mich, wohin ich so früh schon wollte.

„Einen Scheck abholen", antwortete ich. Ich hatte Monate zuvor einen Einsatz als Model abgeschlossen und wurde jetzt endlich dafür bezahlt. Dann wollte ich gleich weiter ins Büro fahren. Ich stand schon im Hof, als ich merkte, dass ich meinen Pass vergessen hatte. Die Buchhaltung hatte darauf bestanden, dass ich mich auswies, bevor sie mir einen Scheck über so viel Geld ausstellte.

Ich lief wieder nach oben, um ihn zu holen. Bevor ich ging, warf ich noch einen Blick ins Wohnzimmer. Justine saß auf Tonys Schoß, und er las ihr vor. Den linken Arm hatte sie an seinen Hals gelegt, und sie spielte geistesabwesend mit seinem Ohrläppchen, genau wie sie es bei mir machte, wenn ich ihr vorlas. Sie waren so sehr in die Geschichte vertieft, dass sie mich gar nicht bemerkten. Der Anblick versetzte mir einen Stich. Es war ein bittersüßer Schmerz. Mir wurde bewusst, dass ich weinte.

23

Santo Domingo, 8. Januar 1992

Ich hielt die Augen fest geschlossen und versuchte, das unablässige Sirenengeheul zu ignorieren, mit dem der Polizeikonvoi durch die Stadt raste. Ich versuchte, nicht an den grauenhaften Moment zu denken, als die schwerbewaffneten Soldaten unser Büro gestürmt hatten, oder an den Anblick von Gustavo, unserem Anwalt mit den „guten Verbindungen", wie er nach dem Stoß in den Bauch zusammengekrümmt am Boden lag und weinte. Ich versuchte, nicht an das blanke Entsetzen in Remos Gesicht während der Razzia zu denken oder daran, wie sich die schlimme Situation auf Roger und Carmine auswirken konnte. Beide waren schon älter; beide hatten gesundheitliche Probleme.

Stattdessen versuchte ich, Mut zu schöpfen. Offenbar hatte Tony den Firmenbus abgefangen, was bedeutete, dass unsere übrigen Mitarbeiter in Sicherheit waren. Ron wusste inzwischen bestimmt, dass sein Büro hochgenommen worden war. Vielleicht hatte er bereits erfahren, dass das FBI die Hand im Spiel hatte. So oder so wusste ich, dass er und Tony sich gemeinsam für unsere Entlassung einsetzten. Ich versuchte, mich mit dem Gedanken an Tony zu trösten, aber im Geiste sah ich immer wieder das gelbe Absperrband vor mir, und mir schauderte. Das FBI musste die Sache schon länger geplant haben. Hatte Tony überhaupt eine Chance, uns zu helfen?

Schließlich hielt der Transporter, und wir wurden mit gezückten Gewehren hinausgewinkt. Wir befanden uns mitten auf einem weitläufigen, staubigen Hof. Ein großer Betonbau beherrschte den trostlosen Platz. Weitere graue Bauten grenzten daran. Der ganze Komplex war von hohen, sonnengebleichten Betonblockmauern umgeben, unterbrochen nur von dem schwer bewachten Maschendrahteingang. Dem konstanten Dröhnen des Verkehrs entnahm ich, dass wir irgendwo in der Nähe des Stadtzentrums waren, auch wenn mir dieser abschreckende Ort vorher niemals aufgefallen war.

Wir wurden in ein kleines, ebenerdiges Gebäude geführt. Der Deckenventilator kämpfte vergeblich gegen den feuchten Mief an, der den Raum erfüllte. Am Eingangsschalter wies uns ein Wärter an, Name, Geburtstag und Nationalität in eine Kladde einzutragen.

„Was hat er gesagt?" Wie viele meiner Kollegen hatte Roger sich niemals bemüht, Spanisch zu lernen.

Ich übersetzte die Worte des Wärters, und wir bekamen die Handschellen abgenommen. Nachdem wir unsere Angaben in das dicke Buch eingetragen hatten, wurden wir in eine Arrestzelle gebracht. In dem muffigen Raum stand ein einzelnes Metallstockbett, das völlig verrostet war. Für Beleuchtung sorgten nur ein winziges Fenster und eine nackte Glühbirne.

Als die Gittertür zugeknallt war, begannen wir sofort, aufgeregt unsere Eindrücke auszutauschen. Wir waren uns alle einig, dass das FBI für die Razzia verantwortlich war.

„Aber das FBI hat hier keine Rechtsbefugnis!"

„Es sei denn ..."

„Es sei denn was, Remo?", fragte Carmine.

„Es sei denn, dass Drogen oder Mord im Spiel sind."

Ich lachte nervös.

„Na ja, wir ermorden doch niemanden. Und wir handeln auch nicht mit Drogen."

Ich blickte flehend zu Roger hinüber, damit der mich unterstützte. Selbst im Halbdunkel der Zelle sah ich die tiefen Sorgenfalten in seinem Gesicht.

„Meines Erachtens ist sich Agent Peterson nicht zu schade dafür, die Dominikaner anzulügen. Wenn er damit die Chance hat, uns zur Strecke zu bringen."

Das FBI ärgerte sich über den Erfolg unseres Offshore-Glücksspielunternehmens. Information Unlimited scheffelte steuerfrei Millionen von Dollar, und die amerikanischen Behörden konnten nichts dagegen unternehmen. Würden die Agenten so weit gehen, der Regierung eines anderen Landes Fehlinformationen über unsere Aktivitäten zu geben? Nach der Verachtung zu beurteilen, die im Blick des Kommandanten gelegen hatte, als ihm aufging, dass wir „nur eine banca" waren, war er offensichtlich getäuscht worden.

Ich versuchte, das eisige Gefühl im Magen zu ignorieren, und sagte: „Und wenn Peterson die Dominikaner belogen hat, was macht das schon? Sobald sie erkennen, dass wir mit Drogen oder Mord nichts zu tun haben, müssen sie uns gehen lassen!"

„Wach auf, Marisa! Wir sind hier nicht in Amerika!" Der harte Ton in Remos Stimme ließ mich zusammenzucken. „Hier gilt nicht die Unschuldsvermutung. Hier bist du nicht unschuldig, bis dir die Schuld nachgewiesen ist. Wir sind schuldig, bis wir beweisen können, dass wir unschuldig sind. Das kann ewig dauern."

Ich schaute mich in der düsteren Arrestzelle um. Die Aussicht, mehr als ein paar Stunden hier zu bleiben, traf mich hart. Wann würde ich Justine wiedersehen?

„Tony wird uns hier rausholen", sagte ich. Aber Remo hörte gar nicht hin. Er trollte sich auf die andere Seite der Zelle.

Von uns allen hatte Remo am wenigsten zu fürchten. Er war nur ein Koch. Wir anderen drei sahen wortlos zu, als er das Stockbett packte und es geräuschvoll über den Betonboden schleifte. Er stellte es unter das winzige Fenster und stieg hinauf, um nach draußen zu schauen.

Plötzlich schoss ein großes schwarzes Etwas aus dem Loch in der Wand, das Remo unabsichtlich freigelegt hatte. „Ratte!", kreischte Carmine. Den langen rosigen Schwanz gestreckt flitzte sie durch die Zelle und quetschte sich unter den Gittern hindurch. Der draußen Wache stehende Soldat lief hinter ihr her und stampfte mehrmals mit seinen schweren Stiefeln auf sie ein, bis sie nur noch ein Klumpen Blut und Fell war. Er trat den Kadaver in die Ecke, zündete sich eine

Zigarette an und ging davon. Blutige Fußspuren blieben zurück.

„Tony wird uns hier rausholen", wiederholte ich, bemüht, die widerliche Szene zu verdrängen.

„Ganz bestimmt", sagte Roger leise und legte den Arm um mich.

8

KRASSE ARMUT. Politische Instabilität. Allgegenwärtige Korruption. Mein Vater hatte sich alle Mühe gegeben, mich von dem Umzug auf die Insel abzubringen. Beim Anblick dieser schmutzigen Zelle fragte ich mich, ob ich vielleicht doch auf ihn hätte hören sollen. Die meiste Zeit meines Lebens hatte ich es verschmäht, Ratschläge von den beiden Menschen anzunehmen, die mich auf der Welt am meisten liebten. „Warum kannst du dich nicht etwas mehr wie ein Mädchen benehmen?", war ein Lieblingssatz meiner Mutter gewesen. Ich bekam ihn jedes Mal zu hören, wenn ich verdreckt oder mit einem blutigen Knie oder zerrissenen Sachen nach Hause kam. Ich war immer lieber auf Bäume geklettert oder hatte die Dächer der Nachbarhäuser erkundet, als zur Ballett- und Klavierstunde zu gehen. Ein Schild, auf dem „BETRETEN VERBOTEN" stand, weckte nur meine Neugier und reizte mich zu näherer Untersuchung. Ich war von jeher abenteuerlustig gewesen, und der Verlockung, das erste Offshore-Glücksspielunternehmen der Welt mit zu gründen, hatte ich nicht widerstehen können.

„Hört mal!", zischte Remo.

Wieder trafen Fahrzeuge ein. Wir hörten Autotüren schlagen und Befehle schallen. Schrittegetrappel tönte durch den Gang. Wir sprangen vom Bett und stellten uns neben Roger und Carmine an die Tür. Aller Mut verließ mich, als ich unsere Kollegen bedrückt herantappen sah. Die Tür ging auf, und sie traten der Reihe nach ein. Ich überflog die Gesichter – wenn Tony darunter war, saßen wir richtig in der Tinte.

Zum Glück war er nicht dabei. Aber Leslie. „Was läuft hier bloß?", weinte sie. Sie trug knappe weiße Jeansshorts und ein kurzes Top, das ihren flachen, braunen Bauch freiließ. Die Soldaten pressten bereits die Gesichter an die Gitterstäbe und begafften mit unverhohlener Lüsternheit die zierliche grünäugige Schönheit.

Ich nahm sie mit ans hintere Ende der Zelle. „Wie haben sie euch geschnappt?"

Bruce, ein anderer Wettannehmer, erzählte, wie Tony den Firmenbus angehalten und alle nach Hause geschickt hatte, wo sie auf weitere Instruktionen warten sollten. Der Fahrer sollte den übrigen Mitarbeitern ausrichten, dem Büro fernzubleiben.

„Und was ist dann passiert?"

Leslie wischte sich mit dem Handrücken die Tränen ab. „Dann ist Gustavo passiert."

Unser Anwalt hatte die Adressen sämtlicher Mitarbeiter in einem Firmenordner. Die Soldaten schleiften ihn von Wohnung zu Wohnung. Wenn unsere nichts Böses ahnenden Angestellten die Tür aufmachten, stürzten sich die Soldaten auf sie.

„Ich dachte, Information Unlimited wäre legal!", rief Bruce. Sein Ausbruch löste missmutiges Gemurmel bei den anderen aus.

„Ist es auch!", wandte ich ein. „Gustavo hat alles so geregelt, dass –"

„Dieser Arsch ist schuld, dass wir hier sind!"

Während die Mitarbeiter den Schock verdauten, im Gefängnis zu sitzen, spürte ich, wie die Stimmung unter ihnen rebellisch wurde. Ich stand Tony von allen am nächsten, und in seiner Abwesenheit erwarteten sie Antworten von mir. Aber ich hatte keine. Ich konnte nicht mehr tun als ihnen versichern, dass Tony die Sache bereinigen würde. Sie hatten Angst. Alle hatten wir Angst. Und Leslie in ihrem spärlich bekleideten Zustand war hier in echter Gefahr.

Roger bemühte sich nach Kräften, die Leute zu beruhigen. Etwas später trat er zu Leslie und mir ans Stockbett. Er senkte die Stimme. „Hört mal, wir haben beschlossen, dass wir euch Frauen am besten ganz aus dieser Sache raushalten. Marisa, du warst im Büro, um deinen Freund zu besuchen." Er zeigte auf Remo, der ein Nicken andeutete. „Leslie, du machst hier Ferien. Beide habt ihr mit dem Büro nicht das Geringste zu tun. Ihr habt niemals dort gearbeitet. Ihr wisst gar nichts über Information Unlimited. Kapiert?"

Remo lachte bitter und schüttelte den Kopf. „Sie werden uns so lange verhören, bis wir ihnen sagen, was sie hören wollen."

Leslie fing an zu weinen. „Vielen Dank, Remo", fauchte ich.

Ich ärgerte mich zwar, dass Remo kein Blatt vor den Mund nahm, aber ich vermutete auch, dass er recht hatte. Niemand kannte sich mit den Gepflogenheiten auf der Insel so gut aus wie er. Er hatte vor uns schon jahrelang hier gelebt.

Die Hauptverkehrszeit war längst vorbei. Die Straßen waren ruhig, und wir hörten aus weiter Entfernung Sirenen nahen. Noch mehr Gefangene wurden in die Zelle gebracht. Nervös rechneten wir damit, dass unsere letzten Mitarbeiter dazukamen. Stattdessen betraten sechs Fremde die Zelle, angeführt von einem brutal aussehenden Hünen. Seine Schultern waren breit und muskelbepackt, und seine Nase sah aus wie schon mehrmals gebrochen. Seine eng stehenden Augen huschten durch den Raum. Ohne uns zur Kenntnis zu nehmen, führte er seine Entourage in die hintere Ecke der Zelle.

„Wer sind die denn?", murmelte Carmine und beäugte sie misstrauisch.

„Der Große ist Sonny LoBue", flüsterte Roger. „In San Francisco ansässig. Wenigstens früher mal."

„Wusstest du, dass es hier ein anderes Wettunternehmen gibt?", fragte ich mit einem kurzen Blick auf LoBues Männer.

Roger schüttelte den Kopf. „Nein. Aber sagen wir mal, LoBue ist nicht ausschließlich im Wettgeschäft tätig."

„Vielleicht ist das ja die Erklärung", flüsterte ich hoffnungsvoll. „Das FBI ist wahrscheinlich hinter denen her."

Zwei Polizeibeamte erschienen, dahinter der Wärter. Er las mehrere Namen vor. Drei von uns traten vor, und mir hüpfte das Herz, als die Tür aufging und sie hinausgeleitet wurden. Das aufgeregte Gemurmel in der Zelle schwoll an. Ein paar Minuten später erschienen der Wärter und die Beamten erneut, und der Vorgang wiederholte sich. Diesmal jubelten wir und klatschten uns ab, als die Kollegen hinausgebracht wurden, vermutlich in die Freiheit.

Sonny und seine Männer beobachteten das Geschehen missmutig. Ich hatte recht – die Polizei war wirklich hinter Sonnys Bande her. Als ich sah, dass Remo immer noch auf dem Stockbett hockte und trübsinnig zum Fenster hinausschaute, winkte ich ihm, zu uns zu kommen, doch er schüttelte den Kopf. Ich kletterte zu ihm hinauf.

„Was hast du?"

Er deutete stumm mit dem Kopf zum Fenster. Unsere Kollegen wurden ans hintere Ende des Hofes gebracht. Sie trugen wieder Handschellen. Das Gebäude, auf das sie zugingen, war ein großer Betonkasten mit Gittern vor den Fenstern. Sie wurden nicht freigelassen. Sie wurden inhaftiert.

Hinter uns lachten und schwatzten die Leute weiter aufgeregt. Ich sagte nichts. Es hätte keinen Sinn gehabt, ihnen diesen flüchtigen Glücksmoment zu nehmen. Ich legte den Kopf an Remos Schulter und unterdrückte die Tränen, die mir in den Augen brannten. Es war ein langer, furchtbarer Tag gewesen, und langsam verlor ich die letzte Hoffnung.

„LoBue, Anthony."

Sonny löste sich von seinem Rudel und begab sich zur Tür. Als er an den Stockbett vorbeikam, wandte er sich mir zu.

„RB", knurrte er. Dass er mich mit meinem Spitznamen anredete, bestürzte mich; ich kannte den Mann überhaupt nicht. „Sag Tony, er soll auf der Hut sein", sagte er, „denn Sacco will ihn reinlegen."

Bevor ich etwas erwidern konnte, war er schon zur Zelle hinaus.

Remo schaute konsterniert. „Du kennst den Kerl?"

„Nein! Ich habe ihn noch nie gesehen!"

„Na, er weiß jedenfalls, wer du bist. Wer ist Sacco?"

Ich holte tief Luft. Ich versuchte immer noch, dahinterzukommen, warum ein Mobster so etwas zu mir sagte. „Unser Boss."

Remos Stirn legte sich in Falten. „Ich dachte, Tony wäre der Boss."

„Ist er auch", sagte ich. „Aber Sacco ist Tonys Boss."

Remo wandte sich ab, um wieder aus dem vergitterten Fenster zu schauen, und seine Miene war noch besorgter als zuvor. Ich hätte gern mehr gesagt, aber ich wusste nicht, wie Sonny LoBue meinen Namen oder sonst etwas erfahren hatte. Ich wusste nur, dass Ron Tony niemals hintergehen würde.

Die Zelle leerte sich weiter, bis nur noch Leslie, Remo und ich übrig waren. Ich hatte die schwache Hoffnung, dies könnte bedeuten, dass wir doch noch freigelassen wurden. Leslie und ich waren die einzigen Frauen in der Gruppe, und Remo war bloß der Koch.

„Grayson, Remo."

Remo verließ seinen Wachposten auf dem Stockbett und würgte ein „Macht's gut" heraus, als ob er uns niemals wiedersehen würde. Ich umarmte ihn, aber er ließ es einfach regungslos geschehen. Er schlich davon wie ein Verurteilter, und die Tür fiel mit einem schweren Schlag ins Schloss.

Die Wärter pressten wieder die Gesichter an die Gitterstäbe. Einer von ihnen klapperte mit den Schlüsseln dagegen. „*¡Ven acá, pequeñita!*", rief er, und die anderen lachten. Mit weit aufgerissenen Augen blickte Leslie zu ihnen auf. Wir waren allein und vollkommen wehrlos.

Ich zog sie dicht an mich. „Beachte sie gar nicht", flüsterte ich.

„Constanza Girl", flötete einer mich in gebrochenem Englisch an,

„willst du lutschen mein Schwanz?"

Ich zog mir die Baseballmütze tiefer ins Gesicht. Leslie fing an, leise zu weinen, was die Wärter nur noch mehr in Fahrt brachte. Gefühlte Stunden saßen wir in dieser leeren Zelle und mussten mit anhören, wie sie uns Obszönitäten zuschrien.

Die Schmähungen hörten abrupt auf, als zwei Polizisten in Zivil erschienen. Laute Begrüßungen wurden gewechselt, und die Wärter zerstreuten sich schnell.

Leslie und ich wurden in das bedrückende mehrstöckige Gebäude geführt. Wir stiegen eine schmale Außentreppe hinauf und gingen dann innen einen Betonkorridor entlang, in dem flackernde Lichter brannten. Wir bogen um eine Ecke und befanden uns in einem hell erleuchteten offenen Bereich. Zwei Männer saßen hinter einem Schreibtisch, in einen chaotischen Berg von Papieren vertieft. In dem Durcheinander stapelten sich die Aktenmappen am Boden hüfthoch. Ich begriff, wie leicht ich in einem solchen antiquierten System verschollen gehen konnte.

Und doch hatte die Art, wie die Männer methodisch Papiere ablegten, beinahe etwas Beruhigendes. Es war eine stumpfsinnige Routinetätigkeit. Außerdem hatte man uns keine Handschellen angelegt, was ich für ein gutes Zeichen hielt. Ich schöpfte Hoffnung, dass man uns freilassen würde. Wir wurden angewiesen, uns auf eine Holzbank zu setzen.

„Ich glaube, die werden uns gehen lassen", flüsterte Leslie, als könnte sie meine Gedanken lesen.

„*Ruhe!*", herrschte uns einer der Männer hinter dem Schreibtisch an. Ich schlug die Augen nieder und blickte auf den Fußboden.

Leslie stupste mich an und deutete auf ein Schild, das über einer schlichten braunen Tür hing. Auf Spanisch stand dort: „*Was hier vorgeht, ist geheim und bleibt innerhalb dieser Mauern.*" Als ich das las, bekam ich heftiges Herzklopfen. Obwohl die Dominikanische Republik mittlerweile eine Demokratie war, hatte sie eine blutige neuere Geschichte autoritärer Herrschaft. Zu den weitverbreiteten Menschenrechtsverletzungen gehörte der nicht ungewöhnliche Vorgang, dass Leute einfach „verschwanden".

Die Minuten schleppten sich dahin, und ich sank auf der Bank immer weiter in mich zusammen. Ich hatte in den neun Stunden seit unserer Festnahme nichts gegessen, nicht einmal einen Schluck Wasser getrunken. Plötzlich zerriss ein schrilles Klingeln die Luft, und ich schreckte hoch. Ein altes Telefon mit Wählscheibe wurde schleunig abgenommen, dann wortlos wieder aufgelegt. Der jüngere der beiden stand auf und trat auf mich zu. Er hatte eine Pistole im Gürtel stecken.

„Aufstehen!", befahl er und dirigierte mich zu der braunen Tür. Ich blickte zu Leslie zurück. Die Farbe wich ihr aus dem Gesicht, als sie begriff, dass wir getrennt wurden.

Die Tür schlug hinter mir zu. Der Raum hatte keine Fenster. Die einzelne nackte Glühbirne, die von der Decke hing, ließ mich an Gestapoverhöre in alten Schwarzweißfilmen denken. Die Wände waren eintönig grau gestrichen, der Fußboden mit Linoleumfliesen beklebt. Stühle flankierten einen leeren Schreibtisch, und daneben stand ein metallener Aktenschrank. Darüber hing das gleiche Schild wie draußen, das allen Geheimhaltung auferlegte. Über dem Schreibtisch hing ein kleiner, quadratischer Spiegel. Die Art, wie er das Licht reflektierte, kam mir irgendwie merkwürdig vor. Ich ahnte, dass es ein Einwegspiegel war. Ich setzte mich und wartete in der tiefen, beklemmenden Stille, fest überzeugt, dass ich beobachtet wurde.

Die Polizei hatte meine Handtasche, und sie enthielt reichlich Informationen über mich. Mein kanadischer Pass war darin, sie wussten also, dass ich häufig ein- und ausreiste. Außerdem war ein Umschlag darin, der einen Scheck und einen Prospekt des luxuriösesten Hotels auf der Insel enthielt. Der Scheck war die Bezahlung für meine jüngste Arbeit als Model. Der Prospekt war das Resultat dieser Arbeit – eine Hochglanzbroschüre mit Fotos von mir, wie ich sämtliche Annehmlichkeiten genoss, die das Fünf-Sterne-Hotel zu bieten hatte.

Ich verfluchte die unerwarteten Konsequenzen, die das Abholen des Schecks am frühen Morgen gehabt hatte. Als ich ihn schließlich ausgehändigt bekam, war es zu spät, um noch einmal zurückzukehren, deshalb war ich vorzeitig ins Büro gefahren.

Ich versuchte, die Sache möglichst positiv zu sehen. Der Scheck musste für sie eigentlich Grund genug sein, mich freizulassen. Und jeder auf der Insel kannte mein Gesicht von dem allgegenwärtigen Constanza-Werbespot. Alle meine Papiere waren in Ordnung. Ich hatte das Recht, in der Dominikanischen Republik zu leben und zu arbeiten. Ich würde einfach die dumme Blondine spielen, die zufällig zum falschen Zeitpunkt am falschen Ort gewesen war.

Eine Stunde verging. Inzwischen hatte ich jeden Riss in der Decke und jede abgestoßene Ecke im Linoleumfußboden ausgiebig betrachtet, und ich hatte den eingetrockneten Blutfleck an der Wand registriert, rötlich braun auf der hellgrauen Farbe. Ich hatte den Verdacht, dass man ihn absichtlich dort gelassen hatte, um Inhaftierte daran zu erinnern, dass mit der Geheimpolizei nicht zu spaßen war. Mit der Zeit wurden meine Augenlider immer schwerer. Die Stille verstärkte meine Erschöpfung, und ich lehnte mich auf den Schreibtisch und legte den Kopf in die Hände. Mein letzter Gedanke, bevor ich in einen unruhigen Schlaf sank, war, dass Tony mich hier rausholen würde.

Ein Geräusch hinter mir ließ mich auffahren. Die Tür war aufgeflogen. „Sie sind nicht hier, um zu schlafen!"

Erschrocken und verwirrt setzte ich mich aufrecht hin. Ein Mann mit einer uralten Schreibmaschine ging um den Schreibtisch herum. Er stellte sie auf die Tischplatte und nahm mir gegenüber Platz. Er holte ein Blatt Papier aus einer Schublade, spannte es flink ein und setzte sich schreibbereit hin. Ich bemühte mich um einen klaren Kopf. Wie lange hatte ich geschlafen?

Ein anderer Mann in Offiziersuniform trat ein und schlug die Tür hinter sich zu. Der Mann hinter dem Schreibtisch sprang auf und salutierte. Der Offizier blickte mich finster an und befahl mir, die „L.A. Lakers"-Mütze abzusetzen. Ich hatte mir angewöhnt, sie zu tragen, seit die Constanza-Werbung gesendet wurde. Mit dem langen blonden Pferdeschwanz und der Sonnenbrille, die meine blauen Augen verdeckte, konnte ich mich in Santo Domingo unerkannt bewegen. Als ich jetzt die Mütze absetzte, fühlte ich mich ungeschützt und verletzlich. Ich blickte zu dem merkwürdigen Spiegel über dem Schreibtisch auf und fragte mich, wie viele Augenpaare mich wohl auf der anderen Seite beobachteten.

Energisch hin und her gehend rasselte der Offizier seine Fragen herunter. „Name? Geburtsdatum? Nationalität?"

Ich antwortete, so prompt ich konnte, obwohl mein Mund so trocken wie Sägemehl war. Das Klappern der Schreibmaschine tönte durch den Raum. Dann stellte er mir eine Frage, mit der ich nicht gerechnet hatte. „In welchem Verhältnis stehen Sie zu Mr. LoBue?"

Ich war sprachlos. Den ganzen Nachmittag hatte ich mir im Stillen meine Antworten vorgesagt und gedacht, ich wäre auf alle Fragen gefasst. Ich war darauf vorbereitet, ihnen von Remo zu erzählen, von Leslie, meiner Tätigkeit als Model oder sonst etwas, das für mein Empfinden den Eindruck bekräftigte, dass ich mit dem Unternehmen nur lose verbunden war. Aber Sonny LoBue?

Ich hörte einen Schrei, schwach, fern, aber ich wusste, dass ich ihn mir nicht eingebildet hatte. Er klang nach einer Frau. Er klang nach Leslie.

„In welchem Verhältnis stehen Sie zu LoBue?", wiederholte der Mann.

„Ich ... ich kenne ihn gar nicht!"

„Sie lügen! Wir wissen, dass sie mit ihm verheiratet sind!"

Ich blickte ihn fassungslos an. Das Gesicht des Offiziers war hochrot vor Zorn.

Was um alles in der Welt wurde hier gespielt? „Ich kenne den Mann überhaupt nicht!", beteuerte ich. „Ich habe ihn heute zum ersten Mal gesehen!"

Der Offizier schlug mit der Faust auf den Tisch, und ich prallte zurück. Er schob sein Gesicht ganz nahe an meines heran. „Sie sind seine Frau!", brüllte er.

Ich schüttelte den Kopf. „Nein! Nein, bin ich nicht!" Was für ein Albtraum war das jetzt? Meine Augen huschten zum Spiegel und den gesichtslosen Leuten auf der anderen Seite, die jede meiner Bewegungen verfolgten. Doch das Verhör hatte gerade erst angefangen.

24

ICH WAR SO MÜDE, dass ich nur noch nuscheln konnte. „Ich sage Ihnen die Wahrheit. Ich bin nicht mit Sonny LoBue verheiratet!"

Das Verhör ging jetzt schon mehrere Stunden. Trotzdem wollte der Offizier, der mich bestimmt schon das zehnte Mal nach meinem „Mann" Sonny LoBue befragt hatte, mir meine Aussage nicht abnehmen. Er baute sich drohend vor mir auf. „Wir wissen, dass er Ihr Mann ist."

Ich wandte den Kopf ab und blickte direkt in den Einwegspiegel. Ich hob die Hand und wackelte mit den Fingern, damit die Beobachter auf der anderen Seite es genau erkennen konnten. „Kein Ring!", schrie ich. „Sehen Sie? Kein Ring, kein Ehemann!"

Der Offizier schlug wieder mit der Faust auf den Tisch. „Sehen Sie mich an!", brüllte er.

Mir fielen fast die Augen zu. Meine Lippen waren trocken und rissig, und ich fühlte mich schwach und elend. Vierzehn Stunden waren seit der Razzia vergangen, und ich hatte keinen Tropfen Wasser bekommen. Ich fragte mich, wie lange das noch so gehen sollte.

„Ich brauche etwas zu trinken", krächzte ich. Es war nicht das erste Mal, dass ich darum bat, und meine Hoffnung, dass jemand darauf reagieren würde, war gering.

An dem Punkt in dem endlosen Verhör kam mir eine Erinnerung. Als ich mit den anderen in der Arrestzelle gewesen war und der Wärter LoBue aufgerufen hatte, hatte er ihn *Anthony* LoBue genannt, nicht Sonny. Vielleicht war das die Ursache der Verwechslung. Hatte einer der Mitarbeiter unter Zwang den Vernehmungsbeamten erzählt, ich sei „Tonys Frau"? Auch wenn wir geschieden waren, hatten die Kollegen – und Tony selbst auch – nie aufgehört, mich so zu nennen. Da die Polizei Anthony LoBue verhaftet hatte, ging sie etwa davon aus, dass es sich bei ihm um den fraglichen Tony handelte?

Obwohl mir immer klarer wurde, dass es so sein musste, hatte ich keine Ahnung, was ich mit diesem Wissen anstellen sollte. Ich konnte nichts sagen, was die Behörden auf die Spur des richtigen Tony gebracht hätte. Schließlich war er unsere einzige Hoffnung, hier wieder rauszukommen.

Während mein erschöpftes Gehirn diese Nuss zu knacken versuchte, beugte sich der Offizier wieder dicht an mich heran. Seine Kiefermuskeln arbeiteten, und er musterte mich eingehend. Bevor er mich wieder anbrüllen konnte, ging die Tür des Vernehmungszimmers auf.

Zwei Wärter traten ein. Der Offizier begrüßte sie mit finsterer Miene. Er trat vor den Einwegspiegel und gab denjenigen auf der anderen Seite mit Zeichen zu verstehen, dass er mich gern noch ein klein bisschen länger bearbeiten würde. Seine Bitte wurde abgelehnt. Es war ihm nicht gelungen, mir ein Geständnis abzupressen. Die Wärter hievten mich vom Stuhl. Meine Erleichterung über das Ende des Verhörs war jedoch nur von kurzer Dauer. Mir wurde klar, dass sie mich lediglich zu jemand anderem brachten. Zu einem, der wohl über andere Mittel verfügte.

Ich wurde den Korridor hinuntergeleitet. Als ich erschöpft und desorientiert stolperte, stießen die Wärter mich weiter. Ich wurde in ein helles, großes Büro geschoben und dort unsanft auf den nächsten Stuhl gepflanzt. Die Wärter salutierten vor den Männern im Raum und gingen dann ohne ein weiteres Wort.

Vier Augenpaare blickten mich an. Am Schreibtisch saß ein Offizier in voller Uniform. Eine Messingplakette wies ihn als Oberst Eduardo E. Rivera Muñoz aus. Zwei andere Uniformierte von niederem Dienstgrad flankierten ihn. Der Vierte war ein großer, dunkelhäutiger Dominikaner in einem senffarbenen Anzug, der eine Ray-Ban-Sonnenbrille trug. Er war spindeldürr und hatte scharfe, knochige Züge. Er lehnte hinter den uniformierten Männern lässig an der Wand.

Der Oberst griff in eine Schublade, holte eine Uzi-Maschinenpistole heraus und richtete sie auf mich. Das war vermutlich ein Versuch, mich einzuschüchtern. Alle vier Männer waren bewaffnet. Wenn sie mich töten wollten, hätte es eine einzelne Kugel aus einer Pistole getan. Die Vorstellung, dass sie mich mit einer Maschinenpistole zerfetzen würden, war lachhaft.

Enttäuscht von meiner ausbleibenden Reaktion legte er die Uzi auf den Tisch. Er wandte seine Aufmerksamkeit einer Aktenmappe zu. Während er darin las, bemerkte ich verärgert, dass der Inhalt meiner Handtasche auf den Schreibtisch geschüttet worden war. Bei der Vorstellung, welche Fragen nun bestimmt auf mich zukommen würden, raste mir das Herz.

Der Oberst nahm sich den auf mich ausgestellten Scheck über siebentausend Peso und prüfte ihn sorgfältig. Er gab ihn zur Begutachtung an die anderen weiter. Der Mann im senffarbenen Anzug griff sich den dabeiliegenden Prospekt und fing an, ihn durchzublättern. Ein Bild erregte seine Aufmerksamkeit ganz besonders. Mit einem peinlichen Kribbeln stellte ich mir vor, dass er das Bild von mir betrachtete, wie ich im Bikini am Pool saß. Ich fühlte mich plötzlich so ungeschützt, als würde ich nackt vor ihm sitzen. Ich spürte, dass ihm mein Unwohlsein Spaß machte. Als das Verhör losging, geriet ich bei meinen Antworten immer wieder ins Stocken, was teils an meiner Erschöpfung lag und teils an dem unablässigen, irritierenden Blick des Mannes mit der Sonnenbrille.

Es klopfte leise an der Tür, und jemand trat mit einem großen Tablett ein, das vollbeladen war mit Essen für den Oberst. Zwei Lakaien räumten eifrig den Tisch frei, um Platz für die üppige Mahlzeit zu schaffen. Ich schaute auf meine Uhr. Dreizehn Uhr vierzig. Mir knurrte der Magen, als sich der Duft von Hühnchen und gebratenen Kochbananen im Büro ausbreitete. Ich war gezwungen zuzusehen, wie der Oberst mit gutem Appetit speiste und mir dabei gelegentlich mit vollem Mund eine Frage stellte. Ab und zu nahm sich der Mann im senffarbenen Anzug vom Teller des Obersts ungefragt ein Bananenscheibchen, was mir verriet, dass er von allen im Raum den höchsten Rang bekleidete.

Als der Oberst alles verputzt hatte, setzte der Anzugträger die

Sonnenbrille ab und beugte sich vor. Erst jetzt bekam ich sein Gesicht richtig zu sehen, bemerkte die kantigen Schädelknochen, über denen sich straff die Haut spannte. Mir stockte der Atem, als ich seine Augen sah. Sie machten einen kranken Eindruck. Die Iris war trüb, und das Weiß hatte einen gelblichen Farbton. Zum ersten Mal redete er mich an. „Möchten Sie nach Hause gehen?", fragte er mich auf Spanisch.

Mit einer Stimme, die kaum noch ein Flüstern war, sagte ich: „Ja."

Er nickte. Sein Gesicht blieb ausdruckslos. „Möchten Sie mit mir nach Hause gehen?"

Mir war klar, dass ich mit meiner Antwort vorsichtig sein musste. Dass er sich diese Freiheit nehmen konnte, war ganz allein seinem Rang zu schulden. Auf Spanisch bedankte ich mich für das großzügige Angebot, lehnte aber höflich ab. Lange sagte er nichts. Dann begann er zu kichern. Die anderen folgten seinem Beispiel und stimmten nervös in das Lachen ein. Als alle vier lachten, löste sich kurzzeitig die Spannung im Raum.

Plötzlich meinte ich, hinter dem schallenden Gelächter der Männer noch etwas anderes zu hören. Leslies Stimme! Ich spitzte die Ohren. War ich schon so müde, dass meine Phantasie mir einen Streich spielte? Doch als das Gelächter abklang, hörte ich die Stimme wieder, und diesmal war klar, dass ich sie mir nicht einbildete. Ich blickte zur Tür, die nach dem Hereinbringen der Mahlzeit nicht wieder ganz geschlossen worden war. Draußen im Flur wimmerte Leslie und flehte jemanden an. Da machte ich mir den Moment der Ablenkung zunutze, sprang zur Tür und zog sie weit auf.

Als Leslie mich aus dem Büro stürzen sah, riss sie sich von ihrem überraschten Wärter los und lief auf mich zu. Ich packte sie mit aller Kraft, die ich noch besaß, und zerrte sie ins Zimmer. Ich setzte mich wieder hin und zog sie entschlossen auf meinen Schoß. Das Gelächter brach augenblicklich ab. Ein abwartendes Schweigen legte sich über den Raum.

Der überrumpelte Wärter kam hereingeeilt und entschuldigte sich tausendmal bei dem Mann im senffarbenen Anzug, den er mit General Hernández anredete. Der General betrachtete mich mit einem stählernen Funkeln in den trüben Augen. „Lassen Sie sie los!", sagte er.

Ich schlang die Arme um Leslie und schüttelte den Kopf. Ich dachte gar nicht daran, sie noch einmal aus den Augen zu lassen.

„Seien Sie vorsichtig", brummte der General. „Sie werden nach Hause gehen dürfen. Diese Frau jedoch bleibt hier." Er schnippte mit den Fingern, und der Wärter versuchte, mir Leslie zu entreißen. Sie klammerte sich an mich, als hinge ihr Leben davon ab.

„Nein!", beharrte ich. „Sie kommt mit, oder ich bleibe bei ihr! Ich gehe nicht ohne sie!"

Dass ich freigelassen wurde, konnte nur daran liegen, dass irgendjemand – höchstwahrscheinlich Tony – eine entsprechende Vereinbarung ausgehandelt hatte. Der General würde sein Bestechungsgeld erst bekommen, wenn ich wohlbehalten aus dem Gefängnis heraus war. Falls mein Instinkt mich nicht trog, dann hatte ich eine gewisse Verhandlungsmacht. Falls ich mich irrte, würde ich diesen Übertritt teuer bezahlen müssen.

In der angespannten Stille warteten die Männer ab, wie der General reagieren würde. Er entließ die Wärter, und ich entspannte mich ein wenig. „Jemand hat sich für Sie verbürgt", sagte er ausdruckslos. „Ich werde Sie bis morgen früh um halb sieben in seine Obhut geben, dann werden Sie beide zur weiteren Befragung wieder hier erscheinen."

Mein Pass lag zwischen den anderen Sachen aus meiner Handtasche auf dem Tisch. Ich schrie innerlich vor Erbitterung, als der General ihn nahm und einsteckte. An jedem anderen Tag hätte er sicher zu Hause im Safe gelegen. Aber durch einen dummen Zufall befand er sich jetzt im Besitz eines korrupten Generals, der mich soeben praktisch auf der Insel gefangen gesetzt hatte. Oberst Rivera schaufelte meine übrigen Habseligkeiten in die Handtasche zurück. Er reichte sie einem der Offiziere hinter ihm, dann rief er ein paar Wärter, und Leslie und ich wurden fortgebracht.

Wir wagten nicht, zu sprechen oder zu hoffen, dass es wirklich vorbei war, während wir durch ein Labyrinth von Gängen und Fluren geführt wurden. Wir hielten vor einer Tür, und dann wehte mir – herrliches Gefühl! – eine Brise ins Gesicht, als der Wärter sie öffnete. Wir traten hinaus und wurden dieselbe schmale Betontreppe hinuntergeführt, die wir viele Stunden zuvor hinaufgestiegen waren. Wir gingen an der Arrestzelle vorbei, in der ich Sonny LoBue zum ersten Mal im Leben gesehen hatte. Auf der anderen Hofseite war das Gebäude, in das man Remo und die anderen Mitarbeiter gebracht hatte.

Rogers beschlagnahmter roter Cherokee stand neben zwei schwarzen

Limousinen. Mitten auf dem Hof wartete ein bekannter alter, verbeulter AMC Pacer. Als wir näherkamen, blinkte er, und der Motor sprang an. Mir wurde ganz mulmig zumute.

„Ich glaube es nicht, dass Tony uns den zum Abholen schickt", sagte ich.

Ich war fast zu müde, um mich zu ärgern, und so krabbelten Leslie und ich auf den Rücksitz. Der Wärter zog das schwere Maschendrahttor auf und ließ Horacio Vargas mit uns passieren.

25

„Danke fürs Abholen", brach ich das verlegene Schweigen.

Der letzte Mensch auf der Insel, den ich an dieser ganzen Sache beteiligt wissen wollte, war Horacio. Und trotzdem saßen wir jetzt bei ihm im Wagen. Wenn Horacio unser Missgeschick auf irgendeine Weise ausnutzen konnte, sagte mir mein Bauchgefühl, dann würde er es tun. Warum hatte Tony nicht lieber Hauptmann García geschickt? Ich vermutete, es war ihm zu verdanken, dass wir mitten in der Nacht aus dem Polizeigewahrsam freigekommen waren.

„Hat Miguel für unsere Entlassung gesorgt?", fragte ich.

„Miguel García ist nur Hauptmann", sagte Horacio hochtrabend. „Er verfügt nicht über die Verbindungen, die man braucht, um Leute aus den Händen der Polizei freizubekommen. Ich habe für Sie gebürgt, auf Tonys Veranlassung hin."

Ich biss mir auf die Zunge. Er hatte für uns gebürgt? Der Mann kam ja nicht mal an den Rausschmeißern im Atlántico vorbei. Unsere Blicke trafen sich im Rückspiegel, und beide machten wir uns nicht die Mühe, unsere gegenseitige Abneigung zu verhehlen.

„Wenn das so einfach war, warum hat es dann so lange gedauert?", wollte Leslie wissen.

„Das ist nicht wichtig", wehrte er ab.

„Doch, ist es!", widersprach sie. „Noch ein paar Minuten, und ich wäre von einer Horde Gefängniswärter vergewaltigt worden! Es ist sehr wohl wichtig, verdammte Scheiße!" Von Schluchzern geschüttelt ließ sie sich zurücksinken.

„Es wird Ihnen nichts geschehen", sagte Horacio.

„Warum müssen wir dann morgen früh wieder dorthin?", fragte ich.

„Ich kann nicht wieder dorthin!", heulte Leslie. Aber wir mussten. Leslies Wohnung war bestimmt genauso durchsucht worden wie die aller anderen, und die Polizei hatte höchstwahrscheinlich auch ihren Pass konfisziert. Wir hatten keine Wahl.

Es gab keinen Strom, aber der Mond schien so hell, dass wir die kleinen Wellblechdachhäuser und Geschäfte an der zerlöcherten Avenida San Martín erkennen konnten. Wir hielten vor Comerciales Vargas und folgten Horacio ins Innere des kleinen Haushaltswarenladens. Tony, unverkennbar an seiner Silhouette, stürzte uns mit einer Lampe in der Hand entgegen und drückte mich fest an sich.

„Alles okay mit dir?", fragte er und sah mir prüfend ins Gesicht. „Wo ist Justine?"

„Bei Rosa. Sie ist in Sicherheit."

Bevor ich irgendetwas erzählen konnte, erklärte er mir, er müsse gleich zu einem routinemäßigen Treffen mit Ruth Gordon aufbrechen. Der Termin ließ sich nicht verschieben, aber von ihm in solch einem kritischen Moment allein gelassen zu werden, war niederschmetternd.

„Du fährst jetzt gleich?" Leslies Stimme klang panisch.

„Ich bin in zwei Tagen mit unserem Anwalt wieder da", versuchte er uns zu besänftigen. „Ich fahre mit Miguel nach Puerto Plata. Ich fliege von dort." Zu dem kleinen Flugplatz fuhr man vier Stunden auf einer halsbrecherischen zweispurigen Straße, aber da er fast ausschließlich von ausländischen Besuchern der Ferienorte an der Nordküste benutzt wurde, waren die Sicherheitskontrollen dort lax.

„Was wird aus uns?", fragte ich. In dem Moment fielen Scheinwerferstrahlen draußen auf die Straße.

„Es ist Miguel", bestätigte Horacio mit einem Blick aus dem Fenster. Er schloss die Tür auf und ließ den Hauptmann herein. Tony drückte Miguel herzlich die Hand.

Miguel wandte sich mir zu. „*Señora*", sagte er und musterte mich eindringlich. „*¿Todo bien?*"

Ich nickte stumm.

„Hör zu. Du und Leslie, ihr bleibt heute Nacht bei Horacio", erklärte uns Tony. „Er fährt euch am Morgen zum Polizeirevier. Wenn alles nach Plan läuft, kommen alle später am Tag wieder frei."

„Und wenn es nicht nach Plan läuft?"

Er grinste. „Zum Glück kennt Horacio jemanden beim Geheimdienst. Deshalb seid ihr auch jetzt hier und nicht in Haft. Die Polizei wird am Morgen eine Verlautbarung herausgeben, und dann kommen alle frei."

Ich warf Horacio einen Blick zu. Das Licht von der Lampe verzerrte seine Züge und verlieh ihm ein unheimliches Aussehen. „Ich muss Justine sehen", sagte ich. „Leslie kann bei mir bleiben, und morgen früh nehmen wir ein Taxi zum Polizeirevier."

„Nein, Marisa", sagte Tony. Doch ich blieb stur, und binnen Kürze stritten wir uns nach allen Regeln der Kunst.

„Ihr schlaft heute Nacht bei Horacio! Es ist sicherer", erklärte er kategorisch.

„Nein! Die Polizei hat meine Adresse nicht, deshalb ist es zu Hause genauso sicher. Ich muss Justine sehen!" Ich würde ohnehin nicht schlafen können. Es war halb drei Uhr morgens. In vier Stunden mussten wir wieder auf dem Polizeirevier sein.

„Horacio, fahr meine Frau nach Hause!", bellte Tony und begab sich mit Miguel nach draußen zum Mitsubishi. Horacio schloss rasch das Geschäft ab und eilte hinter ihnen her. „Wenn die Frauen nach Hause gehen, warum soll ich dich dann nicht zum Flugplatz fahren?", meinte er. „Sie werden bei Miguel in sicheren Händen sein."

Das erboste mich, statt mich zu besänftigen. Ich wusste ganz genau, warum Horacio angeboten hatte, mit an die Nordküste zu fahren: Falls Tony aus irgendeinem Grund nicht aus den Staaten zurückkehrte, würde Horacio den Mitsubishi einfach behalten, zumal der ohnehin schon auf seinen Namen zugelassen war. Ich wusste auch, dass es überhaupt keinen Zweck hatte, Tony meinen Verdacht mitzuteilen. Der Fahrerwechsel wurde vollzogen. Als Miguel gerade losfuhr, fiel mir plötzlich Sonny LoBues Warnung ein.

„Moment, halten Sie den Wagen auf!"

Ich wollte Tony Sonnys Mitteilung ausrichten, aber Horacios Coup hatte mich abgelenkt. Jetzt musste ich mit ansehen, wie der Mitsubishi laut röhrend und Kiesel spritzend in der Dunkelheit verschwand.

Ich ließ mir durch den Kopf gehen, was Sonny in der Arrestzelle zu mir gesagt hatte. Wie war der genaue Wortlaut gewesen? *„RB ... sag Tony, dass Sacco ihn reinlegen will."* Woher hatte er meinen Spitznamen gewusst?

Als wir zurück in der Stadt waren, hatte Leslie den Kopf an der Scheibe liegen und schlief schon halb. Ich war hellwach. Mich beschäftigte der Gedanke, dass die Polizei, wenn sie mein Auto beschlagnahmen wollte, einfach versuchen würde, die Schlüssel zu bekommen, bevor sie drastischere und kostspieligere Maßnahmen ergriff. Ich zog sie aus der Jeanstasche. „Miguel, würden Sie bitte beim Büro vorbeifahren?", bat ich leise, um Leslie nicht zu wecken.

Miguel stellte die Scheinwerfer aus, und wir krochen langsam vorwärts, bis wir an der Villa waren. Das Schild „Information Unlimited" war entfernt worden, aber sonst deutete kaum etwas auf die Razzia hin – lediglich ein paar Reifenspuren auf dem Rasen und ein paar Fetzen gelbes Polizeiband, das sanft in der nächtlichen Brise wehte. Mein Daihatsu parkte in der Auffahrt, genau dort, wo ich ihn stehen gelassen hatte.

„Ich kann nicht erkennen, dass jemand das Haus bewacht", sagte ich leise.

„Eigentlich müsste es jemand bewachen", meinte Miguel.

Er parkte ein paar Häuser entfernt, ließ aber den Motor laufen. So sehr ich auch schaute, ich sah keine Spur von einem Polizisten. Dabei fiel mir auf, dass die Auffahrt leicht abschüssig war. Wenn ich den Leerlauf einlegte, würde der Daihatsu rückwärts auf die Straße rollen.

Abgesehen davon, dass er mein einziges Transportmittel war, waren neue Autos in der Dominikanischen Republik ein Vermögen wert. „Warten Sie hier!" Ich machte die Tür auf und sprintete geräuschlos über die Straße.

Miguel sprang hinter mir aus dem Wagen. „¡Señora! ¡Señora!", zischte er ärgerlich.

Ich duckte mich und schlich zu meinem Auto. Es war keine Menschenseele zu sehen. Ich schloss auf, glitt auf den Fahrersitz, löste die Handbremse und trat auf die Kupplung. Der Daihatsu rollte rückwärts auf die Straße. Ich schlug ein und nutzte den Schwung, um an Miguel vorbei bis zum Ende des Straßenzugs zu rollen. Erst dann drehte ich den Schlüssel im Zündschloss und fuhr an den Straßenrand, wo ich auf den Hauptmann wartete.

Miguel schüttelte ungläubig den Kopf. Verwirrt und benommen setzte Leslie sich auf, und ich winkte ihr, zu mir herüberzukommen. Ich bedankte mich bei Miguel und verabschiedete mich.

Ich sauste auf der Avenida Sarasota nach Westen, vorbei am eleganten Eingang des Hotels Embajador, nur eine Meile von der Wohnung entfernt. Kurz darauf hielt ich vor dem Tor und wartete darauf, dass Pino es aufzog. Ich fuhr scharf links an dem üppigen Garten vorbei und stellte mich auf meinen Parkplatz, erleichtert, endlich wieder zu Hause zu sein.

Auf der Treppe nahm ich immer zwei Stufen auf einmal und konnte es kaum erwarten, die Tür aufzuschließen. Drinnen war alles wunderbar normal. Ich stahl mich auf Zehenspitzen in Justines Zimmer, und sie schlief friedlich. Ich streichelte ihr die Wange und musste mich beherrschen, sie nicht aufzuwecken.

„Wir sollten uns ein bisschen ausruhen", sagte Leslie hinter mir und gähnte. Ich gab ihr etwas anzuziehen, und sie schwankte zum Duschen und Schlafen ins Gästezimmer. Ich drehte das Scheibenschloss am Safe, entnahm fünf Hundertdollarscheine und Justines Pass und schloss den Safe wieder. Ich schrieb Rosa die Telefonnummer meiner Mutter auf, damit sie im Notfall dort anrufen konnte, und steckte die fünfhundert Dollar zusammen mit dem Pass in einen Briefumschlag.

Ich duschte kurz, stellte den Wecker auf halb sechs und fiel ins Bett. Meine Haare waren noch nass, als zwei Stunden später der Wecker ertönte. Ich wankte in die Küche, kochte eine Kanne Kaffee und hoffte, dass die starken dominikanischen Bohnen mir einen klaren Kopf verschafften. Ich zog Jeans und T-Shirt an, stopfte mir ein paar Peso in die Tasche und schlang mir eine Strickjacke um die Taille. Als der Dampf zischte, schenkte ich drei Becher mit Milch und Zucker ein. „Wach auf!", sagte ich sanft zu Leslie.

Ich schlich in Justines Zimmer und hatte Mühe, meine Gefühle zu bezähmen, als ich sie auf den Kopf küsste. Für Tränen blieb mir keine Zeit – Leslie und ich mussten in wenigen Minuten los. Ich schloss leise die Tür und ging nach oben, um Rosa zu wecken. Sie rieb sich den Schlaf aus den Augen, als sie eine Minute später nachkam. Ich reichte ihr einen Becher Kaffee und erzählte ihr, was am Vortag vorgefallen war. Dann gab ich ihr den Briefumschlag und die Schlüssel und erläuterte ihr, was für den Fall, dass es nicht wie geplant lief, zu tun war.

Leslie kam in die Küche, bekleidet mit einem meiner T-Shirts und einer Jeans, die sie aufgekrempelt und zugegurtet hatte. Ich rief im Hotel Embajador an, damit sie ein Taxi schickten, und wir verabschiedeten uns von Rosa und gingen nach unten. Es war ein klarer Morgen, und der Himmel war gerade vom ersten Morgenrot behaucht.

Der kleine colmado einen halben Häuserblock weiter machte gerade auf, und ich lief hinüber, um eine Zeitung zu kaufen. „Es steht nicht drin", rief ich Leslie zu, während ich die Seiten überflog. Hätte es keinen großen Bericht geben müssen, wenn die dominikanische Armee, der Geheimdienst und das FBI gemeinsam eine Razzia bei einem milliardenschweren amerikanischen Glücksspielunternehmen mit Sitz in Santo Domingo durchführten? Es machte mir Sorgen, dass nichts darüber gemeldet wurde. Fünfundzwanzig Amerikaner waren gerade verschwunden, und niemand wusste etwas davon.

26

Bei Tag sah das Polizeipräsidium völlig anders aus. Statt der drückenden Stille herrschte die lautstarke Geschäftigkeit einer staatlichen Behörde im normalen Alltagsbetrieb. Leute strömten im Wartebereich ein und aus, gaben Papiere ab, nahmen Akten mit und riefen Befehle. Kuriere kamen mit Briefen. Telefone klingelten unaufhörlich. Mehrere Männer liefen mit knisternden Polizeifunkgeräten den Flur hinunter. Es gab nicht mehr Grund, Angst zu haben, als bei der Kfz-Zulassung oder der Gemeindeverwaltung.

Leslie und ich warteten auf derselben harten Holzbank, auf der wir in der Nacht davor gesessen hatten. Obwohl wir kaum geschlafen hatten, waren wir hellwach. Ich spitzte die Ohren, ob vielleicht eine Bemerkung über Information Unlimited fiel, hörte aber nichts. Zu erleben, wie beschäftigt alle waren und wie sehr von anderen Dingen in Anspruch genommen, war beruhigend. Gar kein Zweifel, im Großen und Ganzen waren wir nur kleine Fische.

Je länger der Vormittag sich hinzog, umso mehr wich die Unruhe der Langeweile. Schließlich trat ein junger Dominikaner in Bügelfaltenhosen und Button-down-Hemd auf uns zu und stellte sich als Delgado vor, Jurist im Dienst der Policía Nacional. „Leslie Tomei", sagte er, „Señor Vargas wartet unten auf Sie."

Leslie schoss vor Erleichterung die Röte ins Gesicht, als er einen Wärter herbeirief, damit der sie aus dem Gebäude geleitete. Ich stand auf, weil ich erwartete, ebenfalls entlassen zu werden, doch Delgado schüttelte den Kopf.

„Marisa Lankester, Sie müssen mit mir kommen." Panik ergriff mich. Ich bemühte mich um einen neutralen, unbekümmerten Ton.

„Mir wurde gesagt, dass ich ebenfalls auf freien Fuß gesetzt werde, Mr. Delgado."

„Das FBI möchte mit Sie vernehmen."

Augenblicklich bekam ich einen trockenen Mund. Mit möglichst ungezwungenem Lächeln sagte ich zu Leslie, ich käme auch bald nach Hause. In angespanntem Schweigen gingen wir den Korridor entlang, bis sich unsere Wege an einem Quergang trennten. Wir umarmten uns. Dann gingen Leslie und ihr Wärter nach links – in die Freiheit – und Delgado und ich in die entgegengesetzte Richtung.

„Ich bin ein wenig verwirrt, Mr. Delgado", sagte ich, während wir weitergingen. „Mir wurde glaubhaft versichert, das FBI hätte in der Dominikanischen Republik keine Rechtsbefugnis."

„Rechtsbefugnis?", sagte er mit einem bitterem Beiklang in der Stimme. „Das FBI braucht keine Rechtsbefugnis. Es ist die mächtigste Sicherheitsbehörde der Welt. Wenn das FBI etwas will, bekommt es das auch."

Mir wurde mulmig. Das schwummerige Gefühl in der Magengrube verstärkte sich, als wir vor Oberst Riveras Tür anhielten. Delgado klopfte, und wir wurden hineingebeten. Ich machte mich auf einen Raum voller FBI-Agenten gefasst. Doch die einzigen Anwesenden waren Oberst Rivera und General Hernández. Delgado salutierte und ging.

„Nehmen Sie Platz", sagte Rivera. Seine Orden glänzten, als er sich auf dem Stuhl zurücklehnte. Hernández hielt sich wieder im Hintergrund. Die Sonnenbrille verbarg seine kranken Augen. Mir stockte das Herz, als ich vor mir einen Kassettenrekorder und einen bekannten gelben Wettschein sah.

Unser Büro war vor der Öffnungszeit durchsucht worden, eigentlich also hätten sämtliche Kassetten leer sein müssen. Die Kassetten wurden am Ende jedes Arbeitstages eingesammelt und an einem anderen Ort gelagert. Falls Information Unlimited abbrannte, hatten wir auf diese Weise Belege für sämtliche Wetten. Das Vorliegen eines Wettscheins konnte nur bedeuten, dass die entsprechende Kassette im Rekorder war. Jetzt bekam ich richtig Herzklopfen. Irgendwie musste es der Polizei gelungen sein, Tonys Safe zu öffnen, wo die Gewinnscheine aufbewahrt wurden. Dies war ein Beweis der erdrückendsten Art.

Riveras stählerne Augen bohrten sich in meine. Ohne den Blick von mir zu lösen, drückte er auf „Play". Auf einmal füllte meine Stimme den Raum. „RB", sagte sie.

„7802", sagte ein Spieler. „Was sagt ihr zu den Steelers?"

„Viereinhalb."

„Dann für mich den Dog für zehn."

„7802, ich notiere: San Fran plus viereinhalb für zehn Dimes."

Auf der Kassette ging es mehrere Minuten in ähnlicher Weise weiter: Meine Stimme nannte die Quoten und nahm eine Wette nach der anderen entgegen. Ich versuchte nicht zu leugnen, dass es meine Stimme war, und der Oberst fragte auch erst gar nicht. In weniger als fünf Minuten hatte sich alles Leugnen einer Beteiligung an Information Unlimited für mich erledigt. Rivera schaltete das Gerät aus.

Ich versuchte es andersherum. „Glücksspiel ist in der Dominikanischen Republik doch legal, oder? „

Rivera ignorierte die Frage. Ein kaltes Lächeln breitete sich auf seinem Gesicht aus. „Wie viel sind zehn Dimes wert?", fragte er.

Ich blickte zwischen Oberst Rivera und dem immer noch ausdruckslosen General Hernández hindurch. Ohne auf die Frage einzugehen, löste ich die Strickjacke, die ich mir um die Taille gebunden hatte. Die Klimaanlage im Büro lief auf vollen Touren, und mir war kalt.

Ich hatte gerade einen Ärmel übergestreift, als Hernández auf mich zuschritt und mir die Jacke wegriss. Seine Brutalität erschreckte mich. Er warf die Strickjacke in die Ecke, bevor er ruhig zurückging und sich wieder an die Wand lehnte. Mir zitterten die Hände.

„Zehntausend Dollar", sagte ich. Beide Männer konnten den Triumph über dieses Geständnis kaum verhehlen. Rivera beugte sich dichter an mich heran.

„Edwin Walker. Er hat für Information Unlimited gearbeitet?"

„Nein. Er war unser Kontaktmann bei Codetel. Wenigstens, bevor er entlassen wurde."

Offenbar kannten Hernández und Rivera Walker von der Lockvogelaktion, die ihrer Abteilung unsere einhundertachtzigtausend US-Dollar eingebracht hatte. Die Tatsache, dass das Geld nicht zurückgefordert wurde, hatte den Offizieren deutlich gemacht, wie lukrativ unsere Geschäfte sein mussten. Die Fragen, die nun kamen, betrafen die alltäglichen Abläufe bei Information Unlimited und besonders den Punkt, wie wir das Geld verwalteten.

Die Befragung ging weiter, bis wir draußen auf dem Flur Stimmen hörten. Rivera brach mitten im Satz ab, und Hernández handelte umgehend. Mit unerwarteter Kraft und Schnelligkeit sprang er durchs Zimmer, zog mich vom Stuhl und schleifte mich in eine Ecke. Er hielt mir den Mund zu und ließ seine Hand dort, während Rivera auf das folgende Klopfen hin in aller Ruhe zur Tür ging.

Da wurde mir klar, dass dieses Gespräch inoffiziell war. Rivera und Hernández wollten herausfinden, wie sie davon profitieren konnten, wenn sie das Unternehmen weiterlaufen ließen. Als Rivera die Tür aufmachte und die draußen stehenden FBI-Agenten begrüßte, erkannte ich Agent Petersons Stimme. Ich war nur wenige Meter entfernt, aber sie ahnten nichts. Rivera machte das Licht aus und schloss hinter sich die Tür, und Hernández und ich blieben im Dunkeln zurück. Der General hielt mich an die Wand gepresst, bis die Stimmen der Männer auf dem Gang verhallt waren.

Er legte mir die Lippen ans Ohr. „Kein Wort!", sagte er, bevor er mir die Hand vom Mund nahm. Er fasste mich am Arm und führte mich aus dem dunklen Büro. Wir gingen in der entgegengesetzten Richtung wie Rivera und die FBI-Agenten durch mehrere Flure zu einem Aufzug mit Schlüsselbedienung. Schweigend fuhren wir drei Stockwerke abwärts.

Unten angekommen gingen wir zügig durch weitere Flure, bis wir in eine große Halle gelangten. Die Türen und Flure davor waren schwer bewacht, ebenso die elegante Marmortreppe mit eisernem Geländer, die einen Stock höher führte. Es war eine chaotische Szene. In der Mitte der Halle saßen zwei Frauen hinter einem Schalter und bemühten sich nach Kräften, andrängende Massen von Menschen abzufertigen, die alle um ihre Aufmerksamkeit buhlten. Hernández führte mich an ihnen vorbei zu einer schweren Flügeltür. Unerwartet traten wir in die blendende Helligkeit hinaus. Ich schirmte die Augen gegen die Sonne ab und erkannte, dass das Gebäude dasselbe war wie in dem Film *Havanna*. Lena Olin ging genau diese Treppe hinunter, nachdem sie dort gefoltert worden war, und wurde unten von dem geduldig wartenden Robert Redford abgeholt.

Auf mich wartete leider nur Horacio. Er lehnte neben Tonys geparktem Jeep an der Wand. Mit wachsendem Ärger stellte ich fest, dass er nicht nur Tonys Auto benutzte, sondern auch sein Mobiltelefon in der Hand hielt.

Er kam Hernández entgegengeeilt.

„¡*Compadre!*", sagte er.

Dieser nahm ihn kaum zur Kenntnis. „Bring sie nach Hause!", sagte er und ließ meinen Arm los.

※

„LESLIE IST BEI Ihnen in der Wohnung", sagte Horacio, als wir uns meinem Wohnhaus näherten. „Sie beide müssen für die Angestellten Essen beschaffen, bis ich sie freibekommen kann."

„Warum?"

„Wir sind hier nicht in Amerika", sagte er naserümpfend. „In der Dominikanischen Republik sind die Familien für die Versorgung der Häftlinge zuständig."

„Gut." Ohne ein weiteres Wort stieg ich aus.

„Marisa!"

Ich blieb stehen und drehte mich um. „Versuchen Sie nicht, die Wohnung zu verlassen, und rufen Sie niemanden an", sagte er. „Die Leitung ist angezapft." Horacio schob die Sonnenbrille vor und schaute mich über den Rand hinweg an. „Bleiben Sie im Haus, bis Sie von mir hören."

„Wie soll ich dann den Angestellten Essen bringen?"

„Sie finden schon einen Weg."

Still vor mich hin schimpfend ging ich davon. López, unser Tagwächter, zog das Tor zurück, um mich einzulassen.

Meine unmittelbare Nachbarin grüßte mich fröhlich auf dem Weg zu ihrem Wagen mit Chauffeur, genau wie sie es an jedem anderen Tag auch getan hätte. Der Gärtner versorgte die Pflanzen im Hof, jemand anders wischte die Marmortreppe, alles wirkte wunderbar normal. Ich stieg die Treppe zu meiner Wohnung hinauf und klingelte. Rosas Gesicht floss von Erleichterung über, als sie die Tür aufmachte. Justine flog mir in die Arme. „*Café, por favor*", bat ich Rosa, denn ich hoffte, dass meine hämmernden Kopfschmerzen mit einer Tasse Kaffee leichter werden würden.

„Die Telefone sind angezapft", meinte Leslie zwei Kaffee später zu mir. „Du kannst die am andern Ende praktisch atmen hören." Justine saß auf meinem Schoß, während Leslie und ich eine Einkaufsliste für das Abendessen zusammenstellten. „Hat Horacio irgendwas angedeutet, wie lange die Jungs noch festgehalten werden?"

„Gar nichts."

„Mir hat er gesagt, ich soll hierbleiben, bis wir von ihm hören", sagte sie mit einem trockenen Grinsen.

„Dasselbe hat er mir auch gesagt." Ich warf ihr eine Baseballmütze zu. „Lass uns gehen."

Leslie folgte mir nach unten, und wir stiegen in meinen Daihatsu. López machte das Tor auf, und ich fuhr hinaus und vorsichtig bis zum Straßenrand, um nach dem Verkehr zu schauen. Plötzlich hielt mit kreischenden Bremsen direkt vor mir ein Auto und versperrte uns den Weg.

„Geht's noch?"

Ein Mann sprang heraus, lief zur Fahrerseite und riss meine Tür auf. Ich erkannte ihn sofort. Ich hatte ihn im Polizeipräsidium gesehen.

„Zurück!", brüllte er. López kam durchs Tor gelaufen, um mir zu Hilfe zu eilen. Er hatte gerade mal drei Schritte getan, als ein zweiter Beamter aus dem Wagen sprang und seine Waffe auf den entsetzten Wachmann richtete.

„Okay, okay!" Ich setzte langsam zurück.

Der Mann folgte mir in den Hof. Er machte wieder die Fahrertür auf und sagte: „*¡Dame la llave!*" Ich tat so, als würde ich nicht verstehen.

„Gib ihm den scheiß Schlüssel!", schrie Leslie, und ich händigte ihn widerwillig aus.

Er sah mich kopfschüttelnd an, als er ihn einsteckte. „Sie dürfen nicht wegfahren", erklärte er einfach, dann drehte er sich um und ging davon.

López wirkte erschrocken und verwirrt, als er das Tor wieder schloss. „Ich dachte, die wissen nicht, wo du wohnst", stöhnte Leslie.

„Bis jetzt wussten sie es auch nicht. Dieser Scheißkerl Horacio hat sie hergeführt!"

Jetzt waren wir gefangen. Wir durften das Gelände nicht verlassen. Bei dem Gedanken wurde mir eiskalt. Als General Hernández mir gestern den Pass abgenommen hatte, war ich in Sorge gewesen, weil ich das Land nicht mehr frei verlassen konnte. Jetzt konnte ich nicht einmal mehr meine Wohnung frei verlassen.

27

NEUN LANGE TAGE waren seit der Razzia vergangen, und um unsere Mitarbeiter zu verpflegen, mussten Rosa, Leslie und ich im ständigen monotonen Wechsel kochen und abwaschen, kochen und abwaschen. Dicht gedrängt standen wir zu dritt in der Küche, um am laufenden Band Nudel- und Reisgerichte, Sandwiches und Nachtisch für fünfundzwanzig Männer zu produzieren. Es war das reinste Chaos. Der Fußboden war mit Lebensmitteltüten und Gemüsekartons übersät. Die Schränke platzten aus allen Nähten. Der Kühlschrank quoll über von Lebensmitteln, auf dem Küchentresen blieb kaum noch Arbeitsfläche.

„Wir müssen das besser organisieren", sagte ich, während ich in dem Durcheinander nach einem Päckchen Lasagnenudeln stöberte.

„Scheiße!", schimpfte Leslie und ließ das Messer fallen, weil sie sich beim Zwiebelhacken geschnitten hatte. Sie nahm den blutenden Finger in den Mund und zischte: „Ich hasse das!" Dann stürmte sie davon, um ein Pflaster zu finden.

Rosa übernahm das Zwiebelschneiden, während ich nach den Kuchen schaute. Als ich die Backofentür aufmachte, verbreitete sich der Duft warmer Schokolade und biss sich mit dem Geruch von

Knoblauch und Butter. Man bekam kaum Luft in der Küche. Alle vier Platten waren an, und durchs Fenster wehte nicht die kleinste Brise.

Leslie litt am meisten unter dem eingesperrten Zustand. Ihr Leben außerhalb des Büros bestand sonst aus Ausgehen in schicker Garderobe und dann Tanzen bis in die frühen Morgenstunden. Jetzt saß sie in einer Wohnung fest und war zu einem scheinbar endlosen Einerlei undankbarer häuslicher Tätigkeiten gezwungen. Frisch verbunden kehrte sie in die Küche zurück und stellte die gleiche Frage wie jeden Tag.

„Wie lange müssen wir das noch machen?"

Aber ich kannte die Antwort nicht. Ich wusste nur, dass die Polizei vierundzwanzig Stunden am Tag draußen vor dem Tor Posten stand. Die Telefone wurden überwacht, und wenn wir kein Essen heranschafften, bekamen unsere Kollegen nichts zu essen.

Zwei Tage nach den Festnahmen stand Information Unlimited dann doch noch auf den Titelseiten. *Listín Diario* und *El Siglo* berichteten beide, die Firma habe Waffen ins Land und Drogen in die USA geschmuggelt und sich dafür hinter der Fassade einer *banca* versteckt, eines Glücksspielunternehmens. Diese skandalösen Falschmeldungen kamen eindeutig vom FBI und hatten die gewünschte Wirkung: Den dominikanischen Behörden blieb nichts anderes übrig, als gegen uns vorzugehen.

Unsere Nachbarn stellten rasch den Zusammenhang her zwischen den Medienberichten und der Anwesenheit von Zivilbeamten draußen vor dem Tor. Ihre sonst so freundlichen Begrüßungen hörten auf, und ihre Kinder kamen nicht mehr, um mit Justine zu spielen. Bald ließ ich es bleiben, sie zum Dreiradfahren nach unten zu bringen, weil ich das Schweigen und die gesenkten Blicke meiner Nachbarn nicht aushielt. Ich konnte ihnen keinen Vorwurf machen. Sie hatten Angst. Die Geheimpolizei war dafür berüchtigt, jeden, der mit einem Kriminellen Umgang pflegte, zur Befragung mitzunehmen. Allein uns zu grüßen gefährdete ihre Sicherheit.

Leslie begann wieder, wütend Zwiebeln zu hacken. „Jetzt ist es schon über eine Woche." Sie knallte das Messer hin. „Ich dachte, Tony wollte mit einem Anwalt zurückkommen."

„Wird er auch!", erwiderte ich scharf. „Ich bin sicher, er tut alles, was in seiner Macht steht."

Tatsächlich hatte ich keine Ahnung, was mit Tony war. Er hätte eigentlich nach seinem Treffen mit Ruth Gordon zurückkommen sollen, aber ich hatte seitdem nichts mehr von ihm gehört, und in einer Situation, wo die Geheimpolizei jedes Gespräch mithörte, konnte ich auch niemanden anrufen. Ich machte mir schreckliche Sorgen.

„Weißt du denn, ob er überhaupt auf der Insel ist?"

„Ich habe keine Ahnung, wo er ist, Leslie. Nicht die geringste."

Fünfundzwanzig Männer dreimal am Tag mit Essen zu versorgen, erwies sich als unglaublich teuer. Rosa fuhr mehrmals am Tag mit dem Taxi los, um einzukaufen, und wir hatten bereits drei Propangastanks für den Herd verbraucht, dazu massenhaft Benzin für den Generator. Außerdem mussten wir die täglichen Essenslieferungen ins Gefängnis per Taxi bezahlen. Die Fahrer trieben ihre Preise in die Höhe zum Ausgleich für das Risiko, sich überhaupt mit uns abzugeben. Der Bargeldvorrat im Safe nahm rapide ab.

An dem Abend klingelte zum ersten Mal seit dem Anfang der Leidenszeit das Telefon. Ich erstarrte. Sollte ich drangehen? Die Polizei würde mithören. Leslie und Rosa erschienen auf das unaufhörliche Klingeln hin an meiner Seite. „Wer es auch sein mag, er weiß, dass wir hier sind", sagte Leslie.

Zögernd hielt ich mir den Hörer ans Ohr.

„Du kriegst Gesellschaft!", verkündete Tony. Dann war die Leitung wieder tot.

Leslie wollte fragen, wer es gewesen war, doch ich machte nur: „Pst!" Das unverkennbare Geräusch näher kommender Schritte wurde stetig lauter. Ich hatte die Haustür weit geöffnet, damit frische Luft in die Wohnung kam, uns trennte also nur noch das eiserne Türgitter von den Besuchern. Rosa nahm Reißaus und schloss sich in Justines Zimmer ein. Leslie packte mich am Arm. Einer nach dem anderen erschienen General Hernández, Oberst Rivera, der Jurist Delgado und zwei weitere Offiziere vor dem Gitter. Alle waren uniformiert, alle waren bewaffnet.

Als Rivera die Klinke des Gitters drückte, wich die Farbe aus Leslies Gesicht. Noch mehr Leute stampften die Treppe hinauf. Der Nächste, der in Sicht kam, war Horacio Vargas. Warum hatte er sie hergebracht? Ich war wütend. Der Oberst rüttelte wieder an der Klinke. Ich rührte mich nicht.

„Mach die Tür auf!", hörte ich Tonys Stimme, dann erschien er selbst. Ich versuchte, seine Miene zu deuten, doch sie war unergründlich. Nur

Erschöpfung sprach aus ihr. Vorsichtig trat ich vor und schloss auf.

Tony warf mir ein schwaches Lächeln zu. Aus der Nähe betrachtet wirkte er abgehärmt. Später sollte ich erfahren, dass Tony ohne unseren Anwalt Harold Fisher auf die Insel zurückgekehrt war, da dieser mit dem immer schlimmer werdenden Abwärtsstrudel in der Dominikanischen Republik nichts zu tun haben wollte. Stattdessen hatte Horacio Tony mit General Hernández bekannt gemacht, der versprach, sich für die Freilassung der Mitarbeiter einzusetzen – allerdings nicht ohne eine Gegenleistung. Tony musste in die USA zurückkehren, um mehr Geld zu holen.

Die Männer traten ein und folgten Tony auf den Balkon. Leslie und ich blieben zurück, doch Rivera winkte uns, dazuzukommen. Tony stellte eifrig Stühle um einen der Couchtische draußen, dann rief er übers Geländer gebeugt Pino herbei und warf ihm einen Hundert-Peso-Schein hinunter, damit er im colmado Bier kaufen ging.

Tony gab sich alle Mühe, den freundlichen Gastgeber zu spielen. Es war ein seltsames Schauspiel. Die unterschwellige Anspannung strafte das künstliche Lächeln auf den Gesichtern Lügen. Er machte auf Englisch Smalltalk, doch nur wenige seiner Gäste verstanden, was er sagte. Als Pino mit dem Bier kam, meinte Rivera, Tony möge doch noch etwas zu essen organisieren. Horacio rief auf Tonys Mobiltelefon das chinesische Restaurant im Hotel Embajador an.

Delgado sagte auf Spanisch: „Zu schade, dass Ihre banca nicht offiziell zugelassen ist." Horacio übersetzte das für Tony, der Gustavo für diesen kolossalen Patzer verfluchte. Tony vermied geflissentlich, mir in die Augen zu sehen, da er meine „Ich hab's dir ja gesagt"-Miene zweifellos mitgekriegt hatte. „Normalerweise ließe sich dieses Versäumnis mit einem einfachen Bußgeld regeln. Jedoch gekoppelt mit der Tatsache, dass viele Ihrer Angestellten mit Touristenvisa hier sind ... und einige zudem Vorstrafen haben ..." Delgado zuckte die Achseln. „Das FBI besteht darauf, dass wir sie abschieben."

„Ich habe mich in der Sache von mehreren Anwälten beraten lassen, und alle haben mir versichert, dass das FBI hier keine Rechtsbefugnis hat."

„Außer wenn Drogen oder Mord im Spiel sind", erwiderte Delgado.

„Ich habe mit beidem nichts zu tun. Womit rechtfertigen Sie dann die Razzia in meinem Büro – oder womit rechtfertigt sie das FBI?"

„Als das FBI uns mitteilte, dass LoBue in Waffen- und Drogengeschäfte verwickelt war, erklärten wir uns zur Zusammenarbeit bereit. Unsere Ermittlungen bezüglich LoBues Geschäften führten uns in ihr Büro in der Calle Salvador Sturla."

Tony beugte sich auf seinem Stuhl vor. „Ich kenne weder Sonny LoBue noch irgendjemanden, der mit ihm zu tun hat", beteuerte er.

Da fiel mir Sonnys Warnung wieder ein, aber ich hütete mich, sie in dem Moment zu erwähnen.

„Die Protokolle der Inlandstelefonate beweisen Verbindungen zwischen seiner Firma und Ihrer."

Hernández lehnte sich mit einem leisen Lächeln zurück, nachdem er diese Bombe hatte platzen lassen. Tony war von dieser Eröffnung genauso verblüfft wie ich. Spieler kontaktierten uns aus den Staaten über unsere 1-800er-Nummer. Wir hatten zwar eine Inlandstelefonnummer, aber nur eine Handvoll Leute kannten sie.

Tony schickte Pino noch eine Runde Bier holen, und die Atmosphäre lockerte sich. Wenigstens sah es so aus, als ständen wir alle auf derselben Seite.

„Unser Ziel ist es, einen klaren Trennstrich zwischen Ihnen und LoBue zu ziehen", fuhr Rivera fort. „Wir haben in Ihren Räumen weder Drogen noch Waffen gefunden, und mittlerweile steht fest, dass wir vom FBI getäuscht wurden. LoBue und einige seiner Männer werden sich in San Francisco für schwere Vergehen verantworten müssen, und wir werden sie abschieben, sobald wir unsere Ermittlungen abgeschlossen haben. Wir können Ihre Männer freilassen, sobald das FBI die Insel verlassen hat."

Tony hörte konzentriert zu, wie der Oberst die neue Vorgehensweise darlegte. Information Unlimited würde neu eröffnen ... unter der Leitung von Oberst Rivera. Weiterer Nachforschungen seitens des FBI würde sich General Hernández annehmen, der – genau wie die anderen anwesenden Offiziere – für seine Kooperation großzügig zu entschädigen war. Horacio würde neue Büroräume finden, weit entfernt von unserem gegenwärtigen Standort in der gutbürgerlichen Enklave Ensanche Naco und näher an der Avenida 30 de Marzo, einer Gegend, wo eine banca neben der anderen war. Darüber hinaus würde Horacio beim Sportministerium eine übliche Glücksspiellizenz beantragen, was Gustavo Flores versäumt hatte.

Tonys Mobiltelefon klingelte. Das Essen war abholbereit. Er nahm einen Tausend-Peso-Schein aus der Brieftasche und reichte ihn Horacio.

Als dieser zum Gehen aufstand, meinte General Hernández beiläufig, Tony können doch mitfahren und helfen. Mir stockte der Atem. Tony nahm von niemandem Befehle entgegen. Er gab Befehle; die anderen machten Besorgungen für ihn. Die beiden Männer fixierten sich. Ein beklommenes Schweigen legte sich über den Balkon. Ich wusste, dass Tony Leslie und mich niemals freiwillig mit der Geheimpolizei allein lassen würde. Als er aufstand und Horacio nach draußen folgte, wurde erschreckend deutlich, wer jetzt das Sagen hatte.

Niemand sagte ein Wort, als sie fort waren. Das einzige Geräusch war das Knarren des Stuhls, auf dem Hernández vor und zurück schaukelte. Dann beugte er sich vor, legte eine seiner leeren Bierflaschen flach auf den Couchtisch und drehte sie. Sie kreiste zweimal um die eigene Achse und blieb liegen, den Flaschenhals auf Rivera gerichtet. Abermals ließ Hernández die Flasche kreisen. Diesmal zeigte sie zwischen Delgado und einen der anderen Offiziere. Er drehte sie noch einmal, und sie zeigte auf Leslie, als sie langsam zum Stillstand kam. Die Männer kicherten.

Hernández grinste Leslie an. Ohne den Blickkontakt mit ihr zu unterbrechen, griff er wieder nach der Flasche und drehte sie, bis sie direkt auf mich deutete. Ich stand abrupt auf, denn seine Versuche, uns mit einem pubertären Flaschendrehspiel einzuschüchtern, widerten mich an. Ich marschierte in die Küche, ohne auf seine Rufe zu achten, ich solle zurückkommen und mich setzen. Tony und Horacio mussten bald wieder da sein, sagte ich mir. Das Embajador war nur Minuten entfernt.

Ich nahm eine Handvoll Messer und Gabeln und warf sie auf ein Tablett. Als ich nach den Tellern griff, nahm ich hinter mir eine Bewegung wahr. Ich wusste, ohne hinzuschauen, dass es Hernández war. Mein Atem ging flach, während ich Servietten und Teller abzählte und mich krampfhaft bemühte, in mein Tun vertieft zu erscheinen. Ich spürte, wie er langsam um den Küchentresen auf mich zuschlich wie ein Raubtier und mir den Fluchtweg versperrte.

„Wie geht es Ihrer Tochter?", schnurrte er und kam dabei immer näher. Der Abstand zwischen uns schrumpfte, und ich wich in die Ecke zurück und versuchte, meine Angst zu verbergen. Er pflückte eine Haarlocke von meiner Schulter und begann, sie spielerisch zwischen den Fingern zu zwirbeln. Angeekelt von seiner Nähe verzog ich das Gesicht. Ich roch seinen Atem, fühlte die Hitze, die von seinem Körper ausging. Am liebsten hätte ich ihn von mir gestoßen, aber mein Instinkt verbot es mir. Vom Balkon trieb Lachen herein, während Hernández weiter mit meinen Haaren spielte.

Da scholl Tonys Stimme die Treppe herauf. Er unterhielt sich mit Horacio im Ton einer schrecklichen, gezwungenen Heiterkeit, als müsste er unbedingt demonstrieren, dass es ihm gar nichts ausgemacht hatte, das Essen zu holen. Ich hörte das Türgitter aufgehen. Gewiss würde Hernández jetzt von mir ablassen. Der Geruch von chinesischem Essen trieb durch die Wohnung. Ich hörte Tony und Horacio das Essen auf dem Balkon abstellen und dann Tony über das Stimmengewirr hinweg fragen, wo ich war.

Hernández presste mich an den Tresen und schob sein Gesicht ganz nahe an meines heran. Ich wandte den Kopf ab und versuchte, ihn wegzuschieben, doch er hatte eine Haarsträhne von mir in der Hand und zog daran. Das Goldkreuz um seinen Hals schwang mir entgegen, als er mich wieder näher heranholte.

Tony war auf dem Weg in die Küche. Er würde den General mit bloßen Händen umbringen, wenn er sah, was hier geschah. Genau in dem Moment, als Tony um die Ecke bog, trat Hernández von mir zurück, nahm das Tablett vom Tresen und schritt seelenruhig an ihm vorbei zum Balkon.

„Was ist los, Babe?" Tony fixierte mich mit einem langen, scharfen Blick, während ich mich bemühte, meine Emotionen in den Griff zu bekommen. „Hat er dich belästigt?" Er erhob die Stimme. „Hat dieser Hurensohn dich etwa belästigt?" Als ich nicht antwortete, zischte er: „Ich knalle das Schwein ab!" Er stürmte zur Küche hinaus, um aus dem Safe in unserem Schlafzimmer meine Pistole zu holen.

Ich lief hinter Tony her, um ihn irgendwie zu stoppen. „Es ist nichts. Ich bin bloß müde." Ich wusste, dass die fünf schwerbewaffneten hohen Offiziere der Policía Nacional Tony nicht abschrecken konnten, wenn er der Meinung war, einer von ihnen hätte mich belästigt. Er würde in aller Ruhe vor sie treten und Kugeln in sie jagen, angefangen mit Hernández. Zwei oder drei würde er wahrscheinlich erschießen können, bevor er seinerseits erschossen wurde. Leslie und ich würden im Gefängnis landen und dort zweifellos von der ganzen übrigen dominikanischen Polizei vergewaltigt werden.

„Nicht!", flehte ich, klammerte mich an seinen Arm und versuchte,

MARISA LANKESTER

seine Finger vom Safeschloss wegzuziehen. „Bitte!" Ich schlang die Arme um ihn, doch sein Körper war steif, seine Miene entschlossen. Er schob mich weg und drehte weiter an der Einstellscheibe. Ich hörte, wie die Gruppe draußen über einen Witz lachte und wie Horacio uns rief.

„Denk an Justine! Denk daran, was mit ihr geschehen wird!"

Das drang schließlich zu ihm durch. Er hielt inne, atmete tief ein und aus. „Wenn einer von ihnen auch nur versucht, dich anzurühren, ist er tot."

Als wir auf den Balkon zurückkehrten, hatten die Offiziere sich schon die Teller mit dem Essen vollgeladen, das Tony gebracht hatte, und fraßen wie die Schweine am Trog. Schmatzend vertilgte Rivera mit fettigen Lippen ein Stück Ente. Mir war der Magen wie zugeschnürt, und ich konnte das Essen nur auf meinem Teller hin und her schieben. Während Tony ein Bier trank, spürte ich, wie dicht unter der Oberfläche sein Zorn gefährlich kochte. Er war es gewohnt, dass alles nach seinem Kommando lief. Sein Widerwille gegen diese neuen Verhältnisse war mit Händen zu greifen.

„Es gibt hiesige Polizisten, die ganz offiziell mit dem FBI zusammenarbeiten, und die werden das weiter tun, solange dessen Agenten hier sind", stellte Hernández klar. „Das lässt sich nicht ändern. Solange das FBI auf der Insel ist, werden unsere Leute vor Ihrer Tür bleiben", er hielt inne und warf Leslie und mir einen Blick zu, „und zwar zu Ihrem eigenen Schutz."

Dann wandte er sich direkt an Tony. „Unter den gegebenen Umständen ist es für Sie zu gefährlich, in der Stadt zu bleiben. Wir können Ihnen nicht helfen, wenn Sie vom FBI festgenommen werden."

„Ich weiß einen sicheren Ort, wo du bleiben kannst", schaltete sich Horacio eifrig ein.

Hernández nickte zustimmend. „Gut. Wir werden Sie benachrichtigen, wenn das FBI die Insel verlassen hat." Der General prostete Tony zu, lächelte freundlich und stieß gut gelaunt mit seinem neuen „*compadre*" an. Dann funkte er das vor der Tür stehende Auto an und erhielt grünes Licht zum Aufbruch.

Tony begegnete meinem Blick, und ich sah die Befürchtung in seinem Gesicht. Er drückte mir die Hand, sagte aber nichts und folgte den anderen nach draußen. Ich schloss das Gitter hinter ihnen ab, und Leslie und ich stießen einen Seufzer der Erleichterung aus.

Wir gingen auf dem Balkon zurück, um aufzuräumen. „Warum sind die hergekommen?", dachte Leslie laut nach.

Ich zuckte die Achseln. Zuerst hatte ich Horacio die Schuld gegeben, jetzt aber hatte ich Hernández in Verdacht, das Treffen inszeniert zu haben. Ich hatte das Gefühl, dass Tony über ihr Kommen nicht im Bilde gewesen war, was seine hastige Warnung erklärt hätte.

Wir spülten und trockneten das Geschirr ab und machten sauber, bis von den Offizieren keine Spur mehr zu sehen war. „Leslie", sagte ich, während ich noch ein letztes Mal über den Küchentresen wischte, „du musst mir einen Gefallen tun."

„Gern."

Ich nahm eine Küchenschere aus einer Schublade. „Du hast doch erzählt, du wärst zu Hause Friseuse gewesen", sagte ich und reichte sie ihr. Sie nickte. „Schneidest du mir die Haare?"

28

Justine strampelte mit Hochgeschwindigkeit auf ihrem Dreirad durchs Ess- und Wohnzimmer, zur einen Balkontür hinaus und zur anderen wieder hinein. Sie sauste an der Küche vorbei in mein Schlafzimmer, wo sie umdrehte und zur zweiten Runde startete. Sie wiederholte das Ganze ein ums andere Mal mit hochkonzentrierter Miene und strampelte einfach endlos weiter.

Wehmütig betrachtete ich ihre frischgeschorenen Haare. Sie war aufgewacht, hatte meine Kurzhaarfrisur gesehen und trotz all unserer Bemühungen, sie davon abzubringen, darauf bestanden, auch so einen Schnitt zu bekommen. Abermals hatte Leslie zur Küchenschere gegriffen, und Justines schöne rote Locken waren auf dem Boden gelandet.

Der entschlossene Ausdruck in ihrem kleinen Gesicht veränderte sich plötzlich. Hinter dem abgeschlossenen Eisengitter stand ein Fremder mit einem Polizeifunkgerät in der Hand und einer Pistole im Gürtel. Er war einer von mehreren Männern, die tagaus, tagein draußen vor dem Anwesen im Auto saßen. „Sie müssen mitkommen. *Ahora mismo*", sagte er kurz angebunden in einem Ton, der keinen Widerspruch zuließ.

„*Momento*", bat ich und machte einen Schritt Richtung Schlafzimmer, um mir etwas anderes anzuziehen als die Shorts, die ich trug.

„Sofort!"

Justine ließ ihr Dreirad stehen und warf sich mir in die Arme. Rosa eilte herbei, um sie zu trösten. Ich versicherte ihnen, ich sei bald wieder da, doch meine Stimme bebte, und Justine brach in Tränen aus. Rosa hielt sie fest, damit ich meine Schürze abnehmen und meine Flipflops anziehen konnte. Mit zitternden Händen öffnete ich das Gitter und folgte dem Polizisten nach unten.

An den Kreuzungen hielten die üblichen Straßenverkäufer Obst und Gemüse feil. Ein taubstummer Bettler grinste, als er mich erkannte. Sonst steckte ich ihm immer ein paar Pesos zu, aber heute blickte ich starr geradeaus. Abgesehen davon, dass ich kein Kleingeld bei mir hatte, war ich vor Angst fast von Sinnen. Was erwartete mich diesmal in den Räumen der Geheimpolizei?

Als wir am Polizeipräsidium vorbeikamen, fragte ich den Fahrer nervös, wo es hinging. Meine Frage wurde ignoriert. Bald darauf hielten wir vor einem imposanten Gebäude, vor dem uniformierte Wächter patrouillierten. Hoch oben stand groß *Palacio de Justicia*. Ich wurde an einem Sonntagabend ins Gerichtsgebäude gebracht. Wir stiegen aus, und beklommen folgte ich den Beamten eine breite Marmortreppe hinauf.

Dieses früher einmal stattliche Gebäude war jetzt in einem denkbar schlechten Zustand. Wir kamen in einen verwilderten grünen Innenhof, gesäumt mit Marmorbänken. Überall standen Büroräume leer. Die Männer führten mich einen langen Korridor hinunter auf eine überfüllte Zelle am anderen Ende des Gebäudes zu. Beim Näherkommen erkannte ich entsetzt, dass die Zelleninsassen Frauen waren.

Es war eine Szene wie aus dem Mittelalter. Kranke, verzweifelte Frauen belegten jeden Zentimeter des schmutzigen Zellenbodens. Einige lagen zwischen leeren Flaschen, Plastikbeuteln und ausgezogenen Kleidungsstücken auf dem nackten Beton. Die meisten saßen mit dem Rücken an der Wand und starrten uns ausdruckslos an, während wir auf sie zugingen.

Ich blieb abrupt stehen. Die Vorstellung, in dieses furchtbare Loch geworfen zu werden, erschütterte mich. Die Polizisten schoben mich weiter auf die Zelle zu, und mein Widerstreben wuchs mit jedem Schritt. Da bogen wir im letzten Moment nach links ab. Statt die Zelle aufzuschließen und mich hineinzuschicken, führten die Männer mich daran vorbei.

Ich wurde zu einer anderen Zelle gebracht, die voller Männer war. Eine verdreckte und verwahrloste Gestalt hockte am Gitter, den Kopf gesenkt, so dass ihm die schmutzigen, ungekämmten Haare übers Gesicht hingen. Als er uns kommen hörte, blickte er auf. Es war Danny.

Ihm fiel die Kinnlade herunter, als er mich sah. „Lieber Himmel!" Er sprang auf und drückte das Gesicht an die Gitterstäbe. „RB?"

Während ich ihn betroffen anstarrte, kamen zwei weitere Gestalten aus dem Dunkel hinter ihm ans Gitter geschlurft. Es waren Carmine und Roger. „Was machst du denn hier?"

Ich erkannte meine alten Kollegen kaum wieder. Carmine und Roger hatten beide zottige Bärte und waren in einem schrecklichen Zustand. Dann lösten sich auch die übrigen Jungs aus der Schar der Gefangenen heraus und drängten nach vorn. Ihre Kleidung war schmutzig und schlotterte ihnen am Leib. Schauderhafte Ausdünstungen schlugen mir entgegen. Ich konnte nicht glauben, unter welchen Bedingungen sie festgehalten wurden. Was war mit den sauberen Sachen passiert, die ich ihnen geschickt hatte? Und mit dem Shampoo, der Seife, den Rasierern?

„Wir wurden vor ein paar Tagen hierher verlegt", sagte Danny. „Es hieß, wir würden eine Geldstrafe bekommen und freigelassen. Aber seitdem haben wir nichts mehr gehört."

„Aber ich ... ich habe euch doch Seife und Kleidung geschickt ... und Unterwäsche ..."

„Uns hat niemand was gegeben."

„Und was ist mit Essen?"

Carmine, der ohne sein Gebiss krank und eingefallen aussah, murmelte: „Wir kriegen ein bisschen ..."

Ich hätte am liebsten geschrien. Dafür also hatten Rosa, Leslie und ich Tag für Tag in der heißen Küche geschuftet und große Essensportionen ins Gefängnis geschickt – damit wir einen Haufen korrupter Wärter und ihre Familien verpflegten. Unsere ganze Arbeit umsonst. Unser ganzes Geld zum Fenster hinausgeworfen. Es brach mir das Herz, dass die Jungs unter derart erbärmlichen Bedingungen gefangengehalten wurden. Sie mussten sich von aller Welt verlassen fühlen.

„Wann kommen wir raus?" Dannys Stimme zitterte vor Verzweiflung.

„Bald! Tony arbeitet mit der Polizei zusammen. Die ganze Zeit schon schicken wir euch alles Lebensnotwendige! Ich fasse es nicht – ihr habt nichts von alledem bekommen? Überhaupt nichts?"

„Man muss Geld für die Wärter beilegen." Roger, der immer so großen Wert auf seine äußere Erscheinung legte, sah jetzt aus wie einer der Bettler, die auf der Avenida Máximo Gómez die Autos umschwärmten. „Wenn man kein Geld beilegt, geben sie nichts an uns weiter."

Mein Blick überflog die verzweifelten Gesichter hinter den Gitterstäben. „Wo ist Remo?"

Roger schüttelte traurig den Kopf. „Das weiß niemand. Er ist ausgeflippt, als er im Polizeipräsidium die Zellen sah. Ich vermute, er hat Klaustrophobie. Sie brauchten vier Männer, um ihn zu überwältigen. Er hörte erst auf, sich zu wehren, als sie ihm die Spritze gaben –"

„Spritze?"

„Mordsdicke Nadel, direkt durch die Hose", fuhr Carmine fort. „Er fiel hin wie ein Stein, und sie schleiften ihn fort. Seitdem haben wir ihn nicht mehr gesehen."

Die Beamten waren anscheinend der Meinung, ich hätte genug gesehen. Sie nahmen mich am Arm und zogen mich vom Gitter weg. Carmine fasste mit zitternden Fingern meine Hand. Ich fühlte die dicke Fett- und Schmutzschicht auf seiner Haut.

„Bitte", flehte er, „du musst uns rausholen! Wir werden wahnsinnig hier drin!"

Die Beamten brachten mich zu ihrem Auto zurück. Meine Furcht verging. Dafür erfasste mich ein gerechter Zorn. Wie konnten sie sich einen derart eklatanten Machtmissbrauch erlauben? Unsere Mitarbeiter wurden brutal misshandelt, und weswegen? Und Remo? Er hatte nichts getan, was dieses grausame Schicksal verdient hätte. Auf der Fahrt plauderten die Polizisten vorn munter vor sich hin, völlig unbeeindruckt von dem Grauen, dessen Zeugen wir gerade geworden waren.

Ich wusste, wo es jetzt hinging. Ein Wächter machte das Tor auf, und wir fuhren auf den scheußlichen staubigen Hof des Polizeipräsidiums. Wir hielten neben Rogers beschlagnahmtem Cherokee. Die Männer führten mich die Treppe hinauf und durch ein Gewirr von Gängen in einen kleinen Wartebereich vor einem Büro. Einer der Männer klopfte an die Tür. Ich hörte die unverkennbare Stimme von General Hernández dahinter.

„¡Adelante!"

Er saß zurückgelehnt in seinem Sessel, die Füße auf dem Schreibtisch, und unterhielt sich am Telefon. In seiner Straßenkleidung wirkte er völlig normal und unbekümmert. Er deutete auf einen Stuhl, und ich setzte mich. Dann winkte er den Beamten, sich zu entfernen, und ich blieb mit ihm allein.

Hernández ignorierte mich und plauderte weiter. Sein Büro war größer und schöner möbliert als die seines Kollegen Rivera. Mehrere gerahmte Diplome hingen neben einem vollen Bücherschrank. Auf einem spiegelblanken Mahagonischränkchen hinter seinem Ledersessel standen ein Satz Kristallgläser und mehrere Flaschen mit teuren Spirituosen. Auf einem passenden Regal darüber lagen zwei FBI-Baseballmützen.

Ich konnte mich nicht entscheiden, wen ich mehr hasste: das FBI mit seinen Lügen und erfundenen Beschuldigungen oder die dominikanischen Polizei, die die Situation ohne jede Rücksicht auf die menschlichen Kosten zu ihrem Vorteil ausschlachtete. Mit wachsendem Zorn beobachtete ich, wie Hernández seinen Kaffee schlürfte und über eine amüsante Anekdote ins Telefon kicherte.

Ich fuhr ihn an, bevor er noch den Hörer richtig aufgelegt hatte. „Ihre Männer haben uns Sachen und Essen im Wert von mehreren tausend Peso gestohlen!", schimpfte ich. „Unser Koch Remo Grayson wurde von Ihren Männern geschlagen und unter Drogen gesetzt!" Dass er darauf überhaupt nicht reagierte, stachelte mich nur noch mehr an. Ich spulte die Liste von Ungerechtigkeiten herunter, die ich erlebt hatte, und ließ nicht das kleinste Detail aus. Ich schloss mit einem Vernichtungsschlag, wie ich dachte. „Ich werde die amerikanische Botschaft einschalten, wenn diese Situation nicht sofort behoben wird. Sofort!"

Der General nahm die Füße vom Schreibtisch, zog eine Schublade auf und entnahm einen Kassettenrekorder. Er stellte ihn zwischen uns auf den Tisch und drückte auf „Play". Wieder ertönte das Geräusch meiner Stimme bei der Wettannahme. Wollte er mich daran erinnern, dass ich am Wettbetrieb beteiligt gewesen war und dass ich dasselbe Schicksal wie meine Kollegen erleiden konnte?

Wie auch immer, mein Zorn verflog rasch, und abermals trat an seine Stelle die Furcht.

Hernández schaltete den Apparat aus. „Einer Ihrer Freunde muss dem FBI erzählt haben, dass Sie für Information Unlimited arbeiten, da die Kollegen so hartnäckig darauf dringen, Sie zu verhören", sagte er ölig. „Ich habe ihnen versichert, dass Sie nur ein Model sind, aber sie bestehen trotzdem darauf, mit Ihnen zu sprechen."

Plötzlich wurde mir eng in der Brust. Er stand auf, schenkte zwei Gläser Johnny Walker Black Label ein und stellte eines vor mich hin. „Gefängnisse sind in der Dominikanischen Republik heikle Orte für Frauen, vor allem für ausländische Frauen", sagte er ernst. „Sie werden wiederholt vergewaltigt und sogar zur Prostitution gezwungen. Wenn die Wärter genug von ihnen haben, werden sie zu den männlichen Gefangenen gebracht, und wer das höchste Gebot abgibt, kriegt sie. Es erstaunt mich, dass das FBI so erpicht darauf ist, Sie hinter Gitter zu bringen, wo die Leute doch wissen, wie schwer es für Sie ist, nach unserem Recht Ihre Unschuld zu beweisen."

Ich starrte ihn sprachlos an. Er drohte mir mit Gruppenvergewaltigung. Hernández nahm die Kassette aus dem Rekorder. „Erkennen Sie, wer Ihre Freunde sind, Marisa. Halten Sie sich an die." Er wedelte mir mit der belastenden Kassette zu. „Ich habe die hier vor dem FBI verschwiegen. Ihr Zorn sollte sich auf die FBI-Leute richten, nicht auf mich. Die sind für die Inhaftierung Ihrer Freunde verantwortlich."

Er legte die Kassette in eine Schublade und entnahm eine andere. Ein unpassend munteres und beschwingtes Merengue-Lied füllte den Raum. Er kam um den Schreibtisch herum und zog mich auf die Beine. Ich roch sein Parfüm, schwer und süß. Es strich mir mit den Fingern über den Nacken.

„Deine kurzen Haare gefallen mir", sagte er. „Sie bringen deine schönen blauen Augen zur Geltung."

Ich erstarrte am ganzen Körper. Eine Hand des Generals wanderte auf meinem Rücken nach unten, und er zog mich an sich. Mit der anderen Hand nahm meine, als forderte er mich zum Tanz auf. Er begann, die Hüften zur Musik zu schwenken. Während sein Körper sich an meinem bewegte, blieb ich völlig regungslos und war mir dabei der Drohung akut bewusst, die in der Luft hing.

„Warum so traurig?", fragte er heiter. „Ich dachte, es würde dich freuen, deine Freunde zu sehen." Das Lied hörte auf, und er ließ mich abrupt los und setzte sich auf die Schreibtischkante. Ich sank auf den Stuhl. Hernández griff nach dem Telefon und rief einen Wärter.

„Es ist Sonntagabend", sagte er. „Du solltest zu Hause bei deiner Tochter sein."

x

„Leslie ist fort", sagte Rosa, kaum dass ich zur Tür herein war. Sie hatte ihre Chance ergriffen und war geflohen, sobald die Polizisten mit mir abgefahren waren. Rosa hatte ihr etwas Geld gegeben. Natürlich war ich betrübt. Ich würde Leslie schrecklich vermissen, aber sie hatte richtig gehandelt. Jetzt, wo sie frei war, konnte sie uns vielleicht irgendwie helfen.

Rosa und ich nahmen unsere ermüdende Routine wieder auf, doch statt aufwendig gekochter Mahlzeiten beschränkten wir uns auf einfache Sandwiches, denen wir großzügige „Trinkgelder" für die Wärter beigaben. Am 19. Januar backte ich einen Kuchen für Danny, wie ich es immer tat, wenn ein Mitarbeiter Geburtstag hatte. Am Abend schickte ich dreißig Stück Schokoladenkuchen in den Palacio de Justicia – reichlich sowohl für die Wärter als auch unsere Mitarbeiter – und dazu Geld, um die Weitergabe zu gewährleisten.

Ich war noch dabei, in der Küche aufzuräumen, als es an der Tür klingelte. Ich schaute auf die Uhr. Es war fast elf, und ich hatte nicht vor aufzumachen. Rosa war schon lange ins Bett gegangen, und ich war todmüde. Es klingelte noch einmal. Und noch einmal. Ich stahl mich auf den Balkon und lugte über das Geländer in den Hof hinunter.

Ich traute meinen Augen nicht. Rogers roter Cherokee parkte unten neben meinem Daihatsu. Sie hatten ihn gehen lassen! Ich lief an die Tür, hocherfreut über diese unerwartete Wende. Ich riss die Tür auf und erschrak.

General Hernández stand draußen vor dem Gitter.

„Mach auf!"

Gelähmt vor Furcht rührte ich mich nicht von der Stelle. Er zog seine Pistole aus dem Halfter und zielte damit durch die Gitterstäbe auf mich.

„Mach die Tür auf, Marisa!"

29

DER MARMORFUSSBODEN WAR kühl an meinem zur Seite gewandten Gesicht und an meinen nackten Beinen und Armen. Ich konzentrierte mich auf die winzigen Stäubchen, die ich am Boden sah, und staunte darüber, dass ich die einzelnen Körnchen voneinander unterscheiden konnte.

Ein Schweißtropfen traf meine Wange. Angewidert drehte ich den Kopf so weit weg, wie ich konnte. Über mir stieß Hernández mit rhythmischen Bewegungen in mich hinein, wie von kalter Aggression getrieben. Sein Atem ging in kurzen, rauen Stößen.

Wie lange hatte er schon gewusst, dass er mich vergewaltigen würde? Ich dachte daran, wie er Tony „zu seinem eigenen Schutz" fortgeschickt hatte. Das musste mit zu seinem Plan gehört haben.

Er grunzte, und ich fühlte, wie sein Körper erschlaffte. Sein ganzes Gewicht drückte mich nieder, bis er von mir abließ. Es gab ein feuchtes Platschen, als er das Kondom vom Penis zog und auf den Boden warf. Dann raschelnde Geräusche, als er sich wieder ordentlich anzog, und schließlich seine sich entfernenden Schritte, das Klicken der Tür, das Quietschen des Gitters.

MEHRERE NÄCHTE SPÄTER klingelte es wieder an der Tür. Ich hatte mir eingeredet, dass Hernández nicht wiederkommen würde. *Nein, dachte ich, ich kann das nicht noch einmal durchmachen. Ich habe meine Lektion gelernt.* Meine Hände zitterten unkontrollierbar. Als ich nicht an die Tür ging, klopfte er mit der Pistole ans Gitter.

Hernández hatte die Macht, mich mit einem Fingerschnippen ins Gefängnis zu befördern. Dort wäre meine Lage unendlich viel schlimmer gewesen. Er würde mich von Justine trennen, ohne einen Moment zu zögern.

Ich lernte, damit umzugehen. Ich zwang mich, an andere Dinge zu denken, und ließ meine Augen umherschweifen. Während ich in einer dieser schrecklichen Nächte unter ihm auf dem Fußboden lag, erblickte ich in der Ecke ein kunstvolles Spinnennetz und nahm mir vor, es am Morgen wegzufegen.

Als ich später unter der eiskalten Dusche stand und versuchte, seine Spuren von mir abzuschrubben, fiel mir meine erste Begegnung mit Hernández ein. Ich erinnerte mich an die Selbstverständlichkeit, mit der er sich ungefragt Bananenscheiben von Oberst Riveras Teller genommen hatte. Jetzt fuhr er in einem Jeep, der ihm nicht gehörte, durch Santo Domingo. Der General war es offensichtlich gewohnt, zu bekommen, was er haben wollte. War das, was er mit mir machte, als Bestrafung gedacht? Oder tat er einfach, wozu er Lust hatte, weil er es sich leisten konnte?

Rosa wusste nichts von den spätnächtlichen Besuchen des Generals. Einerseits war es seltsam, dass ihr keine Veränderung an meinem Verhalten auffiel. Andererseits bestand unser Alltag aus endlos langen Arbeitsstunden voller Stress und Trübsal. Wir zwangen uns schon lange zu künstlicher Fröhlichkeit, um Justine nicht noch mehr zu belasten. Ich trug diese Maske seit Wochen, woran also sollte sie merken, dass sich darunter ein frisches Trauma verbarg? Auf jeden Fall war ich froh, nicht darüber reden zu müssen. Was mit mir geschah, demütigte mich tief. Wenn jemand anders davon gewusst hätte, wäre die Scham, die ich empfand, nur noch schlimmer gewesen. Ich war dankbar für den ununterbrochenen Kreislauf, in dem wir Mahlzeiten für die Gefangenen zubereiteten, sauber machten und uns um Justine kümmerten. Wenigstens tagsüber blieb mir wenig Zeit, mich damit zu beschäftigen, was mich erwartete, wenn die Sonne untergegangen war.

※

ICH HATTE MICH so sehr mit meiner Situation abgefunden, dass ich, als es eines Nachmittags an der Tür klingelte, einfach meine Schürze abnahm, mir meine Schuhe griff und zur Tür ging. Ich erwartete, dass die Polizei mich abholen kam, und ich wusste, dass es keinen Zweck hatte zu protestieren. Zu meiner Überraschung stand Domingo, der Firmenchauffeur, vor der Tür.

„*Hello, lady*", sagte er fröhlich. Er reichte mir einen Plastikbeutel mit Pesos und eine handgeschriebene Mitteilung von Tony. Domingo solle mir zur Verfügung stehen, solange die Mitarbeiter noch im Gefängnis saßen.

Nicht mehr auf Taxifahrer angewiesen zu sein war eine große Erleichterung, und ein zusätzliches Paar helfender Hände konnten wir tagsüber gut gebrauchen. Mit seiner unbeschwerten Fröhlichkeit lockerte Domingo die düstere Atmosphäre auf. Er freute sich wie ein Schneekönig, wieder einen Job zu haben und eine Gelegenheit, sein dürftiges Englisch zu üben. Durch Domingo erfuhr ich, dass unsere Mitarbeiter vom Palacio de Justicia ins Polizeipräsidium zurückverlegt worden waren. Er wusste nicht, weshalb, versicherte mir aber, dass sie es dort besser hatten. Sie säßen in einer „sehr geräumigen" Zelle, erzählte er mir.

„*Nur Americanos* dort", meinte er.

„Und Remo?"

Domino schüttelte den Kopf. „Nicht mehr Remo", sagte er, und mir brach schier das Herz vor Verzweiflung.

Mit einem Chauffeur, unbegrenzten Mitteln und einem abrufbereiten Kleinbus konnten wir dafür sorgen, dass unsere Leute alles bekamen, was sie brauchten. Wir schickten ihnen Trinkwasser in rauen Mengen, Matten, Kissen, Kleidung, Zigaretten und Toilettenartikel. Wir wuschen ihre Wäsche und nahmen Essenswünsche entgegen. Sie baten um Ventilatoren, Bücher, Zeitschriften und Alkohol. Eines Abends nahm Domingo mich beiseite und sagte, einige der Mitarbeiter verlangten nach Prostituierten. „Sie geben Domingo Pesos ... Domingo besorgt Frau für Amerikaner."

„Nein, kommt gar nicht in Frage!" Ich war entsetzt. Er erinnerte mich an die Drohung, die über meinem eigenen Kopf schwebte.

Die meisten Tage stand ich durch, indem ich einfach so tat, als wäre alles in Ordnung. Sobald jedoch die Sonne unterging, wuchs die Angst in mir. Wenn Justine und Rosa schließlich im Bett lagen, war mir so eng in der Brust, dass ich kaum atmen konnte. Während der häufigen Stromausfälle war es noch schlimmer. Wenn ich allein in der drückenden Dunkelheit saß und darauf lauschte, ob die Schritte des Generals die Treppe hinaufkamen, war mir zumute, als zählte ich die Minuten bis zu meiner Hinrichtung.

Ich versuchte mir zu sagen, dass ich mich nicht so anstellen sollte. Was war schon groß dabei? Jemand fickte mich gegen meinen Willen – na und? Wie oft war Tony betrunken nach Hause gekommen und hatte sich mir gewaltsam aufgedrängt? Ich schimpfte mit mir: *Sei nicht so melodramatisch! Werde erwachsen! Finde dich damit ab! Sei nicht so eine verdammte Memme!*

In meinen dunkleren Momenten stieg das Wort „Hure" aus den Tiefen meiner Seele auf. Ich wusste genau: Dass unsere Mitarbeiter verlegt worden waren, dass sie alles bekamen, was wir ihnen schickten, war ganz allein Hernández zu verdanken. Wie konnte ich von Vergewaltigung sprechen, wenn ich dafür eine Gegenleistung bekam?

Hure! Hure! Hure!

Eines Nachts, als Hernández gegangen war, zog ich den Stecker des Fernsehers und des Videorekorders aus der Wand. Ich stopfte sämtliche Filme, die wir besaßen, in einen Beutel, und ließ alles von Domingo zu den Inhaftierten bringen. Die Stimme in meinem Kopf meldete sich wieder: *Siehst du? Du bist ein Hure.*

Zeitweise hatte ich sogar das Gefühl, dass ich Hernández etwas schuldig war. Dass ich ihm dankbar sein sollte. Schließlich enthielt er dem FBI Beweise vor. Manchmal fragte ich mich, ob es anders gelaufen wäre, wenn ich ihn am Anfang mit mehr Respekt behandelt hätte. Die Gedanken machten mich ganz wirr im Kopf. Es kam vor, dass ich bei einer ganz alltäglichen Beschäftigung, etwa ein Sandwich machen oder Justines Sachen zusammenlegen, plötzlich innehielt, weil mich eine derart heftige Wut packte, dass ich am ganzen Leib zitterte. Wie konnte mir das passieren?

„Remo! Remo!"

Ich legte das Messer hin, das ich in der Hand hielt. Justine zerrte aufgeregt an meiner Schürze und deutete zur Tür. Es konnte nicht Remo sein, doch ich lächelte nachsichtig und ging trotzdem mit. Und da stand er.

Ich zog ihn hinein, schlang die Arme um ihn und drückte ihn, so fest ich konnte. „Ich wusste nicht, ob du lebst oder tot bist", flüsterte ich, ohne ihn loszulassen.

Remo löste sich aus meiner Umarmung und blickte mich betroffen an. „Was ist mit deinen Haaren passiert?" Er musterte mich von Kopf bis Fuß. „Lieber Himmel, bist du abgemagert!"

Ich ging nicht darauf ein. „Wie bist du an der Polizei vorbeigekommen?"

Remo zog eine laminierte Karte aus der Tasche und reichte sie mir. „Guck mal!"

Es war die Visitenkarte des subjefe der Policía Nacional, der Sánchez-Castillo hieß. „Ich verstehe nicht."

„Er wird als der nächste Polizeichef gehandelt. Er wurde in den Staaten ausgebildet, und er ist ein Reformer. Der Mann ist entschlossen, die Korruption bei der Polizei auszurotten."

„Da komme ich nicht mit."

„Dreh sie mal um!"

Auf der Rückseite stand in sauberen Schreibmaschinenlettern: *Der Inhaber dieser Karte, Remo M. Grayson, steht unter dem Schutz der höchsten militärischen und polizeilichen Obrigkeit.* Sie war gestempelt, datiert und persönlich unterzeichnet von Sánchez-Castillo.

Remo grinste. „Ich bin praktisch unangreifbar. Ich habe sie den Polizisten unten vorgezeigt, und sie haben vor mir salutiert."

„Aber das Letzte, was ich von dir hörte, war, dass du mit mehreren Wärtern gekämpft hast und ruhiggestellt werden musstest. Was ist passiert? Wie bist du rausgekommen?"

Remo seufzte schwer und nahm im Wohnzimmer Platz. „Ich bin in einer Zelle mit einem Haufen Dominikaner aufgewacht. Zwei Tage später kamen die Wärter mich holen. Ich dachte, sie bringen mich zu den anderen zurück, aber sie brachten mich stattdessen ins

Hauptgebäude."

„Zur Geheimpolizei?"

„Nein. In ein großes, gemütliches Zimmer, wo ich meinen Boss Demetrio im Büro nebenan mit jemandem lachen hörte. Bevor ich wusste, was los war, entschuldigte sich der viertmächtigste Mann im Lande bei mir für alles, was ich durchgemacht hatte." Remo bemerkte meinen verwirrten Blick und erzählte weiter. „Demetrio dachte sich, dass etwas nicht stimmt, als ich gar nicht mehr im Atlántico auftauchte. Ich war immer zuverlässig gewesen. Dann las er die Zeitung und zählte zwei und zwei zusammen. Er wusste, dass ich mit Drogen- und Waffenschmuggel nichts zu tun hatte. Er vermutete, dass ich als jemand mit der falschen Nationalität zur falschen Zeit am falschen Ort gewesen war. Er war nicht begeistert, als er erfuhr, dass ich schwarz gearbeitet hatte, aber das ist ja kein Schwerverbrechen." Nachdem er seine Geschichte erzählt hatte, fragte er, ob ich wisse, was in Tonys Safe gefunden worden war.

„Allerdings." Ich erinnerte mich an meinen letzten Besuch in Hernández' Büro. „Wettkassetten."

„Sämtliche Quittungen für die Küchengeräte waren auch dort, und sie waren alle auf meinen Namen. Ich erklärte Sánchez-Castillo, dass ich eingestellt worden war, um eine Firmenkantine aufzumachen, aber dass ich von den Aktivitäten dort nichts wusste. Die Angestellten hatten der Polizei schon die gleiche Geschichte erzählt. Doch das überzeugte sie noch nicht, mich gehen zu lassen. Meine Freiheit habe ich nur der Tatsache zu verdanken, dass Demetrio keine Ahnung hat, wie er seinen eigenen Nachtklub führen soll." Er lachte. „Deshalb rief er Sánchez-Castillo an. Sie waren Zimmergenossen an der University of Texas in El Paso. Demetrio bat ihn, sich meinen Fall einmal anzusehen. Demetrios Aussage und die Küchenquittungen retteten mich. Sánchez-Castillo gab mir diese Karte", lächelnd wiegte Remo sie in der Hand, „damit ich nie wieder zufällig verhaftet werde."

Es war großartig, endlich einmal etwas Positives zu hören. Remo war nach der Razzia so niedergeschlagen und pessimistisch gewesen. Was für eine Ironie, dass er jetzt praktisch zum Ehrenbürger ernannt worden war.

„Ich nehme an, Hausarrest ist kein Zuckerschlecken", sagte er. „Du siehst furchtbar aus."

„Furchtbar", murmelte ich. Ich war immer noch dabei zu verdauen, was er mir erzählt hatte. Wenn dieser Sánchez-Castillo wirklich versuchte, die Korruption auszumerzen, dann würde es ihn gewiss sehr interessieren, was Rivera, Delgado und Hernández im Schilde führten. Andererseits konnte es mich ins Gefängnis bringen, wenn ich aussagte. Remo war schließlich unschuldig. Gegen mich hatte Hernández eine belastende Kassette in der Hand. Es konnte gut sein, dass es Sánchez-Castillo gewesen war, der dem FBI die Erlaubnis gegeben hatte, auf die Insel zu kommen.

„Moment mal!", sagte ich, nachträglich von Remos Bemerkung verdutzt. „Woher wusstest du, dass ich unter Hausarrest stehe?"

„Von Tony. Er hat mir auch erzählt, er hätte einen neuen Standort für das Büro gefunden und die Mitarbeiter würden demnächst freigelassen." Ich war so sehr in meinem eigenen Albtraum gefangen, dass ich mir andere Entwicklungen gar nicht richtig vorstellen konnte. „Er will wieder loslegen, sobald sie auf freiem Fuß sind."

„Gott sei Dank", seufzte ich. „Ich kann es nicht erwarten, hier rauszukommen."

Remo schaute niedergeschlagen. „Heißt das, du gehst nach Hause?"

„Nach Hause?", fragte ich ungläubig. Was dachte Remo denn, wo ich zu Hause war? In Italien, wo ich geboren war? In New York, wo ich aufgewachsen war? Oder in Kanada, dessen Staatsbürgerschaft ich hatte?

Trotz allem kam es mir niemals in den Sinn, Santo Domingo zu verlassen. Was dann? Mit Justine im Schlepptau bei meiner Mutter in Westchester anklopfen – geschieden, mittellos, arbeitslos und vorbestraft?

„Mein Zuhause ist hier", erklärte ich ihm. „Mein Zuhause und das von Justine. Ich werde Santo Domingo nicht verlassen."

⌗

ICH MERKTE BALD, dass die Situation nicht ganz so rosig war, wie Tony dachte. „Deine Freunde werden abgeschoben", erklärte mir Hernández bei einem seiner nächtlichen Besuche rundheraus. Ich wusste nicht, ob er die Wahrheit sagte. Hernández genoss es, mir seelische Schmerzen zuzufügen.

„Wann?"

„Morgen früh. Mit dem FBI." Mir schwante, dass er die Wahrheit sagte. Bevor Hernández in jener Nacht ging, gab er mir meine Autoschlüssel zurück.

AM NÄCHSTEN MORGEN wachte ich frühzeitig auf und schaute vom Balkon hinunter. Kein Zivilfahrzeug der Polizei stand vor dem Eingang. Ich machte die Haustür auf und ging zögernd die Treppe hinunter, über den Hof, atmete den schweren, süßen Duft der tropischen Sträucher ein. López, der Tagwächter, öffnete wortlos das Tor. Ich hielt draußen Ausschau. Nichts. War ich wirklich frei?

Ich ging den halben Häuserblock zum *colmado*, *um* einen *Listín Diario* zu kaufen, und war darauf gefasst, dass jemand von der Geheimpolizei mir auf die Schulter tippte. Doch niemand hielt mich auf. Ich eilte in die Wohnung zurück und breitete die Zeitung auf dem Küchentresen aus. Auf der ersten Seite stand die Meldung, dass etliche Amerikaner am Abend zuvor in FBI-Gewahrsam genommen worden waren und jetzt auf die Ausweisung in die USA warteten. Ich ging ins Wohnzimmer und nahm das Telefon ab. Das Freizeichen war normal. Ich hörte kein verräterisches Klicken oder Hallen im Hintergrund mehr. Für mich wenigstens war der Albtraum endlich vorbei.

Ich rief Tony auf dem Mobiltelefon an. „Sie haben alle abgeschoben", sagte ich einfach.

„Hat mir Rivera gerade gesagt", seufzte Tony. „Nicht nur das, der Schweinehund verbietet mir auch, andere Amerikaner einzufliegen. Er will, dass ich Einheimische anstelle. Wo zum Teufel soll ich Englisch sprechende Einheimische herkriegen?" Ich schlug ihm vor, mit Remo zu reden, doch er klagte einfach weiter. „Ich brauche Leute, die fließend Englisch sprechen. Kein Horacio-Englisch. Perfektes Eng–"

„Tony! Ich will, dass du wieder einziehst", unterbrach ich ihn, um ihn zum Schweigen zu bringen.

Ich hatte in den letzten Wochen viele Stunden über Tony nachgedacht. Ich hatte über Männer in meiner Vergangenheit nachgedacht, für die ich geschwärmt hatte. Wenn ich nun nie wieder einen Mann so leidenschaftlich lieben würde, wie ich Tony einmal geliebt hatte, was dann? Warf ich die beste Beziehung, die ich vielleicht jemals haben würde, einfach deshalb weg, weil er meinen Vollkommenheitsstandards nicht ganz entsprach? Tony hatte niemals aufgehört, mich zu lieben, das wusste ich. Ich war es, die uns aufgegeben hatte. Ich neigte dazu aufzugeben, sobald etwas schieflief.

„Bist du sicher?"

„Absolut."

An dem Tag fuhr ich mit Justine zum Strand. Als ich sie am Abend die Treppe hinauftrug, schlief sie tief und fest. Im Vorbeigehen sah ich, dass auf dem Küchentresen eine englischsprachige Zeitung lag. Eine Woge der Erleichterung überspülte mich: Tony war wieder zu Hause. Ich schlich in Justines Zimmer und legte sie vorsichtig ins Bett. Sie hatte den ganzen Tag bis zum Umfallen Wellen gejagt und Sandburgen gebaut. Ich deckte sie mit einer leichten Baumwolldecke zu und schloss leise die Tür hinter mir.

In der Küche schlug ich die San Francisco Chronicle auf. Auf der zweiten Seite stand ein Bericht über die Ausweisung unserer Mitarbeiter.

Fünfundzwanzig US-Staatsbürger, denen vorgeworfen wird, in der Dominikanischen Republik einen Wettring betrieben zu haben, wurden heute den Bundesbehörden übergeben. Das Unternehmen, das monatlich 100 Millionen Dollar von Spielern aus den ganzen USA kassierte, wurde angeblich von dem in San Francisco ansässigen Anthony LoBue geleitet, dem im Zusammenhang damit eine Anklage wegen organisierter Kriminalität, Geldwäsche und illegalen Glücksspiels droht. Laut FBI-Spezialagent Jack Peterson war die Großaktion das Ergebnis langfristiger Ermittlungen seitens der Bundespolizei und einer Sondereinheit der US-Staatsanwaltschaft zur Bekämpfung des organisierten Verbrechens. Vor acht Monaten durchsuchten die Behörden ein Pfandhaus, dessen Besitzer Darryl Kaplan nach Ermittlungen gegen das illegale Sportwettengeschäft, die offiziell als die bislang umfangreichsten in Nordkalifornien überhaupt bezeichnet werden, als Verdächtiger gilt. Die Fahnder kamen dem Offshore-Glücksspielunternehmen auf die Spur, nachdem sie Kaplans Telefon angezapft hatten. Bis jetzt lehnen die Behörden es ab, die bei ihm beschlagnahmte eine Million in bar zurückzuerstatten.

Ich schlug die Zeitung zu und ging ins Schlafzimmer. Dort war Tony gerade dabei, auszupacken. „Wer ist Darryl Kaplan?", fragte ich.

„Du hast mir auch gefehlt", sagte er sarkastisch. Er wollte mir einen Kuss geben, doch den bog ich geschickt in eine Umarmung um.

„Großer Gott, was hast du mit deinen Haaren gemacht?" Er fuhr mit den Fingern durch meine kurzgeschorenen Strähnen.

„Es ist praktisch. Wer ist Darryl Kaplan?"

„Inhaber eines Pfandhauses in San Fran. Sagen wir, er ist eine Art Bankhaus für Buchmacher."

„Ich dachte, Sacco lässt sein Geld in L.A. waschen."

„So ist es. Wie ich schon die ganze Zeit sage, diese Razzia hatte nichts mit uns zu tun. Die Bundesbullen waren hinter LoBue her, nicht hinter Sacco. Die ganze Untersuchung bezog sich auf San Francisco. L.A. war davon überhaupt nicht betroffen. Es war einfach Pech. Kaplan führte das FBI zu LoBue, und irgendwie hat LoBue uns da mit reingezogen. Mein Name tauchte auf, auch der von Ron, aber aktuell sind wir beide aus der Sache heraus. Was das FBI betrifft, haben die ihren Mann geschnappt."

Jetzt konnte ich Tony endlich von LoBues Warnung erzählen. „Ich bin Sonny LoBue in der Arrestzelle begegnet. Er wollte, dass ich dich warne. Seine genauen Worte waren: *Sag Tony, dass Ron ihn reinlegen will.*"

Tony zog ein finsteres Gesicht. „Blödsinn. LoBue ist ein Gangster. Ron kennt den Kerl überhaupt nicht."

30

WIRTSCHAFTLICH SCHWERE ZEITEN waren für die dominikanische Bevölkerung nichts Neues, aber von 1991 an wurde das Leben besonders hart. Die Arbeitslosigkeit stieg auf über dreißig Prozent. Die Inflation schraubte sich in die Höhe, und Arbeitsplätze wurden knapp. Selbst die Angehörigen der Oberschicht taten sich schwer, Arbeit zu finden. Es war die ideale Zeit, um einheimische Mitarbeiter anzustellen.

Tony besprach mit Remo die Möglichkeit, Personal aus dem Kundenstamm des Atlántico zu rekrutieren. Über die letzten paar Monate war Remo gezwungen gewesen, ein Drittel seiner Leute zu entlassen. Er berichtete, dass selbst seine wohlhabenden Gäste die Krise zu spüren bekamen. Manche stiegen auf Bier oder Mineralwasser um oder sie bestellten den ganzen Abend nur einen einzigen Cocktail.

Tony war immer noch skeptisch. „Wieso denkst du, dass sie gern für mich arbeiten würden? Warum sollten gut ausgebildete junge Akademiker lieber am Telefon Wetten annehmen wollen, als ihre berufliche Laufbahn zu verfolgen?"

„Bei dir würden sie in Dollar bezahlt. Der Peso wird immer weniger wert. Glaub mir, sie werden sich darum reißen, ein Gehalt in einer stabilen Währung zu verdienen."

„Und sie sprechen perfekt Englisch?", fragte Tony zweifelnd.

„Perfekt", versicherte Remo. „Sie haben in Amerika studiert, sie haben in Amerika gelebt, und sie hören sich an wie Amerikaner."

Remo schlug ein Gehalt vor, das er für angemessen hielt, und Tony gab noch einmal hundert drauf, womit sie auf ein Einstiegsgehalt von neunhundert US-Dollar im Monat kamen. Das war für die DomRep ein ganz ansehnliches Monatseinkommen, aber sechzehnhundert Dollar weniger, als wir unseren amerikanischen Angestellten gezahlt hatten. Zulagen gab es einmal im Jahr zu Weihnachten, und Tony musste nicht mehr für Wohnung und Lebenshalt aufkommen. Wenn das Geschäft gut lief, rechnete er sich aus, waren unsere betrieblichen Aufwendungen trotz der Schmiergeldzahlungen an die Polizei niedriger als vorher.

Bald füllte sich das Büro mit neuen Gesichtern. Sogar Oberst Riveras Sohn fing als Wettannehmer bei uns an. Sein Englisch war nicht perfekt, aber Tony meinte, er hätte ihn auch eingestellt, wenn er nur Chinesisch gesprochen hätte. Den Sohn des Obersts auf der Gehaltsliste zu haben, verschaffte uns zusätzlichen Schutz. Tony steckte ihn in das Baby Office, wo er nicht viel Schaden anrichten konnte. Während Tony und Remo eifrig neue Mitarbeiter anwarben, suchte ich nach einer neuen Wohnung. Objekte zur Miete gab es reichlich, da immer mehr Mittelschichtsfamilien aus der Stadt aufs Land zogen, wo das Leben erschwinglicher war. Ich wollte immer noch in Stadtnähe wohnen, in einem guten Viertel, wo Justine es nicht so weit hatte, wenn sie im Herbst in die Vorschule kam.

Ich machte einen Besichtigungstermin in einer großen Wohnanlage aus. Señor Camino zeigte mir beflissen mehrere Dreizimmerwohnungen, die er zu vergeben hatte. Die erste, versprach er, sei ein Juwel. Wir betraten einen schlecht beleuchteten Hausflur, wo ein optimistischer Architekt einen Fahrstuhl eingebaut hatte. Ohne ein Wort darüber zu verlieren, stiegen wir die Treppe ins oberste Stockwerk hinauf, denn wir wollten auf keinen Fall riskieren, bei einem plötzlichen Stromausfall stecken zu bleiben.

Camino schloss die Tür auf, und wir standen in einem kleinen, unscheinbaren Wohnzimmer mit einer Fensterfront auf einer Seite, allerdings ohne Balkon. Eine Wendeltreppe trennte die bescheidene

Essecke vom Wohnbereich ab. Ich ging mit Camino durch den Flur zu drei recht unspektakulären Zimmern und zwei akzeptablen Bädern. Danach führte er mich in die kleine offene Küche. Sie hatte lackierte Kiefernregale, einen alten Herd und eine fest eingebaute Frühstückstheke, die gerade so groß war, dass man zwei Hocker daran stellen konnte. Die Tür am anderen Ende der Küche führte zur Dienstmädchenstube. Der Flur war an einer Seite vergittert, so dass er einem Käfig glich. Durch eine abgeschlossene Gittertür kam man nach draußen auf eine Metallwendeltreppe, die als Dienstboteneingang gedacht war. Ich steckte den Kopf in die Mädchenstube. Es war darin kaum Platz für ein einzelnes Bett, und die Toilette war im selben engen Raum. *Ich würde Rosa niemals dort unterbringen und jemand anders auch nicht,* dachte ich.

„Es ist nicht ganz das, was ich suche, fürchte ich", sagte ich zu Señor Camino.

„Das Beste haben Sie noch gar nicht gesehen", sagte er und bestand darauf, dass ich ihm folgte.

Ich war in keiner Weise auf das vorbereitet, was mich oben erwartete. Ein rundum verglaster Raum war an drei Seiten von einer Dachterrasse umschlossen. Auf der einen Seite gab es einen eingebauten Grillplatz und auf der anderen ein kleines Schwimmbecken mit einem Holzdeck. Mit einem Mal wollte ich diese Wohnung unbedingt haben. Mein Gehirn arbeitete fieberhaft: Ich würde Rosa in das freie Zimmer einquartieren und die Mädchenstube als Speisekammer benutzen. Die Regale konnte ich abschmirgeln und streichen und den Herd und die Türen austauschen. Ich malte mir aus, wie Justine im Schwimmbecken herumtollte und mit ihrem Dreirad über die große Terrasse sauste. Es gab sogar die Möglichkeit, die Dienstbotentreppe als Notausgang zu benutzen.

Allerdings hatte ich meinen Pass immer noch nicht wieder. Solange Hernández ihn hatte, konnte ich das Land nicht verlassen, nicht einmal umziehen. Wenn ich mich für die neue Wohnung bewerben wollte, brauchte ich meinen Pass. Tony hatte nicht die Zeit, sich um mein Problem zu kümmern. Ich schickte Domingo zum Polizeirevier, damit er ihn abholte, doch er kehrte nur mit Hernández' direkter Durchwahl zurück. Ich versuchte, ihn bei der kanadischen Botschaft als verloren zu melden, bekam aber die Auskunft, dafür müsste ich eine polizeiliche Verlustmeldung einreichen und sie müssten eine

„gründliche Untersuchung" durchführen, bevor sie einen neuen ausstellen konnten. Als mir die Möglichkeiten langsam ausgingen, dämmerte mir, dass mir letztlich nur eine blieb. Ich musste Hernández noch einmal gegenübertreten.

⁂

DIE JUNGE POLIZISTIN am Eingangsschalter suchte meinen Namen auf einer langen Liste. Als sie ihn gefunden hatte, rief sie einen uniformierten Wärter, der mich einen langen Korridor hinunter zu dem bekannten Fahrstuhl mit Schlüsselbedienung führte. Als ich vor Hernández' Tür stand, wappnete ich mich innerlich dagegen, ihn wiederzusehen.

Der General begrüßte mich wie eine alte Freundin und befahl dem Wärter, Kaffee zu bringen. „Ich will keinen" sagte ich.

„Zwei Tassen", sagte er zu dem Wärter. „Nimm Platz, Marisa."

Leere Kartons standen auf dem Boden, Ordner stapelten sich auf seinem Schreibtisch, seine Diplome hingen nicht mehr an der Wand, und die Alkoholika waren fort. Ich fragte mich, ob Hernández entlassen worden war.

„Ich komme wegen meinem Pass." Ich bemühte mich, mir die Aufgewühltheit nicht anhören zu lassen.

„Du wirst doch Zeit haben, einen Abschiedskaffee mit einem alten Freund zu trinken." Der Kaffee kam gleich darauf auf einem Silbertablett. Starr und stumm saß ich da, während zwei schöne Porzellantassen eingeschenkt wurden.

„Ich gehe hier fort", sagte Hernández, als die Tür seines Büros wieder zu war. „Ich bin nach Mao versetzt worden, das ist eine kleine Stadt nordwestlich von Santiago. Sie ist bekannt für ihre spektakulären Sonnenuntergänge, die angeblich so rot sind wie die Erde dort." Er nahm einen Schluck Kaffee. „Das ist ein Landesteil, in den sich nur wenige Touristen verirren. Ich hatte gehofft, du würdest deinen Pass dort abholen kommen."

Ich blickte ihm in die trüben, kranken Augen. Er spielte schon wieder mit mir. Er hatte nicht die Absicht, mir meinen Pass auszuhändigen. Ich wollte schon aufstehen, da zog er die oberste Schublade seines Schreibtischs auf. Er legte den Pass vor mich hin und schlug ihn auf, ohne den Blickkontakt mit mir zu unterbrechen.

„Offiziere werden routinemäßig versetzt – eine Maßnahme zur Bekämpfung der Korruption", sagte er. Hernández nahm eine seiner Visitenkarten, drehte sie um und schrieb meinen vollen Namen vom Pass ab. Als das getan war, stempelt er die Karte und klappte den Pass zu.

„Ich werde mit meinen Kollegen in Santo Domingo in Verbindung bleiben und dafür sorgen, dass mit eurem neuen Büro alles glatt läuft", fuhr er fort. „Falls es ein Problem gibt, kannst du mich in Mao oder über die Zentrale kontaktieren." Er reichte mir die Karte. Sein Name war in schwarzen Lettern unter das blau-rot-grüne Militärwappen geprägt, darunter sein Titel: „General P.N."

Ich drehte die Karte um. Auf die Rückseite hatte er geschrieben: „*Marisa Lankester ist eine persönliche Freundin des Unterzeichnenden und der Policía Nacional.*" Wie die Karte, die Sánchez-Castillo Remo gegeben hatte, bot sie ein hohes Maß an Schutz. Meine erste Reaktion war Zorn. Sollte das eine Entschuldigung dafür sein, was er mir angetan hatte? Ich legte sie auf den Tisch zurück und schob sie ihm zu.

Hernández lachte glucksend. „Du bist ein kluges Mädchen. Steck sie in dein Portemonnaie, wo sie sicher ist, und bewahre sie gut auf. Ich gebe diese Karten nur selten aus. Ich würde nicht den Fehler machen, so ein wertvolles Geschenk abzulehnen."

Ich hörte die Drohung hinter seinen Worten. Ich nahm die Karte und steckte sie in mein Portemonnaie. Er schob mir den Pass zu.

„Danke", murmelte ich.

„Du siehst gut aus", bemerkte er. „Du wurdest zu dünn."

Ich holte scharf Luft. Die Worte waren wie ein Schlag ins Gesicht. Ich riss die Tür auf und stürmte an dem Wärter vorbei, der hinter mir her eilte. Jetzt war meine Leidenszeit wirklich vorbei. Ich würde Hernández nie wiedersehen müssen.

Ich blieb in der Nacht lange auf und plante den Umzug. Tony lag bereits im Bett, als ich mich ins Bad stahl. Ich wusch mir das Gesicht, putzte mir die Zähne, räumte auf. Auf Zehenspitzen schlich ich ans Bett, schlüpfte leise neben ihm unter die Decke und hoffte, dass er schon schlief. Er griff nach meiner Hand.

„Gute Nacht", sagte ich und drückte sie. Ich drehte mich auf die Seite.

Tony schob sich im Dunkeln an mich heran und zupfte an meinem Nachthemd. „Ich finde, du solltest das ausziehen", sagte er mit heiserer Stimme.

„Ich bin todmüde", murmelte ich.

Er trat die Decke weg und sprang aus dem Bett. „Warum zum Teufel sollte ich wieder bei dir einziehen, wenn du nie Sex haben willst?", schnaubte er und stürmte aus dem Schlafzimmer.

Als ich ihn auf der Terrasse fand, saß er dumpf brütend im Schaukelstuhl. Ich lehnte mich an den Türrahmen. „Tony ... es tut mir leid. Die Wohnungssuche hat mir alles abverlangt, und im Augenblick ist einfach so viel los."

„Als du mich gebeten hast, wieder einzuziehen, dachte ich, wir werden wieder eine Familie. Aber das ist nicht der Fall. Es ist, als wäre ich einfach irgendein Typ, der mit dir unter einem Dach wohnt."

Ich ließ den Kopf hängen. Tony hatte sich große Mühe gegeben – nicht nur mit mir, auch mit Justine –, und ich war ihm dankbar. Ich hatte gedacht, ich könnte das, was mit Hernández passiert war, einfach verdrängen, aber ich verkrampfte mich jedes Mal, wenn Tony mich berührte. Ich wollte so gern in seinen Armen liegen, wo ich mich sicher und behütet fühlte, aber ich war noch nicht bereit, weiterzugehen. Tony verständlicherweise schon. Ich hatte ihm eine Entschuldigung nach der anderen vorgesetzt – dass ich meine Periode hatte oder Kopfweh, dass ich müde war oder krank –, um mich nur ja vor dem Sex zu drücken.

„Es tut mir leid", wiederholte ich leise und berührte ihn.

Er nahm meine Hand und führte mich ins Schlafzimmer zurück. Als er in jener Nacht mit mir schlief, kam ich mir beinahe so missbraucht vor wie mit Hernández.

Ich bot meine ganze Energie auf, um die neue Wohnung herzurichten. Ich strich Justines Zimmer zart lavendelblau, ersetzte den alten Herd und schmirgelte die Küchenregale ab. Justine und Rosa lagen schon lange im Bett, und ich war noch dabei, sie zu grundieren, als Tony nach Hause kam. Er steckte den Kopf in die Küche. „Mach die Augen zu, ich habe eine Überraschung für dich."

Über dem Farbgeruch schnupperte ich ein bekanntes Aftershave. Ich machte die Augen auf, und vor mir stand, von einem Ohr zum anderen grinsend, Carmine. Ich warf die Arme um sein knochiges Gestell.

„Wie kommst du denn hierher? Sie haben dich doch abgeschoben!"

„Wir haben neuerdings ziemlich mächtige Freunde bei der Einreisebehörde", grinste Tony. „Wir kriegen jeden rein und raus, ohne dass es irgendwo dokumentiert wäre."

„Schön, wieder hier zu sein", sagte Carmine. „Mann, nach allem, was die Bundesbullen mit mir gemacht haben, gehe ich nie wieder in die Staaten zurück."

„Wir haben noch eine Überraschung." Tony und Carmine gingen wieder hinaus. Sie kehrten mit einem großen Schild zurück, auf dem in glänzender marineblauer Blockschrift „TOMAJU" stand.

„Der Name der neuen Firma", verkündete Tony. „Gefällt er dir?"

Ich zuckte die Achseln. „Klingt japanisch." Doch im nächsten Moment kapierte ich ihn. Ich sah Tony an und lachte.

TOny, MArisa, JUstine: TOMAJU.

31

OBWOHL EIN GANZES Leben dazwischen zu liegen schien, waren
zwischen der Razzia bei Information Unlimited und dem Tag, an dem
Tomaju eröffnete, nur zwei Monate vergangen. Als ich den ersten
Morgen wieder zur Arbeit fuhr, saß Carmine bei mir im Auto und wies
mir den Weg. Wir gelangten in einen unbekannten Teil der Stadt, wo
an jeder Straßenecke eine banca zu sein schien.

Carmine deutete auf ein hellblaues, einstöckiges Gebäude, an dem
oben das Tomaju-Schild hing. Mir verging das Lächeln, als ich das rote
Transparent bemerkte, das sich unten über das ganze Schaufenster
spannte. Darauf stand: *Demnächst hier – Comerciales Vargas.* „Ich fasse es
nicht", sagte ich.

Ob es mir passte oder nicht, Tomaju war fest mit dem Vargas-Clan
verbunden. Praktischerweise (für Horacio) hatte Tony das ganze
Gebäude gemietet und war daher in der Lage, diese erstklassige
gewerbliche Immobilie an ihn abzutreten. Wieder brauchte Tony einen
dominikanischen Partner, und Horacio war mit Freuden bereit, sich
dafür zur Verfügung zu stellen. Auf dem Papier war er der Präsident
des Unternehmens. Ich zeichnete als Vizepräsidentin, eine Position,

in der Tony mich ablösen würde, sobald seine Bewährungsfrist abgelaufen war.

Carmine führte mich durch die neuen Räume. In einem kleinen Eingangsbereich konnten Ladenkunden hereinkommen, Wetten platzieren und ein Spiel verfolgen. Der karge, nicht sonderlich einladende Raum enthielt zwei Tische, mehrere Stühle und einen kleinen Wandfernseher. Offensichtlich wollte Tony die Einheimischen nicht ermuntern, sich dort aufzuhalten. An der Wand hing auch ein kleines gerahmtes Dokument – Tomajus Lizenz, erteilt vom Sportministerium. Gustavos Versäumnis hatten unsere Mitarbeiter mit einem Monat Gefängnis und wir mit Millionenverlusten bezahlt. Für ihn hatte diese himmelschreiende Unterlassung kaum mehr als ein blaues Auge und die Kündigung zur Folge gehabt.

Der am Schalter sitzende junge Dominikaner nickte Carmine zu, drückte auf einen Knopf, und die Tür in der Ecke mit der Aufschrift *Empleados Solamente* öffnete sich mit einem Summen. Ich folgte Carmine durch einen langen Korridor mit einer Überwachungskamera am Ende. Eine zweite Tür klickte auf, und wir traten ein.

Sicherheit war oberstes Gebot. Niemand außer unseren Mitarbeitern durfte den hinteren Bereich betreten. Tony winkte uns in sein großräumiges Büro, und ihm war die Nervosität anzusehen, mit der er den ersten Tag erwartete. Neben ihm stand ein Mann, den ich noch nie gesehen hatte. Er war von Kopf bis Fuß in Schwarz gekleidet und hatte mehrere schwere Goldketten um den Hals. Seine Haare waren pechschwarz gefärbt und dick mit Gel nach hinten frisiert. Seine Sonnenbräune war künstlich, und nach der Kleidung und dem Auftreten zu urteilen, wollte er zwar wie fünfundzwanzig aussehen, war aber deutlich mehrere Jahrzehnte älter.

„Marisa, das ist Vincent", sagte Tony. „Er wird im Baby Office die Quoten machen."

„Wie geht's, wie steht's?", sagte er mit starkem Ostküstenakzent. Er hielt mir eine schwer beringte und manikürte Hand hin. „Sag einfach Vinnie zu mir." Er und Carmine begrüßten sich wie alte Freunde, bevor Tony und er in das Baby Office verschwanden.

„Woher kennst du Elvis?", lachte ich.

„Von Staten Island" erwiderte Carmine trocken.

Das ließ in mir die Alarmglocken klingeln. Ich wusste, dass der Mob die Ostküste im Griff hatte, und Vinnie stank förmlich nach Mafioso. „Ach ja? Brauchte Ron eine ... Genehmigung?"

Carmine wusste, worauf ich hinauswollte. „Er braucht keine Genehmigung. Hier nicht."

„Das heißt, Vinnies Leute ... sie werden auch bei uns wetten?"

Carmine nickte. „Er wird das Gehalt eines Quotenmachers bekommen, dazu eine Provision auf das, was seine Spieler setzen."

Ich fragte mich, was aus der Vorschrift geworden war, keine Amerikaner mehr zu beschäftigen. Carmine erriet meine Gedanken. „Ich würde mir wegen Vinnie kein Kopfzerbrechen machen", sagte er. „Unter den ganzen Haarfärbemitteln und Bräunungscremes verbirgt sich ein fünfundsechzigjähriger Mann, der vorher noch nie aus New York rausgekommen ist. Er wird sich keinen Monat halten."

Da war ich mir nicht so sicher. Dasselbe hatte ich von Leslie auch gedacht, als sie zum ersten Mal auftauchte.

Carmine führte mich weiter durch unsere schicken neuen Büroräume. „Nicht schlecht", sagte ich, während ich einen Blick in das Baby Office warf, wo Tony und Vinnie zusammensaßen. Jetzt, wo wir in einem richtigen Bürogebäude untergebracht waren statt in einer ungenutzten Villa, wirkte Tomaju wie ein seriöses Unternehmen. Carmine blieb in seinem Büro, um sich auf den vor ihm liegenden arbeitsreichen Tag vorzubereiten, während ich mich in einer leeren Box im Big Office niederließ. Es würde wieder so werden wie in alten Zeiten in L.A.

BALD FÜLLTE SICH das Büro mit eifrigen Neulingen. Ich fühlte mich sofort fehl am Platz in meiner speckigen Jeans und Tonys altem Footballtrikot. Da viele mich von der Constanza-Werbung kannten, war mir mein nachlässiges Äußeres noch deutlicher bewusst. Die Zeit der Shorts und Turnschuhe war eindeutig vorbei. Die Frauen waren attraktiv und schick gekleidet, und die Männer trugen feine Bügelfaltenhosen und Button-down-Hemden. Selbst Leslie kam in eng geschnittenem Rock, Bluse und High Heels an. Sie versicherte mir, die neuen Mitarbeiter seien alle unheimlich nett, aber ich kam mir trotzdem deplatziert vor.

Der einzige andere Angestellte, der so befangen wirkte wie ich, stellte sich mir als Emery Rivera vor und gab mir schüchtern die Hand. Er war der Sohn des Obersts.

Wir beide hielten uns im Hintergrund und sahen zu, wie Vinnie sich zur Begrüßung aufführte wie der Gastgeber einer luxuriösen Cocktailparty. Fehlte nur noch ein Martini in der Hand und Sinatra im Hintergrund.

Um zwölf Uhr fünfundvierzig wies Tony alle an, an ihre Plätze zu gehen. Während wir uns in Position setzten, schärfte er allen noch einmal ein, dass sie ihre Wetten aufschrieben und die höchsten Einsätze ausriefen. Nebenan, leise zu hören, machte Carmine die gleiche Ansage.

Leslie saß in der Box neben mir, und ich beugte mich zu ihr hinüber. „Kannst du mich brünett machen?", flüsterte ich.

„Was?"

„Brünett. Ich muss unauffälliger werden."

„Das Letzte, was du musst, ist unauffälliger werden. Du musst mal aus deiner Wohnung raus und wieder unter die Leute kommen. Hör mal, Remo veranstaltet im Atlántico etwas für uns, am Freitagabend nach der Arbeit. Ich mache dir die Haare, aber du musst versprechen mitzukommen. Kein Rückzieher in letzter Minute."

Tony bat um Ruhe und sagte die Opening Line an. Ich blickte mich im Raum um. Zu den Mitarbeitern von Tomaju gehörten ein Anwalt und eine Anwältin, ein Architekt, zwei Ingenieure, ein Fotograf, drei Zahnärzte, ein Lehrer und vier junge Hausfrauen der besseren Gesellschaft. Insgesamt waren wir zweifellos die außergewöhnlichste Gruppe von Buchmachern in der Geschichte, was Bildungsniveau, Kultiviertheit, Mehrsprachigkeit und schickes Aussehen betraf.

Der Minutenzeiger rückte auf die zwölf vor. „Los geht's!", dröhnte Tonys Stimme durch alle vier Büros, und unverzüglich gingen wir an die Telefone.

✢

AM NÄCHSTEN MORGEN erschien Leslie mit Töpfen, Bürsten, Pulvern, Scheren, Haarklammern und Kämmen in der Wohnung. Während sie sich darauf vorbereitete, mit meinen Haaren anzufangen, reichte sie mir eine Vogue Italia. „Den Schnitt und die Farbe wirst du von mir bekommen", sagte sie. Das Titelbild zierte eine wunderschöne Linda Evangelista, die mit kastanienbraunen Haaren, einen Löffel aufreizend an die Lippen gehalten, in einer blassrosa Lederecke saß.

Während Leslie vor sich hin arbeitete, wuchs meine Erregung. Nach dem Färben, Schneiden und Föhnen der Haare bestand sie darauf, mich auch noch zu schminken. Sie formte meine Augenbrauen und machte sie dunkler, betonte die Wimpern mit Mascara und malte mir die Lippen rot. Als sie fertig war, lehnte sie sich zurück und strahlte vor Stolz.

Im Spiegel war die Verwandlung verblüffend. Genau so eine psychologische Unterstützung hatte ich gebraucht. „Großartig", hauchte ich und fuhr mir mit den Fingern durch die Haare. Jetzt würde ich nie wieder den bekannten Ruf „*Rubia!*"hören müssen – „Blondine!". Vor allem würde mich nie wieder jemand mit der Constanza-Werbung in Verbindung bringen.

Am Freitagabend schlüpfte ich in ein Kleid und Sandalen. Ich plusterte mir die Haare auf und holte auf dem Weg zum Atlántio Leslie ab. Mit meinen dunklen Haaren kam ich mir viel unauffälliger vor, als ich in den Club spazierte. Ich konnte jetzt als hellhäutige Dominikanerin durchgehen. Ich folgte Leslie zu dem Tisch direkt an der Tanzfläche, den Remo für uns reserviert hatte. Die meisten meiner neuen Kollegen tranken schon Cocktails, rauchten Zigaretten und unterhielten sich. In einer lockeren, spielerischen Atmosphäre tauschten sie nach ihrer ersten Woche als Buchmacher Eindrücke aus. Eine der Neuen, eine hübsche Frau namens Gabriella, neigte sich mir zu und säuselte: „Hast du ein Glück. So nett, wie dein Mann ist, und so gut aussehend."

Bald waren die meisten Kollegen auf der Tanzfläche und schwangen die Hüften zu „I'm Too Sexy" von Right Said Fred. Remo ließ sich neben mir in einen leeren Sessel fallen. „Deine Haare gefallen mir", sagte er.

„Danke." Ich musste ein Gähnen unterdrücken. „Ich bin fix und fertig. Ich glaube nicht, dass sonst jemand hier seit sieben Uhr morgens mit einem Kind auf gewesen ist."

Plötzlich straffte sich Remos Haltung. Ein großer, gut gekleideter Mann bahnte sich den Weg durch die Menge, wobei er ab und zu stehen blieb, um die eine oder andere attraktive Frau zu begrüßen und auf die Wange zu küssen. „Was zum Donner macht der denn hier?", murmelte Remo.

Leslie drängelte sich an mehreren Kollegen vorbei, weil sie unbedingt diesen mysteriösen Herrn kennenlernen wollte. Sie tippte ihm auf den Arm, und als er sich zu ihr umdrehte, stellte sie sich auf die Zehenspitzen, lächelte verführerisch und gab ihm links und rechts einen Kuss auf die Wangen.

Aus Remos Reaktion schloss ich, dass dies Demetrio war, sein Boss. Ich hatte schon viel über ihn gehört, sah ihn aber an dem Abend zum ersten Mal. Aus der Nähe wirkte er älter, als ich gedacht hatte. Ende dreißig oder Anfang vierzig, vermutete ich. Um die blauen Augen herum hatte er tiefe Falten, und zwischen den braunen Haaren gab es vereinzelt ein paar graue, sonst aber war an ihm nichts auszusetzen. Unsere Blicke begegneten sich, als er näher trat.

„Remo. Möchtest du mich nicht dieser schönen Frau vorstellen?"

„Marisa", sagte ich und gab ihm die Hand.

„Das Constanza Girl." Er lächelte. Er bemerkte meine Überraschung und sagte mit einem diskreten Lächeln: „Diese Augen würde ich überall erkennen. Willkommen in meinem Club."

Remo, dem die offensichtliche Elektrizität zwischen uns sehr unangenehm war, umtänzelte uns. „Ihr Mann ist einer meiner besten Freunde", warf er ein. „Marisa hat nur mal kurz reingeschaut ... auf dem Weg nach Hause. Zu ihrer Familie."

„Du müsstest mal hinter der Hauptbar aushelfen", sagte Demetrio beiläufig, und widerstrebend wich Remo von meiner Seite. „Kann ich dir etwas zu trinken bringen?", bot er an.

Durch die Anlage dröhnte jetzt Mark Wahlbergs „Good Vibrations". Leslie war in ihrem Element und hüpfte mit ihren Freunden und Kollegen auf der Tanzfläche herum. Sie kriegte es bestimmt gar nicht mit, wenn ich mich jetzt verdrückte.

„Nein, danke. Ich sollte wirklich nach Hause fahren."

Demetrio erbot sich, mich zum Eingang zu bringen, und ich nahm an. Er wand sich durch die Menge, und ich kam hinterher. Mit einer Mischung aus Panik und Unverständnis im Blick beobachtete Remo von der Bar aus, wie wir zusammen den Raum verließen. Ich sah ihn an und verdrehte die Augen. *Also wirklich!*

Demetrio begleitete mich zur Tür hinaus und den Gartenpfad hinunter zum Eingangstor. Mit jedem Schritt wurde die Musik leiser. Es war ein wunderschöner Abend. Die Sterne schienen hell und klar, und die Tropenblumen raschelten sanft in der Brise. Ich fühlte mich eigentümlich entspannt neben Demetrio, und er verdarb den Moment nicht, indem er das Schweigen brach.

32

TOMAJU LIEF BALD wie eine gut geölte Maschine. Hinter den Kulissen jedoch sah es anders aus. Das Büroleben nahm die Züge einer Seifenoper an, deren hauptsächlicher Handlungsfaden Gabriellas zunehmendes Interesse an Tony war. Es war kein Geheimnis, dass sie ihn attraktiv fand. Ihre Körpersprache machte es mehr als deutlich, dass er sie jederzeit haben konnte. Statt eifersüchtig oder wütend zu werden, beobachtete ich ihre unverfrorenen Verführungsversuche mit stiller Faszination – wie ihre Kleider immer aufreizender wurden und ihr Umgangston gegenüber Tony immer anzüglicher und anspielungsreicher. Die anhaltenden Avancen schmeichelten ihm zwar, aber er schritt nicht zur Tat.

Obwohl ich unserer Beziehung eine zweite Chance geben wollte, war ich doch immer noch emotional angeschlagen. Jedes Mal, wenn wir Sex hatten, war mir zumute, als würde er mir Stück für Stück die Seele wegnehmen. Selbst seine einst so leidenschaftlichen und verheißungsvollen Küsse fühlten sich jetzt wie ein Gewaltakt an. Ich hatte noch nicht verkraftet, was mit Hernández geschehen war. Ich wagte kaum, mir das selbst einzugestehen. Ich wusste nur, dass ich wieder gesund werden musste, und wirklich erholen konnte ich mich davon nur, wenn ich so lange auf Sex verzichtete, bis ich so weit war.

Eines Nachmittags meinte ich zu Gabriella, sie solle doch Tony bitten, ihr beizubringen, wie man Quoten machte. Wenn sie das Quotenmachen lernte, hatte sie eine Rechtfertigung, früh zur Arbeit zu kommen und bis spät zu bleiben. Vermutlich gab ich ihr damit meinen Segen, eine Affäre mit meinem Ex-Mann anzufangen, und ich fragte mich, wie lange es wohl dauern würde, bis Tony sich darauf einließ. Schließlich waren wir geschieden.

Ich wusste, dass sie zusammen schliefen, als Tony aufhörte, mich zu Hause feindselig zu behandeln. Die häusliche Spannung löste sich, und zwischen Tony und mir kehrte eine äußerliche Harmonie ein. Ich sah in Gabriella lediglich ein sexuelles Ventil, und diese Regelung nahm mir einen riesengroßen Druck ab. Ich hatte nicht die Absicht, Tony aufzugeben. Wir waren wieder eine Familie. Justine hatte ihren Vater zurück, und ich fühlte mich sicher, finanziell wie körperlich. Ich hatte kein Problem mit ihrem Techtelmechtel, solange aus der Beziehung nicht mehr wurde.

Gabriellas Affäre mit Tony war im Büro ein offenes Geheimnis und führte dazu, dass sie von ihren Kollegen geschnitten wurde. Sie schlief nicht nur mit dem Boss, sie machte obendrein auch noch halbtags die Quoten im Baby Office. Sie stieg in die Leitungsetage auf. Die höhere Etage ging nach der Arbeit zum Essen aus. Die untere Etage feierte im Atlántico. Ich schloss mich der unteren Etage an und ging immer öfter mit den Kollegen in den Club. Man hätte meinen können, das Atlántico wäre der letzte Ort auf Erden, wo man inneren Frieden finden konnte, doch weder meine gestörte Beziehung zu Tony noch die hässlichen Erinnerungen an Hernández kamen mir dort zu Bewusstsein.

Demetrio schaute immer häufiger in seinem Club vorbei. Er begrüßte mich, indem er mich auf die Wangen küsste und sich dabei ein bisschen mehr Zeit ließ, als nötig gewesen wäre, und er schaute mich auf eine Weise an, die zu verstehen gab, dass es nur eine Frage der Zeit war, bis ich seine nächste Eroberung wurde.

„Er hat es auf dich abgesehen." Leslie zwinkerte und knuffte mich am Arm.

„Aber du hast es auf ihn abgesehen", erwiderte ich.

„Hatte. Ich gehe jetzt mit jemand anders."

Ich musste zugeben, dass mir Demetrios Gesellschaft angenehm war, aber ich hatte nicht vor, weiterzugehen. Solange er ein Auge auf mich geworfen hatte, war ich für alle anderen im Club tabu, und das war mir nur recht. Das Atlántico war eine Schutzzone, wo ich tanzen, mit meinen Kollegen zusammen sein und den Rest der Welt vergessen konnte. Selbst Remo entspannte sich nach einer Weile. Er war zwar weiterhin überfürsorglich, doch es beruhigte ihn, dass ich den Club immer allein verließ. Nach seiner antiquierten Weltsicht machte mich das zu einer guten Frau. Leslie hingegen hielt er für eine Partybiene, und einmal verriet er mir, wie sehr er Gabriella verabscheute.

„Sie ist ein geldgeiler Vamp und schert sich nicht darum, ob sie eine Ehe kaputt macht", schimpfte er.

Das schien in unserem Kreis der allgemeine Konsens zu sein. Anscheinend wussten alle, dass ich betrogen wurde, und dadurch bekam ich reichlich unverdientes Mitgefühl. Remo war mein engster Freund, aber auch ihm konnte ich nicht erzählen, dass ich Gabriella den Weg zu Tony geebnet hatte. Dann hätte ich ihm auch erzählen müssen, warum.

EINES DÄMPFIGEN TAGES wurde ich von einem plötzlichen tropischen Wolkenbruch völlig durchnässt, als ich von meinem Auto zum Eingang von Tomaju sprintete. Ich musste zweimal hinschauen, als die Bürotür aufging und mir ein strahlender – und leicht sonnenverbrannter – Ron Sacco gegenüberstand.

„Ron!" Ich bezähmte den Impuls, ihn zu umarmen, da ich klatschnass war. „Was machst du denn hier?"

„Dachte mir, ich komme und gucke mal, wie es so läuft."

In dem Moment kam Gabriella aus Tonys Büro, und an dem betretenen Blick, den Ron bekam, erkannte ich, dass er von der Affäre wusste. Ich wurde knallrot, als ich mir vorstellte, wie Tony die Situation geschildert hatte. Was hatte er über mich erzählt? Dass ich kalt war? Frigide? Zu meinem gesteigerten Unbehagen kam Gabriella auf uns zu spaziert; sie sah ausgesprochen gut aus und strotzte nur so vor Selbstbewusstsein. Ich dagegen kam mir neben ihr wie eine ins Wasser geworfene Maus vor.

An dem freundlichen Geplänkel zwischen ihr und Ron merkte ich, dass sie sich bereits kannten. Ron musste schon ein paar Tage im Land sein. Auf einmal fühlte ich mich verletzt und hintergangen, und das Lächeln erfror mir im Gesicht. Die Eifersuchtsgefühle, die Tonys Affäre mit ihr bei mir bis dahin nicht ausgelöst hatten, kamen absurderweise jetzt in mir hoch, wo Gabriellas Vertrautheit mit Ron deutlich wurde. Sie drängte sich in mein Leben, in Beziehungen, die ich seit Jahren hatte.

Vor seiner Abreise nach Kalifornien gab Ron im V Centenario, dem Luxushotel, wo er abgestiegen war, ein Abendessen für die gesamte Tomaju-Belegschaft. Im imposanten Speisesaal saß er am Kopf des Tisches, neben ihm Tony und ich, uns gegenüber Carmine und Vinnie. Als Nächste traf Gabriella in einem knappen roten Kleid ein und suchte sofort den Raum nach Tony ab. Natürlich hatte sie neben ihm sitzen wollen, doch das kam nicht in Frage. Sie musste sich mit Carmine begnügen. Nach und nach kamen die anderen Mitarbeiter und nahmen ihre Plätze ein.

Plötzlich beleuchtete ein grelles Blitzlicht den Tisch. Die junge Dominikanerin mit der Kamera lächelte uns an und stellte das Objektiv für das nächste Bild ein.

Vinnie war im Nu auf den Beinen. „Was machen Sie da?"

„Sie ist die Hotelfotografin", sagte Gabriella. „Sie machen hier Fotos und hängen sie in der Lobby auf."

Ich konnte beinahe sehen, wie sich die Rädchen im Kopf der Amerikaner drehten, als ihnen aufging, welche Folgen es haben konnte, wenn sie gemeinsam auf einem Foto zu sehen waren. Tony war noch auf Bewährung und durfte weder Kalifornien verlassen noch mit irgendwelchen bekannten Buchmachern Umgang haben. Carmine war gegen Kaution frei und musste noch mal vor Gericht erscheinen. Ron war immer noch auf Bewährung und sollte zudem wegen anderer Vergehen angeklagt werden. Und alle drei waren sie in der Gesellschaft von Vinnie, was der Beweis war für eine Verbindung zwischen ihnen und dem Mob.

Ron und Vinnie stürzten sich gleichzeitig auf die erschrockene junge Frau. „Her mit der Kamera!", fauchte Ron, als sie einen Schritt zurück machte. Tony sprang auf und ermahnte Ron und Vinnie, Ruhe zu bewahren. Das ganze Restaurant beobachtete mittlerweile die erregte Szene. Tony zückte seine Brieftasche, zählte dreihundert Dollar ab und hielt sie der Fotografin hin. Sie schaute unsicher, ehe sie vorsichtig vortrat und das Geld nahm. Sie machte die Kamera auf, nahm die Filmrolle heraus und reichte sie Tony. Vor den entgeisterten Blicken der anderen Gäste belichtete er den Film.

Ich versteckte mich hinter der Speisekarte, weil ich mich schämte, bei einem derart würdelosen Auftritt dabei zu sein. Als ich mich schließlich traute, wieder über den Kartenrand zu lugen, war für mich mit der Welt eine kleine, aber wesentliche Veränderung vorgegangen. Das Blitzlicht der Fotografin hatte den wahren Charakter meiner Gefährten zum Vorschein gebracht. Tony, Ron, Carmine und Vinnie waren nichts weiter als Berufsverbrecher. Sie würden ihr ganzes Leben lang wurzellose Gejagte sein, die immer versuchten, dem Gesetz einen Schritt voraus zu sein.

Es war für mich ein Moment der Wahrheit. Der Umzug in die DomRep verschaffte ihnen nur einen äußeren Anstrich von Legalität. Ich wollte von nun an mit ihnen nicht mehr zu tun haben als unbedingt nötig. Mein Blick fiel auf Gabriella. Wie sie in Tonys Richtung lächelte, empfand sie es als Kitzel, ein Teil seiner aufregenden Welt zu sein. Vor noch gar nicht so langer Zeit war es mir genauso gegangen: Auch ich war dem Reiz erlegen, außerhalb der gesellschaftlichen Konventionen zu leben.

Mit einem Mal war ich müde und traurig. Mit den ganzen großartigen Gefühlen, die Tony einmal in mir ausgelöst hatte, war es ein für allemal vorbei. Unsere Liebe war gründlich gescheitert. Ich war nicht mehr dieselbe Frau wie damals. Ich war kein Mitglied ihres inneren Zirkels mehr, nicht mehr eingeweiht in ihre privaten Unterredungen. Gabriella wusste zweifellos mehr darüber, was hinter den Kulissen vor sich ging, als ich.

※

AM TAG NACH Rons großem Abschiedsessen hatte Tony gerade die ersten Quoten angesagt, als Leslie aufsprang und sich den Mund zuhielt. Sie stürzte ins Bad, und das ganze Büro konnte mit anhören, wie sie sich heftig in die Toilette erbrach.

Ich eilte hinter ihr her und hielt ihr die Haare aus dem Gesicht, während sie weiter spuckte. „Lieber Himmel, was hast du gestern Abend gegessen?"

„Das Essen ist es nicht", stöhnte sie. „Es ist etwas anderes." Wieder erbrach sie sich, und ich rieb ihr den Rücken. Ich hörte die Telefone klingeln und die gedämpften Stimmen der Mitarbeiter, wie sie eifrig Wetten notierten. Was ich gerade gehört hatte, war viel wichtiger, als Quoten mitzuteilen.

„Bist du ... schwanger?"

Sie nickte, während sie sich zittrig den Mund abwischte.

„Und wer ist der Glückliche?", fragte ich behutsam. Leslie war seit Wochen nicht mehr aus gewesen, deshalb war es mir ein Rätsel, um wen es sich handeln mochte.

„Du kennst ihn nicht. Niemand kennt ihn." Sie drückte die Toilettenspülung, erhob sich mit weichen Knien und spülte sich den Mund aus. „Er ist nicht reich. Er heißt Armando. Er ... er ist nicht so wie die Männer, mit denen ich vorher aus war. Er ist wirklich freundlich. Und bodenständig. Er ist überhaupt nicht arrogant!" Leslie tupfte sich die Augen. „Er wohnt immer noch zu Hause bei seiner Mutter und seinem Bruder, und sie sind beide wirklich lieb. Es sind nette Leute, Marisa."

„Warum hast du mir nichts von ihm erzählt?"

„Wie denn? Ich ... ich weiß doch, was alle dann sagen werden! Dass er arm ist und dass er nur wegen meinem Pass hinter mir her ist!"

Ich hatte noch nie erlebt, dass ein Mann so eine Wirkung auf Leslie hatte. „Du bist ja in ihn *verliebt!*"

„Ich weiß!", jammerte Leslie und brach in Tränen aus.

Nicht nur besaß Armando alle Qualitäten, die Leslie ihm zuschrieb, er hatte auch noch Format. Kaum hatte sie ihm erzählt, dass sie schwanger war, da machte er ihr einen Antrag, und Leslie sagte glücklich ja. Sie begann, ihre Traumhochzeit zu planen. Sie war entschlossen, ein eng anliegendes Kleid zu tragen, was uns sehr wenig Vorbereitungszeit ließ. Die feudale Trauung fand sechs Wochen später in einem prachtvollen Kolonialhaus statt. Leslie war eine strahlende Braut in einem elfenbeinweißen seidenen Empirekleid, das geschickt ihre Bauchwölbung verbarg. Tony führte sie über die mit Rosenblüten bestreute Marmortreppe ihrem schmucken Bräutigam zu, der gar nicht mehr aufhören konnte zu grinsen. Das ganze Büro kam, dazu Leslies Mutter und Oberst Rivera in voller Uniform. Seine Anwesenheit sprach Bände: Tomaju hatte weiter seinen Segen.

An dem Morgen hatten die Zeitungen berichtet, General Hernández sei pensioniert worden, und beim Empfang sprach ich Remo auf die Pensionierung des Generals an. Er lachte bitter. „Hernández ist nicht pensioniert worden. Lies doch mal zwischen den Zeilen. Wer zum Teufel wird mit neunundvierzig pensioniert? Er wurde gefeuert. Er muss bei einem der höheren Tiere angeeckt sein. Du weißt doch, wie es hier zugeht."

Rivera und Tony lehnten an der Wand und tranken Bier wie zwei alte Freunde. Rivera hatte Tony versichert, Hernández' „Pensionierung" hätte auf Tomaju keinerlei nachteilige Auswirkungen. Tony leistete regelmäßig großzügige Zahlungen an Beamte bei der Polizei, dem Geheimdienst und der Einreisebehörde, und Hernández blieb auf der Schmiergeldliste.

„Ich glaube nicht, dass ihr euch Sorgen machen müsst", bemerkte Remo mit einem Nicken in Richtung des Obersts. „Dass er hier aufgetaucht ist, und dazu noch in Uniform, ist ein gutes Zeichen. Er lässt euch wissen, dass alles glatt läuft."

⌖

ZU HAUSE IN KALIFORNIEN meldeten die Zeitungen, dass die laufende Anklage gegen Anthony LoBue wegen Erpressung, organisierter Kriminalität, Geldwäsche und illegalem Glücksspiel noch um den Vorwurf der Spielmanipulation erweitert worden war. Dem Vernehmen nach hatte er Schiedsrichter und Trainer bestochen, damit sie Basketball- und Baseballspiele, auf die hoch gewettet wurde, manipulierten. Ihm wurde auch vorgeworfen, Pferderennen in Toronto manipuliert zu haben. Derselbe Artikel gab an, die Gewinne aus dem Geschäft seien in San Francisco in Darryl Kaplans Pfandhaus gewaschen worden.

Ron las uns den Artikel vor. „Hör sich einer diesen Müll an!", sagte er. „,Ron Sacco aus Los Angeles wurde als Anführer des Wettrings identifiziert. Er steht in dem Fall nicht unter Anklage.'"

„So ein Scheißdreck", kommentierte Tony.

Ich war zu dieser vertraulichen Zusammenkunft dazugebeten worden, und ich war überrascht und geschmeichelt. Anscheinend wollte Ron, dass ich seinen neuen Anwalt Donald Mooney kennenlernte, einen kleinen Mann Ende vierzig mit einem Milchgesicht.

Mooney war der frühere Leiter der Spezialeinheit zur Bekämpfung des organisierten Verbrechens in Los Angeles, und er stand in dem Ruf, wie ein Pitbull hinter Verbrechern herzujagen und sie bis zum

Äußersten zu verfolgen. Doch Ron hatte ihm ein Angebot gemacht, das er nicht ablehnen konnte, und Mooney hatte seine Kollegen damit verblüfft, dass er annahm. Er war skrupellos und aggressiv, hatte bessere Verbindungen als Harold Fisher und keine Bedenken, in die Dominikanische Republik zu reisen. Es war nur eine Frage der Zeit, bis Ron angeklagt wurde, und er bezahlte Mooney dafür, sich mit allen Mitteln dafür einzusetzen, dass er nicht ins Gefängnis kam.

Mooney nahm den Faden auf. „Niemand bestreitet, dass Ron Buchmacher ist. Aber diese Vorwürfe sind völlig grotesk. Wenn sie ihn wegen dieser ungeheuerlichen Anklagen verurteilen, sitzt er mindestens zwanzig Jahre."

„Alle wissen verdammt gut, dass ich niemals ein Spiel angeboten habe, wenn ich den Verdacht hatte, es wäre manipuliert. So arbeite ich nicht."

Das konnten wir alle bestätigen. Rons enormer Erfolg beruhte auf Masse. Es war ihm egal, wer gewann und verlor, weil er in jedem Fall zehn Prozent kassierte. Es gab für ihn keinen Grund, in das komplizierte und riskante Geschäft der Spielmanipulation einzusteigen.

„Das ist noch nicht alles", sagte Mooney und beugte sich vor. „Irgendjemand in der DomRep versorgt das FBI mit Informationen."

„Ein Informant?" Das schockierte mich. Ein nachdenkliches Schweigen legte sich über den Tisch. „Woher wissen Sie das?"

Mooney zuckte die Achseln. „Das FBI weiß, dass Ron hier war."

„Weiß das nicht jeder?" Es war Rons zweiter Abstecher in das Land, und Unauffälligkeit war nichts, worum er sich sonderlich bemühte.

„Eigentlich nicht", sagte Ron und blickte mich durchdringend an. „Die Spieler haben keine Ahnung, dass ich hier bin. Die Einreisebehörde hat es verneint. Ebenso unsere Freunde bei der Polizei."

Mooney räusperte sich. „Das FBI hat einen Informanten. Daran gibt es keinen Zweifel." Alle Blicke waren auf mich gerichtet. Tief betroffen wurde mir klar, dass ich im Verdacht stand. Ich war nur deshalb zu dieser kleinen Versammlung gebeten worden, damit sie mich zur Rede stellen konnten.

Ich stand auf und funkelte Ron wütend an. „Nach allem, was ich für dich getan habe, schämst du dich nicht, mir vorzuwerfen, ich würde für das FBI arbeiten?"

Ich warf meine Serviette auf den Tisch und stürmte davon. Ron erhob sich hastig und stellte sich mir in den Weg.

„Herzchen! Warte, geh nicht!" Er fasste mich an den Schultern und redete auf mich ein, zu bleiben. „Das war nicht meine Idee. Auch nicht Tonys. Es ist nur so ... Schau, alle wissen, dass ihr beide im Moment schwierige Zeiten durchmacht. Da schien es denkbar, dass du wütend genug bist, um irgendwas zu unternehmen."

„Ein Motiv hätten Sie", erklärte Mooney trocken.

„Und Sie denken, ich würde mich an Tony rächen, indem ich Ron eins auswische? Das ist doch widersinnig."

„Irgendwer bei Tomaju plaudert gegenüber dem FBI."

„Ich bin es jedenfalls nicht!", beteuerte ich laut.

„Babe, setz dich hin!", sagte Tony.

Ich zögerte, aber fügte mich dann doch. So wütend ich war, ich wollte mehr erfahren. Mooney führte aus, er habe versucht, über seine alten Kanäle herauszubekommen, wer der Informant war, aber niemand habe etwas preisgegeben. „Es wird schwieriger für uns werden zu beweisen, dass Ron nichts mit LoBues Geschäften zu tun hat, wenn das FBI weiß, dass er hier war."

„Eine gute Aussicht haben wir wenigstens am Horizont", verkündete Ron. Tony und ich sah ihn erwartungsvoll an. „Ich bekomme eine Gelegenheit, mich zu verteidigen."

„Ron wird die Tatsachen richtigstellen", warf Mooney ein. „Er wird sich zu einigen der schwereren Vorwürfe gegen ihn äußern. Er wird CBS ein Interview geben."

„Was?", rief Tony aus.

„Das Team von *60 Minutes* wird anreisen, um ihn hier zu interviewen." Mooney sprach im unbekümmerten Ton eines Wetteransagers weiter. „Ich werde das ganze Interview über mit dabei sein, um sicherzustellen –"

„Einen Moment", sagte Tony, während sein Gesicht sich weiter verfinsterte. „*60 Minutes* will hierher kommen? Um mit dir zu reden?"

„Aber ich dachte, die Leute sollen nicht wissen, dass du hier bist", sagte ich.

Mooney antwortete mit der gönnerhaften Art eines Erwachsenen, der einem begriffsstutzigen Kind ein einfaches Problem erklärt. „Sie werden nicht verraten, wo das Interview stattfindet. Das ist eine meiner Bedingungen."

„Warum hier?", wollte Tony wissen. „Du kannst doch sonst wo auf der Welt mit ihnen reden. Warum dieser Schwachsinn, sie in die DomRep zu holen?"

„Sie werden den Ort des Interviews nicht verraten", wiederholte Ron in einem Ton, der klarmachte, dass das Gespräch beendet war.

Die Atmosphäre am Tisch wurde zusehends spannungsgeladen. Tony hatte die Zähne so fest zusammengebissen, dass die Adern an der Stirn hervortraten. Er nahm einen Schluck Bier und knallte die Flasche auf den Tisch. Ich wollte nur noch fort und nach Hause. Das drohende Ende meiner Beziehung zu Tony und die finanziellen Konsequenzen, die es haben würde, quälten mich ohnehin schon. Die Vorstellung, durch einen Informanten mein Auskommen zu verlieren, überforderte mich. Ich brauchte meinen Arbeitsplatz im Moment mehr denn je – wenigstens bis ich eine andere Möglichkeit gefunden hatte, meinen Lebensunterhalt zu verdienen.

Als Leslie von ihrer zweiwöchigen Hochzeitsreise nach Italien zurückkehrte, war sie sichtlich schwanger und strahlte vor Glück. „Das Eheleben bekommt dir gut", sagte ich zu ihr, als sie mich besuchte, um mir die Fotos zu zeigen.

Einige ihrer Bilder versetzten mich in meine Kindheit in Italien zurück. Eine Aufnahme faszinierte mich ganz besonders. Ich musste dabei an das Dorf meiner Patentante in der Nähe von Rom denken. Ich erinnerte mich daran, wie ich mit ihr Tortellini gemacht hatte, und an das Süßwarengeschäft, wo sie mir Lakritz gekauft hatte. Ich erinnerte mich an das Glockenläuten von der Kirche um die Ecke und an die drei schwarzen Katzen ihrer Nachbarn.

Es war ein Teil von Italien, den ich schon lange vergessen hatte, und die Erinnerungen, die dieses Bild in mir weckte, waren magisch. „Kann ich mir das kopieren?"

Leslie sah mich fragend an und lächelte. „Na klar!"

An meinem freien Tag fuhr ich zu einer Kunsthandlung in Gazcue, wo ich mir sorgfältig Ölfarben in denselben satten Farben wie auf dem Foto aussuchte, dazu die größte Leinwand, die ich finden konnte. Beladen mit Material und ganz beschwingt vor Vorfreude verließ ich den Laden. Das Esszimmer wurde mein Atelier und der Tisch meine Staffelei. Noch am selben Nachmittag fing ich an, eine grobe Skizze direkt auf die Leinwand zu zeichnen, und ich arbeitete bis weit in die Nacht. Gleich am Morgen machte ich weiter und dann wieder, als ich nach Hause kam. Es gab keine schlaflosen Nächte mehr, keine ängstliche Unruhe wegen möglicher Veränderungen. Ich vergaß Tomaju, vergaß Tony und Gabriella, Ron,

Hernández, Horacio und alle anderen Probleme. Bald waren meine Fingernägel mit Ölfarben befleckt. Fast ohne es mir bewusst zu machen, war ich wieder eine Künstlerin.

33

Am Sonntag, den 13. Dezember 1992, versammelten sich Vinnie, Carmine, Tony und ich vor dem Fernseher im Big Office, um die Ausstrahlung von Rons Interview in der Nachrichtensendung 60 Minutes zu gucken. Ron, der inzwischen wieder in Kalifornien war, würde noch einmal zwei Stunden warten müssen, um die Sendung an der Westküste zu sehen. Tony war überzeugt, dass das Gespräch nur schädliche Aufmerksamkeit auf das Unternehmen lenken konnte, und hatte die Mitarbeiter vorzeitig nach Hause geschickt. Je weniger Leute es sahen, umso besser, war seine Einstellung.

Steve Kroft, der Moderator, erschien auf dem Bildschirm. *„Wenn Sie ein paar Dollar auf eines der Footballspiele an diesem Nachmittag gesetzt hatten, sind Sie an einem illegalen Gewerbe beteiligt, das nach staatlichen Angaben einen Jahresumsatz von fünfzig Milliarden macht. Mehr als eine Milliarde dieses Geldes wird bei einem Mann verwettet. Sie gewinnen oder Sie verlieren ...*

Aber Ron Sacco gewinnt immer." Eine Einstellung von Rons Gesicht füllte den Bildschirm. *„Sacco führt das größte und erfolgreichste illegale Wettunternehmen in der Geschichte. Seine landesweiten Geschäfte macht er* *mithilfe von Satellitenverbindungen und gebührenfreien 800er-Nummern für seine Kunden. "*

Als Nächstes kam ein Mann, der als Jim Moody vorgestellt wurde, der Leiter der Einheit zur Bekämpfung des organisierten Verbrechens. Er bestätigte, dass Ron der Spitzenmann im Wettgeschäft war. *„Hundert Millionen im Monat sind ein Haufen Geld",* sagte er.

Plötzlich ging ein Ruck durch Tony und mich, als zwei bekannte Gesichter auf dem Bildschirm erschienen. Es waren die beiden verdeckten Ermittler, denen wir unsere zweite Verhaftung in L.A. zu verdanken hatten, Red und Duke. *„In einer landesweiten Ermittlung gegen Ron Sacco und seine Partner bediente sich das FBI dieser beiden Männer, Dan Hanks und Fred Valis, um Saccos Welt zu infiltrieren. Seit fünfzehn Jahren arbeiten sie als professionelle Informanten für die Bundessicherheitsbehörde. "* Hanks und Valis beschrieben im weiteren ihre Verbindung zu Sacco und erzählten, wie sie im Dienst des FBI technische Installationen für ihn vorgenommen hatten.

Tony stellte das Gerät lauter. *„Ron Sacco willigte ein, sich unter der Bedingung mit uns zu treffen, dass wir nicht verraten, wo das Interview stattfand, und dass sein Anwalt mit anwesend sein darf. Sacco bat uns, darauf hinzuweisen, dass es kein Eingeständnis einer Beteiligung an irgendwelchen illegalen Aktivitäten bedeutet, wenn er mit uns ein Gespräch über das Sportwettengeschäft führt. "*

Kroft erläuterte kurz einige Wettbegriffe. Dann stellte er die einzelnen Schritte des Wettvorgangs dar. *„Wenn Sie bei Saccos Organisation eine Wette abschließen, machen Sie das über das Telefon. Die Auszahlung erfolgt über ein Netzwerk örtlicher Vermittler. Valis und Hanks hatten auch die Aufgabe, Bargeld und Schecks zwischen Sacco und seinen Partnern einerseits und diesen örtlichen Vermittlern andererseits einzuziehen und auszuhändigen. Dan Hanks sagt, in San Francisco habe er Einzahlungen und Abhebungen bei einer, wie er sagte, ‚speziellen Bank für die Bookies' getätigt, einem Pfandhaus mitten im Mission District, der für seine hohe Kriminalitätsrate bekannt ist. Darryl Kaplan, der zugibt, ein Zocker zu sein, ist der Besitzer und Betreiber von Mission Jewelry & Loan. "*

Tony schlug mit der Faust auf den Tisch. Seine schlimmsten Befürchtungen bestätigten sich. „Ich habe ihn gewarnt! Aber er wollte ja nicht hören!" Carmine winkte ihm, still zu sein. Kroft berief sich auf offizielle Quellen, wonach Feldman Konten für Buchmacher führte, die Partner von Sacco waren. *„Da Kaplan nach Überzeugung des FBI eine*

Schlüsselrolle in dem milliardenschweren Wettunternehmen von Ron Sacco und seinen Partnern spielte, durchsuchte es dessen Pfandhaus und stellte eine Million Dollar sicher."

Dann kam wieder Jim Moody und behauptete, das Buchmachergewerbe werde vom Mob kontrolliert.

„Laut gut unterrichteten Kreisen im Justizministerium werden Ron Saccos Geschäfte genau auf die Art geführt – mit der Billigung des organisierten Verbrechens, der Billigung der New Yorker Gambino-Familie und ihres unlängst inhaftierten Chefs John Gotti."

Ich warf einen Blick auf Vinnie, der erbleichte, als die Kamera zwischen Sacco und Bildern der Gambino-Familie wechselte. „Ooh, Scheiße!", sagte er. Die Kamera zoomte auf Ron. Er guckte wie ein Hirsch im Scheinwerferlicht und versuchte halbherzig, die Vorwürfe zu entkräften. Jim Moody erschien wieder auf dem Bildschirm. *„Meiner Meinung nach – und ich habe seit einundzwanzig Jahren mit dem organisierten Verbrechen zu tun – kann man ohne die Cosa Nostra kein Wettunternehmen betreiben."*

Bis dahin hatte die Sendung Verbindungen nicht nur zwischen Ron und Sonny LoBue, sondern auch zwischen ihm und der Gambino-Familie behauptet. Doch es sollte noch schlimmer kommen. Eine Aufnahme der Straße vor dem Büro füllte den Bildschirm. Die Kamera schwenkte, verweilte kurz auf dem Schild *Comerciales Vargas* und fuhr dann nach oben zum ersten Stock. Ich war entsetzt. Genauso gut hätten sie unsere Adresse und Telefonnummer ausstrahlen können.

„Eine Federal Grand Jury in San Francisco ermittelt daher zur Zeit gegen Ron Sacco und Co. wegen Vorwürfen, die von illegalen Wettgeschäften bis zum Versuch, ein College-Basketballspiel zu manipulieren, reichen. Um sich der Strafverfolgung zu entziehen, dachte sich der milliardenschwere Bookie einen neuen Trick aus. Er verlegte sein Unternehmen hierher ins Ausland, in den karibischen Inselstaat der Dominikanischen Republik, wo Glücksspiel legal ist."

„Du heilige, verdammte Scheisse!" brüllte Tony. Er sah aus, als hätte ihm jemand einen Hieb in den Magen verpasst.

„Sacco installierte TV-Satellitenschüsseln und richtete für die Verbindung mit seinen Kunden gebührenfreie 800er-Nummern bei AT&T in den USA ein; er ist der größte Telefonkunde in der Dominikanischen Republik. Doch falls Sacco meinte, er wäre hier in der Dominikanischen Republik sicher, irrte er sich. Das FBI übte Druck auf die dominikanische Regierung aus, und im Januar 1992

durchsuchten die dominikanischen Behörden zwei Villen und nahmen eine große Zahl von Leuten fest, die im Verdacht standen, an Ron Saccos Wettgeschäft mit den 800er-Nummern beteiligt zu sein. Wochen später nahm Ron Sacco mit dem Segen der dominikanischen Obrigkeit seine Geschäfte an einem anderen Standort in der Nähe wieder auf."

Kroft blickte in die Kamera. *„Aus gut unterrichteten Kreisen im Justizministerium heißt es, dass noch in diesem Sommer gegen Sacco Anklage erhoben wird.*"

Die Sendung wurde von einer Werbeeinlage unterbrochen. Tony stand auf, schleuderte einen Stuhl durch den Raum und stürmte fluchend an sein Telefon.

„Nur keine Panik!", sagte Carmine beschwörend. „Das FBI kann uns hier nichts anhaben. Die Dominikanische Republik hat keinen Auslieferungsvertrag mit den USA."

Ich blickte auf meine Hände. Carmine war nicht zu seinem Gerichtstermin erschienen und hatte nicht vor, je wieder in die Staaten zurückzukehren. Er war jetzt auf der Flucht.

Tony machte ein paar Anrufe und war von den Ergebnissen sichtlich beruhigt. Er wusste, dass die letzte Anfrage des FBI an Rivera wegen Ron im August gewesen war – vor über vier Monaten. Ron hätte in der Tat im Spätsommer angeklagt werden sollen, aber jetzt war schon Dezember, und nichts war geschehen. Mit sehr ernstem Blick setzte Tony sich neben uns.

„Also, wir wissen, dass das FBI hier nicht an uns rankommt. Die können nicht noch mal die gleiche Scheiße abziehen wie damals mit Information Unlimited. Wenn sie das versuchen würden, wüsste Rivera das als Erster." Er seufzte. „Andererseits ist nicht zu leugnen, dass Ron tief in der Scheiße sitzt. Nach dieser unglücklichen Selbstdarstellung hier wahrscheinlich noch mehr als vorher."

„Was ist mit dir?", fragte ich. Wir hatten uns auseinandergelebt, aber ich war mir sicher, dass er keinen Bewährungstermin versäumt und keinen Bericht zu spät eingereicht hatte.

„Gegen mich liegt nichts vor. Gegen dich auch nicht. Nach uns beiden hat niemand gefragt."

Ich atmete tief durch. „Gut zu wissen."

„Die Dominikaner verdienen an uns viel Geld", sagte Tony. „Sie werden alles tun, was in ihrer Macht steht, um ihre Interessen zu wahren. Ich vertraue ihnen zwar nicht hundertprozentig, aber ich weiß, dass Rivera seinen Sohn nie in Gefahr bringen würde. Solange Emery weiter zur Arbeit erscheint, haben wir nichts zu befürchten."

Ich war mir nicht sicher, ob Tony sich selbst zu überzeugen versuchte oder uns.

Ron Saccos verheerendes Interview bei 60 Minutes machte ihn in Amerika über Nacht berühmt. Merkwürdigerweise zeigten die Sicherheitsbehörden keinerlei Reaktion. Bei Tomaju ging alles seinen gewohnten Gang, ja, die Geschäfte liefen besser als je zuvor. Rons plötzliche Prominenz hatte einen Zustrom neuer Spieler zur Folge, so dass Tony gezwungen war, vier neue Mitarbeiter einzustellen. Einer der Neuen hatte denselben Nachnamen wie der Präsident. Offiziell war Präsident Balaguer unverheiratet und kinderlos, doch alle Welt wusste, dass er drei uneheliche Kinder hatte.

Tony fuhr zu seinem letzten Bewährungstermin des Jahres und war überglücklich, als Ruth Gordon ihm mitteilte, er müsse bei ihr erst im nächsten Mai wieder persönlich vorsprechen. Unser Familienleben war weitgehend unverändert. Tony brachte niemals das Thema Auszug zur Sprache, obwohl er häufig tagelang fortblieb. Was mich betraf, so hörte ich auf, ins Atlántico zu gehen, und blieb lieber zu Hause und malte. Das Leben schnurrte gemütlich dahin, und zur Weihnachtszeit war Rons schreckliches Interview bei 60 Minutes so gut wie vergessen.

Die Betriebsfeier zu Silvester fand in dem chinesischen Restaurant im Jaragua statt. Mit dem Blick, den man dort auf das große Casino darunter hatte, war es ein würdiger Ort, um das Jahr 1993 einzuläuten. Es fiel auf, dass Vinnie nicht da war, als wir uns um zehn alle zum Essen hinsetzten.

Unten spielte eine Liveband, während spärlich bekleidete Tänzerinnen die wogende Menge anheizten. Es war eine riesengroße Silvesterparty, bei der anscheinend viele entschlossen waren, das neue Jahr zu begrüßen, indem sie ihr Geld bei Poker und Craps verloren. Der Nachtisch wurde kurz vor Mitternacht serviert, als die ersten Champagnerkorken knallten. Die Band spielte zum offiziellen Countdown. Mehrere hundert Leute stimmten mit ein: „Zehn! Neun! Acht! ...", und steigerten sich bis zum jubelnden „Prost Neujahr!" mit donnerndem Applaus. Luftschlangen, Konfetti und Luftballons schwebten von der Decke und überschütteten alle mit Glitter und Flitter.

Die Mitarbeiter tauschten untereinander wissende Blicke aus. Vier Tische waren im Atlántico reserviert worden, und hinterher wollten sich alle dort treffen, obwohl Tony uns eingeschärft hatte, dass es am nächsten Tag viel Arbeit geben würde. Im Superdome in New Orleans wurde der Sugar Bowl ausgetragen, und unsere Spieler würden sich auf die erste Wettgelegenheit des neuen Jahres nur so stürzen. Wir waren alle angehalten worden, uns ordentlich auszuschlafen, weshalb der Plan, noch ins Atlántico zu gehen, auch geheim bleiben musste.

Als die Mitarbeiter sich nach und nach verabschiedeten, setzte sich Gabriella auf einen Stuhl in Tonys Nähe. „Ich bleibe noch ein Weilchen und warte, ob Vinnie nicht doch noch auftaucht", murmelte Tony. Mir war klar, dass er nicht vorhatte, in der Nacht nach Hause zu kommen.

„Ich warte mit dir", versuchte Carmine die krampfige Situation aufzulockern.

„Na, ich gehe", sagte ich und stand auf. „Gutes neues Jahr allerseits."

Tony versuchte, Vinnie telefonisch zu erreichen, und Gabriella konnte es kaum erwarten, dass ich ging.

Auf dem Weg zum Auto war ich erleichtert, dass 1992 offiziell vorbei war. Es war das schlimmste Jahr meines Lebens gewesen, doch jetzt schien es aufwärts zu gehen. Ich hatte mein erstes Gemälde fertiggestellt und bereits mit der Skizze für das nächste begonnen: der Untermyer Park an einem Wintertag, dazu unten der Hudson River und das Steilufer auf der anderen Seite. Diesmal wollte ich meine Malutensilien in den Staaten kaufen, wo sie sehr viel billiger waren.

Auf meinem Heimweg war praktisch kein Verkehr auf den Straßen. Plötzlich überkam mich der Impuls, im Atlántico vorbeizuschauen. Ich machte einen Schlenker, und als ich mich dem Club näherte, fuhr gerade jemand aus einer Parklücke direkt vor dem Eingang. Ich nahm das als Zeichen, parkte meinen Daihatsu und ging hinein. Kaum war ich am Türsteher vorbei, da erblickte ich Demetrio an der Gartenbar. Es überraschte mich, wie sehr ich mich freute, ihn zu sehen, doch dann erkannte ich zu meinem Kummer, dass er dabei war, sich zu verabschieden. Unsere Blicke begegneten sich, und er kam zu mir.

„Bist du schon im Aufbruch?" Ich bemühte mich nicht, die Enttäuschung in meiner Stimme zu verbergen.

„Es ist zu laut hier drin." Demetrio schmunzelte. „Und überhaupt hat Remo alles im Griff."

„Und", fragte ich, „wo gehst du hin?"

Demetrio lachte vielsagend. „Ich kenne ein ruhigeres Plätzchen, wo ich das neue Jahr begrüßen kann ... wo ich die Wellen hören und dabei genüsslich ein Glas Wein trinken kann."

⁂

DEMETRIO STELLTE SEINEN Wagen ab und deutete auf das Restaurant.

„Das Neptuno", sagte er. „Eines meiner liebsten Lokale auf der Insel.

Ein riesiges Strohdach überspannte den malerischen Außenbereich des Neptuno und ein tiefer liegendes Deck, das mehrere Meter ins Meer hinausragte. Demetrio nahm meine Hand und führte mich dorthin. Unter dem Deck angebrachte Lampen ließen das türkisblaue Wasser traumartig leuchten. Er legte den Kopf schief. „Hörst du?", fragte er, und ich hörte es: das sanfte Wellenschwappen an den Holzbalken. Es verzauberte mich, ob ich wollte oder nicht.

Er suchte einen kleinen Tisch mit Kerzenbeleuchtung aus und bestellte sautierte Garnelen. „Einer der Nachteile, wenn man in so einer betriebsamen Nacht arbeitet", sagte er. „Man kommt nicht dazu, sich zu entspannen. Darf ich dich zu einem Glas Wein einladen?"

Ich schüttelte den Kopf. „Nein, danke. Ich trinke nicht."

„Das ist mir aufgefallen. Nur warum du nicht trinkst, weiß ich nicht."

Ich zuckte die Achseln. „Vermutlich, weil ich gern die Kontrolle behalte. Ich habe im Leben schon zu viele Leute gekannt, die ihre Aussetzer damit entschuldigten, dass sie betrunken oder high waren."

Demetrio guckte verschmitzt. „Das heißt, bei allen Fehlern, die du im Leben gemacht hast, warst du vollkommen nüchtern?"

„Stimmt genau."

„Trinken und sich betrinken ist zweierlei, Marisa. Wein ist dazu da, eine Mahlzeit abzurunden." Er bestellte eine Flasche Spätburgunder. Als sie kam, hielt er mir sein Glas zum Probieren hin. Ich weiß nicht, ob es die spektakuläre Örtlichkeit war oder Demetrios ungezwungener Charme, aber ich fühlte mich schon ohne den Wein leicht beschwipst. Ich verstand, warum überall auf der Insel die Frauen Demetrios Charme erlagen. Ich nahm einen Schluck, dann noch einen, und noch einen, und nach einer Weile starrte ich auf seine Lippen und fragte mich, wie es wohl wäre, ihn zu küssen.

Ich war keinen Alkohol gewohnt, und bald schon fühlte ich mich gelöst und aufgekratzt. Ich erzählte von meiner Zeit an der Ursulinenschule, einer streng katholischen Mädchen-Highschool, die ich besucht hatte, und von dem Sommer, als ich mit sechzehn allein durch Europa gereist war. Ich erzählte Demetrio, ich sei Künstlerin, und er meinte, er könne es nicht erwarten, meine Arbeiten zu sehen. Er hatte einen Freund, der eine Galerie besaß, und er bot an, mich ihm vorzustellen. Ich erfuhr von seiner Leidenschaft fürs Segeln und Surfen, und wir verglichen Städte und Länder, in denen wir gewesen waren, und rechneten nach, ob sich unsere Wege hätten kreuzen können.

Er steckte mir mit Zitrone beträufelte Garnelen in den Mund und reichte mir in kürzer werdenden Abständen das Weinglas. Ich genoss es in vollen Zügen und achtete gar nicht darauf, dass sich die Flasche leerte. Inzwischen flirtete ich ganz offen mit ihm. Wir waren zudem die letzten Gäste im Restaurant. Er bezahlte, nahm meine Hand und schlenderte mit mir zum Ende der Plattform. Der Mond war fast voll, und die Sterne funkelten am weiten, klaren Himmel.

„Remo hat mir erzählt, dass du verheiratet bist", sagte ich.

Am Rand des Decks setzten wir uns, und ich streifte die Sandalen ab und tauchte die Füße in das warme Wasser. Er zog seine Schuhe aus, krempelte die Hosenbeine hoch und machte es mir nach. „Rein rechtlich stimmt das", sagte er. „Meine Frau und ich sind jedoch seit Jahren schon nicht mehr zusammen. Die Umstände machen es mir unmöglich, die Scheidung von ihr zu verlangen."

Ich versuchte, mich darauf zu konzentrieren, was Demetrio erzählte. Er sprach offen über sein Privatleben, und ich wollte gern mehr davon hören, doch meine Gedanken wanderten immer wieder ab zu seinen schönen Händen, die ich nur zu gern auf meinen Körper gefühlt hätte. Ein entlegener Teil meines Gehirns gab zu bedenken, dass er verheiratet war – doch andererseits lief sexuell offenbar nichts mit seiner Frau, so wenig wie bei mir mit Tony. Ich versuchte, dem Fluss seiner Worte zu folgen, doch ich war benebelt und unkonzentriert. Es war die ideale romantische Nacht, und es fühlte sich wunderbar an, wieder jemanden zu begehren.

Demetrio legte sich zurück und stützte sich auf die Ellbogen. Ich hätte ihm am liebsten das Hemd aufgeknöpft, aber mir war ganz schwummerig zumute. Ich zog das Jackett aus, das er mir geliehen hatte, und gab es ihm zurück. Vielleicht half mir ja der Schock der kühlen

Luft auf der Haut, wieder nüchtern zu werden. Demetrio entbreitete es auf dem Deck und streckte sich daneben aus. Im Halbdunkel forderten mich seine dunkelblauen Augen auf, mich dazuzulegen.

Stattdessen erhob ich mich, zog den Reißverschluss meines Kleides auf und ließ es fallen. Nackt bis auf einen winzigen schwarzen G-String stand ich vor ihm. *Vom Schwimmen kriege ich bestimmt wieder einen klaren Kopf,* dachte ich und machte einen Hechtsprung ins Meer. Das Gefühl des Wassers auf meiner Haut war phantastisch – kühl und unglaublich sinnlich. Als ich wieder auftauchte und zurückschaute, sah ich im Mondschein Demetrios schlanken, muskulösen Körper, entblättert bis auf die Unterhose. Er hechtete mir nach, dass das Wasser aufspritzte, und tauchte Sekunden später vor mir auf.

Ich schaute ihm in die Augen und lachte. 1993 fing schon mal sehr gut an. „Du steckst voller Überraschungen, Marisa", sagte er.

Wasser tretend sahen wir uns an. Mit den Armen streiften wir an unsere Körper, während wir uns bemühten, über Wasser zu bleiben. Schließlich schnellte ich auf ihn zu und küsste ihn lange und zärtlich, so dass ich das Salz auf seinen vollen Lippen schmecken konnte. Von dem Kuss wurde ich ganz schwindlig. Oder war es der Wein? Ich schluckte Wasser und fing an zu prusten.

„Okay, du kleine Alkoholikerin", sagte Demetrio und schleppte mich auf die Plattform zurück. Überdeutlich war ich mir seines Arms um meinem Oberkörper bewusst, knapp unter den Brüsten. „Was hast du zu Abend gegessen?"

Ich konnte mich nur verschwommen an ein paar Happen Chopsuey im Jaragua erinnern. „Garnelen", gickelte ich mit Duselgefühlen im Kopf.

Demetrio stellte behutsam meine Füße auf die Leiter und schob mich in die Höhe. Während ich einfach hinplumpste, kam er aus dem Wasser gestiegen wie ein nasser Adonis. Er war wunderschön, fand ich. Seine Unterhose klebte ihm am Leib, so dass wenig der Phantasie überlassen blieb. Ich konnte vor Verlangen kaum mehr an mich halten. Eine Ewigkeit hatte ich mit Sex nichts mehr im Sinn gehabt.

„Das war ziemlich viel Wein auf einen leeren Magen, vor allem wenn du es nicht gewohnt bist", sagte er und trocknete mich mit seinem Jackett ab.

Ohne darauf einzugehen, versuchte ich, ihn zu mir aufs Deck zu ziehen.

„O nein, kommt gar nicht in Frage!", lachte er. „Ich bringe dich *nach Hause.*"

„Will nicht nach Hause", nuschelte ich.

Sein Gesicht kam ganz nahe an meines heran. „Ich habe nicht vor, dir eine Nacht zu bereiten, die du bereuen wirst." Er grinste und half mir, mich in mein Kleid zu zwängen. „Ich möchte, dass du satt, nüchtern und wach bist, wenn ich dich liebe." Ich bekam butterweiche Knie.

Die Rückfahrt verlief still. Bei jedem Schlagloch, dem Demetrio auswich, hob sich mir der Magen. „Wo wohnst du? Ich kann dich zu Hause absetzen." Ich wurde jetzt langsam nüchtern und erklärte ihm, ich müsste zuerst mein Auto holen. Ich konnte es nicht vor dem Atlántico stehen lassen. Alle würden vermuten, ich hätte mich von jemandem abschleppen lassen, und ich wollte nicht in den Ruf kommen, vor dem Remo mich immer warnte.

„Ich brauche mein Auto morgen", sagte ich. Ich warf einen Blick auf die Digitaluhr im Armaturenbrett. Es war drei Uhr zwei, und schon jetzt bereute ich, was ich getan hatte. Mit Scham erinnerte ich mich an die derben Bezeichnungen, mit denen die anderen im Büro Gabriella belegten. Ich wollte gern als anständig geltend.

„Du bist nicht in der Lage zu fahren, Marisa. Ich bringe dich in deinem Auto nach Hause, und einer meiner Angestellten folgt uns in meinem."

Am Eingang des Atlántico trieben sich immer noch Leute herum, als wir vorfuhren. „Da ist es." Ich deutete auf mein kleines Auto und wünschte, ich hätte weiter weg geparkt.

Demetrio fuhr rechts ran. „Bin gleich wieder da."

Während er über die Straße ging, taumelte ich zu meinem Auto und stöberte in der Handtasche nach den Schlüsseln.

Hinter mir hörte ich Remos markante Stimme. Ungeschickt hantierte ich mit den Schlüsseln herum, um möglichst schnell die Wagentür aufzuschließen. Remo war der Letzte, dem ich in meinem momentanen Zustand begegnen wollte. Die Schlüssel glitten mir aus der Hand und fielen aufs Pflaster. „Scheiße!" Ich ging in die Hocke und tastete im Dunkeln nach ihnen. Schließlich fühlte ich sie hinter dem Vorderreifen.

Ich stand auf und stieß einen Schreckenslaut aus. Vor mir stand Tony, das Gesicht verzerrt von kaum verhohlener Wut. Er bemerkte die nassen Haare und mein leicht derangiertes Äußeres. Ich setzte zu einer Erklärung an, als ich Demetrio zurückkehren hörte.

„Fahren wir!", rief er über die Straße.

Tonys Blick richtete sich langsam auf Demetrio und seine vollen, nassen Haare.

34

Tony holte zum Schlag aus.

Ich wollte ihn noch aufhalten, ihm sagen, dass es anders war, als er dachte, doch es war zu spät. Tonys Faust schoss auf Demetrio zu, doch der lenkte den Hieb geschickt ab und nutzte den Schwung aus, um meinen Ex-Mann zu Boden zu befördern. Als Tony sich wieder gefasst hatte, sprang er auf und beäugte seinen Rivalen wutentbrannt.

Demetrio dagegen wirkte unglaublich gefasst. Seine Haltung deutete darauf hin, dass er eine Kampfkunst beherrschte. Die Männer umkreisten sich wachsam. Leute liefen auf der Straße zusammen, um den Kampf zu verfolgen. Aus dem Augenwinkel sah ich, wie sich ein Mann den Weg durch die Menge bahnte: Demetrios Leibwächter. Er zog die Pistole aus dem Halfter und richtete sie auf Tony.

„Nein!", schrie ich.

Plötzlich schlug der Leibwächter mit einem Aufschrei der Länge nach hin. Remo hatte sich von hinten auf ihn geworfen, und beide stürzten zusammen zu Boden. Ich sah die Pistole über die Straße schlittern und unter einem Auto verschwinden. Demetrio blickte Remo fassungslos an.

Diese kurze Ablenkung nützte Tony aus, um abermals zuzuschlagen. Diesmal ging der Hieb nicht daneben, sondern landete mit einem scheußlichen Krachen an Demetrios Kinn. Demetrio taumelte zurück. Ich versuchte, dazwischenzugehen, doch Tony packte mein Handgelenk und schleuderte mich zur Seite. Wieder ging er auf seinen Gegner los, wild entschlossen, ihn zusammenzuschlagen.

Remo drängte Tony ab. „Verdammt noch mal, Tony, er ist es nicht wert! Am Ende kriegst du noch eine Kugel in den Kopf!"

Tonys Blick fiel auf mich, die ich abseits stand und mir entsetzt die Hand vor den Mund hielt. „Los, steig ein, du ...!"

Vor lauter Angst stolperte ich zu seinem Mitsubishi. Demetrio rappelte sich auf, von seinem Leibwächter unterstützt. Er deutete auf Remo und fauchte: „Du bist entlassen!"

Remo hatte jahrelang im Atlántico gearbeitet und geholfen, es aus einem bescheidenen Lokal in einen Spielplatz für die Elite der Insel zu verwandeln. Jetzt wurde es ihm in einem Moment des nächtlichen Wahnsinns aus der Hand gerissen. Demetrio rieb sich das Kinn und wischte sich das Blut aus dem Mundwinkel. Ich wäre am liebsten zu ihm hingegangen, doch ich wusste, dass es nur noch mehr Streit geben würde, wenn ich nicht in das Auto stieg.

Zu dritt rasten wir vom Parkplatz. Tony drückte das Gaspedal durch und hielt mit weißen Knöcheln das Lenkrad umklammert, während Remo ihn beschwor, das Tempo zu drosseln. Wie hatte diese wunderbare Nacht so furchtbar aus dem Ruder laufen können? Tony hielt mit kreischenden Bremsen vor unserer Wohnung, und ich folgte ihm.

Er stürmte die Treppe hinauf. „Zuerst dachte ich, du stößt mich weg, weil ich trinke. Also halte ich mich zurück, aber das ändert gar nichts. Ron meint, es sind die Hormone, und ich muss Geduld haben. Also warte ich und warte wie das letzte Rindvieh, und jetzt muss ich erleben, dass du die ganze Zeit mit jemand anders fickst!" Er riss die Wohnungstür auf, schnappte sich einen Koffer und fing an, Sachen hineinzuwerfen.

„Das stimmt nicht!", widersprach ich und lief hinterher, während er durch die Zimmer fegte und den Koffer vollpackte. „Du irrst dich!"

Aber wenn Tony sich einmal etwas in den Kopf gesetzt hatte, war er nicht mehr davon abzubringen. Er stopfte seine Anzüge und Schuhe in eine andere Tasche, machte den Safe auf, nahm seine Pistole und holte ein Geldbündel nach dem anderen heraus.

„He, ein Teil davon gehört mir!", protestierte ich, doch er stieß mich weg. Ich sah, wie er seinen Pass herausnahm und in die Tasche steckte. Dann nahm er den von Justine.

„Den kannst du nicht haben!", schrie ich.

Tony fuhr herum und ging auf mich los. „Ich habe gesehen, wie du Demetrio angeschaut hast", zischte er mir ins Gesicht. „Ich war dir dort scheißegal. Dich hat nur gekümmert, was mit ihm ist." Er griff sich Koffer und Tasche und stürmte zur Tür. Dann blieb er noch einmal stehen. „Übrigens, du bist entlassen. Und diesmal kannst du es dir schenken, bei Ron anzurufen. Du arbeitest nicht mehr für uns." Die Tür knallte zu, und seine Schritte hallten im Treppenhaus.

⊠

ALS ICH STUNDEN SPÄTER benommen aufwachte, war mir schlecht. Ich setzte mich im Bett auf, sah den Zustand des Zimmers – offene Schubladen und verstreute Kleidungsstücke überall –, und die Erinnerung an den schrecklichen Kampf brach über mich herein. Dazu hatte ich heftige Kopfschmerzen. Würde Demetrio mich je wiedersehen wollen? Ich hatte ihm erzählt, dass ich geschieden war, und angedeutet, dass ich ewig nicht mehr mit einem Mann geschlafen hatte. Mir wurde ganz schlecht bei der Vorstellung, was er jetzt von mir halten musste.

Jäh erinnerte ich mich, wie Tony den Safe geleert hatte, und ich wälzte mich aus dem Bett. Die Tür des Safes stand offen. Außer ein paar tausend Dollar und meinem Ring war nichts mehr darin.

Mit einer unguten Vorahnung suchte ich nach meinen Autoschlüsseln. Mein Instinkt sagte mir, dass ich den Daihatsu so bald wie möglich holen sollte. Fieberhaft durchstöberte ich die ganze Wohnung, doch vergebens. Zuletzt hatte ich die Schlüssel vor dem Atlántico gehabt, soweit ich mich erinnerte. In der Hoffnung, sie während des nächtlichen Kampfs fallen gelassen zu haben, duschte ich und ließ mir von Rosa ein Taxi rufen.

Das Taxi wurde langsamer, als das verschnörkelte Eisentor des Atlántico in Sicht kam. Mein Auto war fort. Tony hatte es sich genommen. Ich starrte aus dem Fenster, schluckte die Tränen hinunter und gab dem Fahrer Remos Adresse.

⊠

„Mach auf! Ich bin's!"

Ich hämmerte so lange an die Tür, bis ein verschlafener, unrasierter Remo sie einen Spaltbreit öffnete. Ich schob mich an ihm vorbei. Ich bemerkte, dass sein Anzug noch von der Nacht verschmutzt und verkrumpelt auf dem Boden lag. „Lieber Himmel", versuchte ich ihn aufzuheitern, „wo hast du geschlafen? Auf einer Baustelle?"

Remo wirkte immer noch tief erschüttert. „Dreieinhalb Millionen Männer auf dieser Insel", sagte er, „und du musst deinen Mann mit meinem Boss betrügen."

„Ex-Mann, wenn ich bitten darf. Und wie nennst du das, was Tony mit Gabriella macht?" Ich setzte mich und legte den schmerzenden Kopf in die Hände. „Ich wünschte, ich hätte mit Demetrio geschlafen", stöhnte ich. „Du hast ja keine Ahnung, wie sehr ich das wollte. Ich habe es nicht getan, und jetzt muss ich trotzdem das alles über mich ergehen lassen."

Remo blickte gedankenverloren.

„Dann sind wir wohl beide arbeitslos", versuchte ich es noch einmal. Das Schweigen hielt an. „Schau", sagte ich tröstend, „du kannst wenigstens in die Staaten zurück. Ich sitze hier fest. Tony hat sich Justines Pass genommen. Und außerdem bin ich sicher, dass Demetrio dich wieder einstellen wird."

„Ich habe gerade den Mann mit dem größten Ego der Welt vor seiner bewundernden Anhängerschaft gedemütigt", sagte Remo. „Er wird mich nicht wieder einstellen. Nie im Leben."

„Sei nicht so melodramatisch. Sobald sich herumspricht, was wirklich geschehen ist, wird wieder Normalität einkehren. Du wirst im Atlántico weitermachen und ich bei Tomaju."

Da wurde Remo sehr ernst. „Du kannst dort nicht hingehen!", beschwor er mich. „Marisa, versprich mir, dass du dich von Tomaju fernhalten wirst!"

„Beruhige dich!", sagte ich. „Mein Gott, glaubst du wirklich, dass Tony so böse auf mich ist?"

Seine Augen blitzten. „Versprich es mir einfach, okay? Er hat Anweisung gegeben, dich nicht reinzulassen."

Als es plötzlich an der Tür klopfte, zog Remo scharf die Luft ein. „Pssst", machte er. Nachdem es noch einmal geklopft hatte, wurde ein weißer Briefumschlag unter der Tür hindurchgeschoben. Remo hob ihn auf und öffnete ihn. Während er den Brief las, wurde sein Gesicht immer länger. „Dein Freund setzt mich hiermit vor die Tür", sagte er bitter und ließ sich auf die Couch fallen. „Jetzt bin ich obendrein auch noch offiziell obdachlos."

„Demetrio ist dein Vermieter?"

„War mein Vermieter", stöhnte er. „Meine Papiere waren nicht ganz in Ordnung, als ich eine Wohnung suchte, deshalb ließ er mich diese hier mieten. Ihm gehören so einige auf der Insel. Jetzt bin ich völlig am Arsch."

Die Konsequenzen meines spontanen nächtlichen Ausflugs mit Demetrio explodierten in alle Richtungen. Wie konnte er so nachtragend sein, Remo vor die Tür zu setzen? Er hatte immer so anständig gewirkt. Hatte ich mich so sehr in ihm geirrt?

„Lasst mich mit ihm reden, Remo. Sind deine Papiere inzwischen in Ordnung?"

Remo verzog das Gesicht. „Na ja … eigentlich nicht. Ich hatte dafür nie genug Geld."

Ich zog eine Augenbraue hoch. „Das ist die billigste Ausrede, die ich je gehört habe. Ich leihe dir Geld, okay? Ein bisschen was habe ich noch, also: Problem gelöst."

Doch statt sich zu freuen, machte Remo ein Gesicht, als ob die ganze Welt über ihm eingestürzt wäre. Ich wollte ihn fragen, was ihn bedrückte, doch er wirkte so tief traurig, dass ich ihn nur noch bemitleiden konnte.

„Ich glaube, du brauchst einfach Schlaf", sagte ich sanft. „Morgen sieht alles ganz anders aus, du wirst sehen."

Ich ging und ließ ihn verwirrt zurück. Aber vorher fragte ich ihn noch etwas, das mir keine Ruhe ließ, seit ich aufgewacht war. „Warum hat Tony eigentlich gestern Nacht nach mir gesucht?"

Remo seufzte schwer. „Er hat nicht nach dir gesucht. Er hat nach mir gesucht. Dass er dich mit Demetrio erwischt hat, könnte man wohl als unerwartete Zugabe bezeichnen."

⊠

ICH WARTETE EIN PAAR TAGE, bevor ich Tony anrief. Er schuldete mir Geld, ich brauchte mein Auto, und ich musste wieder arbeiten gehen. In der Hoffnung, dass er sich inzwischen beruhigt hatte und wieder mit mir reden mochte, probierte ich es auf seinem Mobiltelefon. An seinem Ton erkannte ich, dass ich das Ausmaß seines Zorns unterschätzt hatte.

„Was?"

Ich atmete tief durch. „Könnte ich bitte mein Auto zurückhaben? Und das Geld, das du mitgenommen hast?"

„Dein Auto? Du hast kein Auto. Es ist mein Auto, ich habe dafür bezahlt."

„Aber du hast es mir gekauft."

„Und ich habe es an Horacio weitergegeben. Und du wirst es nicht glauben, es war bereits auf ihn zugelassen." Wütend beschloss ich aufzulegen, bevor ich etwas sagte, das die Situation noch weiter anheizte. Bevor ich dazu kam, sprach Tony weiter.

„Apropos, du schuldest mir Geld", sagte er. „Horacio hat mir gerade die Klauseln unserer Scheidung vorgelesen." Ich erschrak. „Anscheinend bin ich für unsere Tochter mit sorgeberechtigt und muss weder für sie noch für dich Unterhalt zahlen."

Mir gefror das Blut. Das waren die Klauseln meiner Blitzscheidung, aber ich hatte nicht damit gerechnet, dass Tony sie eines Tages gegen mich verwenden würde. Wollte er etwa nicht mehr für seine Tochter aufkommen?

„Außerdem", fuhr er fort, „möchte ich dich daran erinnern, dass der Vertrag für die Wohnung auf deinen Namen lautet, ich werde also keine Miete mehr zahlen."

Schlagartig ging mir das volle Gewicht seiner Worte auf. Ohne Arbeit war ich nicht in der Lage, für unseren Unterhalt zu sorgen oder Rosas Gehalt zu bezahlen oder das extrem hohe Schulgeld für Justines Privatschule.

„Ich habe doch gar nichts getan!", schrie ich.

„Allein kommst du hier nie durch. Sag Bescheid, wann ich Justine haben kann."

Damit legte Tony auf.

Wie vom Donner gerührt starrte ich das Telefon in meiner Hand an. Dann stieg eine Welle des Zorns in mir auf. Bildete Tony sich wirklich ein, er könnte mich von dem Menschen trennen, den ich mehr liebte als jeden anderen? Von meiner eigenen Tochter? Ich mochte mit unserem Scheidungsvertrag einen dummen Fehler gemacht haben, aber ich wusste, dass ich Tony mit einem Anruf bei Ruth Gordon für Jahre hinter Gitter bringen konnte.

Sein nächstes Treffen mit Ruth Gordon war für Mai anberaumt. Bis dahin musste ich einfach durchhalten. Ich griff zum Telefon und rief Veronica an, die Leiterin der Modelagentur.

§

„DARRRLING!"

Veronica kam auf mich zustolziert, als ich die Agencia de Modelos betrat, und schwenkte zur Begrüßung ihre Zigarettenspitze. Dann blieb sie abrupt stehen, als hätte sie gerade bemerkt, dass ich ein Bein verloren hatte.

„Was um alles in der Welt hast du mit deinen Haaren angestellt?" Sie klopfte die Asche von ihrer pinken russischen Sobranie-Zigarette in einen von mehreren Aschenbechern, die sie strategisch im Raum verteilt hatte. „Du kannst dich bei mir melden, sobald du wieder blond bist, dann können wir dein Portfolio aktualisieren."

Zu dem Zeitpunkt war Leslie nach Kalifornien zurückgekehrt, wo sie bis zu ihrer Niederkunft bleiben wollte. Mir blieb nichts anderes übrig, als in einen Frisiersalon zu gehen, um mir die Haare blondieren zu lassen. Das Jaragua bot sich an. Ich ließ mich hinbringen und gab keine Ruhe, bis sie mich einquetschten. Ich setzte mich und sagte der Friseuse, dass ich blonde Haare haben wollte. Sie strich mir eine dicke, stechend riechende Paste auf die Haare, setzte mir eine Haube auf und gab mir die neueste Ausgabe von *Cosmo* zu lesen.

Nach fünf Minuten begann meine Kopfhaut zu kribbeln. Nach zehn brannte sie richtig. Ich hatte mir vorher noch nie die Haare blondieren müssen und mir nicht vorgestellt, dass es so schmerzhaft sein konnte. Ich rief das Mädchen und bat sie, mir das Mittel aus den Haaren zu spülen. Das kühle Wasser fühlte sich angenehm an der Kopfhaut an. Dann gab sie Shampoo dazu, und ich zuckte vor Schmerz zusammen. Irgendetwas stimmte da nicht. Das Mädchen ließ mich mitten in der Haarwäsche sitzen und stürzte davon, um eine andere Frau zu holen, die einen Blick auf meinen Kopf warf und einen Schreckenslaut ausstieß. Ich rutschte ein Stück vor und brach in Tränen aus, als ich mich im Spiegel sah. Meine Kopfhaut war knallrot, meine Haarwurzeln waren weiß und das Übrige in einem hellen Neongrün.

Bestürzt fasste ich mir an den Kopf und behielt ein Büschel Haare in der Hand zurück. Im Salon entstand Unruhe, als ich aufheulte und wissen wollte, wie zum Donnerwetter so etwas passieren konnte. Die Friseuse gestand unter Tränen, dass sie vorher noch nie europide Haare aufgehellt hatte. Meine Kopfhaut war wund und musste erst heilen, bevor etwas anderes mit meinen Haaren geschehen konnte. Bis dahin blieb als einzige Lösung, das, was noch übrig war, so kurz wie möglich zu schneiden.

Als ich nach Hause kam und das sprachlose Entsetzen in Rosas Gesicht sah, lief ich sofort in mein Zimmer, wo ich heftiger weinte als je zuvor im Leben. Im Spiegel erblickte ich das gerötete Gesicht, die blutrote Kopfhaut und die schneeweißen Stoppeln. Ich sah kotzerbärmlich aus, wie ein gerupftes Huhn.

Auf einmal bekam ich völlig unerwartet einen Lachanfall. Die totale Absurdität der Situation wurde mir bewusst. Nach allem, was ich im Leben durchgemacht hatte, ja allein im letzten Jahr, hatten da meine Haare wirklich so viele Tränen verdient? Es waren doch bloß Haare. Sie würden wieder wachsen. Ich hatte mit größeren Problemen zu kämpfen.

☒

„MACH AUF! ICH BIN'S!"

Zwei Tage später hämmerte ich wieder an Remos Tür. Ich war entschlossen, meinen Freund aus seinem Sumpf herauszuholen. Wenn ich es schaffte, nach meinem katastrophalen Jahresanfang wieder in die Spur zu kommen, dann schaffte er das auch. Als er die Tür nicht aufmachen wollte, drohte ich, sie einzutreten. Schließlich öffnete er sie einen Spaltbreit, und ich drängte mich hinein.

Ich zog die Vorhänge auf, und er blinzelte gegen das helle Morgenlicht an. Er betrachtete mich prüfend und berührte dann die kastanienbraune Perücke, die ich aufhatte. „Was ist mit den Haaren?", murmelte er.

„Hab ich aus Miami", sagte ich.

„Warum?"

Ich nahm die Perücke ab und ertrug seinen entsetzten Blick. „Die Kurzversion? Die einzige fähige Friseuse auf der Insel ist in Amerika und kriegt ein Kind." Außer der kastanienbraunen Perücke hatte ich mir noch drei blonde in verschiedenen Längen und Farbtönen für den Einsatz als Model besorgt.

Ich rümpfte die Nase über den Geruch in der Wohnung. „Herrje, Remo, du musst dich zusammenreißen!" Remo war ungewaschen und unrasiert. Leere Lebensmittelverpackungen häuften sich neben einem schmutzigen Geschirrstapel. Ich zog die Jalousien hoch und öffnete das Fenster, um frische Luft hereinzulassen. „Bleibt es bei deinem Rausschmiss?", fragte ich.

„In drei Tagen muss ich draußen sein", stöhnte er.

Ich setzte mich auf die Sofakante. „Hör zu, Remo, du kannst bei mir wohnen. Du kannst das Zimmer oben haben."

„Ich glaube nicht, dass dein Mann das gutheißen würde."

„Ex-Mann. Außerdem weiß er, dass wir nur Freunde sind, das wäre also kein Problem. Und er weiß auch, dass du deinen Job verloren hast, weil du ihn schützen wolltest. Er steht in deiner Schuld. Er sollte dir einen Job geben."

„Ich bin Amerikaner. Die Polizei will nicht, dass Amerikaner dort arbeiten."

„Carmine und Vinnie arbeiten auch dort. Warum dann nicht du?" Unerklärlicherweise füllten sich Remos Augen mit Tränen. „Schau, wenn du Bedenken wegen der Polizei hast, könntest du Wertungen machen. Tony hat vier Leute Vollzeit angestellt, die am Abend die Wettscheine werten. Niemand würde erfahren, dass du dabei bist, und du würdest keine Wetten annehmen. Die Bezahlung ist die gleiche."

Ein Fünkchen Interesse leuchtete in seinen Augen auf. „Ich bin es gewohnt, nachts zu arbeiten", sagte er.

Remo und ich brauchten einander. Wenn wir uns zusammentaten, konnten wir ein regelmäßiges Einkommen und eine sichere Wohnung haben. Ich erläuterte ihm die Situation. Ohne baldige Unterstützung bei der Miete würde ich die Wohnung verlieren. Ich konnte praktisch zusehen, wie sich die Rädchen in seinem Gehirn drehten.

„Komm schon, Remo, das wird toll! Justine wird begeistert sein, wenn du einziehst."

§

Zwei Tage später stand Remo mit zwei Sporttaschen vor der Tür, die seine ganze Habe enthielten. Er lehnte es ab, das Zimmer oben zu nehmen, und zog lieber in die leere Dienstmädchenstube. Sie war klein und eng, aber abgeschieden. Auf die Weise war er von der übrigen Wohnung separiert und hatte seinen eigenen Eingang. Rosa war die Einzige, die sich mit der Regelung schwertat. Sie schlug vor, mit ihm zu tauschen, doch er lehnte ihr Angebot mehrmals ab.

Bald begriff ich, warum Remo so erpicht darauf gewesen war, die winzige Mädchenstube zu haben. Als ich ein paar Tage später die Tür aufmachte, die seinen Bereich von der Küche trennte, stand mir eine hochgewachsene, schöne Haitianerin gegenüber. Sie erstarrte, als sie mich sah, und auf einmal erschien Remo hinter ihr.

„Äh … oh, hi! Marisa, das ist Laurette." Laurette murmelte ein rasches Tschüs und entschwand dann über die Metalltreppe.

„Ist sie nicht die Toilettenfrau im Atlántico?"

„Stimmt", bestätigte Remo verlegen, bevor er hastig das Thema wechselte. „Übrigens, heute Nacht soll ich zum ersten Mal die Wetten werten. Hast du noch einen letzten Rat für mich?"

Genau wie ich seinerzeit betrat Remo die Buchmacherwelt ohne die geringste Kenntnis von Sport oder Glücksspiel. Auch wenn er keine Wetten annahm, hatte er doch noch eine Menge zu lernen.

„Lass dich vor allem nicht entmutigen", riet ich ihm. „Anfangs denkst du, es erschlägt dich."

⊠

WÄHREND REMO SICH bei Tomaju einarbeitete, gewöhnte ich mich wieder an die Routine des Modeldaseins. Veronica hatte zuerst die Hände über dem Kopf zusammengeschlagen, als sie meine übel zugerichtete Kopfhaut sah, doch bald gingen ihr die Vorteile meines neuen Looks auf. Ich war wie eine Barbiepuppe mit austauschbaren Frisuren, und mein Portfolio sollte das betonen. Sie hatte recht – ich wurde für Aufträge gebucht, noch bevor meine Bilder entwickelt waren.

Ungefähr eine Woche später wollte Remo eines Abends gerade zur Arbeit aufbrechen, da hörte ich draußen eine Harley-Davidson röhren. Remo flitzte ans Fenster und erbleichte. Er hatte Tony nicht erzählt, dass er bei mir eingezogen war, um ihn nur ja nicht gegen sich aufzubringen, und jetzt wurden seine schlimmsten Befürchtungen wahr. „Es ist Tony!" Panik schwang in seiner Stimme. „Er weiß, dass ich hier bin!"

„Nein, weiß er nicht", versicherte ich ihm. „Und selbst wenn, was macht das schon? Wann hat er sich das Motorrad beschafft?"

„Er hat es sich frisch aus Miami einfliegen lassen."

Unten auf dem Parkplatz schaute Tony hinauf, ließ den Motor aufheulen und sauste wieder davon. Das Dröhnen der Maschine hing noch in der Luft, als er den Blicken schon lange entschwunden war. Ich fragte mich, was ihn nur hergeführt hatte.

Remo spähte mir über die Schulter. „Hast du ihm je erzählt, was Sonny LoBue damals gesagt hat?"

„Ja. Schien ihm aber egal zu sein."

„Du weißt, dass Sacco wieder hier ist, nicht wahr? Und anscheinend hat er diesmal auch vor, zu bleiben."

Das konnte nur eines bedeuten. „Sie haben also endlich Anklage gegen ihn erhoben", sagte ich.

Für Tony und Tomaju waren das schlechte Neuigkeiten. Im Unterschied zu Carmine war Ron bekannt wie ein bunter Hund, vor allem nach den *60 Minutes*. Selbst wenn die hiesige Polizei es abstritt, würde das FBI selbstverständlich davon ausgehen, dass er hierher geflohen war. Ron, der Gründervater des ganzen Unternehmens, war eine große Zielscheibe auf dem Rücken von Tomaju, solange er sich in der DomRep versteckte.

„Remo, ich glaube, du solltest lieber nicht mehr im Büro arbeiten, wenn Ron da ist. Das FBI wird auf die Dominikaner Druck ausüben, dass sie ihn ausliefern."

„Was ist mit Tony?"

„Soweit ich weiß, liegt gegen ihn noch nichts vor."

Remo nickte langsam. „Und wenn Ron jetzt gefasst würde? Was würde dann mit Tomaju passieren?"

Ich zuckte die Achseln. „Tja … nichts, nehme ich an. Alles würde weiterlaufen wie gehabt. Seine Freundin Joanna wäre dann dafür zuständig, in den Staaten das Geld auszuzahlen und einzuziehen." Remo blickte versonnen. Mich tröstete der Gedanke ein wenig, dass ich in dem Moment, wo Ron auf der Insel untergetaucht war, wahrscheinlich auf jeden Fall bei Tomaju aufgehört hätte. „Vielleicht solltest du langsam versuchen, deinen alten Job zurückzubekommen. Sollte ich vielleicht mal mit Demetrio reden?"

Ich hatte seit jener verhängnisvollen Nacht nicht aufgehört, an Demetrio zu denken. Meine Gefühle für ihn hatten sich nicht geändert.

Im Grunde war ich mehr denn je entschlossen, ihn zu haben. Ich wusste, dass ich jetzt, wo meine Haare in einem solchen Zustand waren, kein Verhältnis mit ihm anfangen konnte. Aber wenn ich für Remo ein gutes Wort einlegte, war das die perfekte Gelegenheit, mit ihm zu reden.

„Wie lange hast du für Sacco gearbeitet?", fragte Remo.

„Hmm, acht Jahre im Ganzen." Mir schauderte. Ein beklemmender Gedanke, dass ich Ron und seinem Glücksspielimperium fast ein Jahrzehnt meines Lebens geopfert hatte.

„Was weißt du über ihn?", bohrte Remo weiter nach. „Also wirklich persönlich."

„Okay, Remo." Ich setzte mich aufs Sofa und klopfte auf den Platz neben mir. „Du willst etwas über Ron erfahren? Kannst du haben. Aber ich möchte dafür auch etwas erfahren." Remo guckte befremdet und setzte sich. „Ich erzähle dir etwas über Ron ... wenn du mir etwas über Demetrio erzählst."

35

„SUICIDE BLONDE" VON INXS wummerte aus der Anlage, während ein hagerer Visagist, Zigarette zwischen den Lippen, mit tuntelndem Gehabe an meinem Gesicht arbeitete. Mein neuester Auftrag war ein unbezahlter Auftritt zusammen mit zweiundzwanzig anderen Models bei einer Wohltätigkeitsmodenschau, deren Einnahmen dem Kinderkrankenhaus von Dr. Robert Reid Cabral zugute kommen sollten. Veronica hatte mir versichert, die Mitwirkung wäre einfach phantastisch für meine Karriere.

Hinter der Bühne huschten Modedesigner, Friseure und Visagisten herum und machten sich emsig an den Models zu schaffen, damit wir nur ja alle rechtzeitig fertig wurden. Mein Visagist, dem das Chaos nichts auszumachen schien, verpasste mir mit einem angeschrägten Borstenpinsel und braunem Pulver scharf konturierte Augenbrauen. Als er fertig war, trug er noch eine zweite Schicht Mascara auf und schminkte mir die Lippen dunkelrot als Kontrast zu dem schwarzen Krepp-Abendkleid, das ich vorführen sollte. „¡Hermosa!", sagte er.

Ich schlüpfte in das Kleid. Joaquín, der hypernervöse puertoricanische Modedesigner, der für diese verspielte Kreation verantwortlich war, zog mir den Reißverschluss zu. Während eine Stylistin mir eine schwere Kette um den Hals legte, griff ich nach meiner blonden Perücke. Joaquín riss sie mir aus der Hand. „Keine Perücke!", sagte er. Bevor ich protestieren konnte, bugsierte er mich zur Bühne.

Ich trat mit meinen unmöglich kurzen Haaren vor die Leute. Während ich über den Laufsteg stolzierte, brach um mich herum das reinste Blitzlichtgewitter aus, und mein Selbstvertrauen wuchs mit jedem Schritt.

Am Sonntag darauf füllten Bilder von der Modenschau die Hochglanzseiten des *Ritmo Social.* Es war das erste Mal, dass ich in der Presse so groß herauskam. Selbst mit den kurzen Haaren und dem dicken Makeup war ich sofort zu erkennen. An dem Abend hörte ich wieder das Knattern der Harley, und Tony drehte draußen mehrere Runden. Nachdem er ein paarmal den Motor hochgejagt hatte, donnerte er in die Nacht davon. Ich spähte durch die Jalousien und sah, wie sein Rücklicht im Dunkel verschwand.

Offensichtlich sollte ich wissen, dass er gelegentlich vorbeikam. Ich konnte mir nicht darüber klar werden, ob er mich einschüchtern oder sich bei mir entschuldigen wollte. Vielleicht war er gekommen, weil er mein Bild in der Zeitung gesehen hatte.

Ich war zu beschäftigt, um mir über Tonys Motive den Kopf zu zerbrechen, denn meine Karriere als Model nahm langsam Fahrt auf. Ich nahm jeden Auftrag an, den ich bekam, und arbeitete regelmäßig. Wie bei jeder freiberuflichen Tätigkeit war die Bezahlung ein ständiges Thema. Ich hatte bereits ein kleines Vermögen für meine Perücken und Malutensilien ausgegeben. Ich musste in Zukunft extrem achtsam mit meinem Geld umgehen. Selbst mit Remos Hilfe war es um meine Finanzen noch ziemlich düster bestellt.

Als Veronica mir einen Auftrag mit sofortiger Barzahlung anbot, bei dem ich für eine Versicherungsgesellschaft auf der Bühne Preise aushändigen sollte, nahm ich ohne Zögern an. Es war nicht gerade ein Spitzenjob, aber der Verlockung, gleich nach der Veranstaltung mein Geld zu bekommen, konnte ich nicht widerstehen. Der Abend war schrecklich langweilig. Meine Aufgabe bestand darin, hübsch auszusehen und an einen Haufen unsympathischer, betrunkener Geschäftsleute irgendwelche Preise zu verteilen.

Die Festivität begann mit über einer Stunde Verspätung, deshalb war es weit nach Mitternacht, als ich endlich mit einem aufgesetzten Lächeln den letzten Preis verlieh. Danach suchte ich den Veranstalter dieses grausigen Abends an der Hotelbar auf. Es war ein kleiner, dicker Mann mit über den blanken Schädel gekämmter Restbehaarung. Seine Augen leuchteten auf, als er mich auf sich zukommen sah.

„Bleiben Sie doch noch auf einen Drink", schlug er optimistisch vor. „Oder vielleicht hätten Sie auch Lust auf eine noch intimere Feier?"

Ich lehnte so höflich wie möglich ab und verzog mich mit meinen achthundert Peso und so viel Würde, wie ich aufbringen konnte. Ich kam mir wie eine Prostituierte vor, als ich um ein Uhr nachts mit High Heels, fetter Schminke und platinblonder Perücke in mein Taxi stieg. Nach den wissenden Blicken zu schließen, die der Taxifahrer mir zuwarf, war er zu dem gleichen Urteil gekommen. Ich blickte geflissentlich aus dem Fenster und machte mir Vorwürfe wegen meiner früheren verschwenderischen Lebensweise. Ich hätte auf meinem Bankkonto in Kanada Geld deponieren sollen, dachte ich; ich hätte meine Finanzen ernster nehmen sollen. Ich war kein bisschen besser als Tonys Mutter Sophia – und die Einsicht tat weh. Auch sie hatte einmal geglaubt, dass Tony immer für sie sorgen würde. Vermutlich war es nur eine Frage der Zeit, bis ich gezwungen sein würde, meinen Diamantring zu verkaufen. Ich hatte ihn eigentlich eines Tages an Justine vererben wollen, doch das wurde immer unwahrscheinlicher.

Als das Taxi vor dem Haus anhielt, bemerkte ich, dass in meiner Wohnung sämtliche Lichter brannten. Ich eilte die Treppe hinauf und traf Rosa mit verweinten Augen am Telefon an. Sie hielt mir den Hörer hin. Ihr Gesichtsausdruck lag irgendwo zwischen Schreck und Mitleid. Ich griff hastig zum Hörer und hielt ihn mir ans Ohr. Remo war am Apparat. Er klang erschöpft. „Es hat einen Unfall gegeben ... mit Tony. Sieh zu, dass du herkommst. Schnell."

„Aber was ist passiert?"

„Dafür ist jetzt keine Zeit, Marisa. Beeil dich! *Es sieht nicht so aus, als ob er durchkommen würde.*"

§

ROSA RIEF MIR EIN Taxi, während ich schnell eine Jeans und ein T-Shirt anzog. Ich riss mir die Perücke herunter und wusch mir das Gesicht.

Rosa folgte mir ins Bad. „Tony war vorhin hier", sagte sie.

„War er betrunken?", fragte ich sie.

„Nein, aber anders."

Bevor ich weitere Fragen stellen konnte, hupte unten das Taxi.

Mit quietschenden Bremsen hielten wir vor der Clínica Abreu, dem besten Privatkrankenhaus in Santo Domingo. Ich drückte dem Fahrer fünfzig Peso in die Hand und sprintete zum Eingang der Notaufnahme, Remos Worte in den Ohren: Es sieht nicht so aus, als ob er durchkommen würde. Vor der Tür stand ein Mann vornübergebeugt und erbrach sich in die Büsche. Als ich näher kam, richtete er sich auf. Es war Ron. Mit zitternder Hand wischte er sich das Kinn ab. „Es ist schlimm", murmelte er. Dann krümmte und erbrach er sich erneut.

Ich stieß die Tür auf und erschrak. Mit vollgebluteten Sachen stürzte Remo auf mich zu. „Er ist in einem schrecklichen Zustand", sagte er mit bebender Stimme. „Er hatte keinen Helm auf und keine Stiefel an, als es passierte." Weiter hinten im Flur hörte ich Tony, der mit lauter und fordernder Stimme ein Glas Wasser verlangte. Es klang nicht nach den letzten Worten eines Sterbenden. Ich warf Remo einen befremdeten Blick zu. Er ging mit mir zu einem grünen Vorhang und meinte, der Arzt sei auf dem Weg.

Ich zog den Vorhang zurück. Tony lag auf einer Rollbahre. Sein Kopf schnellte zu mir herum. „Wo warst du?", rief er.

Sein Gesicht war vollkommen unverletzt, ohne den kleinsten Kratzer. Doch als meine Augen an seinem Körper hinunterschweiften, hob sich mir der Magen. Jetzt wusste ich, warum Ron sich draußen übergeben hatte.

Tonys ganze rechte Seite war eine einzige zerfetzte, blutrote Fleischmasse, eine furchtbare offene Wunde mit freiliegenden Muskeln und Sehnen. Abgesplitterte weiße Enden standen kreuz und quer heraus, und mit einem Schock erkannte ich, dass es zertrümmerte Knochen waren, die aus seinem Fleisch ragten. Er sah aus wie von innen nach außen gestülpt. Ich konnte es nicht fassen, dass er noch atmete. Verschlimmert wurde das Grauen noch von den vielen dicken, hungrigen Fliegen, die ihn umschwärmten und sich an dem aufgerissenen Fleisch weideten. Wie im Traum trat ich vor, um sie wegzuwedeln. Dann sah ich etwas, das mich bis ins Mark erschütterte. Auf den ersten Blick war es, als ob sein rechter Fuß fehlte ... aber nein, da war er. Der Fuß hing über den Rand der Bahre, mit dem Bein nur noch durch eine einzige Sehne verbunden, wie es schien.

Der widerlich süße Blutgeruch nahm mir fast den Atem. „Wo warst du?", fragte er noch einmal mit brechender Stimme.

Ich nahm sein Gesicht in die Hände. „Pssst. Ich habe gearbeitet. Aber jetzt bin ich hier …"

„Bitte", flüsterte er, „sag der Schwester, sie soll mir Wasser bringen. Ich bitte schon die ganze Zeit, aber niemand reagiert darauf."

Ich wollte nicht, dass Tony mich weinen sah, deshalb beugte ich mich weiter vor, bis meine Wange seine berührte. Warum kam niemand? In Amerika oder Kanada hätte sich ein ganzes Ärzteteam um ihn gekümmert und versucht, sein Leben zu retten. Hier hatte man ihn auf einer Rollbahre abgestellt, an der Schwelle des Todes, und kein Mensch schaute nach ihm.

„Ich weiß, ich habe Mist gebaut", sagte Tony heiser. „Remo hat mir erzählt, dass zwischen dir und seinem Boss nichts war. Es tut mir leid. Es tut mir sehr leid." Er krümmte sich vor Schmerzen, und die formlose Fleischmasse wackelte.

Überzeugt, dass er im Sterben lag, küsste ich ihn auf die Stirn und sagte leise: „Ich liebe dich." Ich wollte, dass er diese Welt begleitet von guten Worten verließ. Er antwortete mit einem Schluchzen.

Remo begann, draußen mit jemandem zu reden, und der Vorhang flog auf. Ich wich nicht von Tony zurück. Seine Atemzüge wurden flach und unregelmäßig. Ein Schwall spanischer Schimpfwörter ergoss sich hinter mir, gefolgt von lauten Befehlen. „Sie müssen jetzt gehen!" Ein dunkelhaariger Mann mit goldgeränderter Halbbrille, der mir irgendwie bekannt vorkam, erschien neben uns. Er stellte sich als Dr. Enrique vor.

Tonys Augen flatterten wieder auf, aber sie blickten wirr und ungerichtet. Mit frappierender Schnelligkeit und Kraft schoss sein guter Arm vor, packte den erschrockenen Arzt am Hemd und riss ihn nach unten.

„Wage ja nicht, mir das Bein abzuschneiden!", zischte er. Dann erschlaffte seine Hand, und er verlor das Bewusstsein.

Befehle schreiend schob der Arzt Tony davon. Ich blieb völlig geschockt zurück und starrte fassungslos auf meine blutigen Hände. Wo die Bahre gestanden hatte, gerann eine Pfütze am Boden. Remo hielt immer noch Tonys rot beschmiertes Mobiltelefon in der Hand. Mit einem verzweifelten Stöhnen sank er auf einen Klappstuhl.

„Remo, was ist passiert?", fragte ich.

„Er ist von hinten auf einen Laster aufgefahren. Die Straßenbeleuchtung war aus, und der Laster hatte keine Lichter an. Tony hat ihn erst gesehen, als es schon zu spät war. Ich wusste nicht, wo ich ihn hinbringen sollte! Dann fiel mir Fernando ein – dünner junger Bursche, arbeitet im Small Office. Sein Vater ist Arzt, und er meinte, ich sollte ihn hierher bringen. O Gott ..." Remo stützte den Kopf in die Hände. „Ist das furchtbar!"

Eine Schwester kam und reichte Remo einen Zettel. Er blickte sie verständnislos an. „Der Patient braucht sofort tausend Milliliter Blut", sagte sie. „Sie werden vier Spender benötigen."

„Was?"

Die Schwester erläuterte kühl, dass man in der Dominikanischen Republik wegen mangelnder Blutkonserven nur dann Blut bekommen konnte, wenn man vorher welches spendete. Sie schrieb uns die Adresse des Roten Kreuzes auf.

Remo packte mich am Arm. „Komm mit! Ron ist draußen!"

Doch Ron war nirgends zu finden.

„Wo sollen wir jetzt noch zwei Spender finden?", fragte ich, während Remo wild gestikulierend ein Taxi anhielt.

„Du und ich werden spenden", sagte Remo mit zusammengebissenen Zähnen, „und den Rest kaufen wir."

DER FAHRER KANNTE den Weg, aber er fuhr quälend langsam. Während er die tiefen Schlaglöcher auf den dunklen, nicht markierten Straßen umkurvte, grübelte ich über Tony nach. Mit jeder Sekunde, die verstrich, schwanden seine Chancen. Remo stand immer noch unter Schock und starrte zum Fenster hinaus. Als er erzählte, sprach er wie zu sich selbst. „Nachdem Tony aufgefahren war, stieg der Fahrer aus. Er nahm ihm die Uhr und die Pistole ab und ließ ihn dann zum Sterben auf der Straße liegen."

„Wie hast du ihn gefunden?"

„Irgendwie hat er es geschafft, zu seinem Mobiltelefon zu kriechen und im Büro anzurufen. Gott sei Dank war ich noch da."

Der Taxifahrer hielt an und deutete auf ein flaches Holzhaus mit einem verwitterten Schild, auf dem Cruz Roja stand. Ein Wächter ließ uns in das schlecht beleuchtete, muffig riechende Gebäude ein. Remo reichte der Schwester den Zettel, auf dem Tonys Blutgruppe und die benötigte Menge standen.

Sie runzelte die Stirn. „Wir haben nur Fünfhunderter-Beutel auf Lager."

„Gut", sagte ich. Es würde auch ohne vier Spender gehen. Remo und ich konnten die tausend Milliliter auch zu zweit spenden.

Mit einem kleinen Stich in den Finger stellte sie unsere Blutgruppen fest, und dann folgten wir ihr in ein schmuddeliges Hinterzimmer, in dem mehrere Metallbetten in einer Reihe standen. Die Schwester hatte es nicht besonders eilig. Als Remo sie bat, doch ein bisschen schneller zu machen, erhielt er zur Antwort einen bösen Blick.

Ich legte mich auf ein quietschendes Bett. Nichts wirkte sauber oder steril. Fußboden und Wände waren verschmutzt, und die medizinischen Geräte sahen veraltet aus. Die Schwester band mir den Arm ab, klopfte auf meine Ader und führte die Nadel ein. Dann schloss sie einen langen Gummischlauch an, der in einen am Bett hängenden durchsichtigen Plastikbeutel führte.

Darauf kam Remo an die Reihe. Ich lauschte auf ihre schweren, trägen Schritte, mit denen sie auf dem Korridor verschwand. Ungeduldig sah ich zu, wie sich der Beutel neben mir mit quälender Langsamkeit füllte. Es schien eine Ewigkeit zu dauern. Tonys Leben hing davon ab, dass wir ihm rasch das Blut beschafften. Wenn wir jetzt zu spät kamen, was dann?

Endlich kehrte die Schwester zurück und zog erst die Nadel aus meinem, dann aus Remos Arm. Sie machte die Beutel zu und trottete damit in den Eingangsbereich. Es war, als ob alles in Zeitlupe passierte. Ich eilte hinter ihr her und wäre beinahe hingefallen, weil mir plötzlich schwindlig wurde.

Remo fasste mich am Arm und lächelte matt. „Vorsicht, uns ist gerade viel Blut abgezapft worden."

Am Schalter wartete eine weiße Schachtel auf uns. „Von der Gruppe 0 negativ haben wir nur einen Fünfhunderter-Beutel da", teilte uns die Schwester ungerührt mit.

„Der Arzt will, dass wir tausend besorgen", sagte Remo.

„Ich reserviere Ihnen die nächsten fünfhundert, sobald ich sie habe."

„Señora, wir haben gerade tausend Milliliter gespendet. Wir müssen dafür auch tausend Milliliter bekommen."

Das Gesicht der Schwester wurde hart. „0 negativ ist die zweitseltenste Blutgruppe. Mehr habe ich nicht." Sie schob Remo die Pappschachtel über den Schalter zu.

„Verdammt noch mal!" Remo zückte seine Brieftasche und fing an, auf dem Schalter Scheine abzuzählen. „Wie viel wollen Sie für das Blut haben?"

Ich griff mir die Schachtel. „Remo, sie hat nicht mehr 0 negativ. Gehen wir!"

Als wir ins Krankenhaus zurückkehrten, war es vier Uhr morgens. Wir liefen durch die menschenleeren Korridore und schlugen an die OP-Tür. Eine Operationsschwester nahm die Schachtel entgegen, und die Tür klappte wieder zu. Remo und ich spähten durch das winzige Fenster und beobachteten, wie sie an Tony arbeiteten. Seine Augen waren zugeklebt, und ein Plastikschlauch hing ihm aus dem Mund. Die technische Ausstattung sah aus wie aus dem vorigen Jahrhundert.

Remo und ich ließen uns Schulter an Schulter auf den Boden sinken. Ich war emotional völlig durch den Wind. Immer wieder liefen die Ereignisse der Nacht vor meinem inneren Auge ab, und ich versuchte mir vorzustellen, wie dieses Unglück hätte verhindert werden können.

Remo traten Tränen in die Augen. „Du, Tony und Justine, ihr seid das Einzige, was mein Leben hier erträglich macht. Ihr seid meine Familie. Ich weiß nicht, was ich machen soll, wenn ... wenn ..."

Tonys Mobiltelefon klingelte, und Remo ging dran. Am anderen Ende hörte ich Rons Stimme wie eine Wespe summen. „Du musst herkommen und die Wertungen fertigmachen!"

Remo war fassungslos. „Aber wir warten immer noch darauf, dass Tony aus dem OP kommt", sagte er.

„Du kannst dort nichts tun. Ich brauche dich hier."

Remo ließ das Telefon sinken. Mit ungläubiger Stimme sagte er: „Er hat aufgelegt."

„Geh lieber hin", sagte ich. „Trommel die anderen Mitarbeiter zusammen und schaff sie zum Roten Kreuz, sobald sie fertig sind."

⌗

DAS KRANKENHAUS ERWACHTE wieder zum Leben. Kaffeegeruch trieb durch den Korridor, und Stimmen hallten von den Wänden wider. Es war dreizehn Uhr zehn, als die OP-Tür endlich aufging. Dr. Enrique kam heraus und nahm seinen Mundschutz ab. Ich stand auf.

„Es war eine extrem schwierige, komplizierte Operation. Der Fuß war fast völlig abgetrennt. Er wurde nur noch von einem Blutgefäß versorgt."

„Kann ich ihn sehen?"

„Nein. Er wird so lange wie möglich unter Betäubung im OP bleiben. Wir brauchen dringend mehr Blut. Im Moment kann ich nicht mehr für ihn tun. Seine Vitalwerte sind zu schwach."

Ein Krankenhausangestellter brachte mich nach oben in die Verwaltung. Ich füllte einige Fragebögen aus und bekam mitgeteilt, dass ich eine Zahlung von fünfundsiebzigtausend Peso zu leisten hatte. Tony war ein teurer Patient. Seine Rechnung musste bezahlt werden, ob er am Leben blieb oder starb.

DAS TAXI HIELT vor dem Büro, und ich eilte nach oben, weil ich hoffte, dass jemand die richtige Blutgruppe hatte. Die Telefone klingelten, doch sobald die Mitarbeiter mich sahen, kamen sie angelaufen.

„Tony ist in den besten Händen", versicherte mir Fernando. „Mein Vater hat in Frankreich studiert, er ist auf Traumata spezialisiert. Er ist der beste Orthopäde auf der Insel."

Die übrigen Wettannehmer scharten sich um mich, um Neues zu erfahren. Remo war auch noch da in seinem blutbefleckten T-Shirt. Er hatte schlechte Neuigkeiten: Die anwesenden Mitarbeiter waren alle getestet worden, und keiner hatte die richtige Blutgruppe. Er hatte auch bei sämtlichen Krankenhäusern im Land nachgefragt, und keines hatte 0 negativ.

„Niemand von uns hat 0 negativ", fügte Gabriella hinzu, während ich vor Enttäuschung mit den Tränen kämpfte. Tony brauchte jetzt dringend Blut.

„Leute! Geht an die Telefone!", brüllte Ron und kam in den Raum gestürmt. Ein beklommenes Schweigen breitete sich aus, nachdem Ron seine Prioritäten erschreckend deutlich gemacht hatte. Er klatschte in die Hände.

„Zurück an die Arbeit!"

Ich folgte Ron nach hinten in Tonys Büro. Er war nicht mehr der gesunde, frische Geschäftsmann, den ich seinerzeit in Los Angeles kennengelernt hatte. Das Leben hatte Ron mit einem Mal eingeholt, und er wirkte müde und kaputt. Er hatte Tränensäcke unter den Augen und einen nervösen, gehetzten Blick.

„Das Krankenhaus will fünfundsiebzigtausend Peso haben", sagte ich.

Ein verärgerter Blick trat in sein Gesicht. „Hat Tony keine Krankenversicherung?"

„Krankenversicherung? So was gibt es hier nicht." Ich konnte nicht glauben, dass Ron zögerte. „Es sind nur sechstausend Dollar, Ron. Tony wird sie dir zurückzahlen."

Ron stand auf und schloss die Tür. „Das Geld ist für mich kein Problem", sagte er. Dann sah er mich seltsam an. „Aber es ist für mich sehr wohl ein Problem, mit dem Geld jemandem auszuhelfen, der möglicherweise dem FBI Sachen zuträgt."

„Willst du damit andeuten", sagte ich vorsichtig, „dass Tony der Informant ist?"

„Bei den ganzen Informationen, die nach draußen gelangen, weißt du, wessen Name da niemals fällt? Tonys. Findest du das nicht ein bisschen merkwürdig, wenn man bedenkt, dass er diesen Laden leitet? Würdest du da keinen Verdacht schöpfen?"

In mir mischten sich Wut und Mitleid. In seiner Frage schrillte die Paranoia. Er hatte Angst. Für ihn ging es nicht mehr um ein Jahr Gefängnis und eine Verwarnung. Wenn Sacco jetzt eingebuchtet wurde, dann auf lange Zeit. Durch seine Offenherzigkeit gegenüber den Medien hatte er sich die Schlinge selbst um den Hals gelegt, und das wusste er.

Ohnehin konnte ich mir denken, wer der Informant war.

„Tonys Name fällt deswegen nicht, weil er nie einen Bewährungstermin versäumt hat. Nach Meinung des FBI verdient Tony seine Brötchen damit, dass er in Kalifornien Vorhänge anbringt." Ich stand auf. „Wenn du ihm das Geld nicht leihst, muss ich es anderswo auftreiben." Ich ging zur Tür und griff nach der Klinke.

„Warte, Marisa. Das Geld wird später am Tag im Krankenhaus sein, okay?" Hinter Rons anfänglicher Reaktion stand die nackte Angst.

Seine Millionen nützten ihm nichts mehr.

„Danke", sagte ich.

Ich kehrte zum OP zurück und setzte meine Krankenwache fort. Meine Hoffnung schwand mit jeder Minute. Mit Tony ging es zu Ende. Wie sollte ich Justine beibringen, dass sie ihren Vater verloren hatte? Die Ungerechtigkeit seines Schicksals nagte an mir. Der Unfall hatte ihn nicht getötet, aber wahrscheinlich besorgte das die elende Blutknappheit. Während Tony im Operationssaal im Sterben lag, dachte ich an unsere guten Zeiten zusammen, an die Liebe, die uns verbunden hatte. Ich hatte für diesen Mann alles aufgegeben. Er hatte die ganze Richtung meines Lebens geändert. Ich fing an zu weinen.

Ich hörte Schritte gelaufen kommen. Als Remo mich weinen sah, erbleichte er.

„Mein Gott, bin ich zu spät?"

In der Hand hielt er einem Fünfhundert-Milliliter-Blutbeutel Gruppe 0 negativ.

×

IRGENDWIE HATTE ICH erwartet, dass Tony der Einzige auf der Intensivstation war, aber außer ihm lagen noch vier andere Patienten dicht an dicht in dem kleinen, feuchten Raum. Tony sah schrecklich aus. Sein Gesicht war gespenstisch weiß, überall kamen Schläuche aus ihm heraus, und er war an einen Monitor angeschlossen, der einem Apparat aus einem Sciencefiction-Film der sechziger Jahre glich. Seine Zehen waren blutverkrustet, und eine Metallschiene vom Schienbein bis zum Fußgelenk ragte über den Verband hinaus. Seine ganze rechte Seite war bandagiert, und mit Schaudern bemerkte ich die extrem unterschiedliche Hautfarbe seiner beiden Füße. Der linke sah relativ normal aus; der rechte war hellblau.

Dr. Enrique ließ verlauten, die nächsten vierundzwanzig Stunden würden entscheidend sein. Wenn Tony überlebte, stände ihm eine längere Reihe schwerer Operationen bevor, darunter auch Knochen- und Hauttransplantationen. Er zeigte mir auf den Röntgenbildern, dass Tonys Bein beim Aufprall zertrümmert worden war. Mit den komplizierten Brüchen und dem halb abgetrennten Fuß habe er schätzungsweise acht Zentimeter Knochen und eine große Menge Blut verloren.

Der Blutverlust werde bei Tonys Genesung ein kritischer Punkt bleiben. Er werde mehr Blut benötigen, sobald er widerstandsfähig genug war, sich der nächsten Operation zu unterziehen. „Außerdem", Dr. Enrique blickte sich um und dämpfte die Stimme, „hatte er einen hohen Kokainspiegel im Blut. Nahm er die Droge regelmäßig?"

„Ich weiß es nicht."

Ich erinnerte mich an die vielen Male, die ich Tony auf seinen Drogenkonsum angesprochen hatte, und immer hatte er ihn abgestritten.

„Nach dem Gesetz bin ich verpflichtet, meinen Befund der Polizei zu melden. Aber unter den gegebenen Umständen werde ich dieses Wissen für mich behalten."

Die Besuchszeiten auf der Intensivstation waren begrenzt, und nur unmittelbare Angehörige durften zu ihm. Remo und ich hatten uns fest vorgenommen, dass einer von uns beiden da sein würde, wenn Tony wieder zu Bewusstsein kam. Ich erzählte der Schwester, ich sei Tonys Frau und Remo sei mein Bruder. Wenigstens vorübergehend ging somit Remos Wunsch in Erfüllung. Er wurde ein offizielles Mitglied unserer Familie.

36

„HE, SCHWESTER RAMIREZ, kann ich für später einmal Waschen und
Abrubbeln bei Ihnen buchen?"

Die Schwestern kicherten und verdrehten die Augen. Tony tat so, als wäre
nichts, und flirtete dreist, während er im Rollstuhl am Schwesternzimmer
vorbei zum Aufzug geschoben wurde. Ich musste über seine Zähigkeit
staunen. Niemand hätte darauf gewettet, dass er so lange durchhalten
würde. Er hatte nicht nur den Unfall überlebt, auch die Amputation seines
zerschmetterten Beines hatte er abwenden können.

Nach zwei schwierigen Wochen auf der Intensivstation war er in
ein Privatzimmer in der dritten Etage der Klinik verlegt worden. Dort
schritt seine Genesung in quälend langsamem Tempo voran. Obwohl
keine unmittelbare Lebensgefahr mehr bestand, war er immer noch
schwach. Eine Operation nach der anderen hatte für ihn zur Folge, dass
er mindestens dreimal die Woche eine Vollnarkose bekommen musste.
Sobald er wieder halbwegs bei Kräften war, wurde schon die nächste
körperlich anstrengende Prozedur anberaumt. Vier Wochen nach dem
Unfall war Tony immer noch kaum in der Lage, zwei Stunden am Stück
im Bett zu sitzen.

Dennoch versuchte er, mit dem Pfleger zu witzeln, der ihn vom Aufzug in den OP schob, wo Dr. Enrique und seine Operationsschwester warteten. An diesem Tag stand nur routinemäßige Versorgung auf dem Programm. Tonys freiliegende Knochen, Muskeln und Sehnen mussten gesäubert und alles tote Gewebe entfernt werden. Es würde keine Stunde dauern. Diesmal jedoch sollte Tony währenddessen bei vollem Bewusstsein bleiben.

Da er sich binnen weniger Wochen bereits elf schwerer Operationen unterzogen hatte, war sein Organismus in gefährlichem Maße mit toxischen Medikamenten belastet, wie Dr. Enrique uns erklärte. Deswegen musste die Vollnarkose ernsteren Eingriffen wie der Haut- und Knochentransplantation vorbehalten bleiben.

Ich lächelte Tony beruhigend zu, während die Pfleger ihn auf den Operationstisch hoben. Sein Grinsen verzerrte sich zu einer Grimasse, denn er wusste, dass er mit Schmerzen zu rechnen hatte. Dr. Enrique wickelte den Verband am Oberschenkel ab, während die Schwester sich den Arm vornahm. Sie säuberte die schartigen Fleischwunden, die der splitternde Knochen gerissen hatte. Wegen der komplizierten Brüche waren normale Gipsverbände nicht in Frage gekommen. Bei der kleinsten Bewegung seiner ungeschützten empfindlichen Extremitäten stöhnte Tony vor Schmerz. Mir tat schon das Zuschauen weh. Ich war fast so erleichtert wie er, als Arm und Schenkel gesäubert und wieder frisch verbunden waren. Dr. Enrique meinte zu Tony, in ungefähr einem Monat sei er imstande, sich auf Krücken fortzubewegen.

Als Nächstes begann die Schwester, die Mullschichten von Tonys unterer Beinhälfte zu entfernen. Ich rechnete damit, dass er aufschrie, als sein zerfetztes Fleisch freigelegt wurde, doch er gab keinen Mucks von sich. Ich war kaum in der Lage, in dieser grauenhaften blutigen Masse ein menschliches Körperteil zu erkennen.

Offen liegende Knochentrümmer waren von Haut und Muskeln umgeben. Außen lag eine Metallschiene an, die von der Schienbeinmitte zum Fußgelenk reichte und den leblosen Fuß mit dem Bein verband. Die Schiene war mit Schrauben befestigt, die direkt in den Knochen getrieben worden waren. Mir würde die Aufgabe zufallen, Tonys Bein zu säubern, wenn er einmal aus dem Krankenhaus entlassen war, aber bis zu dem Zeitpunkt war mir nicht bewusst gewesen, wie schlimm es wirklich um ihn stand. Schweiß perlte mir auf der Stirn, während die

Schwester Tonys Muskeln und Knochen auf über zwanzig Zentimeter Länge mit einer steifen Bürste reinigte, bis das ganze untere Bein mit rotem Schaum bedeckt war.

„Wenn das Gewebe nicht ausreichend mit Blut versorgt wird, tritt Nekrose ein", erläuterte Dr. Enrique, als das blutige Bein trocken getupft wurde. Er nahm sich ein Skalpell. „Wenn große Flächen absterben, wird das Fleisch gangränös." Ich sah zu, wie er sich über das Bein beugte und Tonys Fleisch an den Rändern abschnitt, wo die Haut braun geworden war. Tony biss die Zähne zusammen, während der Arzt schnippelte. „Ich schneide, bis Blut kommt. Wenn ich Blut sehe, weiß ich, dass das Gewebe lebt."

Eine morbide Faszination erfasste mich. Als der Arzt fertig war, drehte er das Bein ganz vorsichtig auf die Seite. Dann säuberte er die gummiartigen Sehnen, was Tony keine Beschwerden bereitete. Tony reagierte auch nicht, als Dr. Enrique einen langen Wattebausch zwischen Bein und Fuß schob, wo er in einem klebrigen Loch verschwand.

Die Schwester rieb eine gelbe Salbe auf Knochen und Muskeln und strich sie in die Lücken zwischen den Schrauben und Tonys Knochen. Tony blickte starr in die Ferne, als stellte er sich mit aller Willenskraft vor, er wäre irgendwo anders. Sein Gesicht entspannte sich erst, als Dr. Enrique mit der langwierigen Arbeit begann, die Wunde neu zu verbinden und dabei den Verband geschickt um die Schrauben herumzuführen, damit kein Schmutz eindrang.

Tony nickte, als Dr. Enrique verkündete: „Alles erledigt." Sein Gesicht war totenbleich, und ich mochte mir gar nicht vorstellen, welche Schmerzen er litt. Er sagte kein Wort, als er wieder am Schwesternzimmer vorbeigeschoben wurde; seine ganze aufgesetzte Heiterkeit war verflogen. In seinem Zimmer bekam er eine Morphiumspritze und schlief ein.

Ich lehnte mich auf dem Sofa neben seinem Bett zurück, wo ich in den vergangenen Wochen geschlafen hatte. Tony sprach schlecht auf Schmerzmittel an, und Dr. Enrique war überzeugt, dass dies die Folge seines früheren Drogenkonsums war. Morphium nahm die schlimmsten Schmerzen, doch das bekam er nur nach Operationen. Codein und Pethidin halfen so gut wie gar nicht. Die Nächte waren am schlimmsten. Er stöhnte stundenlang vor sich hin und unterdrückte das verzweifelte Schluchzen. In vielen langen Nächten versuchte ich, mit ihm eine neue Lage für sein Bein zu finden.

Manchmal hasste ich Tony. Ich hasste ihn, weil er betrunken und high Motorrad gefahren war. Ich hasste ihn, weil wir beide für seine unverantwortliche Dummheit bezahlen mussten, und ein Ende war nicht in Sicht. Mein ganzes Leben lag auf Eis, damit ich meinen Ex-Mann pflegen konnte. Wenn ich Tony nicht grollte, schämte ich mich für meinen Groll.

Es war zu erwarten, dass er sich monatelang nicht selbstständig fortbewegen konnte. Dr. Enrique meinte, es könne durchaus sein, dass ihm das Bein unterhalb des Knies doch noch abgenommen werden musste. Tony weigerte sich, diese Möglichkeit überhaupt zur Kenntnis zu nehmen. Mit großer Anstrengung brachte er es fertig, mit zwei Zehen zu wackeln, und obwohl Enrique ihm das Gegenteil sagte, hielt er das für ein Zeichen, dass er bald wieder auf den Beinen sein würde. Vom wahren Ausmaß der Verletzungen, die unter seinen Verbänden lagen, machte Tony sich keine Vorstellung.

Als Ende Mai das Besuchsverbot aufgehoben wurde, strömte das ganze Büro herbei, um den Boss zu besuchen. Tony spielte den Tapferen und versicherte den Mitarbeitern optimistisch, er werde bald wieder im Büro sein. Der Druck auf ihn, an den Arbeitsplatz zurückzukehren, wuchs. Die Firma tat sich ohne ihn schwer, und die anschwellende Flut der Krankenhausrechnungen zehrte an seinen Ersparnissen. Der Unfall hatte ihn bereits sechzigtausend Dollar gekostet, und jede neue Operation trieb diese Zahl in die Höhe. Doch so dringend Tony wieder arbeiten wollte, sein Körper war einfach noch nicht so weit. Kaum hatten die Mitarbeiter sich verabschiedet, sank er völlig entkräftet in die Kissen zurück.

Ron, der Mann, der laut Tony wie ein Vater zu ihm gewesen war, floss nicht wirklich von Mitgefühl über. Die Störung des Wettbetriebs beschäftigte ihn mehr als alle Leiden, die Tony durchmachte.

„Ich kann es mir nicht leisten, noch einen Monat auf ihn zu verzichten", drängte er. „Wenn er kräftig genug ist, in einem Krankenhausbett zu sitzen, dann ist er auch kräftig genug, wieder zur Arbeit zu kommen. Punkt."

Zum Glück lehnte Dr. Enrique es weitere zwei Wochen ab, über Tonys Entlassung aus dem Krankenhaus überhaupt zu diskutieren. In der Zwischenzeit erhielt die Werkstatt, die Tonys Harley reparierte, auch den Auftrag, einen speziellen Rollstuhl nach den Anweisungen des Arztes anzufertigen. Tonys Mitsubishi wurde gegen einen Pickup ausgetauscht, damit der Rollstuhl auf der Ladefläche transportiert werden konnte. Dann suchten wir für ihn eine Erdgeschosswohnung, die für ihn mit dem Rollstuhl zugänglich war.

Am 27. Mai, sechs Wochen nach seinem Unfall und sieben Tage nach seinem sechsunddreißigsten Geburtstag, wurde Tony aus dem Krankenhaus entlassen. Er wirkte zehn Jahre älter. Eine halbe Stunde später schoben wir ihn durch die Haustür seiner voll eingerichteten neuen Wohnung in der Avenida Anacaona – und prompt wurde er ohnmächtig.

Er machte keine mirakulösen gesundheitlichen Fortschritte. Er kam nicht ohne Hilfe vom Bett zu seinem Rollstuhl. Er konnte sich nicht alleine anziehen oder aufs Klo gehen. Ich pflegte ihn weiter die langen, qualvollen Nächte hindurch.

„Was treibt eigentlich Horacio zur Zeit so?", fragte ich manchmal sarkastisch, wenn ich Tony in seinen Rollstuhl hievte und wieder hinaus. „Geht wohl mal wieder mit Ron aus, vermute ich."

Tony hatte darauf keine Antwort. Sein bester Freund, der Mann, der alles für ihn tun würde, wie Tony behauptet hatte, ließ sich niemals blicken. Horacio war zu beschäftigt damit, sich bei Ron einzuschmeicheln, um Zeit für einen Krüppel zu haben.

Eine Woche später erschien Tony wieder im Büro. Er hielt eine furchtbar strapaziöse Vier-Stunden-Schicht durch und belohnte sich dafür mit ein paar eiskalten Presidente Bier. An dem Abend schoben Ron und Horacio einen sturzbetrunkenen Tony in die Wohnung zurück. Ich schäumte vor Wut. Wie konnten sie so unverantwortlich sein? Zwar erholte Tony sich langsam, aber das klaffende Loch am Fußgelenk war immer noch stark infektionsgefährdet. „Er darf keinen Alkohol trinken. Er nimmt Antibiotika."

„Ach, reg dich ab", nuschelte Tony. „Und hab mal ein bisschen Respekt."

„Ein paar Bierchen werden ihn nicht umbringen", sagte Horacio.

Das brachte das Fass zum Überlaufen. „Okay", schnaubte ich. „Dann kann ihn jetzt jemand anders bemuttern."

Tony packte mich an der Taille und versuchte mich auf seinen Schoß zu ziehen. „Ich geb dir was, das du bemuttern kannst, Baby."

Ich riss mich los, schnappte mir die Schlüssel des Pickup und stürmte hinaus, ohne auf das Gelächter zu achten, das hinter mir her scholl.

⊠

Ich war erst wenige Minuten zu Hause, da klingelte schon das Telefon. Sobald ich Horacios Stimme am anderen Ende hörte, knallte ich den Hörer auf. Er und Ron hatten zugelassen, dass Tony sich betrank, sollten sie doch auch mit den Konsequenzen fertigwerden. Wenn sie ihn einmal eine Nacht pflegen mussten, würden sie schon merken, wie hilflos er wirklich war. Das Telefon klingelte wieder. Ich nahm ab. Es war Ron. Abermals legte ich auf und ließ dann den Hörer neben der Gabel liegen.

Ich war erschöpft. Der Jongleurakt, einerseits Justine eine Mutter zu sein, und andererseits ihren schwerbehinderten Vater aufwendig zu betreuen, forderte seinen Tribut. Sechs lange Wochen hatte ich nicht mehr in meinem eigenen Bett geschlafen. Ich wünschte mir nichts so sehr, wie unter die Decke zu kriechen und zu schlafen.

Aber etwas musste ich vorher noch tun. Und dies war der perfekte Zeitpunkt. Justine und Rosa schliefen. Remo machte bei Tomaju die abendlichen Wertungen. Ich öffnete die Küchentür und schlich durch den Flur. Vor Remos Tür zögerte ich. Dann holte ich tief Luft und schlüpfte hinein. Ich ließ die Metalljalousien herunter und knipste das Licht an.

Das Zimmer war makellos. Remos Einzelbett war ordentlich gemacht. Seine Hemden und Anzüge waren gebügelt und hingen an einer Stange, die an der Wand angebracht war. Auf der Kommode standen mehrere gerahmte Fotos von ihm mit Justine, Tony und mir, aufgenommen während der letzten Feiertage. Ich zog die oberste Schublade seiner Kommode auf und blickte auf Unterhosen und Strümpfe in sauberen Stapeln. Die Schublade darunter enthielt tadellos zusammengelegte T-Shirts. Jeans und Shorts belegten die dritte Schublade. Ich schmunzelte. Remos Ordentlichkeit hatte schon fast etwas Zwanghaftes. Dann zog ich die unterste Schublade auf.

Bingo. Er hatte sich keine Mühe gegeben, den Inhalt zu verbergen. Wieder war alles hübsch geordnet und gestapelt – ungefähr hundert gewertete Wettscheine mit einem Gummiband darum. Es gab Bilanzaufstellungen mit den täglichen Summen und mehrere Kassetten. Im Lauf eines normalen Tages wären alle diese Dinge irgendwann vernichtet worden. Es war Remo sicher nicht schwergefallen, sie unbemerkt mitgehen zu lassen.

Als ein großes, offenes Kuvert zum Vorschein kam, nahm ich es heraus und schüttete den Inhalt aus. Darin befanden sich Fotokopien von Tonys Visitenkarten, mehrere Notizen in Rons Handschrift und zwei meiner alten Rechnungsbücher. Auch ein hochmodernes Aufnahmegerät war dort, wie ich vorher noch nie eines gesehen hatte. Daneben lagen mehrere Kassetten in durchsichtigen Plastikhüllen, beschriftet mit einem Namen, den ich sofort erkannte.

J. Peterson.

Ein separater Stapel waren die Telefonrechnungen, die Remo sich großzügig zu zahlen erboten hatte. Jetzt wusste ich, warum. Aufgeführt waren etliche lange, teure Anrufe an eine Nummer mit der Vorwahl 415 für San Francisco. Die Nummer war identisch mit der auf mehreren rosa FedEx-Quittungen, die ich für Sendungen an J. Peterson in der 450 Golden Gate Avenue fand. Der Absender war R. Grayson im Hotel Lina in Santo Domingo. In der Schublade lag außerdem eine leere Presidente-Bierflasche, aufbewahrt in einem Ziploc-Beutel mit der Aufschrift „Sacco". Ganz hinten fand sich noch ein dickes braunes Kuvert voller Bargeld, hauptsächlich Pesos, zum Teil auch Dollars. Remo behauptete, er habe kein Geld, um seine Papiere in Ordnung zu bringen, doch ein Blick auf das Kuvert zeigte, dass er über die Jahre einen ordentlichen Batzen Geld beiseite geschafft hatte.

Unter dem Kuvert lagen zwei FBI-Visitenkarten, von einer Heftklammer zusammengehalten. Auf der einen, abgegriffen und zerknittert, stand: „Jack Peterson, Special Agent, Federal Bureau of Investigation". Adresse und Telefonnummer waren dieselben wie auf den FedEx-Quittungen. Auf die zweite Karte war dasselbe goldblaue Logo geprägt, sie aber war frisch und makellos und gehörte „Ernesto Navarro, Supervisory Special Agent, Caribbean Liaison Officer". Als Adresse dieses Verbindungsbeamten für die Karibik war das Federal Building in Puerto Rico angegeben.

Ich hatte schon seit einiger Zeit den Verdacht, dass Remo der Informant war. Während ich das vor mir liegende Beweismaterial durchstöberte, begriff ich, dass die Wahrheit noch komplizierter war. Er war kein bloßer Informant. Remo arbeitete anscheinend richtiggehend für das FBI oder wenigstens mit ihm zusammen.

Ansonsten fand sich in der Schublade nur noch ein US-Pass. Aus Neugier griff ich danach. Ich vermutete schon lange, dass Remo viel jünger war, als er tat. Ich blätterte die Seiten durch und erstarrte. Ein Bild von Vinnie, nicht Remo blickte mich an. Mir schwirrte der Kopf. Was machte Remo mit Vinnies Pass?

Hinter mir ging die Tür auf. Ich fuhr herum, den Pass an die Brust gepresst. Es schien Remo nicht zu erschüttern, dass er mich beim Schnüffeln in seinen Sachen ertappte. Sein Blick schweifte rasch durchs Zimmer, nahm die offenen Schubladen wahr, die verstreuten Papiere, den Pass in meiner Hand. Er streckte ruhig die Hand aus und nahm ihn mir ab.

„Vinnie ist tot", sagte er schlicht.

37

Das Schweigen war so tief und schwer, dass mir war, als ob die ganze Welt stehen geblieben wäre.

„Tot? Wann ...?"

Remo half mir auf die Beine. Mich traf ein durchdringender Blick aus seinen seelenvollen grauen Augen. „Silvester", sagte er.

Ich konnte mich gut an den Abend erinnern. Wir hatten alle darauf gewartet, dass Vinnie im Jaragua auftauchte. Das war jetzt sechs Monate her ...

„Tony kam ins Atlántico, weil ich ihm helfen sollte. Dabei sah er dann dich und Demetrio zusammen. Es war einfach ein miserables Timing, Marisa."

„Das heißt, nachdem Tony mich nach Hause gefahren hatte ..."

„... fuhren Tony und ich in die Wohnung von Vinnie und Carmine. Und ehe ich mich recht versehe, stehe ich vor einer Badewanne voll mit schwarzem Wasser ... und darin liegt Vinnie."

Genau, Carmine hatte immer Witze über Vinnies gefärbte Haare gerissen. Mir schauderte. „Und was war? Hatte er einen Herzinfarkt?"

„Das weiß niemand. Carmine schwört, dass er die Tür hinter sich abschloss, als er zum Jaragua ging. Als er nach Hause kam, war sie offen. Nichts war verändert – außer Vinnie."

Ich erinnerte mich an Vinnies Entsetzen über das Interview in *60 Minutes*. Ihm musste klar gewesen sein, dass der Mob herauskriegen würde, wohin er verschwunden war und warum sie so viele Spieler verloren hatten. Im Unterschied zu uns anderen hatte Vinnie keine Angst vor dem FBI. Er hatte größere Sorgen ...

Plötzlich bekam ich ein eiskaltes Gefühl im Magen. „Warte mal, ich war doch am nächsten Tag in deiner Wohnung! Deine Sachen, deine Schuhe – alles war völig verdreckt. Ihr habt Vinnie verbuddelt!"

Remo schüttelte den Kopf. „Nein, Marisa, so war es nicht. Vinnie wurde noch am selben Vormittag auf einem städtischen Friedhof beerdigt. Deshalb waren meine Sachen schmutzig. Die Dominikaner beerdigen ihre Toten so schnell wie möglich, wegen der Hitze. Wir brauchten einen Totenschein, und auf dem musste stehen, dass Vinnie ein dominikanischer Staatsbürger war, der eines natürlichen Todes gestorben war. Also rief Tony Dr. Badillo an."

„Natürlich." Ich fragte mich, was Tony das wohl gekostet hatte.

„Ein paar Stunden später standen Tony und ich daneben, während Vinnies Grab ausgehoben wurde. Unmittelbar nachdem Tony mich abgesetzt hatte, bist du dann bei mir zu Hause aufgetaucht. Ich stand vermutlich noch unter Schock."

„Deshalb wolltest du unbedingt verhindern, dass ich bei Tomaju vorbeischaue."

„Ja, sicher." Remo senkte die Stimme. „Tony war überzeugt, dass Vinnie ausgeschaltet worden war. Er wollte auf keinen Fall, dass du bei Tomaju gesehen wirst. Obwohl er dich mit Demetrio erwischt hatte."

Ich war sprachlos. Alles, was in den letzten sechs Monaten vorgefallen war, stellte sich im Licht dieser Eröffnungen völlig anders dar. Und mir wurde klar, dass ich Remo im Grunde gar nicht kannte. „Ich glaub's nicht." Ich schüttelte den Kopf. „Erst erfahre ich, dass du für das FBI arbeitest ... und jetzt erfahre ich, dass du geholfen hast, einen Mord zu vertuschen."

Remo war beleidigt. „Ich arbeite nicht für das FBI."

Ich griff mir eine rosa FedEx-Quittung und schwenkte sie. „Du schickst dem FBI Beweismaterial, Herrgott noch mal!"

Remo riss mir den Zettel aus der Hand und legte ihn in die Schublade zurück. „Ich versuche, Tony zu helfen, okay? Deshalb musst du auch wieder zu ihm nach Hause zurück. Sofort!"

„Kommt gar nicht in Frage!"

„Hör mir zu!" Remo legte mir die Hand auf den Arm. „Rons Schlüssel sind im Handschuhfach des Pickup. Er braucht sie. Er wollte dir das sagen, aber du hast immerzu aufgelegt, deshalb hat er mich geschickt, damit ich dich hole. Wenn du nicht kommst, wird er Verdacht schöpfen. Er ist eh schon paranoid bis zum Gehtnichtmehr, weil er weiß, dass jemand beim FBI singt."

„Du singst beim FBI! Bring du doch den Pickup zurück!"

„Hör zu!", zischte Remo. „Tony hat wegen des Unfalls sein Bewährungstreffen verpasst. Das FBI weiß, dass er hier ist, was Ron gut zupass kommt, weil er ohnehin schon dem Staatsanwalt erzählt hat, dass die Firma Tony gehört. Dass er sie nach euch dreien benannt hat, war kein besonders kluger Zug. Falls nicht etwas geschieht, wird Tony an Saccos Stelle die zwanzig Jahre aufgebrummt kriegen."

Da dachte ich wieder an Sonny LoBues Warnung. „Remo ... das also hat LoBue gemeint ..."

„Allerdings. Laut Peterson sind LoBue und Ron Partner."

Jetzt ergab alles einen Sinn. „Deshalb gab es in den Telefonprotokollen eine Verbindung zwischen den beiden Firmen. Sonny rief regelmäßig im Big Office an, um unsere Quoten zu bekommen. Daher kannte er meinen Spitznamen."

„Komm, gehen wir!" Remo versuchte, mich aus dem Zimmer zu schieben, doch ich sträubte mich.

„Ich lasse mich da nicht mit hineinziehen", erklärte ich. „Das wird mir alles zu –"

„Ich will dich nicht mit hineinziehen. Ich will, dass du dich weiter um Tony kümmerst. Ron muss denken, dass alles in Ordnung ist. Wenn er Angst kriegt, wird er fliehen. Wenn er flieht, ist Tony am Arsch. Er ist im Moment eine leichte Beute."

Ich legte das Gesicht in die Hände, als mir das wahre Ausmaß unserer Probleme klar wurde. „Tony hat sich für drei von Rons Vergehen schuldig bekannt", stöhnte ich.

„Was?"

„Damals in L.A. 1988. Tony erklärte vor Gericht, das Unternehmen würde ihm gehören. Dafür kam Ron für unsere Geldstrafen und Gerichtskosten auf."

„Siehst du, wie leicht es ist, Tony den Schwarzen Peter zuzuschieben?"

Ich nahm mir die Schlüssel und sagte mir, es würde mich schon nicht umbringen, Tony noch ein paar Wochen zu pflegen. Remo lief nach unten, um ein Taxi ins Büro zu bekommen, während ich in den Pickup stieg und zu Tonys Wohnung fuhr.

⊠

„WIRD JA AUCH LANGSAM ZEIT", ätzte Horacio, als ich eintrat. Er stupste Ron an, der auf der Couch schlummerte. „Tony schläft", sagte er gähnend, als er sich aufrichtete.

Wortlos reichte ich Ron die Schlüssel. Die beiden gingen zur Tür, doch Ron blieb noch einmal stehen.

„Wirklich, Marisa. Tony hat mir nicht gesagt, dass er Antibiotika nimmt. Wenn ich das gewusst hätte, hätte ich ihn nicht trinken lassen."

Ich war verblüfft. Ich spürte, dass Ron das ehrlich meinte, und doch hatte er vor, Tony zu verraten. War er innerlich zerrissen? Im Gewissenskonflikt? „Er muss die Antibiotika bis nach der Hauttransplantation weiter nehmen", sagte ich. „Wenn sich sein Bein jetzt infiziert, könnte er es verlieren."

„Komm schon!", sagte Horacio und zog Ron mit. „Nichts wie weg hier!"

Sobald sie weg waren, sank ich auf die Couch. Mein Leben war in Auflösung begriffen. Ron, Tony und Carmine waren alle auf der Flucht. Vinnie war tot. Es war nur eine Frage der Zeit, bis Tomaju ein für allemal dichtmachte. Was sollte ich dann tun? Ich war dreißig Jahre alt. Wie lange würde ich noch als Model arbeiten können?

Tony stöhnte vor Schmerz. Ich ging ins Schlafzimmer und machte das Licht an. Er lag voll bekleidet auf der Decke, das Gesicht schmerzverzerrt. Die Nächte waren für ihn immer noch die Hölle.

Ich öffnete die Medizinschublade. Mit zitternden Händen mühte Tony sich ab, sich den Reißverschluss an der Hose aufzuziehen. Ich wälzte ihn behutsam auf die Hüfte und bewegte dabei das Bein so wenig wie möglich. Ich zog ihm vorsichtig die Hose herunter und rieb ihm den Po mit Alkohol ein.

„Ich will mein Auto und Justines Pass wiederhaben", sagte ich mit fester Stimme.

Tony stöhnte zustimmend, während ich ihm die Spritze gab.

AM FOLGENDEN Nachmittag klopfte ich laut an Remos Tür.

„Wie spät ist es?", ächzte er.

„Spät genug, um zu reden."

Zwanzig Minuten später war Remo rasiert und geduscht. Wir setzten uns nach draußen auf die Terrasse.

„Okay, die Wahrheit", sagte ich. „Wie alt bist du?"

Er errötete ein wenig. „Achtundzwanzig."

„Ich wusste es!" Ich schüttelte den Kopf. „Du bist jünger als ich." Ein Blick auf seine glatte, faltenfreie Haut, und es war eigentlich offensichtlich.

„Warum hast du Vinnies Pass behalten?"

Die Frage überraschte ihn, und er erwiderte nichts.

„Außerdem", bohrte ich weiter nach, „hast du in deinem Zimmer ein Kuvert voller Geld, dabei hast du mir erzählt, du könntest es dir nicht leisten, deine Papiere in Ordnung zu bringen."

„Marisa", schnitt Remo mir leise das Wort ab. Eine letzte Unschlüssigkeit ließ ihn zögern, bevor er endlich redete. „Ich bin auf der Flucht."

Ich konnte es kaum glauben. Noch einer? „Was hast du getan?", fragte ich ehrlich konsterniert.

„Ich habe einen Fehler gemacht." Er seufzte und lehnte sich auf seinem Stuhl zurück. „Vor langer Zeit. Ich wurde erwischt."

„Wobei?"

„Drogenhandel."

Nichts hätte mich mehr überraschen können. Remo – immer blitzsauber, kein Alkohol, keine Zigaretten, keine Drogen – ein Drogenhändler?

„Als ich achtzehn war, war ich Türsteher in einem Club in New Jersey", sagte er. „Er hieß Mingles. Nachdem ich eine Weile dort gearbeitet hatte, bot mir der Boss einen kleinen Nebenverdienst an. Hin und wieder sollte ich nach Miami fliegen und dort einen Beutel für ihn abholen."

Ich zog eine Augenbraue hoch.

„Ich nehme an, im Grunde wusste ich, dass wahrscheinlich Geld oder Drogen drin waren. Doch ich dachte mir, solange ich das nicht sicher weiß, kann mir auch nichts Schlimmes passieren. Mich interessierte nur eines: genug Geld zu verdienen, um aus der Sozialbausiedlung rauszukommen. Ich hatte niemanden, der für mich sorgte. Ich musste selbst sehen, wo ich blieb.

Eine Zeitlang war es ein Klacks. Dann steige ich eines Tages aus dem Flugzeug, und drei Drogenfahnder warten schon auf mich. Sie schleppten mich in eine Arrestzelle am Flughafen und machten den Beutel vor mir auf."

„Und?"

„Er war voll von Päckchen mit weißem Pulver, alle gestempelt und verkaufsfertig. Sie meinten, weil ich Bundesstaatsgrenzen überschritten hatte und weil ich so eine große Menge mit mir führte, würde ich automatisch zwanzig Jahre bekommen. Aber eigentlich wären sie hinter meinem Boss her. Wenn ich ihnen dabei half, ihn zu kriegen, könnten sie etwas aushandeln. Vielleicht sogar dafür sorgen, dass gar keine Anklage erhoben wurde."

„Und da hast du eingewilligt?"

„Aber hallo", sagte Remo mit trockenem Humor. „Spätestens als sie mir beschrieben, wie beliebt ich mit meinem hübschen Mäulchen im Knast sein würde."

Remo holte tief Luft und fuhr sich mit den Fingern durch die Haare. „Ich musste ein Formular unterschreiben, auf dem ich meine Schuld zugab und auf meine Rechte verzichtete. Sie machten ein Foto von mir und ließen mich mit dem Koks gehen. Ich lieferte den Beutel bei meinem Boss ab, als ob nichts gewesen wäre ... aber ich spürte sofort, dass an der Sache etwas faul war. Ich hatte Angst. Ich ging nach Hause, packte meine Sachen und floh. So bin ich dann hier gelandet."

„Das war zu der Zeit, als du für deinen Onkel in Cabarete gearbeitet hast?"

„Ja, nur dass er gar nicht mein Onkel ist. Er ist einfach jemand, der sich hierher verdrückt hat, weil er zu Hause Stress hatte. Meine Mutter hatte ihm einmal aus der Patsche geholfen, deshalb war er mir einen Gefallen schuldig. Er meinte, ich könnte in seiner Bar arbeiten, bis Gras über die Sache gewachsen war. Ich dachte, ich würde ein Jahr hier bleiben, höchstens. Ein paar Monate später stelle ich den Fernseher an und gucke die Sendung America's Most Wanted, und da sehe ich mich und erfahre, dass ich einer der meistgesuchten Verbrecher in Amerika bin." Remo schüttelte traurig den Kopf. „Da wusste ich, dass ich nie wieder zurück kann."

„Du?" Ich traute meinen Ohren nicht. „In America's Most Wanted?" Ich dachte an die Razzia bei Information Unlimited zurück. „Deshalb bist du so ausgeflippt, als seinerzeit das Büro durchsucht wurde!"

Remo schüttelte sich. „Ich dachte, die Soldaten kämen wegen mir. Erst als ich die vielen Handschellen sah, die auf Carmines Schreibtisch geschüttet wurden, erkannte ich, dass das nicht stimmte. Doch dann erschien das FBI auf der Bildfläche. Ich wusste, wenn die meine Fingerabdrücke nehmen, ist alles aus. Deshalb habe ich mich auch auf dem Revier gegen die Wärter gewehrt. Ich wusste, wenn die Bundesbullen mich in die Hände bekommen, bin ich so gut wie tot."

„Und nachdem sie dich ruhiggestellt hatten, hat Demetrio dich rausgepaukt."

„Genau, deshalb wurden meine Fingerabdrücke nicht genommen. Kurz vor meiner Entlassung kam tatsächlich Agent Peterson zu mir und entschuldigte sich persönlich dafür, dass ich in die Razzia verwickelt wurde. Er gab mir seine Karte und meinte, ich soll ihn anrufen, wenn mir etwas einfällt, dass ihm bei den Ermittlungen helfen könnte. Na klar habe ich die genommen. Aber ich hatte nie vor, davon Gebrauch zu machen."

„Und warum hast du es dann doch getan?"

„Wegen Ron. Ich habe LoBues Warnung niemals vergessen, deshalb rief ich Agent Peterson an und verriet ihm, dass Ron Sacco im Lande war. Ich dachte wirklich, ich tue Tony damit einen Gefallen."

„Aber Ron ist dahintergekommen", sagte ich. „Mooney wusste, dass jemand geredet hatte."

„Richtig. Damit war für mich klar, dass ich Peterson nie wieder anrufe. Dann ging Sacco in die Staaten zurück, und ich fing an, bei Tomaju Wertungen zu machen. Ich dachte, alles wäre in Ordnung."

„Bis Ron angeklagt wurde."

Remo nickte. „Deshalb habe ich dich gefragt, was passieren würde, wenn Ron ins Gefängnis käme. Du meintest, alles würde weiterlaufen wie gehabt, deshalb rief ich Peterson doch wieder an. Er flehte mich praktisch an, ihm zu helfen. Er wusste, dass Ron auf der Insel war, auch wenn die hiesige Polizei das abstritt. Ich erzählte Peterson, dass Ron die Dominikaner besticht und dass ich das beweisen kann. Da erst wurde mir klar, dass ich in der perfekten Position für einen Deal war. Ich versprach Peterson, ihm zu helfen – wenn er versprach, dass er zur Drogenfahndung DEA ging und sie dazu bewegte, die Anklage gegen mich fallenzulassen.

Es hätte alles gepasst: Tony entlastet, Ron aus dem Verkehr gezogen und ich entlastet. Es lief so gut, bis Tony mit dem Motorrad verunfallte. Als Tony den Bewährungstermin versäumte, fing Peterson an, nach ihm zu fragen. Da geht Mooney hin und erzählt der Staatsanwaltschaft, Tony hätte das Unternehmen vor Jahren von Ron übernommen. Er behauptet, Tony hätte es seit der Zeit von Santo Domingo aus geleitet."

„O Gott", murmelte ich.

„Deshalb bewahre ich dieses Zeug in meinem Zimmer auf. Ich brauche alles, was beweisen kann, dass Ron der Besitzer des Unternehmens ist. Einen Teil davon übergebe ich nächste Woche dem FBI."

Mein Mund wurde ganz trocken. „Peterson will hierher kommen? Remo, ich weiß nicht, ob du dich mit ihm einlassen solltest. Wie kannst du jemandem trauen, der die dominikanischen Behörden schamlos belogen und uns allen die Hölle auf Erden bereitet hat?"

„Nicht Peterson. Er konnte von seinen Vorgesetzten nicht die Genehmigung kriegen, herzukommen. Er hat arrangiert, dass ich mich mit einem gewissen Ernesto Navarro treffe, einem FBI-Verbindungsbeamten aus Puerto Rico. Ich habe ihn schon mal kennengelernt. Macht einen guten Eindruck. Er hat mir das Aufnahmegerät gegeben. Peterson wollte, dass ich Rons Stimme aufnehme."

„Und, hast du?"

„Noch nicht. Ron ist in letzter Zeit total paranoid gewesen, und ich hatte keinen triftigen Grund, ihn anzurufen."

Ich nickte, während ich das alles verdaute. „Eine Sache noch", sagte ich. „Warum bewahrst du den Pass eines Ermordeten auf? Das ist ein ziemlich belastendes Beweisstück, das du da in deinem Besitz hast."

„Ich bin 1984 hergekommen. Damals brauchte man für die Einreise nur eine Geburtsurkunde. Und heute? Ohne Pass geht nichts mehr. Deshalb habe ich mir den von Vinnie genommen. Das ist mein Plan B. Wenn alles daneben geht, kann ich ihn fälschen lassen, denke ich mir, und damit wieder unbemerkt nach Hause kommen. Es ist nicht ganz unriskant, aber ..."

Tränen standen ihm in den Augen. „In den ganzen letzten neun Jahren habe ich nur von einem geträumt: eines Tages wieder nach Hause zu können. Ich weiß, dir gefällt es hier, aber ich habe mich auf der Insel nie wirklich heimisch gefühlt. Ich werde wahnsinnig, wenn ich hier bleiben muss."

Remo war mein bester Freund. Ich wollte ihm helfen, so gut ich konnte. „Was kann ich tun?", fragte ich leise.

„Bist du auf Bewährung oder so?"

„Nein."

„Sind deine Papiere in Ordnung?"

„Ja."

Remo guckte vorsichtig optimistisch. „Dann möchte ich, dass du mit zu Agent Navarro kommst. Du musst ihm alles sagen, was du weißt."

38

Vor unserem Treffen mit Special Agent Ernesto Navarro war ich ganz krank vor Nervosität. Ich war mir nicht sicher, was ich zu erwarten hatte, aber nach meinen grausigen Erfahrungen mit dem FBI bis dahin hatte ich das Gefühl, mich in die Höhle des Löwen zu begeben. Die Wirklichkeit war weitaus undramatischer.

Der Agent schien sich viel mehr für seinen Käsetoast zu interessieren als für das Beweismaterial, das Remo ihm präsentierte. Wir setzten uns zu dritt an einen Ecktisch in der Cafeteria der Clínica Abreu. Die Luft war rein: Ron war bei Tomaju, und Tony wurde gerade wieder einmal operiert. Dr. Enrique entfernte Haut von Tonys Schenkel und bedeckte damit die offenen Knochen, Muskeln und Sehnen am unteren Bein.

Normalerweise hätte der Anblick von drei Leuten, die beim Mittagessen in einem Lokal Englisch sprechen, in der Dominikanischen Republik kein großes Aufsehen erregt. Navarro jedoch war schwarz, so dass sich etliche neugierige Blicke auf ihn richteten. Ich wurde ganz nervös auf meinem Stuhl, als er sich Fett vom Kinn wischte.

„Sacco ist ein Riesenproblem für Peterson", sagte er. „Sie wissen ja, wie die Verhältnisse hier sind. Die Dominikaner werden Jack auf keinen

Fall erlauben, einfach ins Land reinzuplatzen und Sacco allein wegen Glücksspiel abzuschleppen."

„Aber es geht nicht nur um Glücksspiel", versetzte Remo. Mit einem eifrigen Leuchten in den Augen führte er die ganzen Gesetze auf, gegen die Ron verstoßen hatte. „Organisierte Kriminalität ... Bildung einer kriminellen Vereinigung ... Geldwäsche ... von Erpressung ganz zu schweigen. Würde das nicht ausreichen?"

Navarro hob ruhig die Hand. Er war ein Mittfünfziger mit grauen Schläfen und strahlte eine selbstverständliche Autorität aus. „Lassen Sie mich ausreden. Peterson hat keine handfesten Beweise, dass Sacco überhaupt im Lande ist. Nichts belegt, dass Sacco hier eingereist ist."

Remo sank sichtlich in sich zusammen. „Aber die habe ich ihm doch alle geschickt."

„Ich bin über die Beweise im Bilde, die Sie Agent Peterson zugespielt haben. Aber ich sage Ihnen, sie reichen nicht aus."

Remo hob eine braune Papiertüte vom Boden auf. Er hielt sie Navarro dringlich hin, bis dieser widerwillig seinen Toast hinlegte und hineinblickte. Er holte den Plastikbeutel mit Rons leerer Presidente-Flasche hervor.

„Und was", fragte Navarro, „soll das jetzt darstellen?"

„Saccos Fingerabdrücke."

Navarro lachte schallend. „Wir sollten Sie wohl lieber fest anstellen", sagte er und wischte sich ein paar Tränen aus den Augen. Er gab Remo die Flasche zurück. Der war dunkelrot geworden.

Navarro beruhigte sich wieder. „Schauen Sie, mich interessiert dieser Fall, weil es dabei um Korruption in der dominikanischen Polizei geht. Als Verbindungsbeamter des FBI habe ich regelmäßig mit diesen Leuten zu tun, und ich muss wissen, wem ich vertrauen kann."

Er sah mich an. „Remo meint, Sie kennen die Namen mehrerer hochrangiger dominikanischer Offiziere, die sich von Sacco bezahlen lassen." Ich nickte. „Nun denn. Ich wäre Ihnen sehr verbunden, wenn Sie mir sagen würden, um wen es sich dabei handelt."

„Ich kenne nur die Namen der ursprünglichen Gruppe", sagte ich, bevor ich begann, die Liste abzuspulen.

Nach drei Namen unterbrach er mich. „Oberst Eduardo Rivera Muñoz?"

„Ja."

Navarro schüttelte verkniffen lächelnd den Kopf. „Dieser

hinterlistige Hurensohn hat mir gestern direkt in die Augen geschaut und geschworen, dass Sacco nicht im Lande ist."

„Rivera kam früher jeden Freitagabend ins Büro, um für alle zu kassieren." Ich griff in mein Portemonnaie und zog General Hernández' Visitenkarte heraus. Ich schob sie Navarro über den Tisch zu. „Dieser Mann war ebenfalls direkt beteiligt."

Navarro betrachtete Hernández' Karte, drehte sie um und las, was auf der Rückseite stand. Als er wieder aufblickte, zuckte etwas zwischen uns auf – das blitzartige Einvernehmen, dass ihm völlig klar war, was der General mir angetan hatte. Ich bekam einen roten Kopf.

„Ei-einige der Offiziere wurden versetzt", stammelte ich, „und neue traten an ihre Stelle."

„Hernández wurde gefeuert", sagte Navarro nüchtern. Er blickte abermals auf die Karte. „Kann ich die behalten?"

Ich zögerte. Dem FBI eine Visitenkarte auszuhändigen, die mich mit einem korrupten General in Verbindung brachte, kam mir nicht sehr klug vor. „Ich hätte sie lieber zurück."

Navarro gab sie mir anstandslos wieder.

„Haben Sie jemals von Sánchez-Castillo gehört?" Er beobachtete mein Gesicht mit scharfen Augen. Unter dem Tisch gab Remo mir einen leichten Tritt. Ich wusste sehr wohl, wer Sánchez-Castillo war. Laut Remo war er der viertmächtigste Mann im Lande und ein früherer Kommilitone von Demetrio. Ich schüttelte den Kopf.

„Hat Sacco jemals Zahlungen an ihn geleistet?"

„Nicht dass ich wüsste."

Navarro nickte langsam und wirkte erleichtert. „Wie ich höre, führt Sánchez-Castillo hier einen Feldzug gegen die Korruption. Erfreulicherweise scheint er sich selbst nicht kompromittiert zu haben. Wenigstens bis jetzt."

Navarro aß seinen Toast auf und winkte der Kellnerin, ihm Kaffee nachzuschenken. „Wie ich höre, arbeiten Sie nicht mehr für Sacco", sagte er und schüttete dabei drei Päckchen Zucker in seine dampfende Tasse.

„Stimmt."

„Gut." In einem Ton, der zwischen Herablassung und väterlicher Fürsorge schwankte, sagte er: „Wissen Sie was, Sie machen beide einen netten Eindruck. Hören Sie also auf den Rat von einem, der seit zweiunddreißig Jahren mit den Dominikanern zu tun hat.

Unternehmen Sie nichts, womit Sie sich in Gefahr bringen. Es lohnt sich nicht."

Nach kurzer Pause fuhr er fort: „Wissen Sie, Jack Peterson ist eigentlich ein feiner Kerl. Er hat für diese verkorkste Razzia bei Information Unlimited viel Prügel einstecken müssen. Die dominikanische Regierung war deswegen stinksauer, und seine eigene Abteilung genauso." Navarro senkte die Stimme. „Zufällig habe ich erfahren, dass ihm wegen des ganzen Fiaskos ein Disziplinarverfahren angehängt wurde. Jacks Entschlossenheit, Sacco zur Strecke zu bringen, grenzt schon an Besessenheit. Wenn Sie meine Meinung hören wollen: Die Dominikaner werden ihn niemals ausliefern."

Weder Remo noch ich sagten ein Wort. Navarro beugte sich vor. „Es lohnt sich also nicht, sich seinetwegen in Schwierigkeiten zu bringen, okay?"

„Okay", stimmte ich zu. Ich fühlte mich zurechtgewiesen.

„Großartig!" Agent Navarro stand auf, zog ein paar Scheine aus seiner Brieftasche und warf sie auf den Tisch. „Das war ein guter Käsetoast. Und vielen Dank für die Informationen über die hiesige Polizei." Er zwinkerte uns zu. „Sie wissen, wie Sie mich erreichen können", sagte er. Und weg war er.

Das Treffen war ein völliger Reinfall gewesen. Wir starrten beide die leere Presidente-Flasche auf dem Tisch an. „Hast du eine Ahnung, wie nervös ich vor diesem Gespräch war?", fragte ich Remo gedankenverloren.

„Die reine Zeitverschwendung." Remo nahm sich die Flasche und betrachtete sie, als hätte sie ihn irgendwie verraten.

„Gehe ich recht in der Annahme, dass Navarro nicht weiß, dass du Sánchez-Castillos Visitenkarte in der Brieftasche hast?"

Remo gab keine Antwort. Er stellte die Flasche auf den Tisch zurück, erhob sich und murmelte: „Schauen wir mal, wie es Tony geht."

Wir ließen Remos kostbares Beweisstück stehen und begaben uns zum OP. Für Ron und Tony sah es ganz gut aus, wollte mir scheinen. Solange sie in der Dominikanischen Republik blieben, konnte das FBI ihnen anscheinend nichts anhaben.

„Kann ich mal diese Karte sehen?", fragte Remo unvermittelt. „Wo hast du sie her?"

„Lass gut sein, Remo." Ich nahm die Karte aus meinem Portemonnaie und zerriss sie in hundert Stücke. Sie hatte ihren Zweck erfüllt, und es kam mir unklug vor, sie noch länger zu behalten.

„Peterson wird dafür sorgen, dass Ron abgeschoben wird. Ich weiß es", sagte Remo.

Ich wusste, wie sehr er darauf hoffte. Wenn Peterson Ron nicht in die Hände bekam, würde auch die Anklage wegen Drogenhandels gegen Remo nicht fallengelassen werden, und er würde sein Leben lang ein flüchtiger Verbrecher bleiben.

⊠

EINE STUNDE SPÄTER KAM Dr. Enrique aus dem OP und verkündete, Tonys Operation sei erfolgreich verlaufen. Röntgenaufnahmen bestätigten, dass die Arm- und Oberschenkelbrüche gut verheilten, und seiner Meinung nach werde Tony sich bald auf Krücken fortbewegen können. Sein Fußgelenk allerdings gab weiter Anlass zu großer Sorge. Ohne die Metallschiene, erklärte uns Enrique, würde Tonys Bein einfach in den Fuß kollabieren.

Die Kompressionsverbände kamen zwei Wochen nach der Hauttransplantation ab. Tony stützte sich auf die Ellenbogen und ließ – zum ersten Mal seit dem Unfall – verlauten, er sei so weit, sich sein Bein zu betrachten.

Sein Oberschenkel wies vollkommen symmetrische Narben von der Hauttransplantation und eine weitere Narbe von dem komplizierten Bruch auf, sah aber ansonsten normal aus. Vom Knie abwärts jedoch war das Bein wulstig und grotesk verformt. Die Haut darauf war ein frankensteinartiges Flickwerk ganz verschiedener Farbtöne.

„Wie Sie sehen, habe ich an den verschiedenen Stellen sowohl Spalthaut als auch Vollhaut transplantiert", sagte Dr. Enrique stolz.

Tony erbleichte. Zum ersten Mal machte er sich das wahre Ausmaß seiner Verletzungen bewusst.

„Alles in Ordnung?", flüsterte ich.

Tony blickte unverwandt auf das entstellte Fleisch unterhalb seines Knies. Unsicher deutete er auf die Metallschiene. „Und nur wegen diesem Ding bleibt mein Fuß am Bein dran?"

„Gewissermaßen, ja. Die Schiene wirst du noch viele Monate tragen müssen."

Auf der Fahrt zum Büro war Tony ungewöhnlich bedrückt. Ihm wurde endlich klar, dass er seinen Fuß nie wieder normal benutzen können würde. Das eingepflanzte Stück Knochen ersetzte wohl das fehlende Stück, doch das Fußgelenk musste fixiert werden und dauerhaft in der Position bleiben. Möglicherweise konnte er es nie wieder belasten, um damit zu gehen.

Was mich betraf, so war mein Leben soeben wesentlich leichter geworden: keine schwierigen, zeitaufwendigen Säuberungen mehr. Jetzt, wo der Knochen transplantiert war, bestand ein deutlich geringeres Infektionsrisiko. Tony war über das Schlimmste hinweg. Eines nicht mehr fernen Tages würde er mich überhaupt nicht mehr brauchen.

Er starrte zum Fenster hinaus, innerlich tausend Meilen weit weg. Er hatte mit einer vollständigen Wiederherstellung gerechnet, und jetzt musste er sich mit der harten Tatsache abfinden, dass er behindert war und blieb.

Ich parkte vor Tomaju. Tony zog sich langsam aus dem Auto. Von Mitleid geschüttelt beobachtete ich, wie er auf seinen neuen Krücken über die Straße humpelte und sich mühsam die Treppe hinaufquälte. In nur wenigen unglücklichen Jahren hatte ich Tonys Verwandlung von einem energiegeladenen, attraktiven jungen Draufgänger zu diesem gebrochenen, desillusionierten und behinderten Mann erlebt.

⊠

ALS ICH NACH HAUSE zurückkehrte, war Remo wach. „Du arbeitest heute Abend", sagte ich zu ihm. „Solltest du nicht schlafen?"

„Kann nicht", sagte er.

„Dann sind wir schon zwei." Ich ließ mich neben ihm aufs Sofa plumpsen. Ich konnte mich nicht erinnern, wann ich das letzte Mal richtig durchgeschlafen hatte. „Die äußere Ruhe ist das Schlimmste", sinnierte ich. „An der Oberfläche sieht alles normal aus. Was mich fertigmacht, ist das Warten. Mir ist, als wäre ich in ständiger Alarmbereitschaft."

Remo seufzte. „Vielleicht hatte Navarro ja recht. Vielleicht wird gar nichts passieren."

„Vielleicht. Aber das ist nicht das Einzige, was mir Sorgen macht. Im Moment unterstützt mich Tony. Aber er ist auf dem Weg der Besserung, und irgendwann wird er mich zwangsläufig bitten, wieder mit ihm zusammenzuziehen, ihm noch mal eine Chance zu geben. Wenn ich das ablehne, wird er mir wieder den Hahn abdrehen und das Auto wegnehmen. Was mache ich dann?"

„Das würde er nicht tun."

Ich blickte Remo scharf an. Wenn es um Tony ging, war er ein unverbesserlicher Optimist.

Das Telefon klingelte. Als ich dranging, sträubten sich mir die Nackenhaare. An der Stimme erkannte ich sofort, dass es Agent Jack Peterson war. „Für dich", krächzte ich und reichte Remo das Telefon. Ich beobachtete gespannt, wie er zuhörte, begleitet von einem gelegentlichen zustimmenden Nicken oder Brummen. Dies war der Anruf, den er sehnsüchtig erwartet hatte. So oder so würde er sein Leben ein für allemal verändern.

Er legte den Hörer auf, den Mund fassungslos aufgerissen. „Der US-Staatsanwalt wird dem Ersuchen, Ron auszuliefern, zustimmen."

„Wow! Da hat sich Navarro wohl geirrt."

„Das ist gigantisch! Peterson meint, es wäre nur eine Frage von Wochen, bis dem Ersuchen offiziell stattgegeben wird."

„Und dann?"

„Ich werde telefonisch gewarnt, bevor er mit seinen Männern kommt. Von dem Moment an muss ich jederzeit Rons genauen Aufenthalt wissen."

Ich konnte es nicht fassen, dass wir dem FBI halfen, Ron Sacco zu ergreifen. Remo hatte recht. Das war wirklich gigantisch. Am schwierigsten würde es werden, Tony von Ron fernzuhalten, wenn die Agenten kamen. Das hieß, ich musste Dr. Enrique überreden, Tonys Knochentransplantation zeitlich vorzuverlegen. Tony musste weitab vom Schuss im Krankenhaus liegen, wenn das FBI Ron festnahm, dann konnten Rons Anwälte nicht abstreiten, dass das Unternehmen ihrem Mandanten gehörte. In dem Sinne richteten wir unser Augenmerk auf die Tatsache, dass Rons Auslieferung Tony helfen würde, und verdrängten die nagenden Schuldgefühle, die es uns beiden bereitete, dass Ron höchstwahrscheinlich für viele Jahre ins Gefängnis kommen würde.

Theoretisch war der Plan gut durchdacht. Doch das Geräusch quietschender Reifen auf dem Parkplatz am folgenden Nachmittag war das erste Indiz dafür, dass etwas gründlich schieflief. Als ich ans Fenster trat, stand Ron auf dem Parkplatz und rief mir zu, ich solle meine Autoschlüssel hinunterwerfen. Hinter ihm quälte sich Tony mit seinen Krücken aus dem Toyota.

Ich lief in Remos Zimmer und rüttelte ihn wach. „Steh auf! Irgendwas passiert gerade!"

Ich schnappte mir die Schlüssel und sauste hinunter. „Was ist los?"

„Hol Justine!", bellte Tony und drückte mir die Schlüssel des Toyotas in die Hand. „Pack Sachen für ein paar Tage zusammen!"

„Aber wieso?"

Ron war hektisch dabei, stapelweise Dokumente aus dem Pickup zu raffen und in den Kofferraum des Daihatsus zu werfen. „Die Polizei war in Horacios Laden", fauchte er, „und hat Fragen gestellt." Ich war schockiert.

„Gott sei Dank sind sie zur alten Adresse gefahren", sagte Tony, „und nicht zu dem Geschäft unter Tomaju."

„Trotzdem haben sie dort nach uns gesucht." Ron knallte den Kofferraum zu. „Zum Glück hatte jemand den Verstand, uns zu warnen."

Mein Herz hämmerte so laut, dass ich selbst kaum hörte, wie ich fragte: „War das FBI da?"

„Nein", sagte Ron. „Die hiesigen Bullen, soweit wir wissen."

„Mach schon! Hol Justine, und dann nichts wie los! Wir verstecken uns für ein paar Tage, bis wir wissen, was läuft."

Verstecken? Mein Gesicht prangte in jeder dominikanischen Zeitschrift, und mein Werbespot lief immer noch auf sämtlichen lokalen Sendern. An verstecken war gar nicht zu denken. Und ich musste verhindern, dass Tony mit Ron floh. Wo wollten sie sich denn verstecken? Sie waren auch nicht gerade unauffällig.

Tonys Mobiltelefon klingelte. Er lauschte aufmerksam, dann legte er auf. „Rivera", sagte er. „Er weiß von nichts. Ich glaube es ihm. Er hat seinen Jungen heute zur Arbeit geschickt."

Diese Nachricht machte Ron noch panischer. „Wir müssen verschwinden, sofort!"

„Geh nach oben", verlangte Tony von mir, „und hol Justine!"

„Nein", sagte ich. Ich trat einen Schritt zurück. „Tony, steig nicht in das Auto! Bleib hier bei mir!"

„Hast du sie noch alle?" Tony brach die Stimme. „Hol endlich Justine, und lass uns fahren! Wir müssen erst mal rausfinden, was da läuft."

Mir schwirrte der Kopf. Ich musste ihn davon abhalten, zu Ron ins Auto zu steigen. „Tony, ich flehe dich an! Bleib hier bei mir! Ich verstecke dich. Ich ... ich muss mich um dein Bein kümmern."

Tonys Gesicht verfinsterte sich. „Willst du, dass ich ins Gefängnis komme? Geh nach oben, hol Justine, und steig verdammt noch mal in das Auto!"

Ich schüttelte den Kopf. „Ich kann nicht, Tony. Es tut mir leid."

Ron packte Tony an der Schulter. „Wir verschwenden hier bloß unsere Zeit."

„Steig in das Auto! Bitte!"

Meine Augen füllten sich mit Tränen. Tony starrte mich ungläubig an, als ich abermals den Kopf schüttelte, mich umdrehte und wegging.

Als ich oben ankam, hatte Remo seine Sachen schon fast gepackt. „Peterson hat mich gelinkt!", schimpfte er.

„Nein!" Ich griff nach Remo, um ihn aufzuhalten. „Es ist nicht das FBI, es sind die Dominikaner. Rivera hat das gesagt."

„Bestimmt nicht." Remo schüttelte seinen Arm frei. „Dieses Schwein hatte versprochen, mich zu warnen. Er will mich mit einlochen."

„Das ist doch Quatsch, Remo. Er würde nicht riskieren, Ron jetzt aus den Augen zu verlieren. Ihr habt eine Abmachung. Ruf ihn an!"

Aber Remo ließ sich nicht überreden. Er zog die Tasche zu und warf sie sich über die Schulter. Ihm drohten lange Jahre im Gefängnis, und der Schreck saß ihm im Nacken. Minuten, nachdem Tony und Ron gefahren waren, rannte Remo mit seiner Sporttasche die Treppe hinunter und verschwand.

Ich wusste, dass die Polizei Tony und Ron in einem brandneuen silbernen Pickup vermutete und dass sie ihn beschlagnahmen würde, sobald sie ihn fand – ob nun gerade jemand am Steuer saß oder nicht. Damit das nicht geschah, brachte ich den Wagen zum Toyota-Händler und bat um eine Inspektion. Ich hoffte, dass er dort in Sicherheit war, bis ich ihn abholte. Ich nahm ein Taxi nach Hause. Dort versuchte ich mir einzureden, ich hätte nichts zu befürchten. Ich war geschieden, die Wohnung war auf meinen Namen gemeldet, und ich hatte mit dem Unternehmen nichts mehr zu tun. Ich hatte alle nötigen Zulassungen und das volle Recht, in der Dominikanischen Republik zu leben.

Der Abend verging ohne Vorfall. Rosa machte Abendessen, und wir setzten uns zu Tisch wie an jedem anderen Tag. Hinterher spielte ich mit Justine, badete sie, las ihr vor und brachte sie zu Bett. Später saßen Rosa und ich wie gebannt vor dem Fernseher und zappten uns nach Nachrichten durch die lokalen Sender. Ich probierte mehrmals Tonys

Mobiltelefon, aber es hatte keinen Empfang.

Später am Abend klingelte das Telefon. „Irgendwas passiert?" Remo hörte sich erstaunlich ruhig an.

„Nein", sagte ich. „Nichts in den Nachrichten. Wie geht's dir?"

„Ich habe mit N geredet", sagte er. „Ich warte noch darauf, von P zu hören."

So ernst die Situation war, musste ich doch über Remos konspirative Redeweise kichern. „Wo bist du?"

Lange Pause. „In der untergegangenen Stadt", antwortete er schließlich.

„Bin schon unterwegs." Ich legte auf, bevor Remo etwas einwenden konnte.

Im Atlántico herrschte wie immer Hochbetrieb. Mir klopfte das Herz vor freudiger Erwartung, zum ersten Mal seit dem grässlichen Kampf Demetrio wiederzusehen. Ich suchte in dem Gesichtermeer nach ihm. Jemand tippte mir leicht auf die Schulter, und als ich mich umdrehte, stand Remos Freundin Laurette vor mir. Sie gab mir Zeichen, ihr zu folgen, und wir schritten an den Toiletten vorbei zu einer nicht gekennzeichneten Tür, die sie öffnete und hinter mir wieder schloss. Ich befand mich in einem Treppenhaus. Begleitet vom gedämpften Dröhnen der Musik stieg ich die Treppe hinauf.

In einem ruhigen Büro saß Remo mit hochgelegten Füßen an einem Schreibtisch. „Wo ist Demetrio?", fragte ich ihn.

„In Miami", knurrte Remo. „Sonst wäre ich nicht hier."

Ich war enttäuscht. „Wann kommt er zurück?"

Remo schüttelte ungläubig den Kopf. „Ich sage dir, vergiss ihn, Marisa."

Ich nahm mir einen Stuhl und ließ mich verärgert nieder.

„Du hattest recht, die Sache hat nichts mit dem FBI zu tun", sagte Remo bedeutungsschwer. „Navarro wusste nichts von der Razzia. Anscheinend sind das immer noch letzte Auswirkungen von diesem Interview in *60 Minutes*. Das hat einigen Leuten in Washington gestunken, und sie drohen damit, dem Land die Entwicklungshilfe abzudrehen, falls Ron nicht gefasst wird. Sánchez-Castillo hat endlich ein Sonderkommando zusammengestellt. Er konnte seinen eigenen Männern erst in letzter Minute sagen, wo sie überhaupt hinsollten, weil die halbe Polizei von Sacco geschmiert wird."

Ich fasste mir an den Kopf. „Und dann sind sie auch noch zur falschen Adresse gefahren."

„Genau. Ihr einziger Anhaltspunkt war die Aufnahme in *60 Minutes* mit dem Schild von Comerciales Vargas. Die Polizei fuhr zum alten Geschäft und musste feststellen, dass es dort kein Obergeschoss gibt. Bis sie schließlich herausgekriegt hatten, dass es ein zweites Geschäft gibt, war ganz Tomaju längst über alle Berge."

„Und was passiert jetzt?"

Remo zuckte die Achseln. „Navarro hat angeboten, den Dominikanern bei der Ermittlung zu helfen, aber natürlich wollen sie das selbst durchziehen. Marisa, hast du eine Ahnung, wo Ron und Tony hin sein könnten?"

Darüber hatte ich schon den ganzen Abend nachgedacht. „Mein Verdacht ist die Nordküste. Sie könnten sich unauffällig unter die Touristen in Puerto Plata mischen."

„Tony ist nirgendwo unauffällig", schnaubte Remo. „Nicht mit diesem Metallding am Bein."

Das Telefon klingelte. Als Remo dranging, merkte ich, dass das Aufnahmegerät aus seinem Zimmer an den Apparat angeschlossen war. Er sah mich mahnend an und legte den Finger auf die Lippen, bevor er den Hörer abnahm. Ich hörte zu, wie er Peterson fröhlich über alles in Kenntnis setzte, was passiert war, und wie der ihn am anderen Ende beschwor: „Sehen Sie zu, dass Sacco uns nicht durch die Finger schlüpft."

„Jack, Sie müssen den Dominikanern sagen, dass ich für Sie arbeite. Sonst muss ich damit rechnen, selbst verhaftet zu werden."

„Das kann ich nicht machen."

Remos Gesicht wurde lang.

„Schauen Sie, es ist uns nicht gelungen, von der dominikanischen Regierung das Einverständnis für diese Untersuchung zu bekommen", fuhr Peterson fort. „Uns wurde sehr deutlich zu verstehen gegeben, dass unsere Hilfe nicht erwünscht ist. Ich kann nicht offiziell dort tätig werden, solange die Dominikaner mich nicht darum bitten. Tut mir leid, Remo. Aber ich bemühe mich weiter. Ernesto Navarro versucht, die Genehmigung zur Einreise als Beobachter zu bekommen."

Die Männer verabschiedeten sich, und Remo legte auf. „Wieso nimmst du Gespräche mit dem FBI auf?", fragte ich ihn.

„Meinst du, ich traue denen? Ich habe jedes Gespräch aufgenommen, das ich mit Peterson geführt habe. Ich habe seine ganzen Versprechungen, die Anklage gegen mich fallenzulassen, auf Band. Als Versicherung quasi."

Das klang sinnvoll. „Und jetzt?"

„Morgen in aller Frühe fahre ich nach Cabarete. Ich mache mich hier aus dem Staub, bis diese Geschichte geklärt ist."

„Was ist mit der Karte von Sánchez-Castillo? Wird die dich nicht beschützen?"

„Marisa, ich habe gestern Abend noch bei Tomaju Wetten gewertet. Das ist mir alles zu brenzlig. Ich muss die Stadt verlassen. He!" Sein Gesicht leuchtete auf. „Komm doch mit! Wir könnten alle gehen, du, ich, Rosa und Justine."

„Ich bleibe." Mich band nichts mehr an Tony oder Ron. Wenn ich floh, sah es so aus, als hätte ich etwas zu verbergen. Wir probierten Tonys Mobiltelefon ein letztes Mal, aber er nahm wieder nicht ab. Ich stand auf, um zu gehen.

„Viel Glück, Marisa", sagte Remo, als ich das Büro verließ.

✘

ES WAR WEIT nach Mitternacht, als ich schließlich die Treppe zu meiner Wohnung hinaufstieg. Der Adrenalinstoß durch das nachmittägliche Drama war längst abgeklungen. Ich war zum Umfallen müde. Mühsam schleifte ich die Füße die letzten Stufen hinauf und bog um die Ecke. Da erstarrte ich.

Vor meiner Tür schlief tief und fest ein Polizist in Zivil. In sich zusammengesunken hing er an der Wand, die Pistole im Gürtel. Mein Herz begann zu rasen. Ich wich zurück, atmete einmal tief durch und streifte die Schuhe ab. Die Geheimpolizei hatte zweifellos die Wohnung überprüft und wusste, dass ich nicht da war. Dieser Mann wartete darauf, dass ich nach Hause kam, damit er mich zur Befragung aufs Revier bringen konnte. Ein anderer Aufpasser war wahrscheinlich vor dem Dienstboteneingang postiert.

Ich lugte abermals um die Ecke. Sein Schlaf schien ziemlich fest zu sein. Wenn ich mich an ihm vorbei in die Wohnung schleichen konnte, war es mir bestimmt möglich, mit Justine und Rosa dort zu bleiben, bis die Polizei Ron fasste. Ich machte behutsam einen Schritt. Dann noch einen. Und noch einen.

Ich stand jetzt unmittelbar vor ihm, hörte seine regelmäßigen Atemzüge. Ohne den Blick von seiner schlaffen Gestalt abzuwenden, schob ich ganz allmählich den Schlüssel ins Schloss. Ich drehte ihn langsam um, bis ich ein leises Klicken hörte.

Der Aufpasser brummte und veränderte seine Lage. Die Finger seiner linken Hand zuckten leicht. Ich hielt in der Bewegung inne. Ich war der sicheren Zuflucht so quälend nahe ...

Ich ließ ihn nicht aus den Augen, während ich den Türknauf drehte. Dann drückte ich Zentimeter für Zentimeter die Tür auf ...

39

ZWEI TAGE SPÄTER saß ich in einem Vernehmungszimmer und schmorte vor mich hin. Mir gegenüber nahm sich Major Gutiérrez die Brille ab und rieb sich die Augen. Sein Uniformhemd war zerknittert, und er war unrasiert. Offenbar war hier nicht nur ich unausgeschlafen. Er setzte die Brille wieder auf und seufzte schwer.

Gutiérrez war der derzeitige Leiter des Geheimdienstes und dafür verantwortlich, dass ich wieder in Untersuchungshaft war. Er hatte sich persönlich in meine Wohnung begeben und mich schlafend im Bett vorgefunden. Nachdem er sich von dem Schock erholt hatte, mich dort anzutreffen, entließ er umgehend die beiden Männer, die meine Wohnung hatten bewachen sollen, und brachte mich höchstpersönlich zur Befragung in den Palacio de la Policía Nacional. Leider hatte ich dem, was er über Ron, Tony und Tomaju schon wusste, wenig hinzuzufügen.

Horacio hatte Gutiérrez bereits alles erzählt, bis hin zu der Tatsache, dass Tony eine Metallschiene am Bein hatte. Das einzige Detail, das er ausgelassen hatte, war Baujahr und Modell des Autos, das Ron und Tony vermutlich fuhren. Das lag nahe, da beide Autos auf ihn zugelassen waren. Horacio wollte nicht, dass die Polizei die beiden Flüchtigen in einem

Fahrzeug fasste, auf das er spekulierte. Der Major hatte erklärt, ich werde nicht eher freigelassen, als bis Tony und Ron gefangen waren, deshalb trug ich dieses fehlende Detail nach: Die beiden fuhren einen blauen Daihatsu.

Gutiérrez war über den Gang der Ermittlungen sichtlich verärgert. Tony und Ron waren jetzt seit drei Tagen auf der Flucht, und seine Männer hatten auf der Suche nach ihnen keinerlei Fortschritte gemacht. Von der Befragung unserer dominikanischen Mitarbeiter hatte der Major in dem Moment Abstand genommen, als er ihre Familiennamen sah. Das Letzte, was Gutiérrez brauchen konnte, war, den Zorn einiger der mächtigsten Familien auf der Insel und der erstklassigen Anwälte, die sie sich leisten konnten, zu schüren. Die Strafverfolgung in der Dominikanischen Republik pendelte zwischen zwei Extremen: Korruption und Inkompetenz.

Die Untersuchung zog weite Kreise. Auf der Suche nach einem blauen Daihatsu klapperte der Geheimdienst Strände, Bordelle, Restaurants und die haitianische Grenze ab. Fotos von Ron und Tony wurden groß in *Listín Diario* und *El Siglo* veröffentlicht. Erstaunlicherweise hatten sich ein Krüppel mit einem unübersehbaren Metallteil am Bein und sein rothaariger Gefährte in Luft aufgelöst.

Die Brille des Majors brachte die Säcke unter seinen Augen noch mehr zur Geltung. Er tat mir beinahe leid. Er stand unter einem enormen Druck, den Fall zu knacken, und die Anspannung war ihm anzusehen. „Jemand aus der kanadischen Botschaft ist Ihretwegen gekommen", sagte er, bevor er den Raum verließ.

Ich jubilierte innerlich. Vielleicht kam ich ja frei. Ein blauäugiger, blonder Mann im Anzug betrat das Zimmer und nahm mir gegenüber Platz. „Bernard Simmons", sagte er knapp. „Von der Botschaft."

Ich trug meinen Fall vor und geriet dabei vor lauter Eifer, ihn zu überzeugen, ins Stammeln. „Ich werde hier seit zwei Tagen ohne Essen festgehalten. Es gibt keine konkreten Vorwürfe gegen mich."

Simmons ließ sich von meiner Notlage nicht beeindrucken. „Rein formal können die Sie hier eine Woche lang festhalten, bevor sie verpflichtet sind, eine Anzeige zu erstatten, Ms. Lankester."

„Eine Woche? Ich bin kanadische Staatsbürgerin! Können Sie mir nicht helfen?"

„Ich helfe Ihnen ja. Meine Aufgabe ist es, sicherzustellen, dass Sie dieselbe rechtliche Behandlung bekommen wie ein dominikanischer

Gefangener. Das scheint der Fall zu sein. Möchten Sie, dass ich einen Angehörigen für Sie kontaktiere? Oder einen Anwalt?"

Einen Angehörigen? Ich stellte mir vor, wie meine Eltern auf die Nachricht reagieren würden, dass ich in der Dominikanischen Republik inhaftiert war. Nein, danke. „Mr. Simmons, die Polizei erhebt deswegen keine Vorwürfe gegen mich, weil ich nichts getan habe."

Er zuckte die Achseln. Er konnte nicht mehr für mich tun. Ich beschloss, die Sache auszusitzen. Noch drei Tage, dann würden sie mich entlassen müssen.

Eine Stunde, nachdem Simmons gegangen war, wurden ein Stück alte Pizza und ein Glas Wasser auf dem Tisch vor mir abgestellt. Mir hing der Magen bis in die Kniekehlen, doch ich rührte nichts an. Ich nahm an, Simmons hatte verlangt, dass ich etwas zu essen bekam. Vielleicht hatte er die Polizei daran erinnert, welche Konsequenzen es haben würde, wenn eine Kanadierin in ihrer Untersuchungshaft verhungerte.

Ich beschloss, gegen die ungerechte Behandlung mit einem Hungerstreik zu protestieren. Ich setzte mich auf meinem Stuhl zurück, verschränkte die Arme und blickte trotzig in den Einwegspiegel. Dass die Kanadier von meiner Inhaftierung wussten, verlieh mir ein Gefühl der Sicherheit. Die Tür ging auf, und ein Beamter brachte ein Tablett mit Sandwiches und Kaffee herein.

„Essen Sie!", sagte er und stellte es vor mir ab.

„Nein", erklärte ich entschieden. Ich empfand eine deutliche Machtverschiebung.

Major Gutiérrez wurde gerufen. Er wirkte alles andere als erfreut darüber, aus seiner Arbeit gerissen zu werden und sich mit meinem Protest befassen zu müssen.

„Sie müssen etwas essen", drängte er mich.

„Ich esse, wenn ich wieder zu Hause bin, vielen Dank."

„Sie kommen nicht nach Hause", knurrte er.

„Sie haben kein Recht, mich hier festzuhalten. Ich habe nichts getan."

Gutiérrez beugte sich vor und senkte die Stimme. „Nach den Dokumenten, die wir beschlagnahmt haben, sind Sie nicht nur das *Ma* in Tomaju, sondern auch die Vizepräsidentin eines Unternehmens, das niemals die Zulassung hatte, Wetten aus dem Ausland anzunehmen. Sie sind die Ex-Frau eines Mannes, der in den USA steckbrieflich gesucht wird, und Sie sind die frühere Angestellte von Ron Sacco, einem flüchtigen Verbrecher, nach dem landesweit gefahndet wird. Ms. Lankester, Sie stecken bis zum *Hals* in der Sache drin."

Er ließ seine Worte wirken.

„Ich habe das volle Recht, Sie festzuhalten." Er richtete sich wieder auf. „Aber da Sie sich weigern zu essen, bleibt mir nichts anderes übrig, als Sie in den Palacio de Justicia zu verlegen."

Mir gefror das Blut, als ich begriff, dass mein Schuss komplett nach hinten losgegangen war. Der Palacio de Justicia. Das mittelalterliche Höllenloch, wo ich meine Kollegen in ihrem eigenen Schmutz hatte schmoren sehen. Wo Gefangene auf die Angehörigen angewiesen waren, wenn sie Essen und Kleidung haben wollten.

„Nein, bitte ..."

Ich griff nach einem Sandwich, doch er zog rasch das Tablett weg. „Ich werde dafür sorgen, dass Ihr Dienstmädchen von der Verlegung benachrichtigt wird", sagte er, bevor er hinausmarschierte und die Tür hinter sich schloss.

MEHRERE STUNDEN SPÄTER schloss ein Wärter die Tür zu der großen Arrestzelle auf und schob mich hinein. Die meisten Frauen lagen schon zusammengerollt auf dem nackten Betonboden und schliefen. Ein paar saßen auf den herumstehenden Metallstühlen und starrten ins Leere. Für Helligkeit sorgte eine einzelne Glühbirne, die Hunderte von Fliegen wütend umsummten. Der Gestank von Urin und Kot verschlug einem den Atem.

Ich begab mich an einen leeren Platz an der Klowand am hinteren Ende der Zelle. Der Geruch war dort stärker, aber das war mir inzwischen egal. Ich legte mich auf den Boden und sank in einen tiefen, traumlosen Schlaf.

Der Wärter weckte uns am nächsten Morgen um sieben, indem er mit seinem Schlagstock an den Eisenstäben klapperte. Ich erwachte mit dem Gefühl, dass etwas mir in die Wange schnitt. Ich setzte mich hin und betastete mein Gesicht. Etwas steckte in der Haut. Ich zog es vorsichtig weg, und es stellte sich als großer, schartiger Zehennagel heraus, der einmal grell violett lackiert worden war. Mit einem Ekelschauder warf ich ihn weg. Ich erhob mich steif und bürstete mich ab. Ich fühlte mich am ganzen Leib besudelt. Schon jetzt war es drückend heiß im Raum, und der Gestank von ungewaschenen Leibern, Pisse und Verzweiflung hing schwer in der Luft. Ich war ganz schwindlig und schwach vor Hunger. Ich hoffte, der Major hatte Rosa wirklich mitgeteilt, dass ich hier drin war; andernfalls würde ich nichts zu mir nehmen.

Durch das Zellengitter wurde stark gesüßter Kaffee in fingerhutgroßen Plastikbechern an die Häftlinge ausgeteilt. Ich musste aufs Klo und stellte fest, dass ich mich dafür über ein Loch im Fußboden der türlosen „Toilette" hocken musste. Im Laufe des Tages stieg die Temperatur weiter, und mit jeder Stunde nahm der Gestank zu. Glücklicherweise kam ein Wärter und nahm ein halbes Dutzend Frauen mit. Ich sah ihnen nach, wie sie den Flur hinuntertrotteten, um einem Richter vorgeführt zu werden. Am Nachmittag kam ein Päckchen für mich, in dem sich Sandwiches, Trinkwasser, ein sauberes T-Shirt, Unterwäsche und ein *Listín Diario* befanden. Danke, Rosa. Ich las die Zeitung von der ersten bis zur letzten Seite. Über meine Verhaftung stand nichts darin, was mich hochgradig verunsicherte. Wenn niemand wusste, dass ich hier war, wie sollte mich dann jemand rausholen?

Drei zermürbende Tage vergingen. Wenn ich die Zeitung gelesen hatte, blieb mir nichts zu tun, als die Einlieferung neuer Gefangener zu beobachten oder das Kommen und Gehen von Angehörigen, die ihre Töchter, Schwestern, Nichten, Tanten, Mütter und Großmütter besuchten. Die Gesichter dieser verzweifelten Frauen leuchteten auf, wenn sie Essen und Kleidung bekamen oder den neuesten Klatsch erfuhren. Oft spazierten Leute durch den Korridor und starrten uns an, als ob wir Tiere im Zoo wären. Ich hielt mich im hinteren Teil der Zelle abseits. Ich hatte keine Ahnung, wie lange man mich festhalten würde, und meine Hoffnungen sanken mit jeder Nacht, die ich auf dem schmutzigen Betonboden schlief.

Die Abende waren stiller als die Tage. Nach dem Abendessen fegten wir die Zelle und taten die Abfälle in einen Plastikbeutel. Die Frauen wuschen sich, indem sie an der Rückwand Flaschen mit Wasser über sich ausgossen. Ich stellte mich öfter auf einem Metallstuhl auf die Zehen, um aus dem vergitterten Fenster zu schauen. Ich konnte den oberen Teil eines Gebäudes zwei Häuserblocks weiter erkennen. Bei genauer Betrachtung wurde mir klar, dass es die obersten zwei Etagen der Clínica Abreu waren. Ich kannte die Namen sämtlicher Schwestern und Ärzte, die Tonys zerschmetterten Körper dort gepflegt hatten. Ich war den vielen Leuten, die mir mit solcher Freundlichkeit begegnet waren, so nah und doch so fern. Ich stieg wieder hinunter und legte mich hin. Es fiel mir nicht leicht, einzuschlafen, Nacht für Nacht wieder. Man musste vierundzwanzig Stunden am Tag das Licht anlassen, um die hungrigen Ratten in Schach zu halten.

Ich wagte nicht, an Justine zu denken. Wenn ich weinte, änderte das gar nichts an der Situation. Es machte alles nur noch schlimmer. Ich lernte bald, dass es besser war, nicht zu viel an liebe Menschen zu denken. An einem solchen Ort war es der gerade Weg in den Wahnsinn, wenn man zu viel dachte.

Eine Woche verging, und immer noch war keine Anzeige gegen mich erstattet worden. Dennoch deutete nichts darauf hin, dass man mich freilassen würde. Jeden Morgen wurden Frauen aus der Zelle in den Gerichtssaal am anderen Ende des Gebäudes gebracht, wo ihr Urteil gesprochen wurde. Jeden Morgen horchte ich gespannt, ob mein Name mit aufgerufen wurde, doch das geschah nie. Mir war, als wollte man mich hier verfaulen lassen – man hatte mich einfach vergessen. Die Presse verlor das Interesse an Ron und Tony. Meldungen über die bekannten Flüchtlinge waren auf wenige Zeilen auf den hinteren Seiten geschrumpft.

Eines Tages fiel mein Blick im Anzeigenteil des *Listín Diario* auf einen zum Verkauf stehenden Jeep. Er ähnelte Rogers Jeep, den General Hernández nach der Razzia bei Information Unlimited konfisziert hatte. Ich starrte das Bild des Jeeps an, und meine Gedanken rasten.

Wenn Tony und Ron sich nun um Hilfe an Hernández gewandt hatten? Er stand schließlich immer noch auf ihrer Schmiergeldliste. Und wenn er sich bereit erklärt hatte, meinen Daihatsu gegen den roten Jeep einzutauschen? Vielleicht hatte die Polizei Tony und Ron deswegen nicht gefunden, weil sie nicht mehr dasselbe Auto fuhren. Das musste die Erklärung sein. Hernández war nicht mehr im Dienst, deshalb hatte Major Gutiérrez sich nicht die Mühe gemacht, ihn zu befragen.

Ich notierte das Fabrikat des Cherokee und bat den Wärter, Major Gutiérrez die Nachricht zu bringen. Der Mann sah mich einfach an und lachte. Wutschnaubend wartete ich auf die nächste Gelegenheit, mit der Außenwelt zu kommunizieren. Am nächsten Tag versuchte ich den Taxifahrer, der mein Carepaket lieferte, dazu zu bewegen, dass er Rosa den

Zettel brachte. Erst wehrte er ab, aber schließlich ließ er sich erweichen.

Meine Flaschenpost schien ergebnislos zu bleiben. Ich saß weiter deprimiert, isoliert und abgeschnitten in dieser stinkenden Zelle. Ron und Tony waren entschlossen, sich der Strafverfolgung zu entziehen. Tony wusste, dass er sein Bein verlieren konnte, wenn er sich nicht ordentlich behandeln ließ, und dennoch hatte er sich noch nicht gestellt. Wenn die Polizei sie nun niemals fand, was dann? Würde ich dann für alle Zeit hier eingesperrt bleiben?

Am nächsten Tag war in meinem Carepaket ein Zettel vom Rosa. Mein Herz schlug höher, als ich ihn las. Ihr zufolge sollte ich sehr bald freigelassen werden. Am selben Tag meldete der Listín Diario, dass Sánchez-Castillo zum Polizeichef befördert worden war. Rosas Gewissheit, was meine bevorstehende Entlassung betraf, musste mit dieser Beförderung zusammenhängen. Es war nicht unwahrscheinlich, zumal wenn Remo sich hinter den Kulissen für mich einsetzte.

Zum ersten Mal seit meiner Inhaftierung gestattete ich mir, an Heimkehr zu denken. Ich presste mir die Knie an die Brust und stellte mir vor, Justine wieder im Arm zu halten. Ich würde sie ganz fest drücken, ihr liebes Gesicht mit Küssen überschütten und sie stundenlang knuddeln. Ich dachte an das lange heiße Bad, dass ich nehmen würde. Ich dachte daran, wieder in einem richtigen Bett schlafen zu können.

Ich war so tief in Gedanken versunken, dass ich nicht hörte, wie mein Name gerufen wurde. Jemand stieß mich in die Rippen. Ich merkte, dass ich weinte.

„Aufstehen! Sie haben Besuch!"

Ich trocknete meine Tränen und rappelte mich auf. Draußen vor dem Zellengitter nahm ich die Silhouetten zweier Männer wahr. Als ich näher kam, erkannte ich die Agenten Jack Peterson und Ernesto Navarro.

NACH MEINEM GESPRÄCH mit den FBI-Agenten war ich zu aufgedreht, um zu schlafen. Es war einundzwanzig Uhr fünfzehn, und in zehn Stunden und dreißig Minuten sollte ich diese entsetzliche Zelle ein für allemal verlassen.

Unerwartet hörte ich jemanden meinen Namen flüstern. Ich setzte mich auf. Ich hörte es wieder. Eine bekannte Stimme. Remo!

Die meisten Frauen hatten sich schon zur Nacht hingelegt, deshalb hatte ich freie Sicht nach vorn. Remo stand genau dort, wo vor einer Weile Peterson und Navarro gestanden hatten. Ich sprang auf und stieg über die Leiber meiner schlafenden Zellengenossinnen.

Remo sah entspannt und gesund aus. Seine Haut war sonnengebräunt und glänzte, seine Haare hatten blonde Strähnen von der Sonne, und seine großen grauen Augen funkelten. Ich streckte die Hände aus, und er drückte sie. Dann rümpfte er die Nase. „Lieber Himmel, Marisa, du könntest eine Dusche gebrauchen!"

„Ich weiß, aber trotzdem danke, dass du es ansprichst."

„Entschuldige. Hör zu, ich habe tolle Neuigkeiten. Du wirst morgen duschen können, weil du dann rauskommst."

„Ich weiß. Navarro und Peterson haben es mir gesagt."

Alle Farbe wich aus Remos Gesicht. Er packte mich am Arm und riss mich zu sich heran. „Wieso das denn? Du hast mit ihnen geredet? Wann? Sag schon!"

„Geht's noch?" Ich machte meinen Arm los. „Sie waren heute hier. Sie haben einen Deal mit mir gemacht ... Ich dachte, du wüsstest davon."

Remo begann, vor der Zelle auf und ab zu tigern. „Was für einen Deal?"

Auf einmal wurde mir angst und bange. Offensichtlich lief etwas gründlich schief, und irgendwie war das meine Schuld. „Sie sagten, wenn ich mich bereit erkläre, gegen Ron auszusagen, holen sie mich hier raus."

Remo guckte, als hätte ich ihn geohrfeigt. „Das war mein Deal! Das ist der Deal, den ich mit Peterson gemacht habe!"

„Das wusste ich nicht. Woher hätte ich das wissen sollen?", rief ich. „Sieh dir doch an, wo ich bin, Remo! Ich sitze hier seit dreizehn Tagen! Hätte ich etwa nein sagen sollen, wenn sie mir eine Möglichkeit anbieten, aus diesem Loch rauszukommen?"

Der Wärter ermahnte uns unwirsch, leiser zu reden.

„Verstehst du denn nicht?", flüsterte Remo eindringlich. „Wenn du für sie aussagst, brauchen sie mich nicht mehr."

„Aber sie meinten, dass du die Insel mit uns verlässt. Ich dachte, du wüsstest Bescheid ..."

Remos Gesicht verzerrte sich, als ihm der Verrat des FBI in seinem vollen Ausmaß aufging. „Erzähl mir ganz genau, was sie dir gesagt haben."

„Sie sagten, ich würde morgen früh dem Richter vorgeführt werden, das wäre nur eine Formalität. Danach würden sie direkt mit mir nach Hause fahren und Justine abholen, bevor wir alle zusammen in die Staaten fliegen. Sie meinten, sie hätten Ron und Tony gefasst, und wir würden alle zusammen ausreisen."

„Die haben gar niemanden gefasst. *Wir* waren das!", flüsterte Remo. „Wir haben jeden Strand an der Nordküste abgesucht, jedes Hotel. Dir und Rosa ist es zu verdanken, dass wir den roten Jeep gefunden haben."

„Wer ist wir?"

„Sánchez-Castillo, Major Gutiérrez und ich. Unseretwegen kommst du morgen raus. Peterson und Navarro haben mit alledem nichts zu tun gehabt. Die Dominikaner wollten ihre Hilfe nicht. Peterson bekam nicht einmal eine dienstliche Einreisegenehmigung. Navarro ist nur deswegen hier, weil er Ron außer Landes schaffen soll."

„Was ist mit Tony passiert?", fragte ich.

„Er liegt unter Polizeischutz in der Clínica Abreu. Dr. Enrique betreut ihn. Ron sitzt schwer bewacht im Polizeirevier. Ich war es, der gestern Navarro angerufen und ihm erzählt hat, dass wir Sacco gefunden hatten."

Das FBI wollte sich also nicht nur Ron schnappen. Sie wollten auch Remo haben. Petersons Versprechungen waren alle nichts wert. Er hatte Remo benutzt, um Sacco zu finden, und zur Belohnung sollte er ausgeliefert und als Drogenhändler vor Gericht gestellt werden. „Das tut mir furchtbar leid, Remo."

„Willst du das Beste hören? Navarro wartet in diesem Moment im Hotel Lina auf mich, angeblich um mich zur Feier des Tages zum Abendessen einzuladen. Und sobald ich hereinspaziert komme, legen er und Peterson mir Handschellen an und lassen mich zusammen mit Ron ausfliegen. Stell dir nur vor: Jack Peterson, dieser Arsch, steht als der große Held da. Er nimmt nicht nur Ron Sacco gefangen, nein, wenn er schon mal dabei ist, schnappt er sich auch gleich noch einen der meistgesuchten Verbrecher Amerikas." Fassungslos über diesen bodenlosen Verrat schüttelte Remo den Kopf. „Sie hätten mich im Flugzeug gefesselt neben den Mann gesetzt, den ich fangen geholfen habe. Sie haben mich angelogen. Beide haben sie mich angelogen."

Remo ging mittlerweile im Kreis, und das Entsetzen stand ihm im Gesicht geschrieben. Er begriff, dass er kurz davor stand, für alle Zeit seine Freiheit zu verlieren. „Ich muss hier weg", sagte er abrupt.

Ich rief hinter ihm her, doch er bog um die Ecke, ohne anzuhalten.

Ich sank zu Boden und fing an zu weinen. Ich hatte unwissentlich meinen besten Freund verraten und mich von zwei FBI-Agenten hinters Licht führen lassen. Mir war, als hätte man mir das Herz aus der Brust gerissen. Ich klammerte mich an die Gitterstäbe und schluchzte bitterlich über die himmelschreiende Ungerechtigkeit.

Ich hing immer noch am Gitter, als ich Stunden später Schritte hörte. Ich blickte auf und sah Remos Silhouette.

Der Wärter trat ihm entgegen und sagte, die Besuchszeit sei vorbei. Remo klappte einfach seine Brieftasche auf und hielt dem Mann die Karte hin, die er darin hatte. Der Wärter stammelte sofort eine Entschuldigung. Es war Sánchez-Castillos neue Karte. Unter dem Namen stand *Polizeichef.*

Remo ging neben mir in die Hocke. Sein ganzes Verhalten hatte sich verändert. Er wirkte hart und entschlossen. „Marisa. Willst du gegen Ron aussagen?"

„Nein", schniefte ich.

„Willst du nach Hause in die Staaten?"

Ich schüttelte den Kopf. „Remo, ich habe dort kein Zuhause mehr."

Er nickte grimmig. „Okay", sagte er, und seine Stimme wurde sanfter. Er setzte sich neben mich auf den Fußboden. „In dem Fall habe ich eine Idee."

40

POLIZEI FASST FLÜCHTIGEN AMERIKANER!

Der Artikel stand am nächsten Morgen auf der Titelseite des *Listín Diario*, genau wie Remo prophezeit hatte.

Ron Sacco, der Kopf hinter einem milliardenschweren illegalen Glücksspielunternehmen, wurde zusammen mit seinem wichtigsten Komplizen in Puerto Plata von der Polizei festgenommen.

Als Remo einmal wusste, wonach er suchen musste, war es relativ einfach gewesen, den roten Cherokee zu finden. Sei es aus Überheblichkeit, sei es aus Dummheit, Ron hatte sich keinerlei Mühe gemacht, ihn zu verstecken. Er parkte direkt vor der Ferienanlage Paradise Beach, wo er und Tony sich verkrochen hatten. Sobald Remo den Wagen erspäht hatte, benachrichtigte er sofort den einzigen Menschen, von dem er sich sicher war, dass es ihn mehr interessierte, Ron festzunehmen, als sich von ihm bestechen zu lassen. Für Sánchez-Castillo war die Verhaftung von Ron Sacco ein wichtiger Moment. Sie beendete nicht nur eine peinliche politische Situation, sondern garantierte auch seine Beförderung zum Polizeichef.

Der berüchtigtste Buchmacher der Welt war ohne Gewalt oder

Blutvergießen gefangen genommen worden. Ron glaubte bis zum Schluss, dass sein Geld ihn retten würde.

„Was wird es kosten, das zu bereinigen?", fragte er Berichten zufolge Sánchez-Castillo, als er und Tony verhaftet wurden.

Die dominikanischen Behörden beschreiben die Verhaftung als außergewöhnliches Vorgehen gegen einen ausländischen Staatsbürger und spekulieren, dass Sacco nach Kalifornien gebracht und dort vor Gericht gestellt wird.

Es war gut, die Meldung schwarzweiß vor sich zu haben. Das gab mir endlich ein Realitätsgefühl. Ich war auch dankbar, dass Tony in der Zeitung nicht namentlich erwähnt worden war. Er sollte unter Bewachung in der Clínica Abreu bleiben, bis sein Bein stabil war.

Doch während Ron und Tony nun sicher in Polizeigewalt waren, sah ich mich einem größeren Problem gegenüber. Ich stand unabsichtlich im Mittelpunkt eines FBI-Betrugsmanövers, das zur Folge haben konnte, dass mein bester Freund zwanzig Jahre lang in Amerika hinter Gitter kam. In den letzten Stunden meiner Untersuchungshaft hatte ich Remos Plan fieberhaft hin und her gewendet und nach Schwachstellen abgeklopft. Es war ein riesengroßes Glücksspiel, aber ich wusste, dass ich keine andere Wahl hatte.

Ein Wärter rief meinen Namen und unterbrach mich in meinen Gedanken. Das gefährliche Spiel begann.

Ich trat hinaus, und die Metalltür schlug hinter mir zu. Mir schlug das Herz bis zum Hals aus Angst davor, was auf mich zukam. Ich zog neugierige Blicke auf mich, während ich dem Wärter durch einen überfüllten Flur am Haupteingang vorbei zum Gerichtssaal am anderen Ende des Gebäudes folgte.

Ich sollte in der Mitte des Saales Platz nehmen. Mit schnellen Blicken registrierte ich meine Umgebung. Vor mir befand sich die imposante erhöhte Richterbank, an den Seitenwänden waren die Sitze der Prozessparteien. Mein Fall wurde an dem Morgen als erster verhandelt. Der Raum füllte sich bereits. Im Zuschauerbereich sah ich Peterson und Navarro an der Rückwand sitzen.

Remo hatte gemeint, Navarro würde bewaffnet sein, da er in offizieller FBI-Mission hier war, Peterson dagegen hatte nicht die Genehmigung bekommen, dienstlich einzureisen, und würde deshalb unbewaffnet sein, da er nur ein normales Touristenvisum hatte. Die Kleidung der Männer bestätigte das. Navarro wirkte steif und unbehaglich in einem förmlichen Sakko, während Peterson salopp gekleidet war in kurzärmeligem blauen Polohemd und Khakihose.

Es erstaunte mich nicht, dass sie schlecht gelaunt guckten. Als Remo am Abend davor nicht „zum Feiern" auftauchte, mussten sie gemerkt haben, dass ihr Plan, ihm eine Falle zu stellen, fehlgeschlagen war.

Vielleicht ahnte Peterson, dass Remo ihre belastenden Gespräche aufgenommen hatte und dass damit die ganzen falschen Versprechungen, die er ihm gemacht hatte, dokumentiert waren. Solange Remo auf freiem Fuß war, hatte Peterson somit reichlich Grund zur Sorge. Remo hatte handfeste Beweise dafür gesammelt, dass er einen flüchtigen Verbrecher ohne Genehmigung von seinen Vorgesetzten oder der dominikanischen Regierung als Informanten benutzt hatte. Sollte das jemals ans Licht kommen, konnte ein solches rechtswidriges Verhalten Petersons berufliche Laufbahn nachhaltig schädigen.

Was Navarro betraf, so hatte er an diesem Morgen ebenfalls allen Grund, unzufrieden zu sein. Er würde nicht für die Mitwirkung an der Gefangennahme eines der meistgesuchten Verbrecher in Amerika belobigt werden, wie Peterson es ihm versprochen hatte. Stattdessen würde er lediglich Ron Sacco außer Landes bringen.

Kurz vor acht nahm die Verhandlung ihren Anfang. Mehrere ernst blickende Männer in langen schwarzen Roben zogen in den Gerichtssaal ein. Ein Uniformierter rief die Anwesenden auf, sich zu erheben. Eine Tür an der Stirnseite ging auf, und ein kleiner, dunkelhäutiger Mann, ebenfalls in schwarzer Robe, trat ein. Seine lila Mütze machte ihn als Richter kenntlich. Er erklomm die Stufen zur Richterbank und setzte sich.

Trotz der albernen lila Mütze machte Richter Severino den Eindruck eines Mannes, den man nicht unterschätzen durfte. Seine weißen Haare waren kurzgeschoren. Seine Haut war pergamentdünn, seine Wangen hohl. Seine Augen strahlten hellwach, als er die Verhandlung eröffnete. Ich hatte Severinos Namen bereits gehört. Die Frauen in der Zelle hatten ihn als „den Henker" bezeichnet.

Er betrachtete mich mit der Geringschätzung, die ein strenger Vater einem ungezogenen Kind gegenüber an den Tag legt. Kopfschüttelnd wunderte er sich, dass jemand wie ich so tief in dieses Schlamassel hineingeraten war. Der Anwalt, den Remo zu meiner Vertretung genommen hatte, schaltete sich ein und erinnerte Richter Severino daran, dass die beiden Männer, hinter denen die Polizei eigentlich her gewesen war, sich derzeit in Untersuchungshaft befanden.

Der Richter wischte die Bemerkung beiseite. Für einen Sekundenbruchteil hatte ich den verrückten Impuls, ihm zu sagen, dass die beiden FBI-Agenten hinten im Saal vorhatten, mich gegen meinen Willen und unter Vortäuschung falscher Tatsachen außer Landes zu schaffen. Ich biss mir auf die Zunge. Der Einfluss des FBI war so groß, dass niemand, nicht einmal Severino, es wagen würde, sich gegen sie zu stellen. Er hielt meinen Blick ohne ein Fünkchen von Nachsicht oder Mitgefühl.

Remo hatte mir versichert, das Verfahren gegen mich würde eingestellt werden, da ich niemals offiziell eines Verbrechens angeklagt worden war. So kam es auch. Severino gab eine kurze Erklärung zu Protokoll und erließ dann eine Verwarnung und eine Buße von fünfzig Peso. Ich bemühte mich, mir keine Emotionen anmerken zu lassen, als das Urteil verkündet wurde. Ich war mit einem blauen Auge davongekommen.

Die Verhandlung war zu Ende, aber mein innerer Druck hielt an. Dies war der leichte Teil gewesen. Alles kam jetzt auf die nächsten Minuten an. Ich begab mich so ungezwungen wie möglich zum Ausgang. Peterson und Navarro nahmen mich sofort in die Mitte und geleiteten mich in den Flur hinaus. Peterson bemühte sich um eine heitere Miene, aber die Anspannung hinter seinem künstlichen Lächeln war nicht zu übersehen. Ich war seine wichtigste Zeugin, und einen Fang hatte er sich bereits durch die Lappen gehen lassen.

„Sie sind bestimmt erleichtert, dass Sie das hinter sich haben, Marisa", sagte Peterson.

„Ja", stimmte ich zu und beschleunigte meine Schritte, „weil ich nämlich dringend auf die Toilette muss."

Peterson holte mich ein und hakte sich bei mir unter. Er dachte nicht daran, mich so leicht gehen zu lassen. Stattdessen versuchte er, mich zum Seiteneingang zu lenken, der nur wenige Meter entfernt war. „Wir bringen Sie umgehend nach Hause", säuselte er. „Da haben sie dann reichlich Zeit, sich frischzumachen, bevor der Flug geht."

Ich blieb abrupt stehen und sah ihm direkt in die Augen. „Jack, ich habe gerade zwei Wochen in einer Arrestzelle hinter mir – zwanzig Frauen, kein fließend Wasser, ein Loch im Fußboden als Klo und keinerlei Privatsphäre. Es ist mir verdammt ernst damit, dass ich auf die Toilette muss."

Ich machte mich von ihm los und marschierte zur Damentoilette. Mein Atem ging in kurzen, harten Stößen. *Bitte ... bitte ... bitte ...* Zu meinem Leidwesen kam Peterson mir mit Argwohn im Blick hinterher. Nachdem er schon Remo verloren hatte, wollte er kein Risiko eingehen. Er brauchte mich, damit ich gegen Ron aussagte oder wenigstens eine eidesstattliche Erklärung abgab. Ich wartete nervös, während Peterson die Toilette inspizierte, um sich zu vergewissern, dass es keinen zweiten Ausgang gab. Es war ein kleiner Raum mit zwei Kabinen und einem Fenster, das als Fluchtausgang zu klein und zu hoch war. Zufriedengestellt grinste er entschuldigend und ließ mich allein.

Ich klopfte leise an die linke Kabine. Mit einem Klicken wurde sie von innen aufgeschlossen.

Rosa ließ mich hinein.

Wir hatten keine Zeit zu verlieren. Rosa zog sich mein T-Shirt über, und ich trat mir derweil die Turnschuhe von den Füßen und krempelte meine Jeans hoch. Sie stellte mir ein Paar Sandalen hin, und ich schlüpfte schnell hinein, während ich mir gleichzeitig ein langes Strandkleid über den Kopf zerrte und mich vergewisserte, dass es die Jeans auch völlig verbarg. Jetzt noch die kastanienbraune Perücke. Ich zog sie mir über den Kopf und strich sie hastig glatt.

Rosa stopfte die abgelegten Sachen in einen Plastikbeutel. Sie reichte mir eine Handtasche, flüsterte: „Viel Glück!", dann schlüpfte sie aus der Kabine und verließ den Raum.

Ich setzte eine Sonnenbrille auf und holte tief Luft. Mein Herz klopfte so laut, dass ich kaum noch etwas anderes hörte. Ich fühlte mich ganz schwach vor lauter Adrenalin. Ich öffnete die Tür und ging ruhig hinaus, beide Hände an der Handtasche, damit man nicht sah, wie sehr sie zitterten.

Navarro und Peterson waren gerade kavaliersmäßig damit beschäftigt, Rosa aufzuhelfen, die direkt neben ihnen einen Sturz simuliert hatte. Ich machte auf dem Flur kehrt und ging zurück, vorbei am Gerichtssaal in Richtung Haupteingang. Der Drang zu rennen war fast übermächtig, aber ich ging langsam mit leicht eingedrehten Füßen, genau nach Remos Anweisungen.

„Jeder Mensch hat einen typischen Gang", hatte er mich belehrt. „Den musst du ändern. Du musst anders gehen. Und schau um Himmels willen nicht über die Schulter."

Ich ging immer weiter den belebten Flur hinunter und bahnte mir steif den Weg durch eine Menschengruppe, die vom Hof hereingeströmt kam. Der Wärter, der mich erst eine Stunde zuvor in den Gerichtssaal geführt hatte, beachtete mich gar nicht, als ich an ihm vorbei spazierte. Mit trockenem Mund und schwitzenden Händen trat ich zum Haupteingang hinaus in die herrliche Morgensonne. Es war berauschend, endlich wieder im Freien zu sein, nachdem ich wochenlang in der düsteren Zelle eingepfercht gewesen war. Ich konnte kaum glauben, dass alles so glatt gegangen war. Mich trennte jetzt nur noch ein kurzes Stück Weg von der Freiheit. Wenn ich Ruhe bewahrte und abwartete, bis Remo um die Ecke bog und mich einlud, war alles geschehen. Noch ein paar Minuten, und wir waren auf dem Weg zu seinem „Onkel" in Cabarete an der Nordküste der Insel.

Mein Herz machte einen Sprung, als ich das Fahrzeug mit den getönten Scheiben erkannte, das Remo beschrieben hatte. Es sah aus, wie aufs Geratewohl aus vier verschiedenen Automodellen zusammengeschweißt, mit anderen Worten, wie alle anderen Autos im Land. Die einzige Besonderheit war die kleine dominikanische Fahne, die an der Radioantenne flatterte.

Während ich die breite Treppe vor dem Gerichtseingang hinunterging, sah ich zu, dass ich mich unauffällig unter eine Gruppe Frauen vor mir mischte.

Nur noch ein kleines Stück ...

Da hörte ich das Geräusch laufender Füße, und mir stockte das Herz. Einen Moment lang blieb die Welt stehen. Offenbar suchten Navarro und Peterson bereits nach mir, viel eher, als ich gedacht hatte. Sie mussten in der Toilette nachgesehen und gemerkt haben, dass ich entkommen war. Jetzt begann ein verzweifeltes Katz-und-Maus-Spiel. Ich hörte ihre Schritte auf den Stufen immer näher kommen. Ich zwang mich, nicht loszurennen, denn in dem Fall hätten sie mich in der Menge sofort erkannt. Es kostete mich meine ganze Selbstbeherrschung, aber meine Schritte blieben langsam und gleichmäßig.

Jetzt waren sie ganz nahe. Fast zum Greifen nahe.

„Fuck!"

Peterson stand direkt hinter mir und suchte die Menge nach einer kurzhaarigen Blondine in blauen Jeans ab. Ich ging unbeirrt weiter. Er ahnte nicht, dass die Brünette im Strandkleid ich war.

„Verdammte Scheiße!"

Die Wut in seiner Stimme war furchterregend. So ruhig wie möglich ging ich auf das Auto zu, das fünfzig Meter entfernt auf der anderen Straßenseite hielt. Ich hörte, wie Navarro Peterson zubrüllte, zu kommen, damit sie noch einmal den anderen Ausgang kontrollierten. Ich gestattete mir, wieder normal zu atmen, als ich ihre hastigen Schritte die Treppe hinauflaufen hörte.

Geschafft! Ich konnte es kaum glauben, dass unser Fluchtplan geklappt hatte.

In dem Moment hörte ich Justines Stimme glockenhell aus dem wartenden Auto rufen.

„*Mommy! Mommy!*"

Die Tür flog auf, und sie lief auf die Straße. Rosa sprang hinterher und zog sie wieder ins Auto, doch es war zu spät. Dominikanische Kinder rufen ihre Mutter nicht „*Mommy*".

Ich hörte Navarro schreien: „Da drüben ist sie!"

Ich schaute hinter mich, wo Peterson und Navarro die Treppe hinunter auf mich zustürzten, Leute zur Seite stießen und mich lauthals aufforderten, stehen zu bleiben. Adrenalinbeflügelt rannte ich los, stolperte aber über meine Sandalen. Ich fing mich wieder, schüttelte sie ab und sprintete barfuß über den warmen Asphalt zum Auto. Wie von fern hörte ich die quietschenden Bremsen und das wütende Hupen eines Taxis, das mich fast überfahren hätte. Ich lief weiter, ohne auf die Flüche des Fahrers zu achten. Meine ganze Aufmerksamkeit galt nur Petersons Schritten hinter mir. Er holte auf. Ich würde es nicht schaffen.

Mit einem Mal sprang Remo vom Fahrersitz.

„Sie haben kein Recht, sie festzunehmen!", schrie er Peterson zu, bevor er in der Gegenrichtung davonrannte, an den Reihen der Straßenverkäufer vorbei, die ihre Waren auf dem belebten Bürgersteig feilboten. Peterson ließ von mir ab und machte sich an die Verfolgung von Remo.

Navarro war wenige Schritte hinter mir. Ich riss die Tür auf, sprang hinein und drückte gerade noch rechtzeitig den Türknopf, bevor Navarro das Auto erreichte. Er begann, an der Tür zu zerren. Rosa schrie, und aus dem Augenwinkel sah ich, wie er ins Halfter nach seiner Pistole griff. Ich drehte den Schlüssel im Zündschloss. Der Motor sprang an. Ich knallte den ersten Gang rein und trat das Gaspedal durch. Mit kreischenden Reifen sausten wir auf der Calle Fabio Fiallo davon, während Navarro wild hinter uns her fuchtelte.

Justine quietschte vor Freude und wollte die Arme um meinen Hals schlingen. Rosa musste sie zurückhalten. Wir waren noch nicht über den Berg. Obwohl wir nicht damit gerechnet hatten, dass eine solche Panne passieren würde, hatte Remo zum Glück in weiser Voraussicht einen Plan B mit mir verabredet. Ich wusste genau, wo er hinlaufen würde.

„Festhalten!"

Ich bog mit vollem Karacho um die nächste Ecke, als würde ich wieder die Can-A-Mex-Rallye fahren. Ich bremste erst ab, als wir auf den rückwärtigen Parkplatz der Clínica Abreu rollten. Ich hielt vor dem Eingang der Notaufnahme.

Bitte! Bitte schaff es ...!

Ich betete, dass es Remo gelungen war, Peterson in den labyrinthischen Gängen und Fluren der Klinik abzuschütteln. Beide kannten wir dieses Krankenhaus wie unsere Westentasche. Falls er Peterson nur ein paar Sekunden hinter sich lassen konnte, verschaffte ihm das einen entscheidenden Vorteil.

Ich hielt die Augen auf das Gebäude gerichtet. Mit jeder Sekunde, die verging, sank die Wahrscheinlichkeit, dass Remo entkommen war. Mit hämmerndem Herzen umklammerte ich das Lenkrad. Ich wollte nicht ohne Remo fahren. Ich konnte nicht.

Komm schon ...

Krachend flogen beide Türflügel der Notaufnahme auf, und Remo kam auf den Parkplatz gestürzt. Er schaute sich nach dem Auto um. Ich fuhr los, hielt an und stieß die Beifahrertür auf. Gerade als er hineinsprang, sah ich Peterson aus der Klinik kommen. Remo schlug die Tür zu, und nur eine Rauchwolke und der Geruch von verbranntem Gummi blieben in der Luft zurück, als ich mit quietschenden Reifen durchstartete.

„Wir haben's geschafft!", schrie ich. Im Rückspiegel erhaschte ich einen letzten Blick auf Special Agent Jack Peterson, der uns mit völlig ungläubigem Gesicht nachstarrte, wie wir euphorisch jubelnd davonbrausten.

Ich bog um die Ecke und scherte in den Strom des morgendlichen Berufsverkehrs ein. Augenblicklich wurde unser Auto in dem Meer gleichartiger Fahrzeuge unkenntlich, und wir rollten dahin auf der Straße mit dem passenden Namen Avenida Independencia.

EPILOGUE

NACH RONS UND TONYS Abschiebung blieb ich noch lange in Santo Domingo wohnen. Mein Daueraufenthaltsrecht wurde bewilligt, und es gelang mir, einen begehrten Arbeitsplatz bei Kraft General Foods zu ergattern. Jetzt, wo mein Leben wieder in ruhigen Bahnen verlief, hatte ich vor, auf der Insel zu bleiben. Doch als 1996 die Präsidentschaftswahlen näher rückten, wurde das Land wieder von Gewalt heimgesucht. Es war für mich an der Zeit zu gehen.

Ron Sacco erhielt die längste Haftstrafe, die in den USA jemals wegen illegaler Buchmacherei verhängt worden war. Sechs von seinen früheren Mitarbeitern sagten gegen ihn aus, und er verbrachte die nächsten fünfeinhalb Jahre im Gefängnis. Nach seiner Entlassung ging er nach Costa Rica und stieg dort bei CRIS ein (Costa Rica International Sports), einem Unternehmen, das mehrere seiner früheren Angestellten in seiner Abwesenheit gegründet hatten. Hunderte von Wettfirmen schlossen sich an und machten Costa Rica zum neuen Online-Glücksspielzentrum auf dem amerikanischen Kontinent.

Tony saß drei Jahre Hausarrest in Red Bluff in Nordkalifornien ab, bevor er das Angebot annahm, ein anderes Offshore-Glücksspielunternehmen zu leiten.

Was Remo betrifft, so hörte ich Gerüchte, er habe das Lokal seines „Onkels" in Cabarete übernommen. So stelle ich ihn mir am liebsten vor: wie er ein kleines Strandrestaurant leitet und unter einem Strohdach fröhlich Gerichte für die Touristen kreiert. Manchmal jedoch spaziere ich irgendwo in einer Stadt auf der Straße und erblicke in der Menge ein Gesicht, das mich an ihn erinnert. Dann frage ich mich, ob unsere Wege sich wohl jemals wieder kreuzen werden.

DANK

Im September 2007 gewährte mir Nicola Maffei ein Stipendium ohne weitere Verpflichtungen, damit ich mein persönliches Schicksal zu Papier bringen konnte. Dies ermöglichte mir, mich von meiner damaligen Mindestlohntätigkeit als Fabrikarbeiterin beurlauben zu lassen und Dangerous Odds in Angriff zu nehmen. Ich bin ihm tief dankbar für seine Bestärkung, Unterstützung, Freundschaft und die unerschütterliche Überzeugung, dass meine Geschichte eines Tages einen Verleger finden würde.

Ein ganz großer Dank geht an meine Tochter Justine für die Geduld, mit der sie jede Fassung gelesen hat, die ich im Laufe der Zeit produzierte, und an meine Familie – vor allem meine Geschwister Peter, Heather und Kathryn – für ihre Ermutigung.

In Zürich geht ein besonderes Dankeschön an Lori Gadola, die in meiner Schreibzeit meinen Töchtern eine zweite Mutter war; an Sylvie Domeniconi für den aromatisierten CoffeeMate, den sie mir aus der ganzen Welt mitbrachte, so dass die vielen tausend Tassen, die ich bei der Arbeit am Schreibtisch trank, alle göttlich waren; an Michele Donath, Consuelo Maschetti und Anna Aregger für ihre Unterstützung; und an Lotti Gut für ihre enthusiastische Reaktion auf das beinahe fertige Manuskript, die mir die letzten paar Wochen der endgültigen Fertigstellung zum Vergnügen machte.

Vielen Dank an Neil Blair und Rebecca Cripps in London. In

den Staaten möchte ich mich bei Tony O'Neil für den Anschub bedanken, den er dem Manuskript gab, bei John Paine, der Dangerous Odds lektoriert hat, bei Maryann Palumbo für ihr Vertrauen in das Projekt, für das sie den passenden Titel fand und Katherine Bibby für die Repräsentanz in Kanada.

Danken möchte ich Hans-Ulrich „HUM" Möhring für die exzellente deutschsprachige Übersetzung und die angenehme Zusammenarbeit sowie Elsa Riethmann und Carola Bertolini für das Korrekturlesen der deutschen Ausgabe.

Zuletzt möchte ich Adriano meine tiefste Dankbarkeit dafür aussprechen, dass er das Rückgrat dieses Projekts war. Er hat meinen Unsinn ertragen, hatte Lust zu gemeinsamen Abenteuern (und hat sie nicht verloren) und gibt mir den Glauben an das Glück bis ans Ende der Tage.

Hinweis

Die Namen bestimmter Personen und Orte habe ich geändert und einige typische Merkmale und Details wurden fiktionalisiert – dies zum Schutze der betreffenden Personen.